제 2 판

이중언어발달과 언어장애

이중언어와 제2언어습득에 관한 안내서

Dual Language Development and Disorders

A Handbook on Bilingualism and Second Language Learning

Second Edition

Johanne Paradis · Fred Genesee · Martha B. Crago 지음

황상심 옮김

박학사

Dual Language Development and Disorders

A Handbook on Bilingualism and Second Language Learning

Johanne Paradis, Fred Genesee, & Martha B. Crago

역자 서문

역자가 다문화아동의 언어발달 연구를 시작한 것은 계기가 있었다. 멀리서 낯선 한국으로 시집와 아이를 키우며 열심히 살고 있는 안나, 로리타, 줄리엣 … 그 친구들을 만나고, 많은 시간을 함께 하며 느끼고 다짐했던 것들이 직접적인 계기였다면, 지금까지 다문화아동의 언어발달과 관련된 연구를 하고 고민을 하게 된 것은 고인이 되신 정옥란 지도 교수님 때문이다. 교수님께서는 다문화아동 언어발달 연구를 하고자 하는 제자를 앉혀 놓고 무엇을 공부해야 할지, 무엇을 고민해야 할지, 하나하나 설명해 주시며 열심히 공부하기를 당부하셨다. 정옥란 교수님께서 제자에게 당부하셨던 공부는 여전히 해결하지 못하였고, 아마 평생 동안 매진해야 할 숙제일 것 같다. 이 역서는 다문화아동의 언어발달에 대한 오랜 숙제를 해결하고자 하는 개인적인 소망에서 비롯되었다.

우리나라도 다문화아동의 언어발달에 대하여 관심을 가지기 시작한지 꽤 시간이 지났으나, 여전히 다문화아동들의 언어발달과 언어장애에 관해 정보를 줄 수 있는 책이 없으며, 다문화아동들의 이중언어발달과 언어장애에 대한 오해와 편견이 만연해 있다. 역자 또한 다문화아동의 언어발달에 관해 편견을 가지고 시작한 적이 있었다. 이 저서를 번역하면서 이런 문제를 하나씩 배우고 깨우치며, 그 과정에서 새로운 통찰력을 갖게 되었기에 매우 고되고 인내심이 필요한 번역작업이 역자에게는 매우 값진 시간으로 되돌아 왔다.

이 저서를 번역하면서 시간을 들여 고민을 했던 것 중 하나는 용어의 사용이었다. 우리나라 다문화아동에 대한 연구가 시작 단계에 있는지라 책에서 사용하고 있는 용어를 우리말 용어로 옮기는 일은 몇 번의 검토가 필요하였다. 원 저자의 책 용어를 되도록 일반적으로 사용하는 용어로 옮기려고 노력하였으며, 우리나라에서 번역되어 사용하지 않는 용어는 그 원어의 뜻을 그대로 보여 주는 용어로 번역하려 노력하였다. 한 줄 한 줄 우리말로 옮기는 과정은 역자를 많이 성장시켜 준 시간이었다. 이 책을 읽는 학부생과 대학원생들, 그리고 다문화아동의 언어발달에 관심을 가지고 있는 언어치료사, 교사, 관련 전문가들도 역자가 느꼈던 그 앎의 기쁨을 느낄 수 있을 것이라 믿는다.

결혼이주에서 본격적으로 시작된 우리나라 다문화아동의 형태는 어머니나라에서 우리나라로 중도입국하여 한국어를 제2언어로 배우는 아동, 노동이주 가정의 아동, 그리고 우리와 동일한 언어를 사용하나 언어정책과 맞춤법의 차이로 달리 이해가 필요한 북한 이탈자 아동 등 매우 다양해졌다. 다문화아동을 대하는 언어치료사, 교사 등 관련 전문가들은 이러한 흐름의 변화에 따라 초기 결혼이주 자녀의 우리말 발달을 비롯하여, 이중언어발달, 이중언어장애, 동시적 이중언어와 순차적 이중언어 또는 제2언어 습득의 문제에 대하여 보다 구체적으로 관심을 가져야 할 시기가 되었다. 또한 학령기 다문화아동 인구가 점차 증가하는 상황에서 다문화아동들의 언어발달과 함께 읽기 쓰기의 문해발달과 학업언어기술, 그리고 이중언어 학교교육에도 관심을 가져야 할 것이다. 이 책은 우리에게 필요한 다문화아동의 언어와 문해 발달, 언어장애 및 읽기 쓰기, 이중언어 학교 교육 등을 전체적으로 다루고 있어 이에 관한 정보와 지식이 필요한 언어치료사, 교사, 특수교사, 다문화아동을 대하는 관련 전문가들과 미래의 다문화아동 관련 직업을 준비하는 예비 전문가들에게 유용한 정보를 제공하고 있다.

이 책은 다문화아동의 이중언어발달과 언어장애에 대하여 선구자적인 역할을 하고 있는 저자들의 베스트셀러 저서이다. 저자들은 언어치료사, 교사, 특수교사, 부모, 또는 관련 전문가들이 알아야 할 다문화아동의 이중언어발달과 언어장애, 읽기발달과 읽기장애, 그리고 학교 교육에 관한 내용들을 단일언어아동과 비교하며 최신의 정보를 제공하고 있다. 독자들이 이중언어발달과 이중언어장애에 관한 전문적인 내용을 접하기 전에 언어와 인지의 관련성, 부호혼합, 언어와 문화에 대한 기초적인 정보를 미리 다루어 독자들의 이해를 돕고 있다. 또한 2판에서는 새로운 이슈가 되고 있는 국제입양아동들의 언어발달과 이중언어 아동들의 읽기장애를 새롭게 추가하여 독자들이 새로운 이슈에 대한 정보를 얻을 수 있도록 하고 있으며, 우리나라에서도 관심으로 떠오르고 있는 다문화아동들의 이중언어 학교 교육에 관한 자세한 내용을 다루고 있다.

이 책이 출간되기까지 어려움이 꽤 있었다. 무엇보다 번역 중간에 2판이 출간되는 바람에 번역을 중단하고 다시 시작해야 하였다. 그 과정에서 출간이 늦어지고 많은 해결해야 할 일들이 있었다. 이런 문제를 적극적으로 해결해 주신 박학사에 감사드리며, 특히 성가신 일들을 챙겨 주고 꼼꼼하게 편집해 주신 김재석 실장님께 감사드린다. 바쁜 일정에도 이 책의 첫 번째 독자로서 마침표 하나까지 원고를 세심하게 읽어 주신 고원 선생님께 깊은 감사를 드린다. 밤늦게 번역작업을 하고 있는 겁 많은 엄마를 위해 연구실에서 함께 공부하며 시간을 보내 주었던 작은 아들과 늘 바쁜 엄마에게 불평 한 번 없이 혼자서 힘들게 공부하였고, 지금도 열심히 공부를 하고 있는 큰 아들에게 고맙다는 말을 전하고 싶다. 마지막으로, 열심히 공부하고 연구하도록 자극을 주는 역자가 만나는 많은 다문화가정 아이들, 그 어머니들, 그리고 선생님들과 학생들에게도 고마움을 전하고 싶다.

2012. 8.

역자 황상심

시리즈 서문

의사소통과 언어중재 시리즈 *Communication and Language Intervention Series*의 출간 목적은 생애 주기에 따라 의사소통 기술을 촉진시키는 적절한 중재 계획을 세우는 데 필요한 의미 있는 기초를 제공하는 것이다. 이 목적을 달성하기 위해 우리는 독자들에게 최신의 이론, 연구, 그리고 실제를 제공하는 것으로 부단히 노력하고 있다.

이 시리즈의 주제, 편집자, 저자를 선정하는 데 있어, 우리가 동의하거나 가장 유망하다고 여겨지는 관점에만 제한하지 않았으며, 이 시리즈를 개발하기 위해서 시리즈의 주제와 관점을 대표하는 저명한 학자로 구성된 편집위원회의 도움을 받고 있다.

발달과 중재에 관해 구상이 좋은 연구와 이론은 실제로 연구자, 교육자, 그리고 의사소통과 언어중재를 위해 최적의 접근법을 개발하고 있는 임상가들에게 중요하다. 시리즈의 각 저서들은 중재와 연구 간의 공생 관계에 관한 우리의 관점을 반영하고 있다: 중재효과의 입증은 개발작업에서 얻은 발견과 통찰로 이어져야 하는데, 이것은 중재 연구자들이 보다 개선시킬 수 있을 것이다. 주의 깊은 독자들은 이 시리즈의 많은 저서에서 보다 많은 것을 발견할 수 있을 것이라고 믿는다.

이 시리즈 고유의 목적은 이론적이고 실증적인 연구와 학문을 체계적으로 발달시키는 것으로 이 분야의 장기적인 발전을 촉진하는 것이다. 우리는 의사소통과 언어중재 시리즈 전체에서 하고 있는 토론과 논의를 통하여 독자들이 이 분야의 발전에 기여할 기회를 주고 있다.

저자에 대하여

Johanne Paradis, Ph.D., 조교수, Department of Linguistics, University of Alberta, 4-46 Assiniboia Hall, Edmonton, Alberta T6G 2E7, Canada.

Dr. Paradis는 언어학, 언어교육, 심리학, 및 의사소통장애를 전공하였다. 그녀는 대학교수로서 전문적인 경험 이외에, 10년간 성인과 아동에게 제2언어로서 영어를 가르쳤다. Dr. Paradis는 정상적으로 발달하는 아동 및 언어장애가 있는 아동들의 이중언어와 제2언어 습득에 관한 수많은 논문과 과학저널, 책을 저술하였다. 또한 워크샵과 세미나를 통하여 캐나다와 미국의 초등학교 교사, 특수교사, 언어치료사들에게 그녀의 연구 결과를 전달하였다. John Paradis는 유아에서부터 초등학생까지 정상발달 및 언어발달장애가 있는 프랑스어-영어 이중언어아동들의 언어발달을 연구하였다. 주요 연구 주제 중 하나는 이중언어아동을 대하는 교육자 및 임상 전문가들의 기대를 알리기 위해서 이중언어아동과 단일언어아동들 간 유사성과 차이점을 확인하는 것이다. 이 연구의 다른 중점적인 연구 주제는 "아동들이 하나의 언어를 습득하는 것과 동일한 방식으로 두 언어를 습득할 수 있을까?", "언어장애아동들은 이중언어사용자가 될 수 있을까?"와 같은 이론적으로 중요한 문제를 이해하기 위한 것이다. 또한 Dr. Paradis는 제2언어로서 영어를 배우고 있는 정상발달아동과 언어장애가 있는 소수언어사용아동들에 관한 광범위한 연구를 수행하였다. 이 연구의 목적은 이런 아동들이 어떻게 원어민-화자와 같은 능력을 습득해 가는지, 이들 아동들이 보이는 독특한 언어발달 프로파일은 무엇인지, 다른 아동에 비하여 영어를 빠르게 배우는 아동들의 요인은 무엇이지, 영어를 제2언어로 습득하는 정상발달아동과 언어장애아동을 쉽게 구별할 수 있는 언어평가 방법은 무엇인지 등에 대하여 알아보는 것이다. Dr. Paradis는 현재 the Child English Second Language Centre라는 웹사이트를 운영하고 있으며, 이 웹사이트에는 이중언어아동들의 효과적인 평가 및 언어장애 확인을 도와줄 수 있는 자료들이 담겨 있다.

Fred Genesee, Ph.D., Professor, Department of Psychology, McGill University, Stewart Biological Sciences Building, 1205 Doctor Penfield Avenue, Montreal, Quebec H3A 1B1, Canada.

Dr. Genesee의 전공은 심리학이다. 그는 9권의 책을 저술하였으며, 과학적이고 전문적인 유명한 저널에 수많은 논문을 기고하였다. 또한 다수언어학생들을 위한 제2언어/외국어 몰입교육, 소수언어학생들을 위한 이중언어교육의 대안적인 형태를 포함한 이중언어교육의 대안적인 접근법에 관한 광범위한 연구를 수행하였다. 이런 작업을 통하여 종단적인 언어발달(구어 및 문어), 모국어와 다른 언어로 교육을 받은 학생들의 학업성취에 대하여 체계적인 연구가 이루어지고 있다. 현재 제2언어습득자들의 읽기장애 및 언어장애 위험 예측 요인과 읽기장애와 언어장애의 공통점을 확인하기 위해서 제2언어 몰입교육 프로그램에서 읽기발달과 언어발달의 개인차에 관한 연구를 수행하고 있다. 캐나다, 에스토니아, 독일, 홍콩, 이탈리아, 일본, 라트비아, 스페인, 미국의 정책자문단들에게 학령기 아동들의 제2언어교육과 제2언어학습에 관한 문제에 대해 컨설팅을 하는 일을 하고 있다. 또한 Dr. Genesee는 이중언어아동들의 언어학습, 언어표현, 언어사용과 관련된 기초적인 문제에 관심을 가지고 있다. 이 영역에서 그의 연구는 초기 영아와 아동기의 동시적 이중언어습득에 중점을 두고 있다; 그의 관심 영역은 이중언어습득 초기 단계의 언어표현(어휘와 구문), 이중언어발달에서 전이, 아동기 이중언어 부호혼합의 기능 및 구조적 특성, 어린 이중언어아동들의 의사소통기술 등이다. 전체적으로, 이런 연구에서는 인간 언어습득의 한계를 이해하려고 시도하고 있으며, 현재까지, 일차적으로 단일언어습득 연구에 근거를 두고 있다. Dr. Genesee의 가장 최근 연구주제는 국제적으로 입양된 아동들의 언어발달에 관한 것이다. 이 연구는 중국에서 입양된 아동들에 대한 단기 및 장기적 언어발달과 하나의 언어습득에서 그 언어 노출이 매우 초기에 지연된 경우에 그 영향이 우리에게 무엇을 말해 주고 있는가 하는 것에 초점을 두고 있다.

Martha B. Cargo, Ph.D., Vice President(Research) and Professor, Dalhousie University, 1144 Belmont on the Arm, Halifax, Nova Scotia B3H 1J3, Canada.

Dr. Cargo는 McGill 대학교에서 인류학과 의사소통장애를 전공하였다. McGill 대학교 언어치료학과(Communication science and disorders) 교수가 되기 전에 언어치료사로 일하였으며, 언어습득과 사회화에 관한 많은 책을 저술하였다. 그녀의 연구는 언어장애아동과 이중언어언어아동을 포함한 다양한 언어학습자들의 이뉴잇어, 프랑스어, 영어, 아라비아어의 교차언어, 교차문화적 연구에 중점을 두고 있다. Dr. Cargo는 Cambridge University Press가 출간하는 저널인 Applied Psycholinguistics의 편집자이며, the International Association of Child Language의 부회장이다. Dr. Cargo는 연구, 국제적인 문제, 그리고 대학원 연구와 관련하여 많은 국내 및 국제 위원회와 이사회에서 활동하고 있다.

저자 서문

부모, 교사, 언어치료사들은 흔히 이중언어발달과 이중언어장애에 관해 다소 기초적인 의문을 제기한다. 이런 질문은 가정, 학교, 언어치료에서 아동에게 사용되는 언어를 다루는 문제이다. 이런 중요한 질문에 대한 대답을 이 책에서 찾을 수 있다. 그러나 대답은 아동들의 특별한 환경에 집중적으로 맞춰져 있을 것이다. 이런 환경은 새로운 언어를 학습하는 아동들을 돕는데 필요한 지원의 유형뿐만 아니라 제1언어를 어떻게 지속적으로 유지시킬 것인가에 영향을 준다.

저자들은 아동의 특별한 환경에 영향을 끼치는 중요한 요인을 확인하는 것으로 이런 질문에 답을 하고 있다. 여기에는 아동이 동시적 이중언어아동인지(또는 거의 동시적 이중언어아동), 제1언어 습득 이후 두 번째 언어를 습득하는 제2언어습득자인지, 제1언어가 다수언어인지 또는 소수언어인지 등을 포함하고 있다. 이런 구분으로 네 개의 집단으로 분류가 가능하지만(소수언어인 제1언어 습득 이후에 제2언어를 습득), 저자들은 아동이 처할 수 있는 특별한 환경에 따라 다양한 양상이 있음을 분명하게 하고 있다. 독자들이 다양한 양상의 정도를 이해하도록 하기 위해서, 저자들은 다양한 가상의 아동들을 소개하고 있으며, 그 아동들의 배경은 '두 번째 제1언어(second first language)'를 배우고 있는 국제입양아동들의 일반적인 상황을 포함하여 현실적인 언어학습 상황을 반영하고 있다.

이 책의 실제적인 기여는 매우 분명하다. 저자들은 중요한 교육적 및 임상적 문제를 제기할 뿐만 아니라, 이런 문제가 많은 사람들의 개인적 및 전문적인 삶에 중요하다는 것을 상기시켜 주는 부모, 교사, 언어치료사들의 편지를 소개하고 있다. 또한 저자들은 자신들의 견해에 관한 과학적인 근거를 독자들에게 제공하는 훌륭한 일을 하고 있다. 분명히, 저자들은 특별한 관점을 가지고 있다. 그러나 저자들은 각각의 문제에 관한 모든 측면을 다루기 위해서 노력하고 있으며, 저자들의 제안이 단지 제한된 증거를 근거로 하였을 때에는 그것을 분명하게 밝히고 있다.

이 책은 매우 성공적인 책의 개정판(2판)이다. 각 장은 가장 최신의 정보를 알려 주고 있으며, 개정판에서 새롭게 추가된 장은 매우 중요한 문제를 제시해 주고 있다. 이런 관심거리 중 하나가 국제입양아동들의 언어발달에 관한 것이다. 기대했던 것처럼, 저자들은 국제입양아동들의 언어습득에 영향을 줄 수 있는 다양한 상황들을 설명하는데 매우 주의를 기울이고 있다. 새로운 가정으로 입양되기 전에 아동들이 받은 언어자극의 유형 및 정도와 함께, 아동들의 입양 연령, 신체적 및 정서적 요구가 부합되는 정도, 영양상태 등은 모두 중요한 요인들이다.

초판과는 달리 이중언어학습자들의 읽기장애를 새로 다루고 있다. 읽기문제는 두 가지 주요한 원인으로 발생 가능하다. 첫째는 물론, 아동들이 제1언어에서 읽기장애를 가지고 있는 경우이다. 그러나 읽기장애는 아직 아동들의 이중언어구사력이 매우 제한되어 있을 시기에 제2언어 읽기를 배우기 때문에 나타날 가능성이 있다. 저자들은 각각의 이런 사례에서 고려되어야 할 많은 요인들을 논의하고 있다.

이 저서에서 나는 많은 중요한 것을 배웠으며, 몇몇은 매우 놀라운 것이었다. 예를 들면, 이 저서를 읽기 전에는, 부호혼합이 언어의 정교함을 나타내는 것일 수 있다는 것, 언어장애아동들이 하나의 언어를 배울 때와 비교하여 두 언어를 배울 때 더 많은 언어장애가 나타나지 않는다는 것, 언어 전이와 관련된 발달적 오류는 아동들이 제2언어를 습득할 때 많이 나타날 수 있다는 것 등을 생각하지 못하였다. 다른 독자들이 이 저서에 담겨 있는 놀랍고, 유용한 정보를 발견할 것이라고 믿어 의심치 않는다.

무엇보다, 이 저서에서 가장 진가를 인정할 만한 것은 저자들이 문화적 민감성에 대한 단순한 요구와 아동을 한 개인으로서 고려하는 필요성을 넘어서고 있다는 점이다. 저자들은 많은 다른 종류의 발달적, 교육적, 치료적 상황에서 개인적인 환경에 대한 민감성과 주의가 어떻게 실행에 옮겨질 수 있는가를 실제로 우리에게 보여 주고 있다. 우리에게 상세하게 값진 정보를 제공하고 있는 저자들의 노력에 깊은 감사를 드린다.

Laurence B. Leonard
Purdue University

감사의 글

이 책의 초판에 도움이 되는 조언을 해 주신 사람들(알파벳순)에게 감사를 전하고 싶습니다: Naomi Holobow(Montreal), Leila Ranta(University of Alberta), Mabel Rice(University of Kansas), Gail Venable(San Francisco), Lydia White (McGill University).

또한 이중언어와 제2언어 학습자들에 관한 우리의 연구를 위해 많은 지원해 준 다음의 기관에 감사를 드립니다: The Social Sciences and Humanities Research Council of Canada(Ottawa), the Hospital for Sick Children's Foundation(Toronto), the Canadian Langage and Literacy Research Network(University of Western Ontario), the Alberta Heritage Foundation for Medical Research(Edmonton), the Alberta Centre for Child, Family & Community Research(Calgary), the Kativik School Board(Montreal).

우리는 *Dual Language Development and Disorders*(2판)를 고인이 되신
Wallace (Wally) E. Lambert(1922~2009) 교수께 바칩니다.
Wally는 McGill 대학교 심리학과에서 36년간 교수로 재직하였으며,
아동이중언어 연구 분야의 개척자였습니다.
Wally는 우리 모두의 멘토였으며, 그의 연구는 부모들, 교육자, 임상가, 그리고
전 세계 연구자들에게 영향을 주었습니다.

차례

제 3 부 이중언어와 언어장애

제 1 부

기초

제 1 장

도입

아이들은 매우 다양하다. 아이들은 그들을 돌보는 사람을 기쁘게 하고, 어리둥절하게 하며, 어렵게 만드는 여러 측면에서 차이를 보인다. 이러한 차이가 아이들을 독특한 한 개인으로 만들어 주며, 아동양육을 힘들게 하거나 즐겁게 만든다. 아동들에게 전문적인 지원을 하는 교육자, 의사, 언어치료사, 심리학자와 다른 성인들이 이런 아동의 차이를 고려하는 것이 어려울 수 있는데, 특히 차이를 보이는 원인이 자신들의 전문분야가 아닐 때 그러하다. 이 책에서는 모든 아동들에게 있는 차이는 물론이고, 언어와 문화적인 차이를 가지고 있는 아동들에게 초점을 두고 있다. 이들이 **이중언어아동**(dual language learners)이다. 이중언어아동들은 학령전기 또는 학령기의 아동들로서 영아기부터 두 언어를 동시적으로 배우는 아동과 제1언어가 확립된 이후에 제2언어 학습과정에 있는 아동들이다.

동시적으로 이중언어를 습득하는 것, 그리고 제1언어를 습득한 이후에 제2언어를 습득하는 것 자체가 아동을 예외적이거나 특이하게 만들지는 않는다. 아마도 전 세계적으로 단일언어를 사용하는 아동의 수만큼 이중언어를 사용하는 아이들이 있을 것이다(Tucker, 1998). 그러나 영아기와 아동기에 두 개의 언어를 배우는 것은 아동들 간의 개인차를 추가한 경험의 차이를 보여 준다. 특히 단일언어아동을 표준으로 여기는 지역사회에서는 흔히 이중언어아동들은 다르다고 생각한다. 단일언어아동에 대한 편향은 단일언어에 관한 이론과 연구가 양적으로 많은데 비하여 이중언어와 제2언어습득에 관한 연구가 상대적으로 적은 것에서 찾아볼 수 있다. 이 책의 전반적인 목적은 아동기 이중언어와 제2언어습득 연구에 관한 중요한 개요를 제공하기 위해서이며, 그렇게 하는 것으로, 이중언어아동들이 어떻게 다를 수 있는가, 그리고—가장 중요한 것은—이중언어아동의 차이가 결함 또는 장애와 동의어 이거나 완곡한 표현이 아니라는 것을 보여 주는 것이다. 이 책의 관점은 아동기의 언어학습에 하나 이상의 건강하고 정상적인 경로가 있으며, 이중언어학습은 보다 잘 이해되고 존중되어야 할 필요가 있다는 것이다(Genesee, 2003). 두 개 또는 그 이상의 언어를 적절하고 효과적으로 사용할 수 있는 것은 개인적, 사회적, 전문적인 자산이라고 믿고 있다.

이 책은 다양한 유형의 이중언어아동 언어발달과 문해발달에 관한 전형적인 특성에 중점을 두고 있다(다음 장에서 설명하고 있는 '누가 이중언어아동인가'에서 설명하고 있음). 또한 언어장애와 읽기장애가 있는 이중언어아동들의 발달특성과 이런 아동들의 평가와 중재 시 고려해야 할 점에 대하여 중점적으로 다루고 있다. 이중언어아동들의 언어장애와 읽기장애를 적절하게 확인하고, 장애가 있는 이중언어아동들을 위한 중재전략과 교육프로그램을 결정하는 것이 주요한 관심이다. 이 책의 전반적인 목적은 정상적으로 발달하고 있거나 언어장애가 있는 이중언어아동 및 제2언어를 습득하고 있는 아동들의 부모와 이와 관련된 일을 하는 전문가들을 위하여 이중언어와 제2언어습득과 대하여 우리가 알고 있는 포괄적이고 최신의 정보를 통합적으로 제공하여, 가정과 학교에서 언어를 선택하는 것에서부터 임상적으로 분명한 발달지연과 장애의 유무를 확인하는 것까지 관련된 문제에 대하여 정보에 입각한 판단을 내릴 수 있도록 하는 것이다.

이 책의 주요 독자는 읽기장애와 언어장애가 있는 아동들을 가장 가까이서 만나고 있는 언어치료사들이다. 또한 보육시설이나 교실에서 이중언어아동 또는 제2언어를 습득하고 있는 아동을 지도하고 있는 보육교사, 유치원이나 어린이집 선생님, 특수교육 전문가(읽기장애 전문가를 포함하여), 학교교사, 이런 아동들을 가르치고 있는 교사를 교육시키는 교사 교육자(teacher educators), 그리고 아동들의 상태를 상담해 줄 수 있는 소아과의사와 지역사회 의료 전문가(health care professionals) 등도 주요 독자가 될 것이다. 이중언어환경에서 아동을 양육하고 있거나 제2외국어를 습득하고 있는 자녀를 양육하고 있는 부모들도 이중언어발달에 대하여 많은 관심을 가지고 있기 때문에 이 책의 독자가 될 것이다. 부모들의 염려로 흔히 아동 의뢰절차가 시작되며, 중요한 것은 결국 부모들이 전문가들의 조언을 잘 이해하여 아동의 행동에 관해 중요한 결정을 내려야 한다는 것이다.

이 책은 독자들의 연구 분야, 이론, 임상적인 배경이 광범위하고 다양하기 때문에 가능한 일반적으로 서술하려고 노력하였다. 그러나 전문성이 중요한 경우에는 자세한 전문적인 정보를 제공하였다. 전체 내용에서 주요 개념은 글상자에서 자세하게 논의하였으며, 강조한 용어들은 익숙하지 않은 독자를 위해서 책의 마지막 부분에 있는 용어해설에서 설명하였다. 용어해설에 있는 용어들은 책에서 진하게 표시를 하여 강조한 용어들이다.

이 책의 저자들은 학령전기와 학령기 아동의 이중언어습득에 대하여 연구하고 있다. 저자들은 모두 교육자이며, 관심과 경험을 이 책에 담았다. John Paradis의 연구 주제는 프랑스어와 영어 동시적 이중언어발달, 소수언어 아동의 제2언어로서 영어습득, 그리고 이러한 습득 과정에서 발생하는 개인차에 관한 것이다. Paradis는 또한 언어장애가 있는 프랑스어-영어 이중언어아동들의 언어특성을 연구하고 있으며, 가장 최근에는 제2언어학습자들의 영어학습에 중점을 두고 있다. 정상적으로 발달하거나, 언어장애가 있는 제2언어학습자에 대한 Paradis 연구의 목적은 평가 상황에서 효과적으로 이들 아동들을 구별하는 방법을 개발하는 것이다. Paradis는 미국과 캐나다에 있는 언어치료사와 교사들을 대상으로 아동 이중언어와 제2언어습득, 언어평가의 고려점 등에 관해 많은 세미나와 워크숍을 개최하였다.

Fred Genesee는 심리학을 전공하였으며, 다수언어와 소수언어 학생의 이중언어 형태와 몰입교육의 효과에 대해 광범위한 연구를 하고 있다. 1988년 이후 학령전기 동시적 이중언어습득에 대한 연구를 집중적으로 하고 있다. 그는 언어학습을 위한 뇌의 역량을 알아보기 위해 동시적 이중언어아동들의 일반적인 이중언어발달 형태를 확인하는데 관심을 가지고 있다. 최근에, 그의 연구는 국제입양아동들의 초기 언어발달과 제2언어를 학습하고 있는 아동들의 읽기발달과 읽기장애에 중점을 두고 있다. 또한 이중언어와 제2언어를 배우고 있는 아동들의 교육을 담당하는 전문가를 위해 수많은 전문적인 책을 쓰고 있다.

Martha Crago는 수년간 언어치료사로 일을 했으며, McGill 대학에서 언어병리학 박사학위를 받기 전에 McGill 대학의 언어치료학과에서 임상실습지도를 담당하였다. 그녀는 정상발달아동과 언어장애아동들의 교차언어적인 특성뿐 아니라 언어발달과 문화적 정체성에 관해서도 중점적으로 연구를 하고 있다. 또한 북부의 토속 이뉴잇족 지역사회 출신 아동과 캐나다 서부의 주류 집단 출신 아동들에 대해서도 연구를 하고 있다.

이중언어아동은 누구인가?

이중언어아동(dual language children)과 **이중언어학습자**(dual language learner)라는 용어를 이 책 전체에서 사용하고 있다. 다음 장이 시작되기 전에 이러한 학습자가 누구이며, 때로 별개의 집단으로 고려해야 할 이유에 대해 설명하고자 한다. 두 가지 매우 주요한 측면에서 이중언어아동들은 서로 차이가 있다: 1) 아동들이 다수민족언어 지역사회의 구성원인지 또는 소수민족언어 지역사회의 구성원인지의 여부, 2) 영아기 때부터 동시적으로 두 개의 언어를 습득하였는지, 또는 제1언어습득 이후에 제2언어를 습득하는지의 여부. 이런 교차적인 특성에 의해서 만들어진 4개의 넓은 범주의 아동 집단 간에는 차이가 있으나, 이런 것들이 이 책 전체에서 언급하고 있는 주요 범주이다.

다수민족언어 지역사회(majority ethnolinguistic community)는 한 개인이 속한 지역사회로서 그 지역사회에 거주하는 대부분의 인구들이 사용하는 언어를 사용하거나 그 지역 내 대부분의 사람들이 속해 있는 민족/문화집단에 개인이 속하는 경우에 그 개인은 다수민족언어 지역사회에 속한다. 그 지역사회는 한 나라와 같은 큰 규모일 수도 있고, 나라에 속한 주 또는 그 보다 더 작은 지역에 해당 될 수도 있다. 다수언어와 문화는 일반적으로 그 지역사회의 공식적인 문화와 언어로 인식되어 있다. 다른 경우는 비공식적으로 그 지역사회에서 높은 지위의 문화와 언어로 인정받고 있는 경우이다. **다수언어**(majority language)는 그 지역사회의 신문, 매스컴, 법정, 정치단체에서 사용하고 있는 언어이다. 미국의 백인, 캐나다의 영국계 캐나다인, 독일의 독일어 사용 화자가 그 예이다. 이 책에서는 또한 **다수집단**(majority group)이라는 용어를 동의어로 사용한다. **소수민족언어집단**(minority ethnolinguistic community)은 **소수언어**(minority language)를 사용하고 소수문화에 속해 있는 사람들로 구성된 지역사회를 의미한다. 이 집단의 언어와 문화는 인구학적으로 소수이거나, 상대적으로 낮은 사회경제적 지위와 정치적 영향력을 가지고 있다. 미국에서 히스패닉 출신의 스페인어를 사용하는 인구집단, 캐나다의 중국어 사용집단, 이뉴잇족의 언어(inuktitut)를 말하는 집단, 미국 내 호피족(Hopi), 나바호족(Navajo)의 언어를 말하는 사람들이 해당된다. 이 책에서는 **소수집단**(minority group)이라는 용어와 동의어로 사용하고 있다.

다수언어와 소수언어의 구분은 이분법적인 것이 아니라 연속체의 종점(end points)을 반영하는 것이다. 예를 들어 몇몇 소수언어사용 공동체(지역)는 다른 지역에 비하여 보다 소수집단에 속한다. 캘리포니아의 스페인어사용 소수집단은 그 곳의 한국어사용 집단보다 연속체에서 중간에 더 가깝다. 그 이유는 그 지역에 살고 있는 스페인어를 사용하는 많은 사람들의 수가 적은 수의 한국사람들에게서 부족한 어떤 지위와 힘을 부여하기 때문이다. 언어의 지위는 화자가 살고 있는 지역에 따라서 다를 수 있다. 예를 들면, 캐나다 전체에서 프랑스어를 말하는 사람들은 소수언어민족공동체에 해당하지만 퀘벡지역에서는 다수언어공동체가 된다. 프랑스어가 그 나라의 공식적인 언어이기 때문에, 프랑스어 화자가 수적으로 분명하게 소수언어에 속하는 지역에서도 프랑스어 학교 교육과 정부지원(법으로), 프랑스어 매스미디어, 정부지원 문화센터와 이벤트를 접할 수 있어서 다른 민족언어공동체보다도 높은 지위를 누린다. 이와 유사하게 미국 내 서부 플로리다와 텍사스(상대적으로 지위가 높은 지역)에서부터 중서부 또는 북서부(상대적으로 지위가 낮은 지역)까지 스페인어의 지위는 미국 내에서 매우 다양하다. 그러나 스페인어는 미국의 공식적인 언어가 아니며, 흔히 이주 지역사회와 관련이 있다. 따라서 지역 내에 많은 화자가 있음에도 불구하고 캐나다의 프랑스어와는 지위가 다르다.

다수-소수언어의 구별은 아동들의 언어습득결과를 예측하는데 중요할 수 있다. 예를 들면, 언어지역사회의 규모와 지위가 하나의 언어를 자주, 다양하고 풍부하게 들을 수 있는 언어입력의 기회를 결정할 수 있으며, 민족언어 지역사회 또는 출신지역사회에 대한 태도와 언어를 유지하려는 동기화에도 영향을 끼칠 수 있다. 소수언어와 소수문화일수록 아동들이 성장함에 따라 그들의 언어와 문화는 감소하거나 손실되기 쉽다. 이것은 4장과 6장에서 보다 자세하게 논의하고 있다.

동시적 이중언어(혹은 이중언어아동)는 태어나면서부터 또는 출생 이후 바로 두 개의 언어에 노출되어 이중언어를 습득할 수 있는 환경에 있는 아동을 의미한다. 이론적으로 이중언어아동들은 출생부터 두 개의 언어에 매우 정기적으로 노출된 아동들이다. 그러나 이것이 각 언어에 동일하게 노출되었다는 의미는 절대로 아니며, 4장과 특히 5장에서 동일하지 않은 노출의 영향에 대하여 논의하고 있다. **제2언어학습자**(Second language learners)는 제2언어를 배우기 전에 이미 하나의 언어를 습득한 아동을 말한다. 이런 아동들은 또한 **순차적 이중언어**(sequential 혹은 successive bilingual)라고 부르기도 한다. 이중언어와 제2언어습득을 구분 짓는 발달상의 확정적인 시점은 없다. 많은 연구자들은 흔히 3세 연령을 경계선 연령으로 받아들이는데, 여기에는 두 가지 이유가 있다. 첫째, 모국어 어휘와 문법이 이 시점에서 잘 확립이 될 수 있으며, 그 결과 이미 하나의 언어를 말할 수 있고, 신경학적으로 보다 성숙해진 효과가 제2언어학습에서 분명하게 나타날 수 있다(6장에서 설명하고 있음). 이런 효과는 만약 아동이 14개월에 추가적인 언어(additional language)에 노출이 되었다면, 덜 분명할 수 있다. 둘째, 일반적으로 초기에 두 언어를 배우고 있는 모든 아동들은 나이가 들면서 두 언어에 유창한 화자가 될 것이다. 그러나 출생과 함께 또는 3세나 4세 연령에 언어학습을 시작하지 않았을 경우 언어습득결과에 미묘한 차이가 있다는 증거가 있다(6장과 7장에서 설명하고 있음).

동시적 이중언어이든 제2언어를 습득하는 아동이든 아동들의 언어발달에 진전이 얼마나 많이 이루어졌는가를 평가하는 것은 중요하다. 이중언어집단 중 하나인, 동시적 이중언어아동은 동일한 연령의 제2언어를 학습하는 아동보다도 당연히 두 언어에서 더 많은 언어적 경험을 하였을 것이다. 아동들의 언어학습 경험이 많을수록 언어능력이 우수할 것이다. 또한, 앞에서 언급했던 것처럼, 동시적 이중언어아동들은 매우 어린 나이에 두 언어에 노출되었으며, 한 언어에 처음으로 노출된 시기가 장기적인 결과에 영향을 끼칠 수 있다. 마지막으로, 동시적 이중언어와 제2언어학습자 간 차이는 각 언어가 사용되는 상황에서 나타날 수 있다. 대부분 동시적 이중언어아동들은 가정에서 두 언어를 배우며, 제2언어학습자는 흔히, 가정과 학교, 지역사회의 언어가 다르다.

이중언어아동은 다수-소수, 이중언어-제2언어학습자로 구별하여, 다음 4개의 하위집단으로 나누어 생각해 볼 수 있다.

1. 출생부터 또는 최소한 3세 연령에 두 개의 언어를 동시적으로 습득하였거나, 배우고 있는 다수민족언어집단 출신 아동.
2. 제1언어가 확립된 이후에 제2언어를 배우고 있는 다수민족언어집단 출신 아동. 제2언어는 그 지역사회의 소수, 또는 다수언어가 될 수 있다.
3. 출생부터 또는 최소한 3세 연령에 두 개의 언어를 동시적으로 습득하였거나, 배우고 있는 소수민족언어집단 출신 아동. 한 언어는 다수언어가 될 수 있다.
4. 제1언어가 확립된 이후에 제2언어를 배우고 있는 소수민족언어집단 출신 아동. 제2언어는 일반적으로 다수언어이며, 학교에서 교육을 받는 언어이다.

이런 이중언어 유형에 관한 개인적인 사례를 설명하기 위해서, 다음 섹션에서 각 하위집단에 해당하는 가상의 아동을 설정하여 자세하게 설명하고 있다. 여기에서 소개하는 아동들은 각 하위집단을 대표하는 주요한 특성이 있으며, 교육자와 임상가들에게 중요한 측면들을 가지고 있는 아동들이다. 이 책 전체에서 논의하고 있는 이중언어아동들의 특성과 개념을 설명하기 위해서 이 아동들을 언급하고 있다. 이중언어학습자의 하위집단과 그 집단을 대표적으로 보여 주고 있는 아동들은 **그림 1.1**에 제시하였다. 그림에서 집단 간 확정적인 경계가 없다는 것을 설명하기 위해서 범주 간 점선으로 표시를 하였다. 또한 이 책의 7장에서는 국제입양아동(IA)의 언어발달에 대하여 논의하고 있다. 국제입양아동들은 입양 전에 경험한 언어와 다른 언어를 사용하는 가족들이 입양한 아동들이다. 예를 들면, 중국에서 태어나 1년 동안 중국에서 성장하였으나, 캐나다 또는 미국의 영어를 사용하는 가족이 입양한 경우이다. 다음 섹션에서 설명하고 있는 가상의 사례는 러시아에서 입양한 여아이며, '두 번째 제1언어(second first language)'로 영어를 배우기 전에 러시아에서 노출되었다. 이러한 아동들이 입양이 되어 입양된 가족의 언어에 노출되면, 제1언어 또는 모국어학습이 중단되기 때문에 독특한 이중언어학습자이다. 이 책에서 이들 아동들에게 특별한 관심을 가지는 것은 흔히 국제입양아동들이 언어발달지연 또는 언어발달장애 위험이 있는 것으로 여겨지기 때문이다. 여기에는 많은 이유가 있다: 1) 국제입양아동들은 흔히 입양 전에 사회적 및 신체적 박탈을 경험한다. 2) 어떤 언어습득이론에 따르면 국제입양아동들의 모국어습득 중지는 새로운 언어습득을 위한 신경인지적 기반을 약화시킬 수 있다. 3) 제2언어습득을 위한 전형적인 결정적 시기에 해당할지라도, 새로운 언어에 노출된 시기는 지연되어 있다. 모든 이런 문제는 7장에서 다루고 있다.

국제입양아동들은 **그림 1.1**에서 제시하고 있는 전통적인 용어 또는 우리가 사용하는 용어로 분류하기 어렵다. 국제입양아동들이 비록 1세 또는 2세 이전에 입양된 나라의 언어를 배울지라도, 출생국 언어습득이 중단되고, 새로운 언어를 습득하는 시기가 늦기 때문에 동시적 이중언어아동과 다르다. 또한 국제입양아동은 제1언어를 지속적으로 습득하고 사용하는 전형적인 제2언어습득아동과도 다르다. 국제입양아동의 언어습득이 출생에서부터 추가적으로 언어를 배우는 동시적 이중언어아동과 유사한지 또는 제2언어습득 아동과 유사한지 그 여부를 결정하기에는 현재까지 연구가 충분하지 않다. 따라서 이들은 독특한 유형의 이

	다수집단	소수집단
동시적 이중언어	• 두 언어를 널리 사용함/지위가 높음 *James*	• 하나 또는 두 언어 모두 널리 사용되지 않음/지위가 높지 않음 *Bistra* *Gabriela*
제2언어학습자/ 순차적 이중언어	• 모국어(제1언어)가 널리 사용됨/지위가 높음 • 제2언어로 교육받음/그 지역사회의 다수 또는 소수언어임 *Samantha* *Trevor*	• 모국어(제1언어)가 널리 사용되지 않음/지위가 높지 않음 • 그 지역 또는 보다 넓은 지역의 제2언어/다수언어로 교육을 받음 *Luis* *Bonnie* *Faisal* *Pauloosie*

그림 1.1 이중언어학습자의 유형

중언어습득 아동들이다. 어떤 경우에, 그리고 이 책에서 논의하고 있는 다른 이중언어아동 사례에서처럼, 국제입양아동들의 일반적인 발달에 대하여 적절하게 예측을 하고, 필요한 부가적 지원의 여부 및 지원의 종류를 판단하기 위해서 이들 아동들의 언어발달에 대한 탄탄한 과학적인 이해가 필요하다. 요약하면, 국제입양아동의 언어발달과 언어발달 영향요인을 이해하는 것은 이들에게 언어학습 환경과 언어능력 촉진을 위한 지원을 제공하기 위해서 중요하다.

동시적 이중언어아동의 프로파일

James

James는 캐나다에서 프랑스어를 사용하는 가장 큰 도시인 퀘벡 주 몬트리올에 살고 있다. James의 어머니는 프랑스계 캐나다인이며, 프랑스어와 영어를 유창하게 말하지만 James와 상호작용은 주로 프랑스어로 한다. James의 아버지는 영국계 캐나다인이다. 아버지는 실제로 영어-프랑스의 이중언어사용자 이지만 James에게 주로 영어를 사용한다. 부부는 James가 이중언어사용자가 되도록 하기 위해서 아들에게 각자의 모국어를 사용하기로 결정하였다. 실제 James에게는 두 개의 제1언어가 있으며, 동시적 이중언어아동이다. James는 가정의 일상생활에서 프랑스어와 영어 두 개의 언어를 듣고 사용한다. 집 밖의 환경에서도 학교 친구들 및 가족의 친구들과 두 언어를 사용하는데, 친구들과 가족의 친구들은 영어만을 사용하거나, 프랑스어만을 사용하기도 하며, 몇몇은 프랑스어와 영어 두 언어 모두를 사용한다. James가 이중언어사용자 이지만 몬트리올이 프랑스어 사용이 우세한 지역이라서 영어보다 프랑스어에 약간 더 능숙하다. James는 퀘벡의 영어와 프랑스어 다수집단의 가정에서 성장하였기 때문에 다수집단의 동시적 이중언어아동이다. 이것은 가정 내에서 이중언어습득을 할 수 있는 많은 지원이 있었을 뿐만 아니라, 가게, 친구, 영화 등의 지역사회 내 시설에서 두 개의 언어가 사용되고 있다는 것을 의미한다. James의 부모는 영어를 사용하거나 프랑스어를 사용하는 학교를 선택하여 아들을 보낼 수 있으며, 영어를 사용하는 아동들을 위해 고안된 프랑스어 **몰입교육 프로그램**(immersion program)에 보낼 수도 있다. James의 부모는 프랑스어를 사용하는 학교를 선택했으며, James를 영어 여름캠프에 보낼 계획이다.

전 세계의 많은 아동들이 James와 유사하며, 두 개의 언어를 습득하고 있는 다수가정 출신의 아동들이다. James의 경우는 부모에게서 이중언어를 배우고 있다. 다른 경우에는 조부모, 보모 등 언어입력의 근거가 다를 수 있다. **글상자 1.1**은 맞벌이를 하는 미국인 부모가 아이들 양육하기 위해 스페인어를 사용하는 보모를 선택한 *The New York Times*(2002)의 글을 인용한 것이다. 이들 부부는 스페인어를 사용하는 보모를 고용하여 아이들에게 영어와 함께 스페인어를 배울 수 있는 기회를 주고자 하였다. 심리언어학적 관점에서 볼 때, James와 같은 동시적 이중언어아동은 양쪽 언어를 완전히 유창하게 습득할 가능성이 있는 확실한 이중언어학습자이며, 그것은 James가 살고 있는 환경적 지원 때문에 가능하다.

글상자 1.1

The New York Times

2002. 9. 19

"Hello Mommy, Hola Nanny: 이민자 보모, 언어교사의 역할도 하다"
—by Mireya Navarro

다니엘은 'mommy', 'vacuum'와 같은 첫 단어를 말하였으며, 이것은 아마도 아버지가 가장 듣고 싶었던 말이 아닌, 다니엘이 진공청소기에 빠져 있다는 것을 보여주는 것일 것이다.

그러나 다니엘의 첫 낱말에는 agua(물), bonito(pretty)와 같은 낱말도 포함되어 있었는데, 이것은 태어난 지 1주일 이후부터 다니엘을 돌본 엘살바도르 출신의 보모에게서 배운 단어들이다.

보모인 로페즈는 영어를 할 줄 몰랐으며, 다니엘의 부모도 스페인어에 유창하지 않았다. 2세인 다니엘이 서로 간에 쉽게 소통할 수 있는 가정 내 유일한 사람이다. 이민자 인구가 많은 뉴욕과 많은 다른 지역의 보모처럼, 다니엘의 보모도 다니엘의 돌볼 뿐만 아니라 말을 가르쳐 주는 역할을 하고 있다.

지난 10년 동안 맞벌이 부부들에게 보모가 필요하게 되는 상황이 증가하고, 그런 일자리를 구하는 이민자들이 늘어남에 따라 보모는 영어를 사용하는 아이들에게 다른 나라 말을 가르치는 선생님 역할을 하고 있다. 다른 언어를 사용하는 이민자 부모를 둔 아동들과 함께 이러한 경향은 많은 놀이터에서 문화적인 현상으로 두드러지게 나타나고 있다.

Bistra

Bistra는 4세이며, 아이오와에 살고 있다. 부모들은 둘 다 슬라브어학과에서 박사학위를 마무리 하고 있는 대학원생들이다. 부부는 슬라브어학과에서 만나 결혼하였다. Bistra의 아버지는 미국인으로 영어를 사용하며 러시아에 유창하고 불가리아어도 약간 할 수 있다. Bistra의 어머니는 불가리아 출신이며, 미국으로 이민을 왔다. 그녀는 불가리아어가 모국어이며 영어와 러시아어 모두 유창하다. Bistra의 어머니는 아이가 출생했을 때부터 불가리아어로 아이에게 말을 하였으며, 아버지는 영어만을 사용하였다. 부부는 서로 영어로 말을 하며, 때로 러시아어를 사용하기도 한다. Bistra는 영어를 사용하는 유아원에 다니고 있다. James처럼 Bistra도 동시적 이중언어아동이지만, James와 달리 Bistra의 불가리아어는 밖에서 많이 사용되는 언어가 아니다. 따라서 Bistra는 미국에서 불가리아어를 말하는 소수집단 언어사용자라고 할 수 있다.

Bistra의 어머니는 Bistra가 불가리아어로 유창하게 말하고 읽고 쓸 수 있는 것이 매우 중요하다고 생각하고 있지만 이것은 쉬운 일이 아니다. Bistra가 살고 있는 지역에는 가족과 몇몇 부모의 친구들 외에는 불가리아어를 말하는 사람들이 없어서 Bistra가 불가리아어를 듣지 못하며, 특히 또래들과 날마다 불가리아어로 말할 기회가 없다. 또한 Bistra의 유아원은 영어를 사용하며, 다닐 학교도 영어를 사용할 것이다. 4세인 지금 불가리아어보다 영어를 더 유창하게 말하며, 때로 어머니와 대화를 할 때 불가리아어를 영어로 바꾸어 말한다.

많은 이민자 및 난민가족들이 **유산언어**(heritage language)를 유지하는 것은 흔히 어렵다. Bistra와 같은 아이들은 소수언어사용을 거부하고 오직 영어로만 말하려고 하는 단계를 겪으며, 심지어 유산언어를 사용하는 사람들과도 영어만을 사용하려고 한다. 몇몇 아동들은 학교에 입학하면 소수언어의 대부분 또는 전부를 잃어버릴 것이다. 부모들은 아이들에게 소수언어로 폭넓고 풍부한 경험을 제공하기 위해 문화행사, 비디오, DVD 또는 책과 같은 자원을 찾는 것이 불가능하다. 그러나 많은 부모들이 소수언어 사용을 고수하고 있으며, 고국으로 여행을 가는 것을 포함하여 그 언어를 사용하는 곳에 아이들을 더 많이 노출시킬수록 학교 입학 이후에도 소수언어능력을 유지할 것이다. 특히 소수집단 아이들이 소수언어를 완전한 모국어와 같이 유창하게 습득하기 위해서는 동일한 소수언어를 사용하는 또래들과 상호작용하는 기회를 갖는 것이 중요하다. Bistra는 4세 연령의 동시적 이중언어아동이다. 그러나 Bistra가 유창한 이중언어사용 성인이 될지는 확실하지 않다. 유산언어 손실에 대해서는 4장과 6장에서 논의하고 있다.

Gabriela

Gabriela는 6세이며, James와 Bistra처럼 태어나면서부터 스페인어와 영어 두 언어에 노출된 동시적 이중언어아동이다. Gabriela는 부모처럼 뉴욕에서 태어나 여전히 뉴욕에서 살고 있다. Gabriela의 어머니는 간호사이며, 아버지는 보험회사에서 일을 하고 있다. Gabriela의 외가와 친가 모두 Gabriela의 아버지와 어머니가 어렸을 때 푸에르토리코에서 뉴욕으로 이주를 했다. Gabriela의 부모와 조부모는 가정에서 스페인어를 더 많이 사용하려고 노력하고 있지만 모두들 영어와 스페인어 이중언어사용자들이다. Gabriela의 이웃에는 많은 푸에르토리코 출신들이 살고 있어서, 가정에서뿐 아니라, 교회, 학교, 놀이터 등의 지역 내에서 스페인어에 노출되어 있다. Gabriela는 유치원에 가기 전에 영어 유아원에 다녔으나, 지금은 3학년까지 스페인어로 가르치는 스페인어-영어 이중언어학교 1학년이다. 이중언어 프로그램의 언어와 학업적인 발달에 관한 보다 자세한 사항은 8장에 제시하였다.

Gabriela가 이민 3세대라는 점에서 이중언어아동 중에서 특이하다. 그런데도 여전히 스페인어를 사용하고 있다. 많은 2세대 이민자들이 모국어를 잃어버린다. Gabriela의 가족은 모국어를 보존하는 것이 중요하다는 신념과 모국어에 대한 자부심으로 스페인어 사용을 유지하려고 노력하였다. 또한 뉴욕에 살고 있는 푸에르토리코인들은 쉽게 뉴욕과 푸에르토리코를 왕래할 수 있다. 그 결과 스페인어는 뉴욕에서 널리 사용되는 소수언어이며, Gabriela의 가족들은 스페인어가 일상적으로 사용되는 곳에 살고 있다. Gabriela는 이미 연휴에 푸에르토리코에 두 번 다녀왔다.

James, Bistra와 달리 Gabriela의 부모는 가정에서 두 언어를 사용하기 때문에 한 사람의 부모가 하나의 언어를 사용하는 것과는 관련이 없다. Gabriela의 부모 모두 스페인어와 영어에 유창하다. 동시적 이중언어환경에서 부모 중 한쪽이 단일언어사용일 경우 아동의 이중언어가 유지되는데 어려움이 있다. 예를 들어, Bistra의 아버지는 불가리아어를 약간 사용할 수 있으나 딸과 대화를 할 만큼 유창하지는 않다. 반대로 Gabriela는 양쪽 부모와 스페인어와 영어 모두를 자유롭게 말할 수 있다. Gabriela의 부모가 영어와 스페인어에 능숙하기 때문에 때로 대화에서 두 언어의 단어를 혼합하여 사용한다. 이런 현상을 **부호혼합**이라고 하며, 전 세계적으로 이중언어사용에서 일어나는 일반적인 현상이다. 어떻게 부호혼합이 일어나고, 아동들이 어떻게 부호혼합을 하는가는 5장에서 자세하게 설명하고 있다.

Gabriela는 James와 유사한 환경에서 성장하고 있는 것처럼 보인다. 그러나 **그림 1.1**에서 보면, Bistra처럼 Gabriela는 소수언어 동시적 이중언어로 분류되고 있다. 이것은 스페인어가 뉴욕과 미국 내 많은 지역에서 널리 사용되고 있고, Gabriela는 스페인어를 사용하는 환경에서 성장하기 때문에 일생 동안 이중언어를 유지할 수 있는 조건에 살고 있다. Bistra와 Gabriela의 상황을 비교하는 것은 앞에서 설명한 다른 관점의 예시이다: 소수언어의 개념이 연속선상에 있다. 어떤 언어는 다른 언어에 비하여 더욱 더 소수언어에 속할 수 있고, 이것은 아동의 언어노출과 언어에 대한 태도에 영향을 줄 수 있으며, 결과적으로 이중언어성인이 될 수 있는 기회에 영향을 미칠 수 있다. 유치원과 초기 학령기의 James, Bistra, Gabriela와 같은 동시적 이중언어아동들의 언어발달은 4장에서 자세하게 제시하고 있다.

제2언어습득자의 프로파일

Samantha

Samantha는 7세이며, 애리조나 주 Tucson에 살고 있다. Samantha의 부모 둘 모두 영어 단일언어사용자이다. 따라서 Samantha는 유아기에 집에서 영어를 사용하였다. Samantha의 부모는 Samantha가 3세 때 스페인어를 말하는 아이들이 다니는 유아원에 보냈으며, 5세 때 스페인어 몰입프로그램에 등록시켰다. 그 결과 Samantha가 이중언어사용자가 될 수 있었다. Samantha의 부모는 미국의 남서부지역뿐 아니라 다른 지역에 큰 히스패닉 지역사회가 있고, 스페인어가 전 세계적으로 가장 널리 사용되는 언어 중 하나이기 때문에 Samantha가 스페인어와 영어 이중언어사용자가 되는 것은 필요하다고 생각했다. 스페인어를 아는 것은 Samantha가 여행을 하거나 국제적 규모의 전문직 관련 기회를 가져다 줄 수 있다.

James처럼 Samantha도 다수집단 이중언어학습자라 할 수 있다. Samantha의 부모와 Samantha가 살고 있는 지역이 다수언어집단에 속하기 때문이다. 그 결과 Samantha는 높은 지위의 민족언어집단에 속하는 언어 문화적 이득을 가지고 있다. Samantha가 학령전기와 학령기에 스페인어에 집중적으로 노출된다고 해서 영어를 잃어버릴 염려는 없다. Samantha는 스페인어를 배우면서 스페인 문화의 가치와 문화적 방식을 경험하는 동시에, 가정, 지역사회에서 주류 미국 문화와 영어에 광범위하게 노출되고 있고 있기 때문에 그 집단의 가치와 성향을 배울 수 있다. 8장에서 논의했던 것처럼, 초등학교의 몰입교육 프로그램은 일반적으로 언어과목 교육과 몇몇 수업을 영어로 제공하고 있다. 영어와 제2언어교육 비율은 프로그램에 따라 다르다. 따라서 Samantha는 스페인어와 함께 학교에서 영어로 교육을 받을 것이다.

James와 비교하였을 때, Samantha는 제1언어를 습득한 이후에 제2언어습득을 시작하였다는 점에서 제2언어 습득자이다. Samantha는 운이 좋게 이중언어학습자가 되었다. Samantha 부모의 약간의 노력으로 아동과 성인을 포함한 많은 스페인어 모국어 사용자들과 접촉할 수 있었고 이것은 Samantha의 유창한 스페인어 습득을 가능하게 해 주었다. 다른 제2언어습득자들은 지역에 모국어 사용자가 거의 없거나 아예 없어서 그렇게 운이 좋지 않다. 예를 들면, 오리건 주의 어떤 아이들은 초등학교 때 일본어 몰입교육 프로그램을 시작한다. 일본어 몰입프로그램에 참여하는 모든 아이들은 영어 모국어 사용 아동들이고 오리건 주에는 규모 있는 일본인 인구가 없기 때문에 일본어 몰입교육에 참여하는 아동들은 상대적으로 일본어를 말하는 방식을 접할 기회가 거의 없어서 일본어를 유창할 정도로 습득하는 것은 매우 어렵다. 이런 어려움에 대한 해결 방안으로 일본어 몰입프로그램을 실시하는 학교에서는 일본에 있는 학교와 교환 방문을 주선하여 여름방학 기간에 일본인 가족들과 함께 생활할 수 있는 프로그램을 실시하고 있다. 전 세계의 많은 부모들이 아이들을 제2언어 몰입학교에 보내어 두 개 언어를 유창하게 말하도록 하고 있다(Christian & Genesee, 2001, Johnson & Swain, 1997).

Trevor

Trevor는 6세이며 시카고 북쪽 교외의 작은 지역에서 태어났다. Trevor의 부모는 영어를 사용하는 미국인이다. Trevor의 아버지는 전 세계에 지점을 둔 큰 제약회사에서 일을 하며, 2년 전 유럽사무소의 책임자로 독일 베를린에서 근무하고 있다. 가족이 독일로 갈 때 Trevor는 아직 학교에 입학하지 않았다. 독일에서 근무를 할 때 부모들은 미국 아이들을 위해 영어를 사용하는 베를린 국제학교에 Trevor를 입학시킬 수 있었지만, 독일 공립학교에 입학시켜 독일어를 배우고 독일 아이들과 어울릴 수 있도록 했다. Trevor가 입학 후 6개월은 학교에서 독일어에 어려움을 겪었기 때문에 부모는 독일어 선생님을 고용하여 독일어를 배우게 하고 학교숙제를 도와주도록 했다. 또한 학교선생님은 부모를 만나서 Trevor를 위한 개별 프로그램을 고안하여 독일 아이들과 같이 수업을 듣기 전에 독일어를 배울 수 있게 해 주었다. Trevor가 독일학교에 입학을 한 것은 많은 어려움이 있었지만, 학교적응에 도움이 되는 몇 가지 장점을 가지고 있었다. 첫째,

Trevor는 독일학교에 입학하기 전에 이미 영어로 읽고 쓰기를 할 수 있었다. 이것은 직업과 여가를 위해서 자주 읽고 쓰기를 하는 전문직 부모를 둔 아이들에게는 일반적이다. 하나의 언어로 읽고 쓰기가 가능한 대부분의 아이들은 상대적으로 쉽게 다른 언어의 읽기 쓰기를 배운다. 무엇보다도 Trevor는 독일친구들을 사귀고 독일어 학교에서 적응하기 위해서 독일어를 배우고 싶어 하는 동기가 강했다.

Trevor가 친구들과 함께 있는 곳인 학교와 외부에서는 독일어가 주언어이지만, 영어는 여전히 모국어로서의 힘을 유지하고 있었다. Trevor가 독일어를 배우는 동안은 영어를 사용하지 않은 것은 사실이다. Trevor가 독일에서 제2언어로서 독일어를 배우면서 날마다 독일어를 사용하는 언어환경에서 생활하였을지라도, 가족 내에서, 그리고 국제적으로 영어의 언어적 위치를 고려하였을 때 Trevor는 다수민족언어집단에 속한다고 볼 수 있다. 또한 Trevor와 가족들은 국외 거주자 지역사회에 속해 있고, 이 지역사회의 구성원들은 대개 일시적으로 그 나라에 머물며, 고국으로 돌아갈 것이라는 점에서 이민자들과 다르다. Samantha처럼 Trevor도 이중언어사용자가 될 수 있는 많은 이점이 있다. 가족들이 국외에 거주하고 있고, 모국어가 영어와 같은 주요 국제어인 Trevor와 같은 아동들은 부가적 이중언어(additive bilingualism)의 한 예이다.

Luis

Luis는 소수집단 출신의 제2언어학습자이다. Luis는 6세이며, 캘리포니아에서 부모님과 함께 살고 있다. Luis의 부모님은 스페인어가 모국어이며 영어는 약간 할 수 있다. 부모님은 멕시코 출신의 이주노동자이며, 현재도 멕시코 있는 부모님과 친구들과 연락을 하고 지내지만 대부분의 생활은 미국에서 하고 있다. Luis는 미국에서 태어났지만 스페인어만 사용하며 자랐다. Luis가 영어를 처음 접한 것은 남 캘리포니아 시골에 있는 유치원에 입학하면서부터이다. Luis의 모든 선생님은 영어를 사용하였으며, 모든 교육은 영어로 이루어졌다. Luis는 세 가지 어려움에 처하였다: 학교 교육 목적에 맞게 영어를 배우는 것, 미국 백인문화에 통합되는 것, 그리고 영어로 학교수업을 따라가는 것이었다. Luis는 가정에서 스페인어를 사용하며 성장하였고, 캘리포니아의 멕시코인들이 집단으로 거주하고 있는 지역에 살고 있었기 때문에 스페인어가 가장 편안했고, 멕시코의 문화적 성향을 지니고 있었다. Luis는 어른과 서로 상호작용을 하는 문화적 기준이 멕시코인과 미국인들이 서로 다르기 때문에, 영어를 사용하는 단일언어 미국 아이들과 상호작용 하는 방법을 정확히 아는데 어려움이 있었다. 또는 Luis와 같은 아동들이 교육환경에서 겪는 어려움은 영어로 교육이 이루어지는 것에서 발생하는 것뿐 아니라 스페인어를 사용하는 부모들이 문맹이기 때문에 스페인어와 영어, 두 언어 모두에서 읽고 쓰는데 문제가 있는 것이다. Luis는 영어를 사용하는 사회경제적 지위가 높은 가정 출신의 아동들과 달리 가족 문해환경의 도움을 받을 수 없다는 것을 의미한다. 사회경제적 지위가 높은 가정 출신의 아동들은 가정에 많은 책이 있으며, 부모들이 일과 관련되어 또는 개인적인 취미로 책을 읽고 글을 쓰는 것을 보고, 부모들이 책을 읽어 주는 환경에서 성장하는 아이들이다. 가정 문해환경이 학교 문해습득을 촉진시킨다는 연구 결과가 있다(Goldenberg, 2003).

Luis가 기능적으로 유창하게 영어를 사용하는데 제한이 있음에도 불구하고, 흔히 선생님이나 교육 관계자들은 Luis를 이중언어아동이라고 부른다. Luis가 학교를 입학할 시기에 스페인어 단일언어사용자이기 때문에 이것은 잘못된 것이다. 실제로 이런 상황은 매우 복잡한데, 모든 미국 내 히스패닉계 아동들을 분류할 특정한 방법이 없기 때문이다. 아동이 살고 있는 가정과 의사소통 환경이 너무나 다양하다. 아시아와 동남아시아 출신들 아동들 또한 앞에서 설명한 히스패닉계 아동들과 동일하다고 볼 수 있다. 히스패닉 출신의 아이들을 이중언어아동으로 분류하는 경향이 있을지라도, 모든 아이들이 꼭 스페인어를 사용한다거나 이중언어사용자는 아니다. 전부는 아니지만 많은 히스패닉 문화환경 아동들이 Luis처럼 스페인어만 사용하다가 학교에 입학하기도 하며, 어떤 아동들은 영어만을 사용하다가 학교에 입학한다. 어떤 아동들은 Gabriela처럼 두 개의 언어를 말할 수 있는 아동도 있다. 학교 입학 당시에 스페인어만 사용하는 아동들은 학교생활을 시작하자마자 영어를 배울 것이다. 따라서 히스패닉 문화 출신의 아동들은 동시적 이중언어집단에 들어오기도 하며, 반면에 다른 아이들은 제2언어학습자에 해당되기도 한다.

동시적 이중언어아동과 제2언어학습자는 발달형태와 처한 어려움이 다르기 때문에 교육자들이나 다른 전문가들은 Luis와 같은 소수언어 아동들의 언어학습환경에 관한 정보를 얻는 것은 중요하다. 이런 차이 때문에 이 책에서는 동시적 이중언어아동과 제2언어습득아동의 발달을 4장과 6장에서 따로 논의하고 있다.

Bonnie

Bonnie는 8세이며, 대만에서 태어났다. 그녀의 부모는 모두 중국 표준어인 북경어(Mandarin)를 사용하며, Bonnie가 4세 6개월 때 캐나다 밴쿠버로 이민을 왔다. 부부가 모두 보수가 높은 전문직을 가지고 있으며, 다른 이민 가족과 달리, 캐나다에 오기 전에 이미 영어에 능숙했다. Bonnie는 Samantha와 같이 제2언어를 습득하는 아동이다. Bonnie는 영어를 배우기 전에 이미 제1언어인 북경어를 습득한 상태였다. Bonnie는 캐나다로 이민을 오고 몇 달 뒤 유치원에 입학하였다. Bonnie는 영어를 거의 몰랐다. 그러나 Bonnie가 이미 중국어 초기 문해기술이 있기 때문에, 이것이 영어에서 상응하는 문해기술을 습득하는 데 도움을 주었다.

Bonnie는 Bistra처럼 소수언어민족에 속하였지만, Bistra의 불가리아어보다는 더 쉽게 북경어에 접할 수 있었다. 밴쿠버는 많은 아시아 민족이 살고 있는 캐나다의 서쪽 해안에 위치한 대도시이다. Bonnie의 부모는 거의 중국인과 접촉하기 때문에 Bonnie는 북경어를 사용하는 아이들, 그리고 어른들과 많은 접촉을 할 수 있다. 부모는 북경어 DVD와 비디오를 빌려서 보고, 북경어 신문을 사며, Bonnie의 피아노 레슨을 위해서 중국인 선생님을 고용할 계획이다. Bonnie의 부모는 영어를 잘 하지만 가정에서는 오직 북경어만을 사용하거나, 주로 북경어를 사용한다. 밴쿠버에 많은 쇼핑센터와 레스토랑이 있는데, 그곳은 주로 북경어와 광둥어(Cantonese)를 사용하며, 간판들이 중국어로 되어 있다. 또한

Bonnie는 주말학교에 참석하는데 이것은 Bonnie의 문해기술 발달에 도움을 준다. 그리고 영어가 다수언어이기는 하지만 Bonnie가 영어와 북경어 이중언어사용자로 성장할 것이라고 확신할 수 있다. Bonnie가 두 언어를 유창하게 사용한다는 것은 교육적 및 직업적 선택의 기회를 넓혀 줄 수 있기 때문에 행운이라 할 수 있다.

모든 소수집단 출신의 제2언어학습자들이 Bonnie처럼 운이 좋은 것은 아니다. 많은 이민자 가족들은 다른 언어화자와 언어적 자원에 쉽게 접근하기 어렵다. 여기에 살고 있는 중국계 캐나다인과 중국계 미국인들은 밴쿠버나 샌프란시스코 같은 도시에서 가질 수 있는 그런 종류의 사회적 지위를 누리기 어렵다. 앞에서 언급했던 것처럼, Bistra 같은 소수집단 출신의 동시적 이중언어아동들이 외부의 강력한 지원 없이는 제1언어를 말하는 능력을 잃어버린다. 또한 Bonnie의 부모와 달리, 많은 이민자 부모들과 난민 부모들은 돈을 벌기 위해서 몇 가지 일을 하며, 새로운 사회에 통합되는데 어려움을 겪는다. 이런 어려움은 아이를 양육하고 교육시키는 일들을 더욱 힘들게 만든다. Luis의 부모가 이런 어려움에 처해 있는 이민자 부모의 예이다.

Faisal

Faisal은 케냐와 소말리아 경계선 인근의 난민촌에서 태어났다. Faisal의 가족들은 고국인 소말리아의 지속되는 내전으로 인한 폭력과 가난을 피해, 캐나다의 Edmonton에 오기 전에 난민캠프에서 2년 간 살았다. Faisal, 부모, 5명의 언니, 오빠들과 함께 낮은 사회경제적 수준의 사람들이 살고 있는 도시의 북동쪽에 방 3개 달린 아파트에서 살고 있다. Faisal의 아버지는 캐나다 정부에서 지원하는 단기 영어코스를 거친 후에 택시기사 일을 시작했다. Faisal이 처음으로 학교에 입학하였을 때, 어머니는 치킨공장에서 일을 시작하였다. Faisal의 대가족 중 몇몇은 전쟁으로 죽었으며, 아이들은 폭력을 목격하였다. 난민캠프에서는 정기적으로 치명적인 폭력이 난무하였다. Faisal의 부모는 거의 교육을 받지 못하였으며, 아이들도 캐나다에 도착하였을 때 부모들보다도 교육을 더 받지 못한 상태였다. Faisal과 가족들이 적응해야 하고 헤쳐 나가야 하는 어려움은 흔히 캐나다 원어민이며 주류(mainstream)인 사람들도 충분히 이해하기에 어려운 것들이다. 겨울을 이겨내는 일에서부터 시작해서 슈퍼마켓에서 물건을 사는 것까지 모든 것이 이들 가족에게는 익숙하지 않다. 전쟁, 피난, 그리고 이주는 또한 정신건강에도 큰 영향을 주었다. Faisal은 1학년이며, 캐나다에서 1년의 유치원 과정을 거쳤다. Faisal은 대략 6세 쯤 되었다. 캐나다 정부 기록에는 Faisal의 생일이 1월로 되어 있는데, 실제로 그가 태어난 날을 모르기 때문이다. Faisal은 이전에 교실에 있어 보거나, 결코 교실을 본 적이 없기 때문에 학교에 온 첫 날 무엇을 어떻게 해야 할지 몰랐다. Faisal은 학교 선생님들 중 그 누구도 소말리아인처럼 보고, 입고, 행동하는 사람이 없다는 것을 알고 있다. 그러나 교실에 있는 학생의 3/4는 아프리카, 남동아시아, 인도아대륙, 중앙아시아 출신의 새로 이주 온 아동들이었으며, 이들 학생 중 2명은 소말리아 출신이다.

Luis와 유사하게, Faisal은 단순하게 학교에서 다수언어를 배우는 것 이상의 많은 어려움에 처해 있는 낮은 사회경제적 배경의 소수집단 출신 제2언어학습자이다. Luis와 달리, Faisal이 살고 있는 지역사회는 상대적으로 큰 소수지역사회에 속하지 않으며, 가족들은 캐나다로 이주하기 전에 충격적인 경험으로 고통을 받고 있다. Faisal은 주로 이주민들로 구성된 언어적, 문화적 다문화 지역사회에 살고 있으며, 그 지역에는 몇몇 유럽계 캐나다인과 몇몇 캐나다 원주민들이 함께 살고 있다. 영어가 모두에게 공용어이다. Faisal의 부모들은 교대근무로 오랫동안 일을 하기 때문에, 가정에서 아이들과 상호작용할 시간이 많지 않다. Faisal의 가장 나이가 많은 언니인 Aliyah가 다른 아이들을 양육하는 책임을 맡고 있으며, 재정, 정부, 교육기관과 관련된 일이 있을 때 부모를 대신하여 영어로 처리하는 일을 하고 있다. 현재 아이들은 대부분 서로서로 영어로 대화를 하고 있다. 그 지역사회와 가족의 상황 때문에, Faisal은 Luis보다도 제1언어를 손실할 더 많은 위험에 처해 있다. 또한 가족의 과거와 현재의 어려움 때문에, 교사들과 전문가들은 Faisal에게 더 많은 지원을 해야 한다.

Pauloosie

Pauloosie는 8세이며, 퀘벡 북쪽의 작은 지역에 살고 있는 이뉴잇족 소년이다(인구비율:500명의 이뉴잇족과 15명의 다른 인종 출신으로 구성). Pauloosie는 6명의 아이 중 네 번째이며, 부모와 모든 형제, 자매들은 제1언어로 이뉴잇어(Inuktitut)를 사용한다. 이뉴잇어가 가정과 그 지역사회의 언어이지만 Pauloosie의 부모를 포함한 모든 핵가족 및 대가족 구성원들은 어느 정도 영어를 할 수 있다. 그의 형제 중 2명은 프랑스어로 제2언어 교육을 받아서 이뉴잇어, 프랑스어, 영어를 말할 수 있다. 영어는 텔레비전에서, 또는 그 지역을 방문하거나 그 지역에 살고 있는 이뉴잇족이 아닌 사람들이 사용하는 것을 들은 것이다. Pauloosie가 사는 지역은 캐나다 남쪽 도시와 몇 마일 먼 거리에 있고 비행기 값이 엄두도 못 낼 정도로 비싸기 때문에 Pauloosie가 매우 아파서 의료적 서비스가 필요하지 않은 한, 또는 대학을 가기 전까지는 이뉴잇 지역을 벗어날 것 같지 않다. 영어와 프랑스어로 방송하는 많은 텔레비전 채널이 있으나, 이뉴잇어 방송 채널은 단 하나 밖에 없다.

Pauloosie는 유치원, 1학년, 2학년을 이뉴잇어를 사용하는 학교에 다니고 있어서 이뉴잇어를 유창하게 읽고 쓸 수 있다. 올 해 Pauloosie는 3학년에 들어간다. 부모는 Pauloosie가 영어 또는 프랑스어 중 어떤 언어로 교육을 받을 것인지 결정해야 했다. 부모들은 3학년 영어 선생님을 알고 있었고, 그 선생님의 교육 방식을 좋아했기 때문에 영어로 결정했다. 중학교 과정이 끝나는 올해까지 Pauloosie는 이뉴잇어, 이뉴잇(Inuit)문화, 종교에 관해서 하루에 1시간 수업을 듣는다.

Pauloosie는 다른 학급생과 마찬가지로 3학년이 불안한 한 해이다. 처음으로 이뉴잇족이 아닌 선생님을 만났고, 사실상 Pauloosie에게는 이누잇족이 아닌 성인을 만난 첫 번째 경험이다. 또한 처음으로 날마다 많은 시간을 시간표에 따라 영어로 말해야 한다. 그의 선생님은 학생을 지도한지 2년째이며, 선생님의 교육프로그램에는 제2언어나 다문화교육에 대한 과정이 없었다. Pauloosie는 특히 첫 주에 많은 것들로 매우 당황스러웠다. 이전 수업시간에는 선생님이 다른 학생들 앞에서 혼자 말을 하게 하거나, 이뉴잇 선생님이 불렀을 때 손을 들도록 하는 일이 없었다. Pauloosie는 같은 반 학생들과 다 함께 대답을 했으며, 공동과제를 하고, 반에서 제일 똑똑한 여학생의 과제를 그대로 따라했다. 이런 학습방법을 이누잇 선생님은 적절한 것으로 생각했지만, 3학년 선생님은 모든 과제를 혼자서 하도록 하게 했다. Pauloosie가 다른 학생들과 공유한다고 생각한 것을 3학년 선생님은 베끼는 것 또는 부정한 행위라고 여기는 것에 당황했다. Pauloosie는 선생님이 이름을 부르고, 계속적으로 선생님의 질문에 대답을 해야 하는 것이 힘들었다. Pauloosie는 정확한 대답을 알고 있을 때에도 부끄러웠고, 이전에 다른 아이들과 함께 대답했을 때의 편안함이 그리웠다. 그의 지역에 살고 있는 다른 아이들처럼 Pauloosie도 8세 때에 처음으로 학교에서 다른 문화와 언어를 접한 것은 특별한 도전이었다.

국제입양아동의 프로파일

Kristina

크리스티나는 5세이며, 캐럴라이나 북쪽의 Chapel Hill에 살고 있다. 크리스티나는 러시아에서 태어났으며, 출생 시 이름은 Tatiana인데 이 이름은 지금 크리스티나의 중간이름 중 하나이다. 크리스티나는 특별한 이중언어학습자이다. 크리스티나는 제2언어로 영어를 배우고 있으며, 출생 언어인 러시아는 더 이상 배우지 않고 있다. 크리스티나를 입양한 부모는 둘 모두 전문직인데, 한 사람은 변호사이고, 한 사람은 대학교수이다. 이들은 결혼 한 지 15년이 되었으나 자신들의 아이를 가질 수 없었다. 크리스티나의 양부모가 입양하기로 처음 결정한 날로부터 러시아의 고아원에서 크리스티나를 집으로 데리고 오기까지 5년이 걸렸다. 많은 국제입양 부모들처럼, 크리스티나의 가족도 사회경제적 수준이 높았다. 크리스티나는 많은 관심을 받고, 높은 교육을 받은 부모의 유일한 아동으로서 지원을 받는 그런 가정환경에서 이득을 얻고 있었다. 크리스티나가 이전에 출생에서부터 성장했던 고아원의 환경이 좋지 않았기 때문에 이런 이점은 크리스티나에게 중요하다. 예를 들면, 고아원의 아동들은 많았지만 양육자의 수가 매우 적었다. 크리스티나는 2개월경에 고아원에 들어갔으며, 30개월에 입양되었다.

크리스티나가 미국에 처음 도착한 이후에, 부모들은 크리스티나가 철저한 의학적인 검사와 발달평가를 받도록 하였다. 많은 동유럽 출신의 국제입양아동들처럼, 크리스티나는 약간의 신체적 지연과 의학적인 문제가 있었다. 보다 구체적으로 말하자면, 크리스티나가 처음 검사를 받을 당시, 거의 3세였음에도 불구하고, 머리둘레가 또래의 여아나 남아에 비하여 작았으며, 키와 몸무게도 또래 아동들보다 작았다. 크리스티나는 고아원 출신의 다른 국제입양아동들처럼 소화기능에도 문제가 있었다. 크리스티나의 양부모들이 문의 하였을 때 고아원 관계자들이 크리스티나의 언어능력에 대해서 말하기를 꺼렸기 때문에, 크리스티나가 입양되기 전에 얼마나 많은 것들을 배웠는지는 분명하지 않다. 그러나 크리스티나는 입양 후 몇 개월 안에 러시아어 지식을 잃어버린 것처럼 보였다. 크리스티나의 부모들에게는 친구가 한 명 있는데, 그 친구는 크리스티나가 대략 3세 6개월 쯤 되었을 때 크리스티나와 러시아어로 말하려고 노력을 하였으나 크리스티나는 부모의 친구가 말하는 러시아어를 전혀 이해하지 못하는 것 같았다. 이것은 국제입양아동들에게 일반적으로 발생하는 일이다.

입양되어 새로운 가정에 살게 된지 1년 이내에 크리스티나의 머리둘레는 여전히 약간 우려스럽기는 하지만, 의학적인 문제는 해결되었으며, 몸무게와 키도 상당히 성장하였다. 크리스티나는 영어 첫 낱말 산출이 느렸으며, 어휘발달은 부모들이 기대했던 만큼 빠르지 않았으나, 입양 후 2년이 지난 뒤 영어학습에 진전을 보여 부모들은 행복해했다. 크리스티나가 4세가 되어 유치원에 입학할 때, 영어이해력은 좋았으며, 표현도 유창하여 쉽게 알아들을 수 있었다. 유치원에 다니고 1년이 지난 후 크리스티나는 더 많은 진전이 있었는데, 아마도 다른 또래 아동과 유치원 교사로부터 받은 부가적인 언어자극의 결과인 것으로 보인다.

단순언어장애란 무엇인가?

이 책은 정상적으로 발달하고 있는 아동들뿐만 아니라 언어습득에 어려움을 보이는 아동들의 이중언어습득에 대해서도 소개하고 있다. 발달장애(developmental disorders)는 선천적으로 발생한 것이며, 외상, 또는 질병과 같은 후천적으로 발생한 장애와 원인이 다르다. 일반적으로 발달성 언어장애는 말을 시작하는 시기가 늦다. 첫 낱말 발화와, 문장산출이 일반적인 발달단계보다 늦으며, 어휘, 문법, 그리고 언어사용이 인지적으로 통합되는 담화와 같은 언어영역의 습득이 학령기까지 이어진다. 아동들이 언어습득에 어려움을 보이는 것에는 많은 이유가 있다. 예를 들면, 자폐범주성장애 또는 다운증후군과 같은 신경발달적인 문제로 언어습득에 어려움을 보일 수 있으며, 청각장애로 발생할 수도 있다. 청각장애 아동들은 적절한 청각적 입력자극을 받을 수 없어 구어언어습득에 어려움을 경험한다. 이 책에서 관심을 가지고 있는 특별한 언어발달적인 문제는 **단순언어장애**(specific language impairment, SLI)이다. 단순언어장애를 설명하기 위해서 아동기 실어증(childhood aphasia), 실독증(dysphasia)의 다양한 용어를 사용하고 있으며, 최근에는 일차적 언어장애(primary language impairment)라는 용어를 사용하고 있다. 단순언어장애가 다른 발달성 또는 후천성 장애와 구별되는 것은 단순언어장애아동들은 심각한 인지장애와 같은 다른 원인의 결과로 언어학습의 문제가 발생하는 것이 아니라 언어학습 그 자체가 어려움이라는 것이다. 그러나 경미하고, 임상적으로 분명하지 않은 인지적 결함도 단순언어장애의 요소인지 그 여부에 대해서는 논란이 있다(Leonard, 1998).

이중언어학습자와 구어언어장애를 고려할 때 주로 단순언어장애에 초점을 두는 두 가지 이유가 있다. 첫 번째 이유는 발달장애가 있는 이중언어학습자에 관한 대부분의 연구는 단순언어장애아동을 포함하고 있다. 따라서 우리가 증거기반(evidence-based practice)으로 권고를 할 수 있도록 해 주는 최신의 지식이 있다. 두 번째 이유는 이중언어아동들의 언어발달지연과 언어발달장애의 평가 및 확인과 관련이 있다. 다른 신경발달적이고 후천적인 장애는 언어자체 이외의 요인을 근거로 부분적으로 진단될 수 있기 때문에, 이중언어아동들의 과잉-과소 확인의 가능성이 단순언어장애의 경우보다 이런 장애유형에서 덜 심각하다. 이 문제는 9장에서 보다 자세하게 다루고 있다. 단순언어장애에 초점을 두고 있음에도 불구하고, 가정과 학교에서 언어선택에 대하여 우리가 부모들에게 주는 조언뿐만 아니라 이중언어아동들의 평가에 관해 우리가 하고 있는 권고와 고려점 중 많은 것들이 아동들의 언어학습의 어려움에 대해 추정되는 원인에 상관없이 평가에 의뢰되고 모니터링 대상이 되고 있는 모든 이중언어아동들에게 적용될 수 있다. 단순언어장애 이외에 발달장애가 있는 이중언어아동들에 관해 이용할 수 있는 적절한 정보가 있는 경우에, 책에 그 정보를 포함시키고 있다. 이 책 전체에서 보다 넓은 범위의 용어인 언어장애와 보다 특별한 용어인 단순언어장애, 두 용어 모두를 사용하고 있다.

SLI는 5세 미국아동들의 약 7%에게서 나타나는 언어결함 현상이다(Leonard, 1998). 이 장애의 발생률은 SLI의 정의와 진단기준에 따라 차이가 있으며, 지역이나 나라에 따라 다르다. 단순언어장애는 배제 기준에 따라 정의되는 발달성 장애이다. SLI 아동은 지능과 청력이 정상이다. SLI 아동은 전반적 발달장애, 간질이나 뇌손상 같은 분명한 신경학적인 결함이 없는 아동들이며, 자폐 또는 자폐범주성장애 같은 사회적 또는 정서적인 장애가 없다. 즉, SLI아동은 언어를 사용하고 말을 학습하는 것 외에 나머지 모든 영역은 정상적으로 발달하고 있는 아동들이다. 따라서 단순언어장애의 주요 진단기준은 구어언어평가 배터리에서 아동의 연령수준보다 언어연령이 더 떨어지는 것이다.

앞에서 언급했던 것처럼, SLI 아동들은 초기 언어발달 시기부터 말이 늦으며, 말을 이해하고 표현하는 것 모두에 문제가 있을 수 있다. 또한 언어발달의 특정한 측면에서 아동들은 더 많은 어려움을 겪을 수 있다. 특히 단순언어장애 아동들의 어떤 언어특성은 약 2년 정도 어린 아동들이 사용하는 언어와 유사하다. 다른 어려움들은 아동의 언어발달에서 보다 심각한 지연을 일으킨다. 단순언어장애아동들과 정상적으로 발달하는 아동을 비교하였을 때 단순언어장애아동들은 대개 지속적으로 적은 어휘량과 보다 짧은 문장을 산출하며, 이러한 현상이 초등학교 저학년에서도 나타난다(Rice, 2003; Rice, Redmond & Hoffman, 2006). 아동들의 연령이 증가함에 따라 복잡한 문장을 이해하고 말하는 것에 문제가 많을 수 있다(Lenard, 1998). 두 아동 모두 단순언어장애아동이라 할지라도, 이들은 이질적인 집단이며, 가장 어려움을 보이는 언어의 프로파일은 아동에 따라 서로 다를 수 있다. 전반적으로, 단순언어장애아동들의 언어발달은 시간이 지나고 중재를 제공함에 따라 개선이 된다. 어떤 단순언어장애아동들은 일반적인 정상범위의 수준보다 낮은 위치에 해당하기는 하지만, 언어능력이 연령에 적절한 수준까지 발달한다. 또 다른 아동들은 결코 문법적인 문제를 해결하지 못하며, 심지어는 성인기가 되어서도 문법에 어려움을 겪는다. 한 연구에서는 5세 6개월 연령의 단순언어장애아동 중 60%가 15세 연령까지 지속적으로 언어학습의 어려움을 가지고 있었다(Stothard, Snowling, Bishop, Chipchase, & Kaplan, 1998; Botting, Simkin, & Conti-Ramsden, 2006). 특히 Rice, Hoffman, Wexler(2009)는 4~5세에 단순언어장애로 진단받은 아동들이 문법지식의 결함은 줄어들었으나 10대가 되어서도 그 문제가 완전히 해결되지는 않았다는 것을 발견하였다.

영어를 사용하는 단순언어장애아동에 관한 연구는 이들이 문법적인 세부사항을 습득하는데 분명한 어려움을 보인다는 것을 일관성 있게 보고하고 있다. 이것은 문법의 특정 측면의 습득이 어휘량, 담화기술, 또는 문장과 같은 일반적인 문법발달에 비하여 흔히 2년 이상 지연을 보이는 것을 의미한다(Leonard, 1998; Rice, 2003). 아동들이 사용하는 언어에 상관없이 이것은 사실이다. 그러나 단순언어장애아동들에게 보다 많은 어려움을 일으키는 특정한 문법적 형태는 언어에 따라 다르다. 예를 들면, 영어를 사용하는 SLI아동은 조동사와 동사의 시제를 나타내는 접미사에 특별한 문제를 보인다(Rice & Wexler, 1996). 예를 들면, "He goes to school every day."라고 말하는 대신에 "He go to school every day."라고 말하거나, "He is going to school now."라고 말하는 대신에 "He going to school now."라고 말한다. SLI 아동은 *the boy's shirts*에서처럼, 소유격 또는 복수 형태를 나타내는 's'음을 사용할 수 있음에도 불구하고, 동사 *go*의 접미사 /s/에서 오류를 범한다. 프랑스어를 사용하는 SLI아동은 흔히 문장 중간에 있는 대명사의 목적격(*le, la, les = him, her, [it], them*)을 생략하는데, 프랑스어에서는 "Elle la mange"/ "She is eating it"에서처럼 문장에서 동사 앞에 위치한다(Paradis, 2007; Paradis, Crago, & Genesee, 2005/2006). 흥미로운 것은 *le*, *la*, *les*를 명사 앞에 조사로 사용할 때는 같은 문제를 보이지 않는다. 영어를 사용하는 단순언어장애아동들은 목적대명사 사용에서 문제가 없다(Paradis, 2007; Paradis et al., 2005/2006).

단순언어장애아동들은 흔히 읽기에 문제를 보인다. 2학년 시기에 SLI 아동의 약 42%가 읽기에 문제가 있으며, 이런 문제는 4학년 때까지 지속된다. 연구결과에서는 SLI아동의 약 36%가 지속적으로 읽기에 문제를 보이는 것으로 나타났다(Catts, Fey, Tomblin & Zhang, 2002). 읽기와 쓰기의 문제는 다른 학과목에 영향을 미칠 수 있다. 예를 들면, 수학에 있어 단어의 문제는 문제에 사용된 언어의 복잡성 때문에 아동에게 어렵다. 연구자들은 단순언어장애와 읽기장애의 공통된 근본적인 원인이 있는지에 대하여 여전히 연구를 하고 있으나 오늘날까지 결정적인 증거가 발견되지 않았다(Catts, Adolf, Hogan, & Ellis Weismer, 2005). 단순언어장애아동들은 때로 주의력결함 증상을 나타내며, 실제로 주의력결핍과잉행동장애(ADHD)의 임상적인 증상을 보인다(Cohen et al., 2000; Finneran, Francis, & Leonard, 2009). 단순언어장애, 읽기장애, 주의력장애 간 공통점이 있을 가능성이 있기 때문에 흔히 단순언어장애아동이 학교에 다니고 있는 경우에 학습장애(LD)로 다소 애매하게 분류된다(다음 섹션에서 학령기 언어장애와 읽기장애의 공통점에 대하여 보다 자세하게 논의하고 있다).

누구도 SLI을 일으키는 특정한 신경인지적인 결함이 무엇인지 확실하게 말하지 못한다. 그러나 단순언어장애가 후천적인 문제가 아닌 발달성 장애라는 것은 동의한다(Leonard, 1998). 다른 발달장애처럼, 단순언어장애도 여아보다는 남아들에게서 더 많이 발생한다(Leonard, 1998). 또한 지금까지 연구에서 어떤 언어를 사용하든 아동집단에서 단순언어장애가 발생하였으며, 이것은 단순언어장애는 아동의 타고난 문제이며, 언어유형에 따라 나타나는 장애가 아니라는 것을 보여 주는 것이다(Leonard, 1998). 단순언어장애가 있는 가족과 쌍둥이들에게 단순언어장애가 더 빈번하게 발생하는 증거가 있어, 타고난 유전적인 요소가 영향을 주고 있다는 것을 알 수 있다(Bishop, Adams, & Norbury, 2006; Crago

& Gopnik, 1994; Rice, 2007). 아동에게 단순언어장애를 일으키는 유전적인 붕괴의 정확한 위치는 여전히 연구 중에 있다(Rice, 2007; Rice & Smith, & Gayán, 2009). 수년 동안 SLI의 원인과 언어결함 특성에 관한 많은 이론이 제기되었다. 어떤 이론에서는, 특히, 뇌에서 언어의 정신적 표상을 만드는 데 사용되는 신경인지적 구조의 결함으로 가정하며, 다른 이론에서는 언어학습과 언어사용에 관련된 보다 근본적이고, 일반적인 지각과 인지적 메커니즘의 결함으로 보고 있다(Leonard, 1998; Leonard et al., 2007; Rice, 2004, 2007). 오늘날까지 이론적인 논쟁은 해결되지 않고 있다.

읽기장애란 무엇인가?

이 책에서는 또한 이중언어학습자들의 읽기습득에 대하여 논의하고 있으며, 특히, 제2언어 학습자의 읽기학습 어려움과 관련된 문제를 논의하고 있다. 읽기능력이 학업의 성공과 그 이후 삶에서 매우 중요하기 때문에 이 책의 개정판에 읽기장애 주제를 추가하였다. 언어장애와 **읽기장애**(reading impairment)가 서로 관련이 있어서 읽기를 고려하였으며, 앞 섹션에서 언급하였듯이 단순언어장애 아동들도 흔히 읽기학습에 어려움이 있다. 그러나 모든 단순언어장애아동들이 읽기학습에 어려움이 있는 것은 아니며, 읽기장애가 있는 모든 아동들이 언어학습의 어려움이 있는 것은 아니다. 언어장애와 읽기장애가 어느 정도로, 어떻게 공통점 또는 차이가 있는지를 이해하는 것은 학습장애로 의심되는 학령기 아동들의 정확한 확인과 적절한 교육적 지원을 위해서 중요하다. 연구 결과를 보면 아동들이 직면한 특별한 학습의 어려움을 근거로 중재가 구체적일수록 결과가 보다 효과적이었다(Scanlon, Gelzheiser, Vellutino, Schatschneider, & Sweeney, 2008). 학교 학생들이 단순하게 학습장애가 있는 것으로 확인이 되어 일반적인 지원을 받는 정도로는 그들의 특정한 장애가 해결되지는 않는 것 같다. 이중언어학습자들의 특정 학습장애는 그 학생들에게 적절한 지원을 하기 위해서 확인을 해야 한다.

단순언어장애아동의 치료에서처럼, 이 책에서는 후천적이 아닌 발달적 읽기장애 아동들에게 관심을 두고 있다. 즉, 정상적 지능, 정상적 시각 및 청각능력, 적절한 교육기회, 신경학적이고 심리적인 문제가 없음에도 불구하고 정확하고 유창하게 읽는 능력에 큰 어려움이 있는 학생들이다. 무엇보다 **특정 읽기장애**(specific reading impairment)에 중점을 두고 있다. 따라서 읽기장애를 확인하기 위해서 어떤 배타적 요인들을 우선적으로 배제시켜야 한다. 이중언어 학생들은 앞에서 밝힌 것처럼, 장애와 관련이 없는 원인 때문에 제2언어습득에 어려움이 있을 수 있다. 예를 들면, 읽기습득의 기초가 되는 제2언어의 구어언어를 불완전하고 불충분하게 습득한 경우, 이전에 가정이나 지역사회에서 문해경험을 제한되게 하였거나 전혀 하지 못한 경우, 새로운 나라로 이주 온 것과 관련된 외상의 결과로 나타나는 정신적 및 신체 건강적 빈약함, 기타 등등이 있다. 10장에서 이런 문제에 대하여 보다 자세하게 논의하고 있다. 읽기장애가 있는 아동들은 적절하고 추가적인 지원을 받는 것으로 정확하고 유창하게 읽는 능력을 개선시킬 수 있으나, 읽기장애 아동과 읽기장애가 없는 아동 간의 읽기 수행력 수준 차이는 중재에도 불구하고 대개 성인기까지 지속된다(Shaywitz et al., 1999).

읽기장애를 지칭하기 위해서 **난독증**(dyslexia), specific developmental dyslexia, specific reading disability/impairment 등의 다양한 용어들이 사용되고 있다. **난독증**(dyslexia)은 대개 단어해독의 어려움을 지칭하기 위해서 일반적으로 사용한다. 예를 들면, National Institute of Child Health and Human Development(1997)는 일반적으로 난독증은 불충분한 음운론적 처리능력을 반영하는 것으로, 단어(single word)를 해독하는데 어려움이 있는 특정 언어장애(specific language-based disorders)로 정의하고 있다. 그러나 단어읽기를 넘어서는 읽기장애 개념을 채택하는 데는 이유가 있다. 첫째, 읽기에는 단어를 해독하는 것보다 더 많은 것이 있다. 장기적으로 보았을 때, 해독(decoding)은 단순하게 긴 읽기 텍스트를 이해하기 위한 첫 번째 단계이다. 읽기에 대하여 초기에, 그리고 여전히 가장 많이 인용하는 이론 중 하나인 The Simple View of Reading에서는 정확하고 유창한 읽기이해 기술을 습득하는 데 있어 단어해독과 다른 언어관련 기술과 함께 읽기이해를 중요한 역할을 하는 중심으로 오랫동안 인정하고 있다(Gough & Tunmer, 1986). 학교에서 학생들은 학습을 위해서 읽기를 한다. 따라서 복잡한 장르의 글을 유창하고 정확하게 읽고 이해할 수 있는 능력은 과학, 역사, 수학과 같은 학업교과목에서 학년수준 능력을 달성하기 위해서 필수적이다. 읽기장애의 보다 광범위한 개념을 채택하는 두 번째 이유는 읽기해독을 배우는 것과 텍스트 읽기이해를 배우는 것 간에 많은 차이가 있다는 것을 보여 주는 연구들이 증가하고 있기 때문이다.

보다 구체적으로 살펴보면, 비록 단어해독이 일차적으로 단어를 구성하며 구어와 관련이 있는 말소리 단위의 음운론적인 처리기술에 달려 있지만, 문어의 읽기이해력은 고차원의 언어기술을 필요로 한다(August & Shanahan, 2006; Bishop & Snowling, 2004; Catts et al., 2005; Genesee, Lindholm-Leary, Saunders, & Christian, 2006). 또한 모국어와 제1언어에서 읽기를 배우는 학생들은 읽기해독의 문제가 아닌 의미론, 구문론과 같은 고차원의 언어기술과 관련된 읽기이해에 문제가 있을 수 있다(Bishop & Snowling, 2004; Catts et al., 2005; Erdos, Genesee, Savage, & Haigh, 2009). 유창하고 정확한 읽기이해는 읽기 해독을 넘어서는 부가적인 일련의 기술에 달려 있다. 따라서 읽기장애를 완벽하게 이해하고 싶다면, 단어해독뿐 아니라 읽기이해의 결함도 고려할 필요가 있다. 읽기장애와 관련이 있는 언어기술이 언어장애와 관련이 있는지, 만약 그렇다면, 어느 정도 관련이 있는지에 대해 의문이 생긴다. 이것은 중재를 위해서 중요하다. 단순언어장애아동이 읽기이해장애와 공통점이 있다면, 읽기장애 아동을 위한 중재에는 단순언어장애아동에게 적합한 중재요소를 포함시켜야 한다. 이 문제는 10장에서 보다 자세하게 다루고 있다.

모든 이런 이유 때문에, 단어해독과 길이가 긴 텍스트의 의미를 이해하는 어려움을 포함한 읽기에 어려움이 있는 아동들이 보여 주는 다양한 증상을 포괄하는 읽기장애 용어를 사용하고 있다. 이 책에서는 단어수준의 읽기장애를 지칭하기 위해서 난독증이라는 용어를 사용하고 있다. 비록 쓰기와 스펠링이 읽기장애와 관련이 있기는 하지만, 쓰기와 스펠링과 관련된 읽기장애는 논의하지 않았다. 이 책의 공간부족으로 인하여 문해의 모든 측면을 다루는 것은 불가능하다. 일반적인 읽기습득의 특성과 특히 읽기장애에 관한 보다 많은 정보는 10장에서 제공하고 있다.

학령기 아동의 읽기장애 발생률은 5~20% 사이로 추정된다(Shaywitz & Shaywitz, 2005). 발생률의 차이는 계산 방법상의 차이와 읽기장애 진단기준의 차이로 인한 것이다. 읽기장애의 정확한 원인은 아직까지 잘 알려지지 않았으나, 하나 이상의 원인이 있는 것이 틀림없다. 특정한 원인은 읽기장애의 특성에 따라 다를 수 있다—단어수준 또는 텍스트 수준. 예를 들면, 낱말해독장애는 빈약한 음운처리기술과 관련이 있는 것으로 널리 알려져 있다. 다른 한편으로, 읽기이해장애에 관한 이해가 현재까지 매우 불완전하기는 하지만, 많은 원인이 읽기이해장애와 관련이 있는 것으로 보인다. 몇몇 학습자의 경우에는 읽기이해장애가 빈약한 해독기술과 관련되어 있을 수 있으나, 다른 학생들의 경우에는 문법적인 능력과 같은 빈약한 언어 관련 기술과 연관이 있을 수 있다. 이것은 연구자들 사이에서 중요한 문제이며, 그 답에 대해서는 합일점을 찾지 못하였다. 읽기장애 중 가장 집중적으로 연구된 난독증에 대해서조차도, 왜 몇몇 학생들은 읽기해독학습에 어려움을 일으키는 음운처리기술이 빈약한데 비하여 다른 학생들은 어려움 없이 해독을 배울 수 있는 음운처리기술을 가지고 있는지 그 이유에 대하여 거의 합의점을 찾지 못하였다. 신경촬영법 연구는 난독증이 있는 아동과 난독증이 없는 아동이 읽기를 하는 동안에, 특히, 음운처리과정에서 기본적인 신경인지처리가 다르다는 것을 보여 주고 있으나(Shaywitz & Shaywitz, 2005), 현재까지는 왜 이런 차이가 존재하는지에 대해 충분한 증거가 밝혀지지 않았다.

책의 구성

이 책은 크게 세 부분으로 구성되어 있으며, 다시 특별한 부분에 초점을 둔 각 장으로 나누어져 있다. 제1부는 1~3장을 포함하는 기초 부분이다. 1장에서는 이중언어학습자, 단순언어장애, 읽기장애를 정의하고 있으며, 이중언어학습자를 자세히 설명하여 독자들이 동일한 기준을 가질 수 있도록 하였다. 2장에서는 언어와 문화의 관련성을 설명하고 있다. 즉, 언어학습은 한 문화집단의 구성원이 되는 과정이다. 이런 발달과정은 모든 아동들의 삶을 형성하며, 특히 이중언어학습자의 경우 흔히 하나 이상의 문화에 노출되어 있고 이들 문화 사이에서 조절하고 살아가는 것을 배워야 하기 때문에 중요하다. 다양한 문화와 접하는 것은 이중언어학습자의 언어습득과 근본적인 언어사용을 이해하는데 큰 영향을 준다. 3장은 언어-인지의 관련성을 논의하는 것으로 언어습득의 근거를 지속적으로 고찰하고 있다. 3장에서는 이중언어학습의 인지적 선행조건과 인지적 영향, 두 가지 모두를 염두에 두고 있다. 특히, 유아나 아동의 언어학습은 한 번에 하나의 언어만 습득하도록 인지능력이 제한되어 있는지 또는 동등하게 두 언어를 학습할 능력을 가지고 있는지에 대하여 논의하고 있으며, 동시적, 그리고 순차적으로 추가적인 언어를 습득하는 것이 인지발달에 어떤 영향을 끼치는가에 대해서도 탐색하고 있다.

제2부는 4~8장에 걸쳐 이중언어와 제2언어습득에 대하여 다루고 있다. 4장에서는 학령전기와 학령기의 동시적 이중언어아동들에 관한 연구와 이론을 리뷰하고 있는데, 이들 아동은 앞에서 논의했던 James, Bistra, Gabriela와 같이 영아기에 두 언어를 동시적으로 배우고 있는 아동들이다. 이 장에서는 이중언어환경에서 성장하고 있는 아동들의 일반적인 언어발달과정과 단일언어환경에서 성장하고 있는 아동과의 차이점 및 유사점에 대하여 중점적으로 다루고 있다. 5장 역시 이중언어발달에 대해서 다루고 있다. 5장의 주제는 흔히 논쟁이 되고 있으면서, 다른 영역에 비하여 이해가 덜 된, 그런데도 이중언어아동을 이해하기 위해서는 매우 중요한 부호혼합에 관한 것이다. 6장은 제2언어발달에 대하여 소개하고 있으며, Bonnie, Luis, Faisal처럼, 흔히 이런 아동들을 English language learners(ELLs), English-as-an-additional-language(EAL), 또는 English-as-a-second language(ESL)이라고 한다. 6장에서는 제2언어의 습득형태와 발달속도에 대한 정보를 담고 있다. 특히, 이런 아동들이 원어민과 같은 수준으로 되기까지는 얼마나 시간이 걸리는지, 제2언어 습득속도에 영향을 주는 요인은 무엇인가에 대하여 다루고 있다. 7장은 크리스티나와 같은 '두 번째 제1언어 학습자(second first-language learner)'인 국제입양아동들의 초기 및 장기적

인 언어발달에 대하여 중점적으로 설명하고 있다. 8장은 제2언어습득에 있어 학교 교육에 대하여 다루고 있다. 여기에서 이 책은 논의 범위를 학교 교육환경에서 둘 또는 그 이상의 언어에 노출된 아동들을 포함시키고 있다. 이 아동들은 Samantha처럼 다수사회언어(majority societal language)를 사용하는 학교에 진학하는 아동이나 Luis, Bonnue, Faisal처럼 소수언어를 사용하는 아동들이다. 전자 아동의 경우 이중언어 학습은 일반적으로 선택적이지만, 후자의 경우는 필수적이다. 언어와 교육, 특히 읽기발달 및 학업성취와 관련된 문제 또한 논의하고 있으며, 마지막으로, 4~8장은 독자들이, 특히, 부모와 교육자, 임상가들에게 적절한 정보에 주의를 기울이도록 섹션 마지막 부분에 요점과 의의를 요약해 두었다.

이 책의 마지막인 제3부는 이중언어와 언어장애에 관한 내용이다. 9장은 구어언어에 중점을 두고 있으며, 10장은 읽기를 중점적으로 다루고 있다. 이런 내용들은 일차적으로 언어치료사, 특수교사, 심리학자들과 같은 전문가를 대상으로 하고 있다. 9장과 10장에서 이중언어학습자들의 언어와 읽기장애의 특성에 대한 정보를 제공하고, 언어장애와 읽기장애가 있는 것으로 의심되는 이중언어 아동들의 평가를 위한 고려점을 제시하고 있으며, 이런 아동들에게 보다 효과적인 평가와 중재를 제공하기 위한 전략에 대해서도 논의하고 있다.

제 2 장

언어와 문화의 연관성

이 이중언어아동은 두 언어에 노출되어 있다. 언어처럼 문화도 다른 문화와 상대적으로 다르거나 유사할 수 있다. 매우 다른 두 문화에서 언어를 습득하고 있는 아동들은 이중적인 학습과제를 안고 있다. 아이들은 두 언어를 배워야 할 뿐만 아니라 각각의 언어를 문화적으로 적절하게 사용하는 방법을 배워야 한다. 아이들은 그들이 속한 문화의 사람들과 상호작용하고 그 언어를 사용하는 것으로 어느 정도는 그 문화의 구성원이 된다. 아이들은 함께 살고 있고, 그들에게 말을 하고, 양육시키고, 교육시키는 사람들의 행동을 보고, 그 사람들의 행동을 관찰하는 것으로 문화적 규준을 배운다. 아이들은 때로 문화적으로 적절한 방법으로 상호작용하고 말하는 것을 직접적으로 교육을 받는다: 예를 들면, 말을 하기 전에 차례를 기다려야 한다는 말을 듣는다. 아동양육에 있어 언어와 문화가 서로 엮여 있다는 이론이 **언어사회화**(language socialization) 이론(**글상자 2.1** 참조)이다. 아이들은 언어를 통하여 그들 문화에 사회화되며, 문화적 정형화(cultural patterning)는 아동이 배우고 있는 언어를 어떻게 사람들과 사용할 것인가 하는 방법적인 측면에 관한 것이다.

글상자 2.1

언어사회화의 연구는 아동들이 어떻게 그들 사회집단에서 유능한 구성원이 되며, 이 과정에서 언어의 역할이 무엇인가를 이해하는 것이 목적이다. 따라서 언어사회화는 두 가지 주요 영역에 관심을 두고 있다: 언어사용을 통한 사회화와 언어사용에 대한 사회화(Schieffelin, 1990).

다양한 문화에 따른 언어사회화

미국 문화를 생각해 보면, 이 문화에서 부모들은 출생에서부터 아이들을 대화상대자로 대한다(Ochs & Schieffelin, 1984). 작은 아이들의 울음과 트림은 대화차례로 받아들여진다. 아이들의 생리적인 행동에 "아가야 배가 많이 고픈가 보구나. 엄마가 우유 줄게."라고 말하는 것으로 반응하는 것은 북미 주류 계층 부모들에게는 일상적인 것이다. 북미의 주류 계층에 속한 부모들은 아이의 첫 낱말 산출을 중요하게 생각하며, 아이의 첫 낱말 산출을 간절히 기다린다. 부모들은 아이들을 위해서 사물을 분류하고, 아이에게 사물의 이름을 말하게 하거나 그 사물을 지적하게 하는 것으로 질문을 한다. 그 후 아이들이 단어를 말하고, 단문을 말할 수 있을 때, 부모와 친척들은 흔히 아이들에게 질문을 하고, 아이들에게 일어난 일에 대해서 이야기하도록 한다. 그렇게 하는 동안에 어른들은 아이들에게 언어능력을 보여 주도록 요구한다. 성인과 보다 나이가 많은 아이들은 어린 아이들의 언어표현에 대해서 적극적으로 반응을 한다. 많은 중산층 부모들은 이런 방식으로 말을 표현하고 연습하는 것이 아이들이 보다 더 나은 대화자가 되게 한다고 믿고 있다. 어린 아이들은 "Thank you and please"와 같은 예의범절과 관계된 말을 확실하게 배운다. 예를 들면, 주류문화에 속한 중산층 어머니는 아이에게 뭔가를 준 이후에 아이가 예의 있게 'Please'라고 말하도록 요구한다.

또한 중산층 아이들은 읽기를 하기 전에 문해 활동에 노출된다. 아이들은 가치 있는 문화적이고 교육적인 활동인 읽기에 참여하도록 준비되어 있다. 심지어 아이들이 1살이 되기 전에 부모들은 잠자리에서 쉬운 말로 그림을 분류하거나 이야기를 읽어 주면서 책을 보여 준다. 부모들은 흔히 어린 아이들에게 책에 있는 그림을 지적하게 한다. 아이들이 나이가 더 들면 부모들은 이야기를 읽어 주고 그 이야기에 대해서 질문을 한다. 이러한 특별한 언어사회화 관습은 이러한 행동이 아동양육의 바람직한 방법으로 여기는 사람들에게는 일상적이고, 당연하며, 평범한 행동처럼 보인다. 사실 이러한 행동들은 아이가 북미의 중산층 규준에 맞도록 사회화되어가는 방법이다. 그러나 다른 신념과 사회화 관습을 가진 문화집단 사람들에게 이런 규준과 행동은 특이하고 심지어는 좋지 않게 보인다. 북미 중산층의 언어사회화의 행동과 캐나다 원주민 가정의 언어사회적 행동은 매우 다르다(Cargo, Annahatak, & Ninguruvik, 2009). 비록 같은 나라 안에 살고 있을지라도 문화가 서로 얼마나 다를 수 있는가에 대한 보기로서 이 장 전체에서 이 집단의 문화적 차이를 예를 들고 있다. 캐나다 북쪽에 살고 있는 이뉴잇 민족은 작고 외딴 마을에 거주하고 있다. 최근까지 그들은 텐트와 이글루에 살면서 유목생활을 하고 수렵채집 사회를 이루고 있다. 전통적으로 몇 세대가 날마다 서로 상호작용하며 대가족을 이루고 살고 있다. 비록 그 사회에서 많은 것이 변화하였지만 동쪽 북극 가정의 아이들은 여전히 이뉴잇어를 말하며 성장하고 있다.

이뉴잇 어머니는 Amautik이라고 하는 긴 양모 파카 주머니에 아기를 넣어서 등에 업고 다닌다. 일반적으로 이뉴잇 어머니들은 아이들과 대화를 하지 않는다. 대신에 아기들은 어머니 등에 업혀서 어머니가 다른 어른이나 나이 든 아이들과 상호작용하는 것을 보고 듣는다. 아이들은 보고 듣는 것에 능숙하게 된다. 이뉴잇 어머니들은 운율적이고, 율동적이며 다정한 말을 사용하여 아이에게 말을 건다. 어머니들은 아기의 초기 발성과 신체적 반응을 말로서 해석하지 않으며, 그러한 행동에 구어적으로 반응하지 않는다. 아이가 영유아기일 때 이뉴잇 부모들은 흔히 아이들에게 직접적으로 말을 하지 않는다. 아이들의 요구는 말로 표현하거나, 분류하기, 질문하기 또는 공손한 말을 사용하는 연습 없이 조용하게 충족된다. 어린 아이와 함께 책을 읽는 것은 찾아보기 힘들며, 부모들은 신체적 기량을 개발하는 대신에 조용히 앉아 있었기 때문에 실제로 책을 잘 읽은 학령기 아이를 못마땅하게 생각할 수 있다. 아이들은 단순히 그 문화의 유능한 구성원을 관찰하는 것으로 많은 기술을 배운다. 소녀들은 어머니와 나이든 친척을 관찰하는 것으로 부츠와 파카 바느질하는 방법을 배운다. 소년들은 아버지와 나이든 남자들에게서 사냥하는 방법을 배운다. 아이들은 성인과 대화를 하거나 성인의 대화에 끼어들 생각을 하지 않는다. 그 대신은 아이들은 또래 아이들과 놀고 말한다.

영어나 프랑스어를 사용하는 캐나다 중산층 사람들이 왜 이뉴잇의 사회화 양식을 이상하게 생각하는지를 이해하는 것은 어렵지 않다. 이뉴잇의 침묵형태의 상호작용 양식은 다른 문화의 사람들에게는 불안해 보일 수 있다. 그러나 이뉴잇 사람들은 다른 문화의 사람들이 그들의 아이들과 상호작용하는 것을 보고 똑 같이 불안해 할 수 있다. 언젠가 이뉴잇 여성은 백인들이 식사를 하면서 너무 말을 많이 하는 것을 보면 음식을 매우 혐오하는 것이 틀림없다고 말한 적 있다. '식사를 하면서 너무 말을 많이 하는 것'이라고 표현한다면 이것은 이뉴잇 사람들은 식탁에서 말을 하지 않는다는 것을 의미하며, 다른 문화적 가치를 보여 주는 것이다. Minnie Adola Freeman(1978)은 그녀의 책 『Life Among the Qallunaat』에서 이뉴잇 여성으로서 그녀가 발견한 캐나다인의 특이한 방식에 대하여 쓰고 있다.

다른 문화에 살고 있는 사람들은 그들의 신념에 따라 매우 다른 언어사회화를 사용하여 아이를 양육한다. 예를 들면 이뉴잇 사람들은 성인이 아이와 함께 마룻바닥에 앉아서 놀거나 아이를 어른인 것처럼 대하며 대화하는 것은 힘든 일이라고 믿고 있다. 따라서 이뉴잇 사람들은 삶에 대한 경험이 없는 불합리한 아이와 대화를 하는 것은 이상한 일이라고 생각한다. 아이와 말을 하는 것은 다른 아이들의 일이며, 아이는 성인이 아닌 아이와 상호작용하도록 되어 있다. 이뉴잇 사람들은 아이들이 언어를 우연히 듣고, 그것을 이해하는 것으로 언어를 배운다고 믿고 있다. 성인의 말을 듣는 것이 성인과 말을 하는 것보다 더 강조되고 있다. 이와 유사하게 체력을 강화시키고 아이들에게 외부 세상을 가르치는 활동이 문해능력을 준비하는 것보다 더 가치는 활동이다. 이와 달리 북미의 중산층 부모들은 말을 하는 것으로 말을 배운다고 믿고 있으며, 아이들은 성인의 말을 직접적으로 들어야 하고 성인과의 놀이와 대화에 참여해야 한다고 믿고 있다. 중산층 사회에서 개인적인 성취는 값진 것이며, 개인적인 능력을 보여 주는 것은 칭찬받을 만한 일이다. Barbara Rogoff가 저술한 두 권의 책은 문화적으로 다른 목표를 달성하기 위해 부모들이 아이들을 이끄는 방법이 매우 다를 수 있음을 보여 주고 있다(Rogoff, 1990, 2003).

아이가 누구에게 말을 하는지, 누가 아이에게 말을 하는지, 무엇에 대하여 말을 하는지, 언제 말을 하는지, 어떤 식으로 말을 하는지는 문화에 따라서 다르고, 다를 수 있다. 많은 연구자들은 문해관습(literacy practices)이 문화에 따라 다르다는 것을 발견하였다—모든 이러한 관습들이 성공적인 결과를 가져오지만, 모든 관습은 차이가 있으며, 문화적으로 공유된 신념체계를 따른다(Heath, 1983; Lewis, 2001; Scheter & Bayley, 2002; Strauss & Quinn, 1997; Torres-Guzman, 1998).

한편, 언어사회화의 어떤 측면은 문화 간 공통점이 있을 수 있다. **엄마 말투**(child-directed talk)에 관한 중국계-캐나다인 어머니들의 연구 결과를 보면, 중국계-캐나다인 가정 어머니들은 캐나다 중산층 어머니들의 생각과 매우 다르다(Johnston & Wong, 2002). 중국계-캐나다인 어머니들은 아이들이 새로운 낱말을 배우기 위해서는 아이들과 함께 노는 것보다는 아이를 가르치는 것이 더 적절하다고 믿고 있었다. 중국계-캐나다인 어머니들은 캐나다 주류층 어머니들에 비하여 성인들과 공유 되지 않은 일에 대해서 말하는 것을 적게 유도하였으며, 아이들이 성인의 대화에 끼어드는 것을 허락하지 않는다. 특히 가족이 아닌 성인과의 대화에 아이들이 끼어드는 것을 허락하지 않았다. 그러나 이전의 다른 연구처럼, 이 연구에서도 완전히 독특한 문화는 없다는 것을 발견하였다. 이러한 두드러진 차이점에도 불구하고 이 연구에 참여한 중국계-캐나다인 가정 어머니들과 캐나다 중산층 어머니들은 아동-부모간의 의사소통에 관한 신념에서 공통점이 있었다. 예를 들면, 두 집단의 부모 모두 옹알이는 의미 있는 의사소통으로 받아들여야 한다는 믿고 있었으며, 두 집단 어머니 모두 아이들이 말하기 전에 낱말을 이해한다고 보고하였다.

언어사회화 관습의 유사성은 다른 집단에서도 나타났다. Vasques, Pease-Alvarez와 Shannon(1994)은 캘리포니아의 멕시코 가정을 연구하였다. 연구자들은 멕시코 가정에서 발견된 어떤 상호작용 양식이 미국의 주류 계층 가정에서 발견된 양식과 유사하다는 것을 알 수 있었다. 예를 들면, 어떤 멕시코 가정에서는 어머니가 대화를 촉진시키는 **연계 질문**(contingent queries)을 하는 것으로 아동이 말을 할 수 있도록 발판을 만들어 주었다. 미국의 주류층 어머니들처럼 멕시코 가정의 어머니들도 아이에게 "오늘 학교에서 뭐했니?"라고 묻는다. 멕시코 가정 어머니들 간에도 아이들의 언어사용을 사회화하는 방법에 차이가 있었다.

이러한 결과는 문화는 완전히 독특하고 특이한 사회적 관습을 가진 획일적인 것이 아니며, 서로 다르기는 하나 흔히 공통적인 관습을 공유하고 있다는 것을 보여 주고 있다. 문화적 신념에 있어 이러한 유사성과 차이점은 언어사회화 관습과 문화구성원의 유사성과 차이점으로 이어진다. 언어 자체는 이런 과정이 필수적이며, 의미, 문법 및 운율적 구조 그리고 사회적 상호작용 양식을 갖추게 된다. 출생에서부터이든 그 이후이든 아이들이 하나 이상의 언어를 배울 때, 언어를 통하여 하나 이상의 문화에 사회화되어 간다.

문화접촉

아동이 다언어(multiple language)를 통하여 다른 문화적 방식을 접하게 되었을 때 어떤 일이 발생할까? 아동이 다른 문화적 형태를 가진 두 언어에 노출이 되었다면 어떻게 될까? 다른 문화가 서로 접촉을 하였을 때 어떤 일이 발생할까? 이런 질문은 교육적이고 임상적인 중재실제와 관련된 것이다. 세계의 많은 아동들은 두 개의 다른 문화 환경 출신으로 다른 언어를 말하는 부모를 두고 있다. 아동들은 다른 언어를 사용하는 다른 문화 출신의 언어치료사, 학교선생님, 보육교사, 소아과의사를 만날 수 있다. 가정, 학교, 크리닉 어디이든 사람들이 다른 언어 및 문화와 상호작용할 때 어떤 역동성이 상호작용 형태에 영향을 끼친다.

많은 이중언어, 이중문화 가정에는 언어사용과 문화집단 구성원의 소속감에 영향을 끼치는 성별 및 힘의 차이와 같은 사회적 힘이 있다. 예를 들면, 한 가정에 이뉴잇어와 영어를 말하는 부모가 있다고 한다면 그 힘의 차이를 발견할 수 있다(Crago, Chen, & Genesee, 1998). 정치적으로 힘이 있는 문화가 당연히 주류문화이며, 흔히 소수집단의 부모들이 주류문화의 언어와 사회화 양식을 택하게 하는 압력이 있을 수 있다. 예를 들면, 이뉴잇 어머니는 영어를 사용하는 주류문화 출신의 아버지가 있을 때에는 영어로 말할 가능성이 크다.

힘의 차이는 특히 교육과 의료 환경에서 두드러지는데, 의사와 선생님은 소수집단 아동에 대하여 보다 분명한 힘이 있다. 그러나 그런 전문가가 다양한 언어사회화에 대해서 알지 못할 때에는 상황이 악화된다. **글상자 2.2**는 캐나다 북부의 이뉴잇 공동체에서 발생한 것으로 오해와 힘의 차이가 발생시킬 수 있는 것에 관한 예이다(Crago, Eriks-Brophy, Pesco, & McAlpine, 1997; Eriks-Brophy & Crago, 2003). 또한 미국에 새로 들어온 이민자, 난민 가족의 아동이 학교환경에서 경험하는 문화적 단절 또한 유사한 그 보기이다.

이뉴잇 공동체로 오는 대부분의 주류 출신 북미 선생님들은 학생들이 교실에서 어떻게 행동해야 하는지를 안다고 생각하고 온다. 그러나 그 선생님들이 기대했던 행동은 거의 언제나 자신의 문화적 양식에서 전제된 것이며, 이뉴잇 공동체에는 그러한 문화양식과 신념이 없다. **글상자 2.2**는 교사의 신념이 얼마나 다르며, 이런 차이가 아동과 교사 둘 모두에게 얼마나 불편한 것인가를 보여준다. 그러나 주류출신 선생님들은 평가를 할 수 있는 힘을 가지고 있고, 최악으로는 선생님들의 눈에 특이한 언어양식을 사용하는 것으로 보이는 아이들을 처벌할 수 있다. 1장에서 소개한 아동인 Pauloosie는 영어가 교육언어가 된 3학년 때 언어와 문화적인 전이를 경험했으며, 교사는 더 이상 Pauloosie가 속한 문화의 구성원이 아니었다. 원주민 교육의 역사는 이런 북미와 전 세계 다른 지역에서 힘의 차이로 야기된 원주민문화와 언어에 대한 존중 부족의 결과로 발생한 부정적이고 충격적인 결과로 가득 차 있다. 교사가 학생들의 특별한 문화적 양식을 이해하지 못한다면 성공적인 결과를 기대하기 어려울 것이다. Shirley Brice Health는 광둥어를 사용하는 아동과 히스패닉 가정 출신 아동들이 교육적

글상자 2.2

교실의 언어사회화 차이

초등학교 저학년 학급에서 이뉴잇어로 가르치는 이뉴잇 선생님은 교실에 있는 이뉴잇 아이들에게 질문을 하면, 아이들이 손을 들고, 손 든 아이 중 한명이 대답을 하는 상황이 일어날 것이라 생각하지 않는다. 아이들이 대답을 하고 싶어 한다면 몇몇 또는 전체 아이들이 자발적으로 대답을 할 것이라고 생각한다. 흔히 몇몇 아이가 동시에 대답을 한다.

퀘벡 북부의 이뉴잇 아이들은 이뉴잇 교사들에게 2년 동안 이뉴잇어로 교육을 받은 후, 3학년 때 남부 캐나다 출신 선생님에게서 제2언어로 영어를 배운다. 첫날 교실 상황은 이런 선생님 중 한 명이 수업에 관해 아이들에게 질문을 하라고 한다. 선생님은 학생들이 손을 들고 있으면서 자신의 이름이 불려 지기를 기다리는 상황을 기대한다. 그러나 그러기는커녕 그저 이뉴잇 학생 중 몇몇이 큰소리로 답을 말한다. 그런 행동이 주류 출신 선생님에게는 무례하고 미개한 행동으로 보인다. 그 결과 주류 출신 선생님은 아이들의 행동을 변화시키기 위해서 고투를 하며, 교실에서 각각 학생들이 개별적으로 대답을 하도록 집요하게 요구한다. 학생이 잘못 대답을 했다면 선생님은 그 대답을 부정적으로 평가할 것이다. 개인적으로 대답을 하는 것은 이뉴잇 아이들에게는 매우 어려운 일이며, 그 대답이 옳은 것이든, 틀린 것이든 상관없이 또래 앞에서 평가를 받는다는 것은 매우 굴욕적인 일이다. 앞에서 언급한 것처럼, 이뉴잇 아이들은 개인적인 능력을 과시하는 것보다 또래 집단의 상호작용과 협력이 보다 더 가치 있는 행동이라고 믿는 문화에서 성장한 아이들이다.

능력에 차이가 있음을 설명하고 있다(Health, 1981). 히스패닉 아이들은 연구의 가정에서 추측한 것처럼 또래와 함께 협력하는 과제를 특히 잘했다. 광둥어 사용 아이들은 교사가 이끌어 주는 수업을 더 잘 수행했으며, 특히 정확하고 바르게 대답하는 것에 능숙했다. 이런 능력의 차이는 문화집단의 언어사회화 관습과 직접적으로 관련이 있다. 분명히 협력을 강조한 교수학습 전략은 광둥어 아이들에게 성공적이지 않을 뿐 아니라 익숙한 것도 아니었으며, 교사 중심의 수업을 강조하는 것은 또한 히스패닉 아이들에게 성공적이지 않고 쉬운 것도 아니었다.

주류출신 교사들은 그 가족 문화의 특별한 언어사회화 관습과 문화적인 가치를 통해서 형성된 학생들의 다양한 능력을 인식하고 이해해야 한다. 이런 언어사회화 양식의 차이를 무시하는 것은 아동의 학습능력과 교사의 교육효과를 감소시킬 것이다. 이에 비하여 아동의 가정에서 확립된 문화적 기초를 근거로 만들어진 교육 프로그램은 학생과 교사 둘 모두에게 보다 성공적일 수 있다. 마지막으로 1장에서 소개한 Faisal과 같이 새로 입국한 아동들은 고국에서 교육을 받을 기회가 없었을 수 있으며, 난민캠프와 같은 이민 이전의 경험으로 인해 주류 미국학교에 입학하기 전에 학교나 학교문화를 경험하지 못하였거나 제한되게 경험했을 수 있다.

많은 예에서 보았듯이, 두 개의 언어를 습득하는 아동들은 또한 그들의 언어에 포함된 두 문화의 멤버십을 배우게 된다. 두 문화가 매우 다른 신념을 전제하고 있을 때, 두 문화 간의 접촉은 언제나 어려운 일이며, 소수집단의 문화는 사라지거나 우세문화(dominant culture)에 압도되면서 매우 어렵게 될 것이다. 이중언어교육 및 보육에 책임이 있는 모든 종류의 전문가들은 한 문화의 관습에 대한 중요성을 인식하고 우세와 소멸에 대해서 민감하게 대처해야 할 의무가 있다. 언어와 문화가 서로 엮여 있는 특성 때문에 특히 이중언어아동들은 문화와 언어 두 가지 모두에서 정체성 이동의 위험에 처할 수 있다. 이런 종류의 정체성 이동은 두 개의 매우 다른 문화에 걸쳐 있는 아동들이 시간과 복잡한 일련의 역동성에 따라 이중적 정체성과 타협할 때 발생하며, 이러한 현상을 Nancy Hornberger(2007)는 '언어사회화 궤도(language socialization trajectory)'라고 불렀다. 실제로, Leisy Wyman(2009)가 정점(tipping points)이라고 이름 붙인 것을 쉽게 상상할 수 있는데, 아동의 언어 중 하나는 다른 것에 자리를 내어 준다. 문화적 정체성은 아동들의 언어에서 나타난 바로 그런 방법으로 기울어져서, 무너질 수 있다. 4장과 특히 6장에서 소수언어가 제1언어인 아동들이 흔히 경험하는 이런 소수언어에서 다수언어로 '기울어지는 것' 또는 '이동하는 것'에 대하여 보다 자세히 논의하고 있다.

아동의 언어 또는 사용언어의 문화적 양식을 없애는 것은 아동에게 큰 손실이다. 아동의 정체성과 자아감은 사용하는 언어와 아동이 속한 문화와 불가분하게 관련되어 있다. 매우 어린 시기부터 아동은 그 문화에서 사용하는 언어로 말하고 그들 문화의 구성원인 것이다. 언어와 문화는 아동의 정체성에 필수적이다. 아동기와 가족의 삶에서 모든 애정 어린 말과 대화는 그들의 언어와 문화에 들어 있는 것들이다. 많은 북미 이민자들은 한 세대 내에서 그들의 문화적 상호작용 양식과 언어를 잃어버린다. 중국이민자 출신의 Lily Wong Fillmore(1996)는 그녀와 다른 중국이민자들이 가족구성원과 의사소통 할 수 없을 때의 상실감과 그들의 문화적 관습에서 느끼는 수치심에 대하여 설명하였다. 그녀는 미국이 이민으로 이뤄진 대륙이면서도 다른 문화와 언어적 다양성에 대한 존중이 없는 아이러니에 대하여 지적하고 있다.

우리가 제시한 모든 경고에도 불구하고, 독자들이 주의를 기울일 필요가 있는 딜레마가 있다. 미국의 뛰어난 연구자인 Ann Fernald(2009)는 영아부터 학령전기까지 초기 언어처리기술은 장기적인 언어습득과 학업성취를 예측한다고 하였다. Ann Fernald는 이런 장기적인 기술을 향상시키는 요인 중의 하나는 엄마 말투의 질이라는 것을 발견하였다. Fernald의 주장은 아동에게 말을 하는 것은 아동들의 어휘성장뿐만 아니라 언어를 처리하는 능력을 증진시킨다는 것이다. 실제로 Fernald는 말 연습(verbal exercise)이라고 하는 것은 이해의 발달에 중요하며, 언어학습에 중요한 결과를 가져온다고 보았다. 그러나 그녀의 제안을 따르는 것은 부모들이 주류 계층 중산층 가정의 엄마 말투를 사용하지 않은 가정에서는 문제를 일으킨다. Fernald의 '말 연습'이 부모가 아동에게 직접적인 말로서 충분하게 언어적 자극을 주는 것을 의미한다면, 사람들은 주류문화의 중산층 부모들이 하는 것처럼 자주 아동들에게 직접적으로 말을 하지 않는 이뉴잇 문화에서 어떻게 이뉴잇 아동들이 이뉴잇어의 유창한 화자가 될 수 있는지 궁금해 할 것이다. Fernald의 연구는 언어와 문화접촉에서 중요한 의미가 있으며, 다문화 출신 아동들의 언어사회화에서 질적인 상호작용을 만드는 것이 무엇인가에 대한 어떤 근본적인 이슈를 제기한다. 특히, 다른 요인에 비하여 초기 언어사회화 양식이 교육적 성취에 얼마나 많이 기여하는 가를 밝혀내기 위해서 미국의 교육체계에서 문화적으로 특수한 초기 언어사회화 관습과 성공 간의 잠재적 연관성에 대하여 구체적으로 연구되어야 할 것이다.

언어와 문화양식의 변화

부정적인 결과가 발생할 가능성에도 불구하고, 새롭고 긍정적인 형태의 다양성이 언어와 문화 간의 접촉으로 발생 가능하다. 몇몇 이중언어, 이중문화가정의 아동들은 양쪽 부모에게서 문화의 양식을 배운다. 어떤 예에서, 언어와 문화는 새롭고 다른 행동으로 조합되면서 서로서로 분리된다. 예를 들면, 이뉴잇 공동체에 많은 다른 민족 간 결혼사례가 있다. 이들 가정에서 이뉴잇 부모들은 북미 주류 계층의 부모들이 하는 행동과 같은 방법으로 아이들에게 큰 소리로 책을 읽어 주는 모습을 볼 수 있다(Chen, 1997). 유일한 차이는 이뉴잇 부모들은 이뉴잇어로 책을 읽어 준다는 것이다. 이와 같은 변화는 이뉴잇 문화가 진화하고 있으며, 언어사회화 양식이 변화하고 있다는 것을 보여 준다. 학교 교육이 아이들의 삶에 일반적인 일이기 때문에 문해능력이 점차 중요시되고 있다.

Carol Hammer와 그녀의 동료들이 푸에르토리코 출신 어머니들을 대상으로 한 최근의 연구(Hammer, Rodriquez, Lawrence, & Miccio, 2007)에서 미국에 살게 된 이후 어머니들의 신념 및 관습에 있어서 문화적 변화와 발전을 조사하였다. 이들이 연구한 두 집단 어머니 중 한 집단 어머니들은 출생에서부터 아이를 이중언어로 양육(HEC)하고 있었으며, 다른 집단 어머니들은 학교 교육과 함께 영어에 노출된 아이를 양육하는 어머니 집단(SEC)이었다. HEC집단 어머니들은 SEC집단 어머니들보다도 더 자주 아이들에게 책을 읽어 주고, 문해와 관련된 기술을 가르쳤다. 이 연구는 HEC 어머니들이 고국의 문화적 관습을 유지하면서 새로운 나라 본토의 학교와 관련된 문화적 관습에 속해 있다는 것을 보여 주었다.

문화적 변화가 또한 다양한 이민자집단에서도 입증되고 있다. 언어사회화 연구가인 Elinor Ochs는 처음에 사모아에서 사모아 사람들이 아이들과 말하는 방식에 대하여 연구하였다(1988). 많은 세월이 흐른 뒤, 동료들(Ochs & Izquierdo, 2009)과 함께 미국으로 이민 온 사모아 사람들을 연구하였다. 그 연구에서 사모아 부모들은 전통적인 사모아 문화와 최근에 습득한 미국의 상호작용 양식을 혼합하여 아이들을 사회화시키고 있다는 것을 발견하였다.

또한 아동의 삶에 있어 이중언어와 이중문화의 복합적인 역동성이 독특한 형태로 풍부하게 존재하고 있었다. Vasquezd와 동료의 연구(1994)는 멕시코계 미국인 어린 아이들이 어떻게 그 지역사회에서 미국 주류사회의 제도와 관습을 성인들에게 설명하고 전달하면서 문화적 중개인과 언어 통역사의 역할을 하는지 설명하고 있다. 다양한 역할, 언어, 문화를 효율적으로 다루는 이런 아이들의 능력은 놀라운 것이다. 이들 아동들은 소수민족의 상대적인 문화와 언어적 고립으로 인해 영어가 우세언어인 주류 지역사회 출신 아동들이 접근하기에 제한되어 있는 기술과 지식을 개발한다. 1장에서 소개한 Faisal의 언니는 부모보다 영어를 잘하기 때문에 정부기관과 의사소통을 하는 것과 같은 성인들이 하는 책임을 떠맡고 있었다.

다른 문화와 가까이 접촉할 수 있는 곳에 살고 있는 아이들이 언어를 부호혼합하는 것처럼 문화적 양식을 혼합할 수 있다(5장에서 설명하고 있음). 아이들은 새롭고 혼합된 양식의 언어사용과 문화적 관습을 가지고서 새로운 정체성을 만들어 낸다. Ben Rampton(1995)은 영국 런던에 있는 학교에서 발생한 **언어교차**(Language crossing)라고 불리는 현상을 설명하고 있다. 영국, 펀자브, 캐리비언, 불가리아 혈통의 십대들은 놀라운 다인종적인 상호작용과 대화방법을 만들면서 각각의 다른 언어로 표현을 공유하고 있었다. 이런 종류의 친밀한 언어적 전달과 교류는 소년들의 우정을 돈독하게 하는 역할을 하며, 또래집단의 상호작용을 형성하고 소년들의 삶에서 다문화적 다양성을 반영한 새로운 정체성을 형성하는데 기여하였다.

Winnie Mucherah(2008)은 어떤 가족형태가 이민자 아동 학교에서 제2언어를 배우면서 모국어 유지를 돕는다는 것을 발견하였다. 여기에는 모국어 대중매체에 노출, 모국방문, 다른 모국어 사용 화자와의 대화가 포함되어 있다. 이와 반대로 모국어에 부정적인 오명이 있다고 생각하거나, 부모 중 한 명이 모국어를 사용하지 않는 가족상황은 모국어의 유지를 어렵게 했다. 소수집단 아동들의 소수언어 유지에 대한 보다 자세한 내용은 6장에서 다루고 있다.

아동의 문화와 언어에 있어 사회적 제도와 가족의 관습이 끼치는 힘과 영향력을 볼 때 아동중재는, 그것이 의료적인 것이든 교육적인 것이든, 문화와 언어적인 차이를 고려해야 한다는 것을 보여 주고 있다. 또한 이중언어아동의 이중언어평가를 위해서 전문가들은 문화적으로 민감한 진단절차와 인터뷰 기술이 있어야 한다. 발달장애에 대해서 문화적으로 여러 형태의 태도가 있을 뿐 아니라 누구에게 무엇을 말하는가에 대해서도 문화적으로 다양한 기준이 있다. 이러한 것을 알지 못한다면 언어장애가 있는 이중언어아동을 대하는 전문가들은 어떤 문화적 기준을 어기는 평가와 진단 계획을 세울 것이다.

예를 들면, Martha Crago는 이뉴잇 아동의 언어샘플을 채집하기 위해서 이뉴잇 성인이 아동과 대화를 유도하도록 시도했다. 얼핏 보기에는 유창한 성인화자가 이뉴잇 언어로 아동과 말하게 하는 것이 적절해 보였다. 그러나 이 절차는 매우 중요한 것을 간과하였다. 이뉴잇 아이들은 성인과 말하는 것이 익숙하지 않을 뿐 아니라 성인과 말하는 것을 힘들어 했다. 그 결과 수집된 언어샘플은 매우 제한된 언어를 담고 있었고 매우 잘못되어 있었다. 그 이후에 우리는 Willian Lavo(1993)의 선구자적인 연구를 기억해 내었다. Willian Lavo는 아프리카계 미국인 아동들이 말을 하도록 환경을 변화시켜 매우 다른 종류의 언어를 유도하였다. 그의 획기적인 연구는 사회적 환경과 성인 대화상대자는 아동들이 사용하는 언어에 대단한 영향을 끼친다는 것을 보여 주고 있다. 이 연구 덕택에 강아지와 물고기 장난감과 같은 흥미로운 놀이감이 있는 방에서 이뉴잇 아이들의 언어샘플을 수집할 수 있었다. 다른 아이와 말하는 것은 아이들에게 편안하고 일상적인 것이었다. 아이들은 이뉴잇 선생님과 말할 때 보다 훨씬 더 복잡한 어휘와 구문구조 문장을 사용하였다.

다른 예는 Johanne Paradis와 동료들이 평가에 사용하기 위해 소수언어 아동들의 모국어 발달에 관한 부모설문지를 개발할 때, 언어에 대한 가족력과 학습장애에 대하여 부모로부터 정보를 얻는데 많은 장애물을 넘어야 했다. 이런 장애물은 다음과 같다: 1) 흔히 수치심 때문에 가족의 어떤 장애에 관한 정보를 알려 주지 않으려고 함; 2) 언어지연과 같은 발달 이상을 진단하고 치료하는 것에 대한 사회문화적 차이; 3) 정치적 불안, 전쟁, 이동, 또는 경제적 어려움과 같은 상황; 이런 것들은 흔히 가족구성원들이 학교에 가거나 학업을 끝내는 일을 어렵게 만들며, 말이 늦는 것, 또는 읽기학습장애와 같은 가족구성원에게 존재하는 상대적으로 경미한 발달적 문제 여부를 부모가 기억해 내기 어렵게 만든다. 그 결과, 가족력이 언어장애 및 학습장애와 관련이 있다는 것이 알려져 있고, 가족력이 진단에 중요한 역할을 할 수 있을지라도, 다문화상황에서 아동에 대한 가족력의 존재 유무를 알아내는 것이 언제나 쉬운 일이 아니다.

또한 아동과 부모의 문화적 기준에 위배되지 않는 중재전략을 개발하기 위해서는 시간과 관심이 필요하다. 언어장애가 있는 아동의 중재는 언어를 기반으로 하는 활동이다. 언어가 문화에 근거를 두고 있기 때문에 이 또한 문화에 기반을 둔 활동이다. 우리는 이뉴잇 부모에게 언어장애가 있는 그의 아이와 함께 마룻바닥에 앉아서 놀고 말하기를 요구하는 실수를 했다. 또한 많은 이뉴잇 가정에 연필과 종이가 없다는 사실을 알지 못한 채, 이뉴잇 어머니들에게 날마다 아이들의 어휘를 기록할 것을 요구하였었다. 우리 중 한 명은 이뉴잇 어머니들에게 그런 것을 요구하는 것은 우리와 같은 부모에게 자신들의 아이들에게 책을 읽어 주지 말라고 요구하는 것과 같다고 생각하였다. 우리는 가정에서 몸에 밴 행동이기 때문에 아이들에게 책을 읽어 주지 않는 것이 어렵다. 비주류 가정에 문화적으로 부적절한 요구를 하는 것이 이루어질 것 같지 않으며, 어머니들은 임상적인 관계를 무너뜨리는 무감각함을 드러내었다. 부적절한 중재 관행은 부모와 아이들에게 그들의 문화는 적합하지 않고 가치가 없다고 표시하는 것과 같다. 결국, 이런 형태의 요구는 혼란을 일으키고 심지어는 수치심과 결핍감을 느끼게 하며, 그 공동체의 자연스러운 부모-아동 간 상호작용을 방해하고, 이후에 문화적 손실로까지 영향을 끼칠 수 있는 위험에 처하게 한다.

소아과의사, 간호사, 보육교사, 교사, 언어치료사, 제2언어 전문가, 그리고 이중언어아동과 관련된 일을 하는 다른 전문가들은 문화와 언어기능 간의 연관성을 인식하고 있어야 한다. 이런 연관성은 매우 중요하다. 아동의 언어와 문화 간의 연결고리는 세상 사람들의 다양성을 유지하는 데 도움을 준다.

요약

이 장에서는 언어사용과 언어적 상호작용 측면에서 보았을 때 문화에 따라 아동을 얼마나 다르게 사회화시키는가를 설명하고 있다. 흔히 문화접촉은 언어사회화에 대한 서로 다른 규범을 잘못 이해하여 오해를 할 수 있으며, 아동의 경우 교육 및 임상적으로 부정적인 결과를 초래할 수 있다. 그럼에도 불구하고 문화접촉을 통하여 서로 영향을 끼치고 발달한다. 따라서 다문화환경 아동들은 문화적 상호작용 양식을 공유할 수 있는 방법을 찾고 있으며, 그렇게 함으로써 그들 간에 존재할 수 있는 경계를 없앨 수 있다. 성공적인 언어교육과 언어중재를 하기 위해서는 사회화에 관한 문화적 양식을 고려해야 한다.

제 3 장

언어와 인지의 연관성

이 장에서는 언어와 인지 간의 관련성과 언어장애를 이해하기 위한 이들의 영향에 대하여 설명하고 있다. 언어와 인지 간의 관련성은 복잡하고 다각적인 것이다. 이러한 관련성은 Jean Piaget, Benjamin Whorf, Jerome Bruner, Lev Vygotsky와 같은 저명한 학자들을 포함하여 역사적으로 매우 풍부하게 이루어졌다. 이 책에서는 이런 모든 연구에 대하여 자세하게 논의하지 않았는데, 그 이유는 언어와 인지와의 관련성을 이론적으로 매우 자세하게 다루려고 하는 연구자들보다는 이 책의 목적이 제한되어 있기 때문이다. 그것보다는 이중언어 발달과 이중언어장애에 대하여 임상적으로 관련된 측면에서 언어와 인지의 연관성에 초점을 두었다. 여기서 설명하고 있는 언어와 인지 간의 두 가지 주요한 발달의 연관성은 다음과 같다. 1) 언어습득과 언어사용에 관한 인지적 기초, 2) 학교 교육을 포함한 인지발달에 있어 이중언어학습의 결과: 이 책에서는 다음 두 가지 질문에 맞춰 관련된 주제를 논의하고 있다.

1. 영아와 유아는 이중언어학습을 힘들게 하는 인지적 한계를 가지고 있을까?

2. 이중언어학습은 인지발달에 영향을 주는가?

이 두 가지 질문은 동전의 양면과 같은 것이다: 한 측면은 인지능력이 언어발달의 한계를 결정하는 것으로 보고 있으며, 다른 한 측면은 언어발달이 지적 또는 인지적 능력을 확대시키거나 제한시키는 것으로 보고 있다. 두 관점 모두 연구자들과 이론가들 사이에 논쟁이 되고 있으며, 두 가지 모두 흔히 부모, 교사, 이중언어아동과 관련된 일을 하는 전문가들의 관심거리이다. 이 책에서는 각각의 이러한 논쟁과 다음의 각 섹션에서 다루고 있는 현재의 연구 결과에 대해서 설명하고 있다.

앞으로의 내용을 설명하기 전에 인지에 대한 정의를 하는 것이 필요하다. Laura Berk는 그녀의 책, 『아동발달(Child Development)』에서 인지에 대한 정의를 내리고 있다: "인지는 '알고 있는 것'을 이끌어 내는 내면의 프로세스와 마음의 산물이다. 이러한 인지에는 주의집중, 기억하기, 상징화, 범주화, 계획, 추론, 문제해결, 창조, 공상과 같은 모든 정신적 활동이 포함된다."(2003, p. 218)

언어와 인지장애의 연관성이 중요한 이유는 무엇인가?

왜 언어와 인지의 발달적 관련성을 검토하는 것이 중요할까? 언뜻 보기에 이것은 이중언어발달과 관련된 전문가들의 관심이 아닌 주로 이론가나 연구자들의 학문적인 연구 주제인 것처럼 보인다. 왜 이런 주제가 아동의 이중언어발달과 관련된 전문가들에게 중요한가에는 많은 이유가 있다. 첫째는 기대의 문제이다. 전문가, 부모, 아동언어발달에 영향을 줄 수 있는 역할을 하고 있는 사람들은—하나의 언어 대신에 두 개의 언어를 배워야 할 지 여부—언어학습을 위한 영유아의 인지적 능력에 대해 확실하고 과학적으로 근거가 있는 이해를 하고 있어야 한다. 이러한 사람들은 영유아 및 아동이 단일언어아동과 동일하게 동시적 또는 순차적으로 두 언어를 배울 수 있는 능력이 있는지, 하나의 이상 언어를 배우기에 인지적 제한이 있는지에 대하여 이해하여야 한다.

이중언어학습은 영유아 또는 아동의 일반적인 발달 능력을 초과하는 것이라는 믿음으로 인해 전문가들은 단일언어 학습자들과 다른 이중언어학습의 특성을 언어장애 증상으로 해석하는 편견을 보일 수 있다. 예를 들면, 어떤 아동은 다른 아동보다 언어습득이 빠르다. 이것은 이중언어학습 아동에게도 마찬가지다. 이중언어학습이 힘든 것이라 믿는 전문가들은 이중언어아동의 느린 언어발달을 단순히 언어습득에서 보이는 특정한 형태라고 생각하기보다는 이중언어 때문에 발생한 언어장애의 증상이라고 해석한다. 언어학습 문제가 있는 아동들의 경우에 이중언어를 배우는 것은 문제가 되며, 따라서 부모들은 가정에서 단지 하나의 언어만을 사용해야 하고, 아동들은 이중언어 프로그램에 참여해서는 안 된다고 주장하는 언어 전문가를 흔하게 볼 수 있다. 5장에서, 이중언어아동들에게 일반적으로 발생하는 현상이지만 이러한 주제에 관한 과학적인 연구문헌에 접근하기 어려운 전문가나 부모들이 흔히 잘못 이해하고 있는 이중언어학습의 특별한 측면(부호혼합)에 대해서 자세하게 소개하고 있다. 9장에서는 단순언어장애가 있는 이중언어아동에 대한 연구 결과에 대하여 깊이 있게 논의하고 있으며, 언어장애아동도 부가적인 언어를 배울 수 있다는 것을 보여 주고 있다.

둘째, 이중언어발달의 인지적 기초에 대해서 확실하게 이해하고 있는 언어치료사와 교육자들은 다운증후군(DS)과 같은 인지장애가 있는 아동이 이중언어를 배울 것인지 하나의 언어만 배울 것인지에 관해 질문을 받았을 때, 걱정하고 있는 부모나 의사와 같은 다른 전문가들에게 조언을 해 줄 수 있다. 이중언어학습은 아동의 인지적 능력을 초과하는 것이라는 증거는 언어습득에 어려움이 있는 아동을 이중언어습득 대신에 하나의 언어습득에 제한시키는 권고를 정당화시킬 수 있다. 그러나 그러한 권고는 입증되지 않았다. 우리는 아동의 인지적 능력이 언어발달의 한계를 정하기 때문에 인지장애가 있는 아동들에게는 이중언어 노출을 제한시켜야 한다는 말을 부모와 전문가들에게서 자주 듣는다. 이중언어학습 여부의 결정이 어떤 아이들에게 일생 동안 심각하게 영향을 끼치는데, 현재와 미래에 가족구성원 또는 지역사회 다른 사람들과 상호작용하기 위해서 하나 이상의 언어를 배워야 하는 아이들에게는 특히 그러하다. 인지결함이 있는 많은 성인들이 동일한 언어를 사용하지 않는 보호자, 가족구성원, 교육자, 의료 전문가와 의사소통을 해야 한다.

마지막으로, 언어와 인지 연관성의 이해는 전문가들이 인지장애가 있는 이중언어학습 아동들의 적절한 언어결과를 확인하는 데 도움을 준다. 특히 아동의 언어행동에서 그런 문제가 분명하게 드러나는 아동의 인지능력의 특성을 이해하는 것은, 임상가가 중재결과에 대해 현실적인 기대를 갖는 데 도움이 된다. 또한 언어와 인지와의 관련성을 이해하는 전문가는 언어학습능력에 있어 각 아동의 인지능력에 적절한 중재프로그램을 더 잘 고안할 수 있을 것이다. 언어에는 아동의 사고와 생각의 방식이 담겨 있으며, 언어장애아동의 중재프로그램을 고안하고, 중재에 따른 아동의 진전 정도를 평가할 때 이런 측면에서 개인적인 차이를 고려하는 것은 중요하다.

영아나 아동에게 이중언어학습은 힘든 것인가?

영아와 유아는 뛰어난 언어능력이나 전반적인 또는 학업적인 발달이 없어도 동시적이든 순차적이든 두 언어를 학습할 수 있도록 인지적으로 장치가 되어 있는가? 인간이 어려움 없이 하나의 언어를 배울 수 있는 인지적 능력을 가지고 있다는 사실은 모든 사람들이 쉽게 받아들인다. 이에 비하여 어린 학령기 아동과 학령전기 아동의 조기 이중언어습득은 흔히 문제가 되는 것으로 여기며, 아동발달을 어렵게 한다고 생각한다. 흔히 신문이나 잡지의 작가들은 이중언어의 학습단계 중 분명하지 않고 문제가 되는 측면에 대하여 쓴다(**글상자 3.1**에서 설명하고 있음).

과학자들도 그런 비관적인 생각을 하기 쉽다. 예를 들면, Macnamara(1966)는 초기 영향 이론에서 이중언어아동의 언어습득은 오래된 접시저울과 같다고 하였다. Macnamara에 따르면, 이중언어아동들의 언어는 한 언어의 유창성이 증가하면 다른 언어의 유창성은 떨어진다. 이중언어에 대한 그런 비관적인 시각에서는 언어학습에 대한 아동들의 근본적인 정신능력을 단지 공기를 너무 많이 넣은 풍선처럼 생각한다. 하나의 언어를 습득한 결과 풍선은 부풀어 오르고, 남

글상자 3.1

Los Angeles Times

October 7, 2002

Judy Foreman

"이중언어가정에서 성장하는 아동은 다른 아동에 비하여 말이 늦기 쉽다. 그러나 아이들이 두 언어를 배우기만 하면 그 아이들은 많은 지적인 이점이 있는 것 같다." (p. S. 1)

비록 Foreman이 후기 이중언어(later bilingualism)의 긍정적인 특성에 대하여 알고 있기는 하지만, 그녀는 초기 이중언어(early bilingualism)의 부정적인 영향을 설명하고 있다(예를 들면, 이중언어아이들이 단일언어 아이들에 비하여 언어습득이 더 늦다). 이 장에서 부정적인 결과에 대한 주장이 근거가 없다는 것을 연구 결과로 증명하고 있다.

아 있는 공간 때문에 다른 언어의 습득은 제한을 받는다는 것이다. 너무 많은 공기는(너무 많은 언어는) 풍선을 터지게 만들 것이다. 이중언어학습에 관한 이러한 관점을 **제한된 능력 가설**(limited capacity hypothesis)이라고 하는데, 이는 언어능력이 한정된 용량을 가지고 있기 때문에 이중언어학습은 문제가 된다고 보는 관점이다.

다음 섹션에서 이 문제에 관한 두 가지 다른 측면을 논의할 것이다: 1) 동시에 두 개의 언어를 습득하는 유아와 어린 아동의 타고난 능력, 2) 일반적인 지능과 제2언어 습득과의 관련성.

동시적 이중언어학습에 선천적인 한계가 있는가?

제한된 능력 가설은 인간의 타고난 언어능력에 대해서 중요한 근본적인 문제를 제기한다－영아는 생물학적으로 오직 하나의 언어만 습득하도록 되어 있어서 동시적 이중언어노출과 습득은 인지 또는 언어발달에 어떤 대가를 감내해야 하는가? 보다 낙관적인 관점은 발달의 위태로움 없이 아동들이 두 언어를 습득할 수 있는 생물학적 능력을 가지고 있다는 것이다. 여기에 컴퓨터의 은유가 유용하다. 컴퓨터는 일반적으로 하드웨어라고 하는 거대한 처리능력을 가진 전기제품이다. 컴퓨터의 하드웨어는 단어처리, 이메일 보내기, 비디오 보기 등과 같은 많은 복잡한 작동을 동시에 수행하기 위해서 소프트웨어가 필요하다. 사람들은 새로운 기능을 수행하기 위해서 컴퓨터에 설치할 추가적인 소프트웨어를 구입한다.

질문은 다음과 같다: 뇌는 단지 하나의 언어습득 만을 지원하는가? 아니면 컴퓨터처럼 뇌의 처리능력을 초과하지 않고 많은 언어를 습득하도록 되어 있는가(컴퓨터에 탑재하는 것처럼)? 이 질문에 대한 완벽한 대답이 이 책 전체의 주제이다. 다음 섹션은 영아에서 유아까지 언어습득 초기 단계에 관한 연구에 초점을 두고 있다.

구어이전 아동의 말소리 지각

새로운 연구방법으로 인하여 첫 낱말 산출 이전 아동들의 언어발달에 대한 연구가 가능해지고 있다. 어린 언어학습자들은 아직 언어를 산출하지 못하기 때문에 이런 연구방법으로 말소리 지각능력과 언어를 연구한다. 그 연구 결과는 영아들이 언어학습에 도움이 되는 어떤 능력을 가지고 태어났는지, 초기 발달에서 이런 능력이 어떻게 기능하는지를 말해 주기 때문에 중요하다. 대부분의 이런 연구들은 단일언어영아들을 대상으로 하였다. 이중언어영아들을 대상으로 한 연구는 적으나, 어린 이중언어아동들을 대상으로 한 연구가 증가하고 있다. 이중언어영아와 단일언어영아의 비교를 통하여 두 집단 아동이 동일한 학습 메커니즘을 사용하는지 그리고 동일한 발달형태를 보여 주는지 알 수 있다. 사람들은 두 개의 다른 언어체계를 학습하는 복잡성이 발달을 지연시키고 다소 다른 발달형태를 일으킬 수 있다고 생각할 수 있다. 그러면 이런 지연과 차이가 의미하는 것은 무엇인가? 여전히 언어습득의 흥미롭고도 중요한 시기에 대하여 알아야 할 것이 많지만, 그 증거가 이중언어학습에 대하여 낙관적인 입장을 지지해 주고 있다고 본다.

단일언어아동에 대한 증거를 보면 아동들은 발달기의 매우 어린 나이에 언어학습과제를 시작할 수 있게 해 주는 놀라운 처리능력을 가지고 태어난다는 것을 보여 준다. Boysson-Bardies의 말을 인용하자면, "우리는 아기의 뇌가 비어 있는 것이 아니라 어떤 의미에서는 가장 똑똑한 과학자의 뇌보다 더 가득 차 있다는 것을 알고 있다."(1999, p. 13) 이와 관련된 주요 연구 중에서 비전문적인 논의는 Golinkoff와 Hirsh-Pasek(1999, p. 13)가 쓴 책의 1, 2, 3장을, 보다 전문적인 리뷰를 위해서는 Gerken(2007)을 보기 바란다. 이중언어 영아들에 대한 연구 결과를 보면, 이중언어영아들이 어느 정도까지는 단일언어영아들에게서 확인된 동일한 언어학습능력을 사용하고 있으며, 이것은 단일언어영아들과 비교하였을 때 어떤 측면에서는 동일하고, 다른 측면에서는 발달형태에서 차이가 있었다.

출생 후 24시간 이내에, 신생아는 자신에게 말을 거는 다른 여성의 목소리보다 어머니의 목소리 듣는 것을 더 선호한다(DeCasper & Fifer, 1980). 영아들은 친숙하지 않은 목소리의 이미지 보다 어머니의 목소리가 들리는 쪽의 이미지에 시야를 고정시켜 더 오래 쳐다보았다. 아기가 듣는 목소리 샘플을 거꾸로 재생하여 들려주면 어머니 목소리에 대한 선호도를 보이지 않는데, 이것은 아동이 언어를 구성하고 있는 특별한 소리가 아닌 언어의 리듬 또는 운율적인 특징을 선호하는 것이라는 사실이다. **운율**(prosody)은 언어의 억양곡선이며, 말하는 동안에 발생하는 음도와 강세의 변화이다. 각 언어마다 다른 운율적 특징이 있기 때문에 운율은 초기에 이중언어 입력을 변별하는 단서가 될 수 있다. 신생아가 그런 선호도를 보여 주기 때문에 출생 후 얼마 되지 않아 언어의 운율적 특성을 사용한다는 것은 일리가 있다. 태아기의 영아는 자궁 안에서 이런 종류의 음향학적인 입력을 감지할 수 있는 능력이 있기 때문이다. 따라서 이런 실험상황에서 영아들의 반응은 아마도 영아들이 기억하는 언어의 태아기 경험을 반영하는 것일 것이다.

영아의 인상적인 청각변별능력과 기억능력은 자궁에서의 언어경험에 기초를 두고 있다. DeCasper과 Spence(1986)의 연구에서, 태어나기 전 6주 동안 날마다 어머니가 들려주는 산문구절을 들은 태아는 새로운 산문구절보다 이전에 뱃속에서 들은 산문구절에 선호도를 보였다. 이것은 영아가 단순히 어머니 목소리의 친숙함이 아닌 일반적인 음향학적 특성에 반응한다는 것을 보여 주는 것이다. 태아의 심장박동을 모니터링한 연구에서도 임신 37주의 태아는 이전에 노출된 친숙한 시와 새로운 시의 차이를 구별하였다. 이런 결과는 영아들이 언어 간 차이를 변별하고 탐지하며, 언어적 입력의 어떤 측면을 기억하는 타고난 능력을 가지고 있고, 이런 능력은 매우 초기인 태내기에 작동하는 것이 사실임을 보여 주기 때문에 중요하다. 또한 이것은 이중언어학습자가 태아기에 이런 타고난 능력에서 이점을 얻을 수 있다는 것을 의미한다. 영아가 이중언어입력을 분석하고 이해하려면 이른 시기에 시작을 해야 하기 때문에 이중언어학습의 시기는 중요하다.

영아의 구어지각능력에 관한 연구에서 출생 후 얼마 되지 않은 단일언어 신생아들이 두 언어가 다른 라임 집단에 속하는 경우(프랑스어와 러시아어) 모국어와 외국어 간의 차이를 구별할 수 있었으며, 출생 후 4개월 15일된 영아들은 스페인어와 카탈로니아어와 같은 동일한 라임집단에 속하는 언어 간 차이를 구별할 수 있었다(Bosch & Sebastián-Gallés, 2001; Polka, Rvachew, & Mattock, 2007). 발달 초기에 언어 간 차이를 변별할 수 있는 능력은 독립된 언어체계를 만들어 가는데 중요한 토대가 된다. 실제, Bosch & Sebastián-Gallés(2001)는 스페인어와 카탈로니아어 이중언어에 노출된 4개월 된 영아들이 유사한 언어변별능력을 가지고 있다는 것을 발견하였다. 이는 두 언어의 노출로 인해 각각 언어에 노출이 감소되는 것이 이중언어학습자의 이런 변별능력의 출현을 지연시키지 않는다는 것을 보여 준다(Sebastián-Gallés & Bosch, 2005). 이와 함께, 이중언어영아들은 단일언어영아들과 다른 전략을 사용하였다. 아동의 잠재적인 성향을 평가하였을 때, 단일언어아동들은 모국어로 보다 빠르게 향한 반면에 스페인어와 카탈로니아어 이중언어아동들은 친숙하지 않은 언어, 또는 모국어가 아닌 언어로 빠르게 향하였다.

갓난아기가 이중언어학습을 위해 준비를 하고 태어났다는 것을 보여 주는 다른 추가적인 증거는 인간의 언어를 구성하고 있는, 예를 들면, /b/, /l/, /a/ 같은 개별 말소리 지각능력을 연구한 결과에서 찾아볼 수 있다. 이것을 **음성적 분절음**(phonetic segments)이라고 한다. 이런 주제에 관한 광범위한 연구 결과에 따르면, 영아들의 특정 언어에 대한 경험과 상관없이, 전 세계 언어의 자음과 모음을 변별할 수 있는 능력을 가지고 태어난다. 어떤 자음과 모음의 청각적 차이는 매우 미묘할 수 있으나, 언어에서 이러한 소리는 **음소**(phonemic)가 될 수 있으며, 이런 차이가 단어에서 의미변화를 만든다. 예를 들면, 영어에서 /l/과 /r/은 *lice*와 *rice*, *lot*과 *rot*에서처럼 단지 첫 번째 음소의 차이로 다른 의미의 단어가 된다. 그러나 /l/과 /r/이 일본어에서는 음소가 아니라, 하나의 음소에 대한 두 개의 음향학적 변이음이며, 단지 /l/과 /r/의 차이를 근거로 의미가 달라지는 단어가 없다. 영아들이 그런 언어적 대조를 사용하는 언어에 노출되지 않고도 출생에서부터 전 세계 언어의 음소 차이를 대부분 변별할 수 있는 능력이 있다는 결과는 이중언어를 배우는 아동들에게 중요하다. 그것은 어떤 언어에 폭넓은 경험을 하기 전에 두 언어를 형성하는데 필요한 말소리 변별능력을 가지고 있다는 것을 의미하기 때문이다.

경험이 무엇이든 상관없이 말소리를 변별할 수 있는 영아들의 능력은 출생 후 6개월 이후에는 특정 언어에 대한 변별력으로 한정되어 간다. 이 연령 이후 영아들이 모국어 음소는 계속적으로 변별하지만, 모국어 음소가 아닌 음소는 변별하지 못하게 된다는 것을 의미하며, 출생 후 첫 6~12개월 시기의 언어적 경험이 노출된 언어로 말소리 지각능력을 다시 형성한다는 것을 말한다. 6~8개월경 단일언어영아들은 언어 특정 모음대조를 지각하나(Bosch & Sebastián-Gallés, 2003; Kuhl, Williams, Lacerda, Stevens, & Lindblom, 1992), 자음대조는 그 이후인 10~12개월경에 한다(weker & Tees, 1984). 동시적 이중언어아동들은 단일언어아동들과 대략 동일한 나이에 유사한 재구성을 한다(Burns, Yoshida, Hill, & weker, 2007; Vihman, Thierry, Lum, Keren-Portnoy, & Martin, 2007). 이중언어에서 이런 재구성을 하는 시기가 확고하게 나타나는 것은 영아들이 이중언어학습을 하기 위한 능력을 가지고 있다는 것을 다시 입증해 주는 증거가 된다. 영아들의 이중언어 말소리 지각 체계에 대한 자세한 내용과 단일언어아동과 비교하여 어떠한가에 대하여 4장에서 설명하고 있다.

초기 언어발달단계

이중언어학습이 부담스러운 것인가를 알기 위한 다른 방법은 동시적 이중언어아동들의 언어발달단계를 살펴보는 것이다. 아동이 동시적으로 이중언어를 습득할 만큼 언어능력이 없다면 이중언어발달의 결정적인 시기에 지연을 보일 것이다. 예를 들면, 두 언어에 노출된 영아들은 옹알이 출현과 옹알이 과정, 첫 낱말 산출, 두 낱말 조합(문장) 시기에 단일언어아동과 차이를 보일 수 있다. 이런 언어발달 시기는 단일언어아동을 대상으로 폭넓게 연구되었다(Golinkoff & Hirsh-Pasek, 1999). 불행하게도 동시적 이중언어아동들에 대한 규준적인 데이터베이스가 없다. 그러나 미국에서 대규모 샘플로 스페인어-영어 동시적 이중언어 영아와 유아에 대한 연구가 이루어졌으며, 이것으로 이중언어아동들의 일반적인 초기발달 단계를 알 수 있게 되었다. 이중언어아동을 대상으로 대규모 규준적 데이터베이스를 수집하는 것은 쉽지 않다. 단일언어아동에 비하여 이중언어아동들은 발달에 영향을 끼칠 수 있는 여러 측면이 서로 상당히 다르다. 예를 들면, 이중언어아동이 두 언어에 동일하게 노출되는 경우가 드물다. 아동들이 살고 있는 지역의 변화로 인하여 짧은 기간 동안 하나 또는 두 개의 언어에 노출되는 것이 방해를 받을 수 있으며, 이것 때문에 아동의 언어발달이 달라질 수 있다. 이러한 다양한 영향 요인에 대하여 4장과 6장에서 자세하게 논의하고 있다. 이중언어아동들은 개인차에 영향을 줄 수 있는 더 많은 요인들을 가지고 있기 때문에 이들의 언어발달이 단일언어아동의 규준적인 발달단계에 해당하는지 그 여부를 결정하는 것은 어려운 일이며, 주의 깊게 접근해야 한다.

Oller와 그의 동료들은 마이애미 지역의 스페인어-영어 이중언어 영아 집단의 표준 옹알이에 대하여 연구하였다. 옹알이는 영아들이 말소리와 유사한 발성을 할 때 시작되는 것으로 언어산출의 초기 단기에 해당한다. Oller와 그의 동료들은 73명의 단일언어와 이중언어 영아를 대상으로, 4개월에서부터 1세 6개월까지 종단연구를 실시하였다. 연구 결과, 이중언어아동의 표준옹알이 시작 시기는 단일언어아동과 큰 차이가 없었으며, 표준옹알이 비율, 완전한 모음비율, 유창성과 같은 특정한 음운체계 내의 특징 또한 단일언어아동과 출현시기가 동일하였다(Oller, Eilers, Urbano, & Cobo-Lewis, 1997). Maneva와 Genesee(2002)의 연구에서도 프랑스어-영어 이중언어아동들이 동일한 연령의 프랑스어와 영어 단일언어아동과 닮은 혼합옹알이를 산출한다는 것을 발견하였다.

영아와 유아의 어휘발달에 대한 연구에서는 다음과 같이 보고하고 있다: 이중언어아동들은 단일언어아동과 동일한 연령인 평균 12~13개월에 첫 낱말을 산출한다(Genesee, 2003; Patterson & Person, 2004); 이중언어아동들의 초기 어휘습득 속도는 양쪽 언어가 이중언어로 간주되기만 하면 일반적으로 동일한 연령의 단일언어아동이 보고한 그 범위에 해당한다(Pearson, Fernández, & Oller, 1993); 이중언어아동의 어휘발달에서 명사, 동사, 그리고 전치사, 관사와 같은 기능어의 어휘범주 분포는 동일한 연령 또는 동일한 어휘량을 가진 단일언어아동에게서 관찰된 것과 유사하였다(Conboy & Thal, 2006; Marchman, Martínez-Sussmann & Dale, 2004; Nicoladis, 2001). Petitto와 그의 동료들은 3명의 프랑스어와 영어 이중언어아동의 첫 낱말 산출, 두 낱말 조합, 50단어의 습득 시기가 동일한 연령의 단일언어아동과 동일하다고 보고하였다(Petitto, Katerelos, Levy, Gauna, Tereault, & Ferraro, 2001). Petitto와 그의 동료들이 연구한 3명의 아동들은 프랑스어 구어언어와 프랑스어 사인언어를 동시적으로 습득하는 아동들이었다(langue des singes québécoises, 또는 LSQ; 즉, '퀘벡 사인언어'). 이러한 결과는 두 가지 언어양식을 사용하는 이중언어아동들도 초기 발달 단계가 동일한 시기라는 것을 의미한다.

마지막으로, 스페인어-영어, 프랑스어-영어 이중언어아동들의 소집단 종단연구 결과에서 초기 낱말조합 시기가 단일언어아동과 동일한 시기에 나타난다는 것이 발견되었으며, 이 시기는 대략 1세 6개월에서 2세 사이였다(Padilla & Liebman, 1975; Paradis & Genesee, 1996). 미국 내 스페인-영어 이중언어아동을 대상으로 보다 최근에 대규모 샘플로 이루어진 연구에서 이중언어아동들은 이중언어 두 언어 또는 최소한 한 언어의 낱말조합 산출 시기가 단일언어아동과 같은 연령 범위인 것으로 나타났다(Conboy & Thal, 2006; Marchman et al., 2004). 또한 이중언어유아들의 어휘량 증가와 낱말조합 출현 간의 관련성은 단일언어유아에게서 보고된 것과 동일하였다(Conboy & Thal, 2006; Marchman et al., 2004).

요약하면, 연구 결과에서 이중언어습득이 꼭 부담스러운 것이 아니라는 것이 나타났다. 이중언어아동들은 옹알이, 첫 낱말 산출 시기, 낱말조합기와 같은 언어발달의 중요한 발달단계가 정상적으로 발달하고 있는 단일언어아동과 동일한 시기에 도달하였으며, 초기 어휘발달과 문장발달 특성도 단일언어아동들과 동일하였다. 이런 결과는 아동이 영아기와 아동기에 하나의 언어에 노출되든 두 개의 언어에 노출되든 상관없이 언어발달 시기와 기초적인 메커니즘은 동일하다고 것을 의미한다. 그러나 이런 결과가 동시적 이중언어와 단일언어아동이 모든 측면에서 동일하다는 것을 의미하지는 않는다. 특히 각각 언어의 어휘발달과 문법발달 속도는 아동들이 얼마나 많이 그 언어에 노출되었는가에 민감하며, 단일언어 또래와 차이가 나는 주요 원인이 될 수 있다. 학령기와 학령전기 단일언어와 동시적 이중언어아동들의 발달속도에 대한 보다 자세한 비교는 4장에서 다루고 있다. 초기 발달단계와 이중언어노출에 관한 검사에서 중요한 것은 일반적으로 이런 발달단계에서 두드러지게 지연을 보이는 것이 흔히 아동이 언어장애를 가지고 있다는 초기 증상이라는 것이다. 부모, 언어치료사, 학령전기 아동을 다루는 다른 의료 전문가들은 이중언어 노출 그 자체가 이런 발달단계에서—최소한 이중언어 두 언어 중 하나의 언어에서—지연을 일으키지 않는다는 것을 이해하고 있어야 한다.

일반적인 지능과 언어습득은 어떤 관련이 있는가?

이 섹션에서는 언어-인지 관련성에 대한 다른 측면, 즉, 일반적인 지능과 이중언어학습의 관련성에 대하여 살펴보고 있다. 일반적인 지능(general intelligence)은 아동의 일상생활 행동에서 부모와 다른 사람들의 눈에 띄는 지적기술을 의미한다. 아동이 분석적으로 생각하는 능력, 새로운 기술과 지식을 습득하는 능력, 문제해결능력, 창의적인 능력이 일반적인 지능에 해당한다. 이런 종류의 기술은 성공적인 학교생활을 위해서 매우 필요한 것이며, 지능검사(IQ 검사) 또는 *Peabody Picture Vocabulary Test*(Dunn & Dunn, 1997)와 *Raven's Coloured Progressive Matrices Test*(Raven, 1965)와 같은 검사도구로 평가한다. 지능에 대한 이런 개념화는 논쟁 중에 있으며, 몇몇 사람들은 적절하지 않은 것으로 생각하고 있다. 그러나 이러한 지능의 개념은 널리 받아들여지고 있으며, 사람들의 사고와 판단에 큰 영향을 주고 있다. 예를 들면, 부모들은 아이가 지능에 문제가 있을 경우에 이중언어 프로그램에 등록하기를 꺼린다. 언어치료사는 아동의 언어장애를 더 잘 이해하기 위해서 흔히 아동의 지적수준을 평가한다. 일반적인 지적수준을 가지고 있지만 언어발달에 문제를 보이는 아동들은 언어 특정의 문제만을 보일 것이라고 생각할 것이다. 따라서 실제로 중요하기 때문에, 논의에 일반적인 지능과 이중언어와의 관련성을 포함시켰다.

지적능력과 이중언어학습의 관련성은 제2언어습득의 사례(1장의 Samantha, Trevor, Bonnie의 경우처럼)와 학령기 제2언어습득 분야에서 가장 널리 연구(8장에서 설명하고 있음)가 이루어졌다. 그 이유 중 하나는 학령기 아동들에게는 지능검사를 많이 실시하지만 학령전기 아동들에게는 상대적으로 거의 실시하지 않기 때문이다. 또한 학령기 아동들의 지능검사결과가 학령전기 아동들의 검사 결과보다 장기적인 예측 타당성이 있기 때문이다. 사실, 그런 검사가 어린 아동들에게는 신뢰성이 없다. 어린 아동을 대상으로 지적능력을 정의하고 평가하는 정신능력 측정의 어려움 때문에 영아들을 위한 지능검사가 실제로 존재하지 않는다. 지적능력과 학령기 아동의 이중언어의 관련성에 역점을 두는 것은 부모와 선생님들은 흔히 평균 이하의 지능을 가진 아동들이 제2언어를 성공적으로 배울 수 없고, 이중언어로 교육을 받으면 좌절할 것이라고 생각하기 때문이다. 이러한 문제를 다루기 위해서 응용 연구가 이루어졌다. 이 연구가 우리에게 무엇을 말하고 있는가?

일반적인 지능은 대개 읽기 및 쓰기와 연관된 언어 유창성과 관련이 있어서, 지능검사에서 높은 점수를 받은 단일언어아동은 철자기술, 쓰기 및 읽기 평가에서 상대적으로 점수가 높다. 학령기 아동의 지능검사는 일반적으로 타당성이 있으며, 지능검사는 읽기, 쓰기 기술의 영향을 매우 많이 받기 때문에 이런 상관관계가 발생한다. 이런 상관관계가 제2언어의 유창성에도 동일하게 발생한다(Genesee, 1976, 1987). 지능검사에서 높은 점수를 받는 아동들이 제2언어의 읽기와 쓰기에서 상대적으로 높은 점수를 받는 경향이 있다. 그러나 이 책에서 중요한 것은 지적능력이 상대적으로 낮은 아동들의 제2언어학습 결과가 제1언어학습 결과와 다르지 않다는 것이다. 제2언어 또는 외국어 몰입교육에 참여하고 있는 지적수준이 낮은 아동들과 동일한 지적수준의 모국어 프로그램에 참여하고 있는 비교집단 아동들을 표준화된 검사도구로 모국어 읽기, 쓰기와 철자능력을 평가한 결과 두 집단의 점수가 동일하였다. 또한 몰입교육 프로그램에 참여하고 있는 평균 이하의 지적능력을 가진 아동들이 지적능력 수준 정도로 제2언어의 읽기, 쓰기기술을 습득할 수 있다. 평균보다 낮은 지능을 가진 학생들의 문해능력이 몰입교육에 참여하고 있는 평균 또는 평균이상의 학생들만큼은 아니지만, 상당하게 진전을 보인다. 이러한 결과는 8장에서 보다 자세히 다룰 것이다.

제2언어의 구어언어습득은 이와 다르다. 지적능력 평가결과와 제2언어의 말하기 및 이해력 평가결과의 상관은 일반적으로 매우 낮으며, 특히, 초등학생은 더욱 그러하다(Genesee, 1987). 이러한 낮은 상관관계는 지적능력이 제2언어의 듣기이해력과 말하기 유창성에 주요한 예측변수가 아니라는 것을 의미하며, 얼굴을 마주 보고 대화하는 방식의 말하기와 듣기를 평가하는 경우는 특히 그렇다. 그러나 과학과목을 이해하거나 과학숙제를 구어로 발표하는 것과 같은 경우에는 다른 것 같다. Genesee(1976)는 평균보다 낮은 지적능력의 아동과 평균수준의 아동, 평균보다 높은 수준의 아동들 간에 제2언어 구어언어기술에서 거의 차이가 없음을 발견했다. 이것은 8장에서 보다 자세히 논의할 것이다.

언어학습(구어 및 문어)의 종류에 따라 지적능력의 효과차이가 나는 것은 부분적으로는 다른 요인이 중요하기 때문이다. 특히, 사람들은 아이들이 언어습득에 강력한 영향력을 가지고 있는 제2언어를 사용하는 또래 아동과 대화하고 잘 어울리고자 하는 동기를 가지고 있기를 기대한다. 정말 지적능력에 상관없이 그 언어를 말하는 또래 아동이 주변에 있고, 그 언어에 충분히 노출되면 대부분의 어린 아동들은 성공적으로 제2언어를 습득한다. 그러나 몇몇 아동들은 다른 아이들보다 제2언습득에 시간이 더 걸린다. 아마도 이것은 언어학습에 대한 적극적이지 않은 태도 때문이거나 이민자와 특히 난민 가정의 아동들 경우일 것이다. 그 아동들은 본국에서 정신적 외상을 받았을 가능성이 있으며, 사회문화적

적응에 어려움을 겪고 있을 수 있다. 실제적이고 임상적인 측면에서 볼 때, 아동이 보이는 어려움의 근본적인 원인을 찾으려고 한다면, 제2언어학습에 관한 아동의 개인적이고 사회적인 환경을 살펴보는 것이 중요하다. 6장에서는 제2언어를 습득하는 아동들의 습득 속도에 영향을 주는 많은 요인뿐 아니라 제2언어를 배우는 속도에 대하여 보다 심사숙고하게 다루고 있다.

심각한 인지장애가 있는 아동

비록 연구자들이 정상적인 능력을 가진 아동과 임상적으로 증명되지 않는 낮은 수준의 능력을 가진 아동들도 일반적으로 두 언어를 습득하는데 어려움이 없다는 것을 분명하게 밝히고 있지만, 여전히 의문이 남는다: 다운증후군이나 윌리엄스 증후군과 같은 심각한 인지장애가 있는 아동들은 제2언어습득을 잘 할 수 있을까? 청각장애나 시각장애와 같은 심각한 감각 지각적 장애가 있는 아동들이 제2언어를 잘 습득할 수 있을까? 다운증후군 아동을 제외하고는 이런 아동들을 대상으로 한 체계적인 연구가 없다.

캐나다의 Elizabeth-Kay-Raining Bird와 그의 동료들은 프랑스어-영어 이중언어를 배우는 다운증후군아동에 대하여 연구하였다(Kay-Raining Bird, Cleave, Trudeau, Thordardottir, Sutton, & Thorpe, 2005; Feltman & Kay-Raining Bird, 2008). 다운증후군 이중언어아동과 동일하게 동시적으로 영어와 프랑스어를 배우고 있는 정상적으로 발달하고 있는 아동, 그리고 다운증후군 영어 단일언어아동과 영어 단일언어 정상발달 아동들을 서로 비교하였다. 모든 집단 아동들은 유사한 정신연령으로 집단 통제를 하였으며, 연령은 30.5개월에서부터(정상적으로 발달하는 단일언어아동) 86.5개월(다운증후군 이중언어아동)까지 다양하였다. 이중언어아동은 동시적 이중언어아동들로서 영어가 우세언어이거나 또는 두 언어가 유사한 수준으로 균형을 이루고 있었으며, 연구자들은 아동들의 제1언어를 영어로 지칭하였다. 연구는 다음과 같은 중요한 결과를 보여 주고 있다.

a. 다운증후군 이중언어아동들은 다운증후군 단일언어아동과 동일한 언어능력 프로파일을 나타내었다. 즉, 수용언어에서 강점을 보였으며, 표현언어,

특히 형태구문능력이 취약하였다.

b. 영어 언어능력평가에서 다운증후군 두 집단 간에 유의미한 차이가 없었다. 이것은 "최소한 두 언어에 집중적이고, 지속적으로 일관성 있게 노출되었을 때에는 이중언어가 다운증후군의 우세언어발달에 해롭지 않다는 것을 나타낸다."(Kay-Raining Bird et al., 2005, p. 195)

c. 프랑스어 언어능력평가에서 다운증후군이 없는 정상발달 이중언어 비교집단 아동에 비례하여 좋은 수행력을 보이는 다운증후군 이중언어환경 아동은 이중언어사용자가 되고 있었다.

d. 다운증후군 이중언어아동의 프랑스어 습득에는 아동 간 광범위한 개인차가 있었다. 많은 이런 개인차는 언어입력이 그 원인이다(Feltman & Kay-Raining Bird, 2008)

이런 연구자들의 결론이 **글상자 3.2**이다. 동시적으로 두 언어에 노출이 되었거나, 제1언어습득 이후에 제2언어에 노출된 인지적/감각 지각적 결함이 있는 아동들의 이중언어발달에 대해서는 단지 추측을 할 수 있을 뿐이다. 언어습득에 대해서 우리가 알고 있는 모든 것을 근거로 볼 때, 이런 아동들은 어느 정도 제2언어 유창성을 습득할 수 있겠지만, 얼마나 성공적으로 그리고 어느 범위까지 습득할 수 있는지 정확하게 단언할 수 없다. 이런 질문에 대한 대답은 제2언어습득에서 순차적 노출인가 또는 동시적 노출인가 하는 것과는 아주 다른 문제이며, 제2언어의 학습을 학교에서 처음 시작하였다면 특히 그렇다. 아동이 학교에서 제2언어를 성공적으로 배우는 것은 교육적 요인의 영향을 받을 수 있다. 아동이 가지고 있는 인지적 문제와 교육적 요인은 제2언어습득을 방해할 수 있다. 한 반에 25명 또는 그 이상의 학생을 가르치는 선생님은 인지 또는 감각지각 장애가 있는 학생들이 학습에 최대한 잠재력을 발휘하는데 필요한 집중적이고 개별적인 관심을 제공하기 어렵다. 가정에서의 학습환경도 중요하기는 하나, 학령전기 동시적 이중언어아동들의 성공적인 이중언어학습은 우선적으로 아동 자신의 타고난 능력에 달려 있다. 언어습득에 대하여 알려진 모든 것들을 고려해 볼 때 인지장애가 있는 아동들도 이러한 능력은 상당하다. 심각한 인지적, 감각

글상자 3.2

다운증후군 아동과 이중언어발달

비록 다운증후군 아동들이 언어장애가 있다는 증거가 있지만, 현재의 연구에서는 다운증후군이 이중언어에 해를 준다는 증거는 없었다. 따라서 이러한 결과는 언어 입력을 하나의 언어에 한정시키는 것을 지지하지 않는다. 그 대신에 다운증후군아동은 두 언어를 성공적으로 습득할 수 있으며, 다운증후군 이중언어아동들은 최소한 우세언어에서(이 경우에는 영어) 발달수준이 동일한 단일언어 다운증후군아동들만큼 수행할 수 있다는 것을 의미한다(Kay-Raining Bird et al., 2005, p. 197).

지각적 장애가 있는 아동이 제2언어를 보다 성공적으로 학습하기 위해서는, 아동의 연령이 학령기 이전이어야 하고, 학교경험에만 의존하여 제2언어를 학습하고 있는 유사한 다른 학생보다도 학교 외부에서 언어에 더 많이 노출되어야 할 것이다. 그러나 이러한 추측이 체계적인 연구 결과가 아니라는 점에 주의를 해야 할 것이다.

이중언어학습이 인지발달에 영향을 주는가?

이론가들과 비전문가들 모두 이중언어아동들은 두 언어를 습득하는 것 이상으로 단일언어아동과 다를 수 있다는 생각에 오랫동안 사로 잡혀 있었다. 보다 구체적으로 말하자면, 몇몇 사람들은 이중언어가 아동의 전형적인 사회적, 인지적 및 인성발달에 위험적이라고 생각하고 있다. 우리는 이중언어학습의 언어적 결과에 대하여 언급된 것과 동일한 관점을 목격하였다. 이중언어를 배우고, 알고, 사용하는 것이 아동들의 발달을 위험에 빠뜨린다고 믿게 할 만한 합당한 이론적인 이유가 없음에도, 사람들은 이런 두려움을 마음속에 품고 있다.

많은 사례에서 결점이 있음에도 불구하고 이런 두려움이 몇몇 실증적인 지지를 받고 있다. 예를 들면, 이중언어와 인성에 관한 초기의 연구에서 Diebold (1968)은 이중언어는 감정적인 비적응과, 특히 정신역학적 갈등(극단적인 경우에는 정신분열증)을 일으킨다고 하였다. 이와 유사하게 많은 초기 연구들은 이중언어아동들이 언어지능과 일반적인 지능에서 더 낮은 수준을 보인다고 보고하였다(Arsenian, 1945; Darcy, 1946; Macnmara, 1966). 그러나 이런 초기 연구를 자세히 살펴보면, 그 연구 중 많은 연구들은 심각한 방법론적 결점을 드러내고 있다. 몇몇 연구에서 이중언어아동들의 언어수행력을 단일언어아동과 비교하였으나, 두 집단은 사회경제적 수준이 다른 집단의 아동들이었다. 이중언어아동들은 흔히 사회경제적 수준이 낮은 가정의 아동들이었으며, 낮은 사회경제적 수준 자체만으로도 표준화된 평가도구에서 낮은 수행력을 보일 것이라고 예상되는 아동들이었다. 또한 평가 언어에서 언제나 이중언어아동의 유창성 정도가 통제되지 않아서, 아동 중 몇몇은 두 언어 중 잘하지 못하는 언어로 평가를 받았다. 따라서 지능검사의 수행력은 아동의 제2언어 유창성수준을 반영한 것이었다.

가장 중요한 것은, 이런 초기 연구에 참여한 많은 이중언어아동들은 **감가적 이중언어환경**(subtractive bilingual environment)에 있는 아동들이었다. 이 용어는 맥길대학의 심리학자인 Wallace Lambert가 많은 소수언어사용 아동들이 그 지역사회의 다수언어를 배우는 상황을 설명하기 위해서 만든 용어이다. 감가적 이중언어는 다수언어의 습득으로 소수언어를 잃을 때 발생한다. 감가적 이중언어환경의 전형적인 예는 이민 가정의 아동들, 또는 이민자의 손자들이다(Bonnie, Pasquala, Carlos의 예). 그런 아동들은 흔히 그 지역사회의 다수언어를 배우고, 모국어는 포기할 것으로 예상된다. 사실, 이런 태도가 변화하고 있기는 하나, 이민자 아동들이 그 지역사회 다수언어를 습득하는 가장 좋은 방법은 모국어, 때로 유산언어라고 불리는 언어를 버리는 것이라는 신념이 널리 퍼져 있다. 흔히 아동들이 다수언어를 사용하는 학교에서 언어적으로 잘 통합되기 위해서 학령기 전에 가정에서 다수언어만을 사용하도록 이민자 부모들에게 권고를 한다(6장에서 설명하고 있음).

이민자 아동들만이 감가적 이중언어환경에 있는 아동은 아니다. 지역사회에서 토착언어를 사용하는 아동들도 흔히 감가적 이중언어를 경험한다: 캐나다의 이뉴잇어를 사용하는 아동들 또는 미국 호피족의 언어를 사용하는 아동들이 그 보기이다. 다른 예는 이민 노동자 가정의 아동들이다. 이 아동들은 다른 언어가 그 지역의 다수언어인 지역사회에 살고 있으면서 자신의 모국어를 계속적으로 사용하고 배우는 아동들이다. 이런 아동들은 독일에 살고 있는 터키 혈통의 아동들 또는 미국에 살고 있는 Luis와 같은 멕시코 혈통의 아동들이 그런 경우이다. Bistra가 어머니의 모국어인 불가리아어와 아버지의 모국어인 영어, 두 언어 모두를 습득하고 사용하도록 부모가 많은 노력을 들이지 않았다면 감가적 이중언어학습 환경을 경험하였을지도 모른다.

이와 달리, **부가적 이중언어환경**(additive bilingual environment)은 아동들이 부가적으로 언어를 습득할 때 아동들의 모국어가 유지되도록 적극적으로 지원하는 언어환경이다. 예를 들면, Samantha와 Trevor는 스페인어와 독일어를 배우는 것과 동시에 영어를 배우도록 계속적으로 지원을 받는다. 제2언어습득을 위해서 모국어를 버려야 한다는 제안은 없다. 그 지역 다수민족언어 출신 이중언어아동들은 흔히 부가적 이중언어환경에서 살고 있는 장점을 누릴 수 있다. 부가적 이중언어가 이중문화 정체성 형성에 도움을 주어 아동들은 배우고 있는 두 언어와 관련된 문화를 누리고 동질감을 갖게 된다. 아동들은 오직 하나의 문화집단에 소속되어야 한다고 느끼지 않는다.

1960년대 초 맥길대학의 Wallace Lambert와 Elizabeth Peal의 연구로 이중언어의 인지결과에 관한 연구사에 중요한 전환이 있었다. Lambert와 Peal(1960)은 초기 연구의 방법론적인 단점을 수정하였다. 그들은 동일한 사회경제적 수준과 동일한 교육 정도의 영어와 프랑스어 단일언어아동들과 두 언어에 유창한 이중언어아동을 비교하였다. Lambert와 Peal의 연구와 많은 후속연구에서 특히 중요한 것은 그들이 James와 같은 부가적 이중언어환경에서 성장하고 있는 아동들을 연구하였다는 것이다. 예를 들면, 캐나다의 몬트리올 지역. 이전의 연구와 달리, Lambert와 Peal(1960)은 그들이 평가한 이중언어아동들이 단일언어아동에 비하여 많은 인지적인 장점을 가지고 있다는 것을 발견하였다. 구체적으로 설명하자면, 이중언어 학생들은 자유롭게 이용할 수 있는 더 많은 독립적인 인지전략들을 가지고 있었으며, 문제해결을 위해 이런 전략을 사용하는데 더 큰 융통성을 발휘하였다.

Lambert와 Peal(1962) 이후, 보다 연구방법론적으로 통제를 한 주요한 논문에서 이중언어아동들이 단일언어아동에 비하여 다양한 인지과제에서 장점이 있다는 것을 보고하였다(Bialystok, 2001; Kovacs, 2007). 이러한 연구에서 이중언어아동들이 보이는 우수성 중에서 흔히 **메타언어인식**(metalinguistic awareness)에서 이점이 있는 것으로 나타났다. 메타언어인식은 스스로 자신의 의사소통을 돌아보고 언어조작을 할 수 있는 능력을 말한다. 언어의 말소리에 집중하는 것에서부터 단어, 문법, 언어사용 그 자체까지 많은 종류의 메타언어인식과제가 있다. 예를 들면, 아동에게 특정한 단어(예: *if*, *cat*)가 단어인지 또는 그 단어들이 어말, 어두, 어중에서 동일한 위치의 말소리(예: *bat*, *boss*, *car*)인지 확인하도록 하는 질문을 할 수 있다. 또는 한 단어에서 첫 번째 음소를 없애면 어떤 말소리가 남아 있는지를 말하도록 할 수 있다(예: '*cat*'에서 첫 말소리를 없애면 남는 말소리). 이러한 언어인식은 일상적인 대화를 위한 언어사용에서는 특별히 중요하지 않다. 그러나 읽기와 쓰기습득 측면에서는 중요하다. 학습자의 메타언어기술 간에는 강한 양의 상관이 있으며, 특히 음운체계와 읽기 및 쓰기와 메타언어기술 간에 강한 양의 상관관계가 있다(National Reading Panel, 2000). 좋은 독자와 작가는 언어의 구조적 특성과 의사소통을 위한 체계로서 언어가 어떻게 기능을 하는지 잘 알고 있다.

이중언어에 대한 인지적 영향과 그의 조건에 대해 보다 잘 이해할 수 있게 된 것은 토론토 요크대학의 Ellen Bialystok의 기여가 크다. Bialystok(2001)이 이중언어아동들에게 정보처리 중 선택적 주의집중을 요구하였을 때 다양한 인지과제 수행에서 적절한 정보는 선호하고 잘못된 정보는 억제하는 행동을 보였다. Bialystok의 연구는 정규적으로 두 언어를 사용하는 매우 유창한 이중언어사용자에게 초점을 두었으며, 낮은 수준의 이중언어 유창성 또는 낮은 수준의 이중언어사용은 이런 이점을 낳기에는 충분하지 않다는 것을 보여 주었다. 종합하여 보면, 이중언어아동들이 경험하는 인지적 이점을 실행 통제 기능(executive control functions)이라고 하며, 여기에는 문제를 해결하거나 계획하는 동안에 이루어지는 활성화(activation), 선택(selection), 억제(inhibition), 정보조직(organization of information)이 해당된다. Bialystok에 따르면, 이런 인지적인 이점은 이중언어아동들이 양쪽 언어체계 간 방해를 피하기 위해서 두 언어사용과 습득에서 역량을 발휘하는 선택적 주의집중 및 억제와 관련이 있다(보다 자세한 내용은 Bialystok, 2001의 7장 참조). 즉, 유창한 이중언어에 동반되는 선택적 주의집중과 억제는 비언어적 기능에서 필연적인 영향을 가지고 있다. 이와 유사하게, Kovacs와 Mehler(2009)도 출생에서부터 두 언어에 노출된 7개월 연령의 영아가 동일한 연령의 단일언어 영아에 비하여 인지적 통제능력이 높다는 것을 발견하였다.

이중언어학습 및 이중언어입력과 관련된 인지적 이점은 아동에게 한정되지 않는다. Bialystok과 그의 동료들은 60세에서 88세 연령대의 이중언어성인에게서도 그러한 인지적 이점이 분명하게 나타난다는 것을 발견하였다(Bialystok, Craik, Klein, & Viswanathan, 2004). 또한 Bialystok, Craik, Freedman(2007)은 유창한 이중언어는 실행 통제 기능을 향상시키는 정신적 훈련의 형태라는 이론을 지지하는 연구 결과를 보고하였는데, 이들 연구자들은 동일한 임상적 진단을 받은 이중언어 환자들이 단일언어 환자와 비교하였을 때 치매발생 시작 시기가 4년 정도 늦나는 것을 발견하였다.

방법론적으로 적절한 몇몇 연구에서 이중언어아동과 단일언어아동 간 차이를 발견하지 못했다는 것은 중요하다(Rosenblum & Pinker, 1983; Cummins, 1976). 따라서 이중언어가 무조건적으로 긍정적이다 또는 부정적이다라고 하는 단순한 논리와는 달리 현재의 연구는 다양한 결과를 보여 주고 있다. 몇몇 연구는 이중언어에 장점이 있었다. 어떤 연구는 단일언어아동들에게 장점이 있었다. 어떤 연구는 단일언어와 이중언어아동 간에 차이가 없었다. 이중언어의 결과가 다르다는 것은 놀라운 일이 아니다. 아동들은 매우 다른 이유와 매우 다른 환경에서 이중언어아동이 된다—몇몇은 이중언어아동에게 유리하고, 몇몇은 단일언어아동에게 유리하며, 또 몇몇은 인지능력에 상응하는 결과를 낳는다. 토론토 대학의 Jim Cummins는 이러한 측면에 대하여 임계치 가설(threshold hypothesis)이라는 공식을 제안하였다. Cummins(2000)에 따르면, 이중언어의 인지적

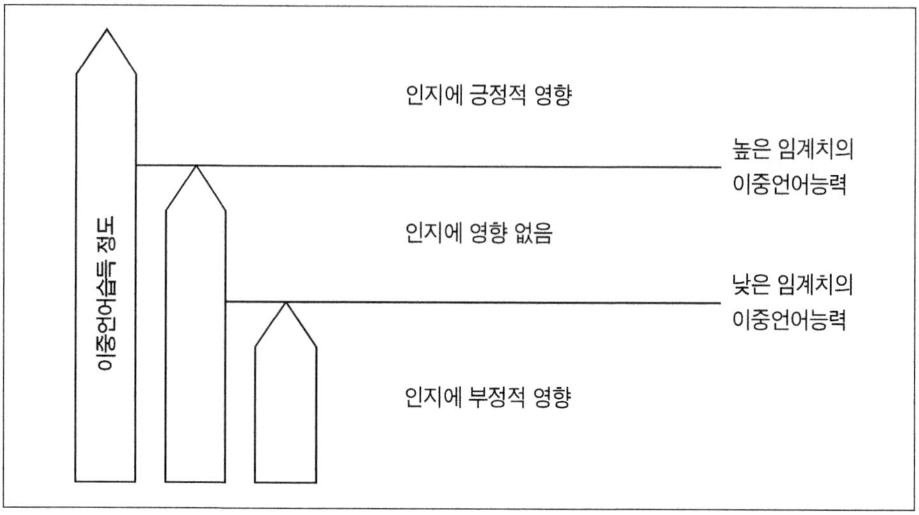

그림 3.1 이중언어능력의 인지적 영향

영향은 아동들이 습득한 이중언어의 유창성 정도에 따라 다르다고 한다. **그림 3.1**은 이 가설을 그림으로 나타낸 것이다. 이중언어아동의 인지적 이점은 일반적으로 이중언어의 높은 유창성과 관련이 있는 반면에, 인지적인 약점(즉, 단일언어 아동에 비하여 상대적으로 낮은 수준의 인지능력)은 이중언어 유창성이 낮은 것과 관련이 있다. 이런 두 임계치 중간에 해당하는 이중언어 유창성은 이점과 약점 모두와 관련이 없는 것으로 보인다. Cummins는 또한 이중언어아동과 언어학습환경과의 상호작용의 질로 인하여 이런 다른 결과가 발생하는 것으로 보았다. 하나의 언어 또는 두 언어에서 유창성이 낮은 이중언어아동들은 문제해결능력, 비판적으로 정보를 분석하는 능력, 대안적인 관점을 확인하는 능력 등에서 보다 낮은 수준의 인지능력을 보일 수 있는데, 이는 아동들이 학습환경과 풍부한 상호작용을 하지 못했기 때문이다. 이와 달리 이중언어유창성이 높은 아동들은 Bialystok이 확인한 그런 종류의 주의집중능력 또는 향상된 메타언어 인식능력의 결과로 인해 보다 높은 인지능력을 경험할 것이다. Kovacs와 Mehler(2009)가 출생에서부터 이중언어에 노출된 7개월 영아를 연구한 결과에서는 앞에서 설명한 것처럼, 두 언어의 습득이 지속적으로 이루어지고, 높은 수준의 유창성에 도달한다면, 조기에 두 언어에 노출되는 것이 삶의 후반기까지 유지되는 이득을 얻게 된다는 것을 보여 주었다. Bialystok과 그의 동료들의 연구에서 나타난 것처럼, 정말로 아동과 성인의 높은 수준의 이중언어 유창성은 두 언어에 조기 노출로 얻는지는 것이다.

종합해 보면, 언어와 인지발달에 관한 이런 결과는 많은 이유 때문에 중요하다.

1. 언어와 인지발달에 관한 결과는 이중언어를 바라보는 비관적인 관점이 유용하지 않다는 것을 분명하게 보여 준다.
2. 이중언어의 인지적 결과는 이중언어아동의 유창성 정도에 따라 긍정적, 부정적, 또는 긍정도 부정도 아닐 수 있다. 이것은 아동들이 두 언어를 배우는 언어환경을 고려하면, 이해가 된다.
3. 임상가, 교육자, 부모들은 아동을 이중언어로 양육하고, 교육시키는 것에 대하여 결정을 할 때, 발달과정에서 조기에 두 언어를 사용하고 학습하는데서 얻을 수 있는 인지적 이점을 고려해야 하며, 과거에 흔히 있던 일이지만, 인지적 불이익의 가능성만을 고려하지 않아야 한다.
4. 가장 중요한 것은 임상가, 교육자, 다른 전문가, 부모들은 이중언어의 장점에서 이익을 확신하기 위해서 아동들의 이중언어 유창성 수준을 높게 목표로 잡아야 한다는 것이다. 이 섹션에서 논의했던 것처럼, 아동이 이중언어에 조기에 노출되는 것으로 높은 수준의 유창성과 인지적 이점을 얻을 수 있는 것 같다.

요약하면, 발달초기부터 아동들은 이중언어습득을 위해서 전적으로 지원을 받아야 하며, 부모들은 높은 수준의 이중언어 유창성에 도달하는 데 필수적인 지속적이고 풍부하며 일관성 있게 이중언어경험을 제공할 수 있다면 이중언어양육을 결정해도 좋다.

요약

언어와 인지와의 관련성에 대하여 두 가지 측면이 있다. 하나는 이중언어학습을 위한 영아와 아동의 인지적 능력에 관한 것이며, 다른 하나는 이중언어학습에 대한 인지적 영향을 고려하는 것이다. 이중언어학습을 위한 인지적 능력에 관해서는 영아의 언어학습 능력이 제한되어 있다는 과학적인 증거가 없다. 태아기와 언어 이전기 영아에 관한 연구 결과를 보면, 지속적으로 두 언어에 일관성 있고 적절하게 노출되면 특별한 손실 없이 두 언어를 습득할 수 있는 타고난 능력을 가지고 있는 것으로 나타났다. 일반적인 지적능력은 흔히, 모국어와 제2언어의 읽기 및 쓰기와 관련된 영역에서 제2언어의 유창성과 상관관계가 있으나 구어언어발달에서는 꼭 그렇지 않았다. 구어언어발달에 영향을 주는 영향 요인은 6장에서 자세하게 다루고 있다.

이중언어학습의 인지적 결과는 다양할 수 있고, 특히 습득환경에 따라 다를 수 있다. 언어학습 환경이 부가적(additive)인가 또는 감가적(subtractive)인가의 여부, 그리고 그에 따라 아동이 보다 유창한 이중언어를 습득하였는가의 여부는 이중언어학습과 인지결과에 중요한 영향을 줄 수 있다. 8장의 이중언어 학교 교육에서도 이러한 사실을 다시 확인하게 될 것이다. 부가적 이중언어환경이 보다 긍정적인 결과를 보이는 것 같으며, 조기 이중언어 노출의 결과로 부가적 이중언어환경의 아동들이 보다 유창한 수준의 언어를 습득하는 것 같다. 부정적인 결과는 감가적 이중언어환경에서 발생하며, 감가적 이중언어환경 아동의 언어 유창성은 하나의 언어 또는 두 개의 언어 모두에서 제한되게 나타난다. 후자의 경우는 아동이 제2언어를 통해서 교육을 받을 때는 특히 그러하다. 이중언어아동들이 이중언어를 완전하게 습득하고, 그렇게 하는 것으로 언어적 및 인지적 결과 둘 모두로부터 이득을 얻기 위해서는 정서적 및 언어적으로 충분히 지지를 받아야 한다.

제 2 부

이중언어와 제2언어발달의 이해

제 4 장

동시적 이중언어아동의 언어발달

이 장에서는 태어나면서부터 또는 최소한 3세 이전에 이중언어에 동시적으로 노출된 동시적 이중언어아동들의 언어발달에 대해서 소개하고자 한다. 제1장에서 소개한 James, Bistra, Gabriela과 같은 아동들은 태어나면서부터 지속적으로 이중언어에 노출되었기에 모두 동시적 이중언어에 속한다. James, Bistra, Gabriela가 성장하고 있는 환경은 가장 일반적이기는 하나 동시적 이중언어가 되는 유일한 경로는 아니다. 몇몇 부모들은 다른 언어를 사용하는 풀타임 보모를 고용하여 출생에서부터 아이들을 다른 언어에 노출시킨다. 예를 들면, LA에 살고 있는 영어를 사용하는 부부는 영아 때부터 집에서 거주하는 스페인어 보모를 고용한다. 이런 아동들의 스페인어의 노출은 학령전기 내내 지속적으로 이루어지며, 아동의 부모가 스페인어를 전혀 사용하지 않았어도 동시적 이중언어라고 할 수 있다. 개인적인 이유나 직장으로 다른 나라에 살거나 여행하는 부모를 둔 아동들도 동시적 이중언어를 경험할 수 있다. 마지막으로 이 책에서는 동시적 이중언어와 제2언어습득의 차이를 3세 연령으로 규정하고 있다. 그러나 이런 차이가 명백한 것은 아니다. 이 장에서 학령기 이중언어아동에 관한 어떤 정보는 만 3세 이후 곧바로 제2언어를 배우기 시작한 아동에게 적용시킬 수 있다. 이와 반대로 6장의 제2언어습득에 관한 어떤 정보는 2세 6개월에 부가적인 언어를 습득하기 시작한 아동에게 적용시킬 수 있다.

이 장에서 첫 번째 목표는 학령전기와 학령기 동시적 이중언어아동들의 일반적인 언어발달에 대한 정보를 제공하기 위한 것이다. 동시적 이중언어아동들이 이중언어사용 성인이 되느냐의 여부에 상관없이 교육자와 의료 전문가들은 학령전기와 학령기 아동의 언어발달에 있어 동시적 이중언어노출의 영향에 대해서 알고 있어야 한다. 특히 아동들의 언어발달이 전형적인 형태를 나타내는 것인지 또는 지연/장애의 증상을 보이는지를 판단하기 위해서 이런 아동들의 구어언어능력에 대한 적절한 기대치를 정할 필요가 있다. 이 책에서 우리는 자주 단일언어아동들을 비교기준으로 삼았으며, 실제로 우려할 만한 원인이 되는 이중언어발달 측면을 보다 잘 확인하기 위해서 이중언어아동과 단일언어아동의 차이점과 유사점을 강조하고자 하였다.

이 장의 정보는 다음과 같은 질문에 따라 구성되어 있다.

1. 출생부터 동시적으로 이중언어에 노출된 아동들은 처음부터 이중언어로 배우는가? 즉, 그 아동들은 하나의 단일언어체계를 가지고 있는가? 또는 두 개의 별도의 언어체계를 가지고 있는가?
2. 만약 이중언어아동들이 두 개의 별도의 언어체계를 가지고 있다면, 그 언어들은 발달과정에서 서로 상호작용하는가? 이런 상호작용으로 인해 이중언어아동들은 단일언어아동들과 다른 어떤 독특한 형태를 보이는가?
3. 이중언어아동들은 단일언어아동들에 비하여 언어학습이 더 느린가? 만약에 그렇다면, 얼마나 더 느린가? 이중언어아동들은 두 언어의 발달속도가 유사한가?
4. 다언어(multilingual) 아동들은 이중언어아동과 다른가? 조기에 두세 개의 언어를 배우는 것이 아동들에게 너무 부담스럽거나 혼란스러운 것인가?

비록 예상했던 것보다 이중언어와 단일언어발달이 많은 차이가 없을지라도 앞의 질문들은 비교와 관련된 것이다. 따라서 질문에 대답을 하기 전에 간단하게 이중언어와 단일언어 간의 차이를 바라보는 대안적인 방법에 대하여 논의하고자 한다. 역사적으로 이중언어는 어린 아동들에게 지적인 불이익을 주는 것으로 여겨졌으며, 이것은 정책입안자들을 걱정스럽게 만들었다(3장 참조). 이런 역사적인 태도 때문에, 이중언어와 단일언어 간 발달차이는 흔히 부정적인 것으로 보았다.

이중언어아동들이 단일언어아동들처럼 발달을 할 경우에만 정상적으로 발달하는 것으로 생각하였다. 이중언어아동들이 어떤 차이를 보일 경우에는 정상적으로 발달하지 않거나 장애가 있는 것으로 생각하였다. 이런 종류의 태도는 1장에서 논의한 것처럼 아동기 이중언어가 전세계적으로 단일언어만큼이나 일반적임에도 불구하고 단일언어아동들의 발달을 하나의 규준으로 받아들인 결과로 발생한 것이다. 아동기 이중언어가 얼마나 널리 퍼져 있는가를 생각해 보면, 단일언어와 이중언어아동이 약간의 차이가 있을지라도 단일언어발달처럼 이중언어가 발달할 수 있다는 것을 인정하지 않을 수 없다. 두 아동 집단 간의 어떤 차이가 일률적으로 언어발달에 치명적인 영향을 주는 것을 의미하지 않는다. 보다 적절한 태도는 언어습득에는 하나 이상의 경로가 있으며, 이런 경로 중의 하나는 동시에 이중언어를 습득하는 것이라고 생각하는 것이다.

글상자 4.1

이중언어로 아동양육: 부모들의 질문

Genesee 박사님께

영아기 이중언어에 관한 저의 질문에 박사님께서 분명한 대답을 해 주셨으면 합니다. 러시아 출신의 아내와 저는 10개월 된 아이를 곧 입양할 것이며, 저희 부부는 그 이이를 이중언어로 키우고 싶습니다(그 아이는 이전 러시아 공화국인 조지아 출생입니다). 저의 아내는 러시아어만을 사용해야 한다고 강조하고

(다음 쪽에 계속됨)

있습니다. 저는 캘리포니아에서 태어나서 자랐으며, 지금 러시아어를 배우기 시작했습니다. 제가 아이 옆에 있을 때에 아내가 주로 영어로 아기에게 말을 하였으면 합니다. 저의 질문은 다음과 같습니다: 아내가 아기에게 러시아어로만 말하면 아이가 이중언어사용자가 될 가능성이 많아질까요? 저는 인지적이고 정서적인 요인 둘 모두라고 생각하고 있습니다.

박사님의 조언에 감사드리며,
어느 아버지로부터.

Genesee 박사님께

저희는 캐나다 서부에 살고 있으며, 아들은 프랑스 유아원에 다니고 있습니다. 그런데 그 유아원에서 프랑스어 사용 환경을 유지시키기 위해서 가정에서 프랑스어를 말하도록 매우 강하고 권하고 있습니다. 이것 때문에, 저의 프랑스어가 중급수준 정도임에도 불구하고 저희는 가능한 프랑스어를 사용하려고 하였습니다. 그러나 저의 아들은 지금 두 살이기 때문에, 저의 프랑스어 능력이 아들을 속박하는 것인지 의문이 들기 시작합니다. 보다 중요한 것은 저의 모국어로 아들에게 저 자신을 충분히 표현하지 못할 것 같다는 생각이 듭니다—아들과 저의 언어적 의사소통과 관계발달을 제한시킬 것이라는 느낌이 듭니다. 프랑스어 유아원과 이후 학교의 일부분으로 되어 있어 이것으로 발생하는 어려움을 알고 있지만, 지금 저는 영어를 사용하기로 결정을 했습니다. 박사님께서는 혼합된 언어를 사용하는 가정에서 성장하는 저의 아들을 위해서 무엇이 최선인지 제가 이해하는 데 도움이 되는 유용한 정보를 주실 것이라 믿습니다.

진심으로 감사드리며,
한 어머니로부터

부모들은 흔히 아이를 이중언어로 키우는 최고의 방법은 무엇이냐고 질문을 합니다. 많은 방법이 있지만, 사람들이 가장 많이 사용하는 방법은 부모가 각각 다른 언어를 아동에게 사용하는 것입니다. 이 경우에 각 부모는 아동에게 자신의 모국어로만 말합니다(5장에서 보다 자세하게 설명하고 있음). 이것은 아동에게 두 언어에 대한 충분한 언어적 입력을 제공해 주며, 특히 하나의 언어가 소수언어이고 집 밖에서는 거의 그 언어를 사용하지 않는 경우에 중요합니다. 또한 아동과 대화를 할 때 부모들이 스스로를 완전하게 표현할 수 있다고 느끼기 때문에 중요합니다.

이중언어아동들의 언어체계는 하나인가 또는 두 개인가?

영아들이 두 언어입력을 경험할 때, 두 언어를 배우고 있다는 것을 의식적으로 알지 못하며, 아마도 세 살 가까이 되어야 만이 그때서야 비로소 직접적으로 말을 하는 것으로 이중언어학습자가 되는 것을 분명하게 인식하고 있다는 것을 보여 준다. 따라서 연구자들이 두 언어에 노출된 아동들이 시작부터 이중언어로 언어들을 습득하는지 여부를 질문하는 것은 놀라운 것이 아니다. 즉, 아동들은 주변에서 들은 언어적 입력을 초기에 단일언어체계로 표현하는가 또는 이중언어체계로 표현하는가? 20세기 초부터 1990년대 초까지, 연구자들은 이중언어아동들이 처음에 언어를 이중언어로 습득하지 않는다는 생각에 동의하는 경향을 보였다. 가장 영향력 있는 모델이 **단일언어체계가설**(Unitary Language System Hypothesis)(**그림 4.1** 참조)로 Virginia Volterr과 Traute Taeschner(1978)가 제의하였다. 그들은 이중언어아동들은 입력된 두 언어의 단어와 문법적 규칙을 조합한 하나의 언어체계로 언어습득과정을 시작한다고 주장하였다. 다음 단계에서 단어는 두 개의 어휘/어휘사전으로 분화되나, 문법규칙은 양쪽 언어에 동일하게 하나의 규칙을 유지한다. 마지막 단계에서 문법규칙 체계가 분리되며, 이

그림 4.1 초기 이중언어의 단일언어체계

그림 4.2 초기 이중언어의 이중언어체계

중언어아동은 이중언어성인처럼 두 개의 분화된 언어체계를 갖게 된다. Fred Genesee(1989)는 Virginia Volterr과 Traute Taeschner(1978)의 이론에 대한 대안으로 **이중언어체계가설**(Dual language system hypothesis)을 제안하였다(**그림 4.2**). 이 관점에서는 출생부터 두 개의 언어에 노출된 아동들은 언어습득 시작부터 두 개의 분리된 언어체계를 구성한다고 가정한다. 이런 관점에 따르면, 동시적으로 이중언어에 노출된 아동들의 언어표현은 하나로 통일되었다가 이후에 두 개의 시스템으로 분리되는 과정을 겪지 않는다고 한다.

단일언어체계가설과 이중언어체계가설 모두 아동의 마음속에 있는 언어적 표현의 특성에 관한 것이다, 따라서 이것이 아동들의 언어행동을 이해하기에 의미 있는 구분인가를 질문하는 것은 적절하며, 특히, 부모, 교육자, 의료 전문가의 실제적인 관심에 있어서는 더욱 그러하다. 어린 아동들이 그들의 언어를 어떻게 사용하고, 이들이 어떤 발달단계를 거쳐 갈 것인가를 매우 다르게 바라보고 있기 때문에 두 가지 관점은 중요하다. 만약 어린 아동이 초기에 하나의 어휘와 문법체계를 가지고 있다고 하면, 언어적 상황 또는 대화상대자에 상관없이 흔히 두 언어의 단어와 구를 혼합하여 사용할 것이라 예상할 수 있을 것이다. 또한 다른 언어의 어휘로 한 언어의 문법규칙을 사용할 것이며, 심지어는 두 언어의 문법규칙을 혼합할 것이라고 예상할 수 있다. 게다가, 두 언어를 분리하는 절차는 이중언어아동에게 인지적으로 부담스러울 수 있어서, 2~3세 연령의 아동들은 언어발달지연을 일으키며, 이런 재조직 기간 동안에 독특한 언어사용 형태가 나타나는 결과를 보일 수 있다. 그러나 이중언어습득에 관한 현재의 연구에서는 압도적으로 이중언어체계가설을 지지하고 있다. 여기에서 몇몇 언어영역에서 이와 관련된 연구를 리뷰하고 있다.

말소리 지각

3장에서 생애 첫 해에 이중언어에 대처하는 영아의 기본적인 능력에 대하여 논의하였다. 이 논의에는 영아가 초기에 두 언어 간 차이를 들을 수 있으며, 단일언어에 노출된 아동들과 동일한 시기에 자음, 모음의 음소지각에서 재조직을 경험할 수 있다는 증거를 포함하고 있다. 이런 발달적 재조직의 시기는 영아들이 초기에 하나 이상의 언어를 습득할 수 있는 능력을 가지고 태어날 뿐만 아니라 이런 과정의 세부적인 내용들이 이중언어체계가설을 지지하는 증거가 된다. 캐나다의 두 연구팀이 출생에서부터 영어와 프랑스에서 노출된 영아들의 구어지각능력을 연구하였다. Yoshida, Hill, weker(2007)는 영어와 프랑스어 발음에서 [p]와 [b]의 미묘한 음향적인 차이를 지각하는 영아들의 능력을 연구하였다. Burns와 그의 동료들은 이중언어영아들은 단일언어영아들이 언어 특정 청자가 되는 시기와 동일한 시기인 10~12개월이 되었을 때 [p]와 [b]에 대한 언어 특정 음향학적 특성을 지각할 수 있다는 것을 발견하였다. 프랑스어-영어는 [d]의 음향학적 특성에서 미묘한 차이가 있는데, Polka와 Molnar(2008)은 프랑스어와 영어에 노출된 이중언어아동들이 10~12개월 연령에 언어-특정 방식에서 [d]를 지각할 수 있었다고 보고하였다. 그러나 프랑스어 단일언어아동들은 그렇지 못하였다. 두 연구의 결과는 두 언어에 노출된 영아들은 출생 후 1세경에 두 개의 언어에 단일화된 지각 체계라기보다는 각각 언어에 분리된 지각 체계를 형성한다는 것을 보여 주는 것이다. 그러나 이중언어영아들의 구어지각에 관한 연구에는 미묘한 차이와 어떤 상충하는 결과들이 있다. 포괄적이고 전문적인 리뷰는 Weker, Byers-Heinlein, Fennel(2009)를 보기 바란다.

음운

몇몇 연구자들은 아동언어의 말소리 체계에 관해 단일언어체계가설을 지지하는 증거를 제시하고 있다. 예를 들면, Celce-Murcia(1978)은 프랑스-영어 이중언어아동들이 양쪽 언어에서 동일한 말소리 대치변동을 나타내었다고 설명하였다. 음운 대치변동은 아동이 성인들이 사용하는 말소리 대신에 보다 쉬운 형태의 말소리 분절음으로 바꾸어 사용할 때 발생한다. 분절음은 쓰기에서 철자와 같은 것이다. 예를 들면, 많은 아동들이 어말종성에서 /l/을 모음으로 대치하여, 단어 *ball*은 'ba-o' 또는 'ba-u'로 발음한다. 단일언어체계가설을 설명하는 이러한 종류의 증거는 문제가 있는데, 이런 종류의 대체가 아동들이나 언어에서 매우 일반적으로 발생하는 대치오류이기 때문이다. 따라서 Celce-Murcia 연구(1978)의 이중언어아동처럼 두 명의 프랑스어와 영어 단일언어아동들이 동일한 음운변동을 보이는 것을 쉽게 찾아볼 수 있다.

아동들의 초기 음운체계가 교차언어적으로 너무나 유사한 것을 볼 때, 이중언어아동들이 하나의 음운체계를 가지고 있는지 아니면 두 개의 음운체계를 가지고 있는지 어떻게 설명할 수 있을까? Johnson과 Lancaster(1998)는 2세 이하 연령의 노르웨이어-영어 이중언어아동들의 단어산출에서 노르웨이어와 영어 분절음 사용에 대하여 연구하였다. 초기 어린 연령임에도 불구하고 아동들의 말소리 산출과 분포를 보면 두 언어에 분리된 분절음 목록을 가지고 있다는 것을 보여 주고 있었다. Johanne Paradis(2001)는 2세 6개월의 프랑스어-영어 이중언어아동들이 분리된 음운체계를 가지고 있는지를 알아보기 위해서 유도과제를 사용하였다. 아동들에게 이중언어 두 언어로 4개의 음절로 된 긴 무의미 단어를 따라 하도록 하였다. 아동들에게 긴 단어를 따라 말하게 하면 흔히 음절을 생략한다. 그러나 단어에서 생략된 음절은 영어와 프랑스어 간 차이가 있었는데, 이는 두 언어의 음절구조 규칙이 다르기 때문이다. 이중언어아동들은 영어와 프랑스어에서 음절을 다르게 생략하였으나, 단일언어 또래와는 유사한 형태를 보였다. 이런 결과는 아동들이 양쪽 언어에 단일음운체계를 가지고 있다면 일어나지 않았을지도 모른다.

어휘

하나로 통일된 어휘산출 증거에 관한 Volterra와 Taeschner(1978)의 근거 중 하나는 이중언어아동의 표현어휘에서 번역등가어(translation equivalents)가 초기에 나타나지 않는 것이다. 번역등가어는 영어의 shoes, 스페인어의 zapatos처럼 두 단어에서 동일한 의미를 가진 낱말이다. Volterra와 Taeschner가 연구한 두 명의 여자 아동은 두 언어를 합한 어휘에서 번역등가어 단어짝을 거의 가지고 있지 않았다. 이런 연구가들은 이중언어아동들이 각각 언어 일대일의 근거로 개념에 대한 어휘를 배우며, 동일한 의미를 가진 단어습득은 피한다고 설명하고 있다. 예를 들면, 아동이 스페인어와 영어에 노출되었다면, zapatos라는 단어를 배운다. 이 개념에 대한 어휘는 이미 습득되었기 때문에 지금 당장에는 아동의 영어 어휘목록에 shoes가 없다. 아동들이 번역등가어를 사용하기 시작하였을 때, 이것은 두 언어 어휘에 대한 증거이며, 따라서 이중언어체계인 것이다. Volterra와 Taeschner가 연구한 두 명의 여자 아동은 번역등가어가 거의 나타나지 않았으나, 이것은 다른 많은 연구의 이중언어아동과 비교해 볼 때 이례적인 것으로 보인다. 영어-스페인어, 포루투갈어-영어, 프랑스어-영어 이중언어아동 연구에서는 모두 언어발달의 매우 초기 단계부터 번역등가어가 나타났으며, 심지어 50단어를 사용하기 이전의 아동들에게서도 그 현상은 나타났다(Nicoladis & Genesee, 1996a; Nicoladis & Secco, 2000; Pearson, Fernández, & Oller, 1995; Quay, 1995). 마이애미에 살고 있는 27명의 스페인어-영어 이중언어아동들을 대규모로 연구한 Barbara Pearson과 동료들은 이중언어영아들의 초기 어휘 중 약 30%가 번역등가어라는 것을 발견하였다. 따라서 이중언어아동들은 언어습득 초기부터 두 언어의 어휘를 습득한다는 것을 보여 주는 강력한 실증적 증거가 있다.

왜 이중언어아동들의 어휘 중 단지 30%만이 번역등가어를 보이는가에 대한 질문은 가치 있는 것이다. 왜 이중언어아동들은 많은 수의 번역등가어를 보이지 않는가? 그 질문에 대한 대답은 어떻게 단어를 습득하는가를 생각해 보면 분명해진다. 아동들은 듣고 말하면서 주변세상과 상호작용속에서 새로운 단어를 습득한다. 아동들은 모든 경험을 두 언어로 중복해서 하지 않는다. 어떤 이중언어아동은 스페인어를 사용하는 할머니와 상호작용하는 동안에 어떤 단어를 습득할 수 있으며, 한동안 영어에서 동등한 어휘는 배우지 않을 수 있다. 왜냐하면, 영어를 말하는 놀이친구와는 그런 활동을 하지 않았기 때문이다. 아동양육에서 주로 영어를 사용하였다면, 그 환경과 관련된 많은 영어어휘를 배웠을 것이며, 스페인어 어휘에는 없는 많은 가정과 관련된 어휘항목들이 있을 것이다. 유창한 이중언어성인도 경험적인 요인으로 인한 어휘의 차이가 있다. 따라서 이중언어사용자, 특히 이중언어아동은 절대적으로 모든 단어에 번역등가어가 있을 것이라 기대해서는 안 된다. 마이애미의 Pearson과 그녀의 연구 동료들은 *singlet* 비율, 즉 번역등가어가 없는 단어의 비율이 시간이 지남에 따라 어떻게 변화하는지 조사하였다. 스페인어-영어 이중언어아동의 이중언어 어휘에서 singlet의 비율은 1학년에서 50%(6세)이었으나, 5학년 경에는(11세) 30%로 떨어졌다. 대학에 다니는 이중언어 학생들은 여전이 약 10% 정도 singlet이 남아 있었다(Pearson, 1998). 즉, 이중언어 학생들은 이중언어가 발달하고 더 확장되는 경험을 하였을 때 더 많은 번역등가어를 습득하였다. 그러나 100% 번역등가어에는 도달하지 못하였다.

형태구문

형태구문(morphosyntax)은 문법을 구성하는 두 개의 요소를 말한다: 형태론과 구문론. 형태론은 관사(*a/the*), 조동사(*she is going, does she like milk?*), 전치사(*to, at, in, on* 등), 부정표지(*she does not like milk*), 그리고 *he walk-s, the cat-s, Mommy-'s sock* 등의 *-s, walk-ed, help-ed*의 과거시제 *-ed*와 같은 접미사와 접두사의 형태로 명사와 동사와 같은 단어에 붙어 있는 기능어이다. 구문론은 주로 구 또는 절에서 기능어와 내용어의 순서에 관한 것이다. Volterra와 Taeschner(1978)는 이중언어아동들은 3세 연령 이전까지는 두 언어체계에서 통합된 하나의 문법체계를 가지고 있다고 주장하였다. 분화된 어휘가 나타날 때에도(번역등가어가 출현할 때), 아동들은 여전히 양쪽 언어에서 문장을 만들기 위해서 동일한 문법규칙을 사용하는 것처럼 보이며, 심지어 이것이 문장오류를 일으킬 때에도 그러하다. 예를 들면, 한 아동이 이탈리아어와 독일어 두 언어 모두에서 부정문의 문법적 표지(영어에서 *not*과 같은)를 동사 뒤에 붙이는 것으로 부정문을 만든다. 이런 단어순서는 독일어 문법에서는 대략적으로 부합하지만 동사 앞에 부정표지를 두는 이탈리아어에는 들어맞지 않는다.

Volterra와 Taeschner의 연구 이후에 이중언어아동들이 분화된 문법체계를 가질 수 있으며, 몇몇 경우에는 첫 낱말 조합시기부터 분화된 문법체계를 가진다는, 반대되는 연구 결과들이 나왔다. 예를 들면, 독일어와 이탈리아어, 프랑스어와 영어는 부정표지를 두는 위치가 다르다. 프랑스어의 부정표지 *Pas*는 본동사 뒤에 오지만, 영어의 부정표지 *not*은 본동사와 *do*, *can*, *is*와 같은 조동사 사이에 온다. 다음은 프랑스어를 영어로 번역하고 비교하여, 본동사와 부정표지는 밑줄을 그어 놓았다: *le bébé ne <u>boit pas</u> le lait/The baby is <u>not drinking</u> the milk*. 영어-이탈리아어 이중언어아동이 단일문법체계를 가지고 있다면, 양쪽 언어에서 이런 문법체계 중 하나를 채택하는 단계를 거칠 것이다. 그 결과 아동들은 프랑스어의 *le bébé ne <u>pas boit</u> le lait/The baby is <u>drinking not</u> the milk*라고 말할 것이며, 이 두 문장 모두 문법적으로 적절하게 구성된 문장이 아니다. 15명의 2~4세 연령의 영어-프랑스어 이중언어아동을 연구한 Paradis, Nicoladis, Genesee(2000)는 아동들이 이따금씩 양쪽 언어에서 부정표지 순서를 잘못 사용하는 것을 발견하였다. 15명의 아동 중 누구에게서도 문법의 부정표지 위치에서 통합된 규칙이 나타나는 단계에 관한 증거가 없었다.

부정표지에 관한 분화된 체계의 이런 예는 형태구문의 다른 측면과 다른 이중언어아동들에게도 적용된다. 시간 경과에 따라 동일한 이중언어를 습득하고 있는 아동집단을 추적한 캐나다의 몬트리올에서 실시된 Montreal-McGill University Project(Paradis & Genesee, 1996, 1997; Paradis et al., 2000)와 독일 함부르크에서 실시된 DUFDU Projects(Meisel, 1989, 1994)의 결과는 형태구문발달에서 이중언어아동들이 단일언어 또래 아동들처럼 동일한 언어의 특정 패턴과 단계를 보인다는 주장을 압도적으로 지지하고 있다. 따라서 아동들이 분화된 형태구문체계를 가지고 있다는 것을 증명하는 것이다.

어휘와 형태구문체계의 발달 모두를 아우르는 이중언어체계이론의 다른 증거는 이중언어 양쪽 언어의 어휘량(vocabulary size), 어휘구성(명사, 형용사, 기능적 단어의 비율) 그리고 발화길이를 연구한 결과에서 찾아볼 수 있다. Barbara Conboy, Virginia Marchman과 동료들은 이중언어영아들의 각 언어에 있어 어휘와 형태구문발달을 평가하기 위해서 표준화된 부모보고 설문지를 사용하였다(Conboy & Thal, 2006; Marchman, Sussman-Martinez, & Dale, 2004). Marchman과 그의 동료들은 또한 부모보고 결과와 아동언어를 직접적으로 관찰한 결과를 비교하였다. 두 집단의 연구자들은 각 언어 내에서 어휘량, 어휘구성, 발화길이 간에는 밀접한 관련이 있으나, 이러한 관련성이 언어 간에는 약하다는 것을 발견하였다. 이런 결과는 이중언어학습자들이 초기단계부터 어휘와 문법이 결합된 별도의 언어체계를 만든다는 관점과 일치하는 것이다.

요약하면, 영아의 구어지각, 초기 음운산출, 어휘습득, 형태구문적인 증거에서 이중언어아동들이 발달 시작부터 두 개의 언어체계를 가지고 있다는 연구자들 간의 합일점을 찾아볼 수 있다. 즉, 연구자들은 인간은 이중언어입력을 분류하여 두 개의 언어체계를 만들 수 있는 완벽한 언어능력이 있다고 생각하고 있으며, 아동들의 언어체계가 분리되는 독특한 이중언어발달단계는 없다고 믿고 있다. 다음 5장에서 제시하고 있는 분리된 이중언어체계에 대한 추가적인 증거는 대화상황에서 어느 언어를 사용하여 누구에게 말을 할지 선택하는 어린 이중언어아동들의 능력에서 찾아볼 수 있는데, 이것은 단일언어체계가설로 설명하기 어려운 능력이다. 따라서 부모들, 초등학교 교사, 언어치료사들은 이중언어아동들이 별도의 언어체계를 발달시킬 것이며, 단일언어아동들에게서 나타나는 동일한 발달단계를 거칠 것이라고 예측할 수 있다. 이 점은 3장에서 언어발달의 초기 발달단계 측면에서도 다루었다. 이것은 이중언어아동들의 언어발달이 '두 개의 단일언어아동들'과 같다는 것을 의미하는 것일까? 전적으로 그렇지는 않으며, 다음 두 섹션인 언어 간 상호작용과 언어발달속도에서 이중언어아동들이 때로 단일언어아동과 차이를 보일 수 있는 측면에 대하여 논의하고 있다.

이중언어아동의 언어체계는 발달기 동안 서로 상호작용하는가?

많은 연구자들은 이중언어아동들이 초기부터, 아마도 언어습득 시작 시기부터 이중언어체계를 가지고 있으며, 이중언어아동들은 단일언어아동들과 같은 단계로 언어를 습득한다는 것에 동의하고 있다. 그러나 이것이 이중언어아동들의 두 언어가 발달에서 밀폐되어 있고, 완전히 자율적이라는 것을 반드시 의미하지는 않는다. 연구자들은 단일언어체계와 이중언어체계 논쟁을 넘어서서 이중언어아동들의 두 언어발달간의 상호연관성과 분리의 정도를 이해하려고 노력하였다. 지금까지 연구 결과를 보면, 이중언어아동들은 모든 언어영역에서 발달하고 있는 두 언어 간 어떤 교차언어적인 영향을 보여 주고 있다. **교차언어적 영향**(cross linguistic influence)이라는 개념을 소개하기 위해서 앞에서 논의하였던 부정문을 다시 인용하면, 프랑스어-영어 이중언어아동이 산출한 "the baby *drink not* the milk"의 문장에서 교차언어적 영향의 예를 찾아볼 수 있는데, 그 문장에는 *not*이 프랑스어 부정어의 위치처럼 본동사 뒤에 위치해 있다. 부호-혼합 문장에서 나타나는 것처럼, 프랑스어 단어가 문장에 포함되어 있지 않지만 이런 문장은 프랑스어 구문에서 영향을 받은 것으로 보인다(5장에서 설명하고 있음). 이중언어아동들이 이런 종류의 문장을 어떤 기간 동안 자주 사용한다면, 아동은 이 종류의 문장을 허용하는 영어 문법규칙을 가지고 있으며, 영어 문법규칙은 아동의 프랑스어 문법의 영향인 것이라고 추측할 수 있다. 이런 영어 문법규칙은 언어발달기의 교차언어적 접촉의 결과라고 볼 수 있다. 앞에서 언급하였던 것처럼, 15명의 프랑스어-영어 이중언어아동 샘플에서 부정어 형태의 교차언어적 구조는 거의 찾아볼 수 없었다. 따라서 그 아동들은 부정어에서 일원화된 언어체계를 가지고 있지 않을 뿐 아니라 문법에서 교차언어적 영향도 받지 않은 것 같다. 그러나 다른 연구자들은 동시적 이중언어아동연구에서 교차언어적인 구조를 발견하였다. 교차언어적 영향은 우리가 생각하기에 부모, 교육자, 다른 의료 전문가들에게 가장 중요하다고 여겨지는 측면에 한정하여 논의를 할 것이다. 그러나 이 주제에 관한 연구는 복잡하며, 연구가 증가하고 있다. 포괄적이고 전문적인 리뷰에 대해서는 Nicoladis와 Genesee(2007), Paradis(2007), Yip와 Mattews(2007)를 살펴보기 바란다.

교차언어적 영향의 가장 핵심적인 유형은 하나의 언어에서 다른 언어로 단어순서규칙이 대치되는 것이다. Virginia Yip와 Stephen Matthews는 광둥어와 영어를 습득하는 이중언어아동들의 구어에서 이것을 연구하였다(Yip & Matthews, 2007). 예를 들면, 광둥어에서 관계사절(relative clauses)은 명사 앞에 온다. 그러나 영어에서 관계사절은 명사 뒤에 온다. Yip와 Matthews는 광둥어-영어 이중언어아동들이 광둥어가 우세언어 시기인 2세 6개월과 4세 사이에 이들의 영어문장에서 몇몇 광둥어 관계사절의 순서가 있는 문장을 발견하였다. 예를 들면, 아동이 목표 영어문장인 "Where's the gun *that Santa Claus give (gave) me?*"라는 문장 대신에 "Where's *the Santa Claus give me* the gun?"이라고 질문하였다(Yip & Matthews, 2007). Susanne Döpke(1998, 2000)은 오스트레일리아 출신의 독일어-영어 이중언어아동 집단을 대상으로 시간 경과에 따른 두 언어의 문장어순을 연구하였다. Döpke는 학령전기 독일어-영어 이중언어아동의 독일어 문장에서 영어어순을 반영하는 오류를 발견하였으며, Elena Nicoladis는 프랑스어와 영어 이중언어아동들이 사용하는 합성어에서 교차언어적 영향을 발견하였다. 주로 *brosse à dents* 'toothbrush' 또는 *taille-crayon* 'pencil sharpener'와 같은 단어의 형성에서 각 단어의 조합(Nicoladis, 2002, 2003). 합성어에서 프랑스어와 영어의 단어순서는 두 언어가 서로 반대이다—*brosse à dents*는 *brush-teeth*로 번역된다. Nicoladis는 프랑스어-영어 이중언어아동들이 단일언어아동들보다도 두 언어의 복합어 단어순서를 더 많이 바꾼다는 것을 발견하였다. Forood-Nejad와 Paradis(2009)는 3세 연령의 페르시아어-영어 이중언어아동의 복합어 산출에서 유사한 교차언어적 영향을 발견하였다. 따라서 그 현상은 프랑스어-영어 조합에만 특별하게 발생하는 것이 아니다.

교차언어적 영향이 어떤 형태로든 구어에서 명백한 오류를 만든다기보다는 눈에 덜 띄게 영향을 준다. Paradis와 Navarro(2003)은 1세 6개월에서 2세 6개월 연령의 스페인어-영어 이중언어아동들의 시간 경과에 따른 문장 주어 사용을 관찰하고, 동일한 연령의 스페인어 단일언어아동과 비교하였다. 스페인어에서는 화자와 청자가 주어를 알고 있는 경우에 화자는 문장의 문법적 주어를 생략할 수 있다. 따라서 스페인어 대화는 동사 앞에 주어가 생략된 문장이 많이 있다. 이와 달리, 영어는 주어 생략을 허용하지 않는다. 따라서 영어 대화는 언제나 주어를 명시해야 하며, 만약에 청자와 화자 모두가 주어를 알고 있다면, 일반적으로 대명사 주어가 사용된다. 이 연구에서 스페인어-영어 여아들은 또래 스페인어 단일언어아동들 보다도—대화에서 때로 불필요한 주어—스페인어 문장에서 주어를 분명하게 사용하였다. Paradis와 Navarro는 아동들의 스페인어가 영어 형태구문적 규칙의 영향을 받았을 가능성이 있으며, 따라서 여아들은 스페인어에서 주어를 덜 생략하는 것 같다고 하였다. 스페인에서 생략되는 주어를 분명하게 사용하는 것 자체가 문법적인 오류는 아니지만, 화용적으로 보았을 때 아동들의 구어가 이상하게 들릴 수 있다.

발달에서 얼마나 오랫동안 교차언어적 영향이 지속될까? Döpke(2000), Yip과 Matthews(2007)와 같은 몇몇 연구자들은 학령전기 이중언어아동들의 구어에서 시간 경과에 따른 교차언어적 구조의 증가와 감소에 대하여 살펴보았다. 그 결과 교차언어적 영향의 어떤 측면은 일시적이었다. 그러나 Ludovica Serratrice, Antonella Soracc, 그리고 동료들이 학령기 이중언어아동을 대상으로 실시한 연구에서는 교차언어적인 영향으로 인한 매우 미묘한 몇몇 측면은 오래 동안 유지될 수 있다는 것을 보여 주었다. 이들 연구는 6~10세 연령의 이탈리아어-영어 이중언어아동과 단일언어 또래 아동을 대상으로 하였다. 한 연구에서 아동들의 복수형 명사구에 대한 문법판단능력을 조사하였다. 복수형 명사구는 'the dogs are in the park'와 같은 구체적인 의미와 'dogs are loyal animals'과 같은 총칭적인 의미(generic meaning)를 가지고 있었다—이탈리아어와 영어의 명사구에서 형태구문적인 구조는 차이가 있다(Serratrice, Sorace, Filiaci, & Baldo, 2009). 이중언어아동들은 과제수행에서 어떤 교차언어적 영향을 보여 주었으며, 심지어 나이가 많은 집단에서도 그러하였다. 이것은 아동들이 실제로 다른 언어의 형태구문적인 구조를 가지고 있는 명사구를 때로 한 언어에서 문법적으로 받아들이기 때문이다. 그러나 이중언어아동들이 일상적인 구어에서 잘못된 형태구문적인 명사구를 산출하는지에 대해서는 알려져 있지 않다. 이와 같은 연구는 이중언어체계 간 상호작용이 이중언어사용자의 영구적인 특징이 될 수 있으며, 언어표현에서 단일언어아동과 이중언어아동 간의 어떤 미묘한 차이가 일생 동안 나타난다고 주장하고 있다.

이중언어아동들의 구어에서 교차언어적 영향을 설명하기 위해서 두 가지 주요 측면을 제안할 수 있다. 첫 번째는 문장구조의 규칙이 언어 간 공통점이 있는지와 관련된 것이다. 스페인의 공주어(null subject)를 예로 들어 보면, 스페인어에서는 공주어와 외현적 주어(overt subject) 둘 모두를 허용하지만, 영어는 단지 주어를 명시하는 외현적 주어만을 허용한다. 두 언어에 공통적으로 외현적 주어가 있으며, 스페인어에서 공주어 또는 외현적 주어를 선택적으로 사용하는 것은 스페인어가 영어의 영향을 받았을 수 있다. 그러나 반대로 영어는 그런 것 같지 않는데, 영어는 단지 한 가지만 선택할 수 있기 때문이다. 두 번째는 언어우세(langage dominance)에 관한 것이며, 이에 대하여 다음 섹션에서 자세하게 설명하고 있다. 만약 아동이 다른 언어보다 하나의 언어에 보다 유창하다면, 두 언어의 공통적인 것과 임의적인 것에 상관없이 우세언어에서부터 비우세언어까지 교차언어적 영향이 나타날 수 있다. 예를 들면, 영어와 광둥어의 관계절 어순은 공통점이 없으며, 임의성 또한 없다. 따라서 이 경우 교차언어적 영향에 대한 논리적인 설명은 아동의 이중언어에서 광둥어가 우세언어라는 것이다.

교차언어적 구조의 원인이 무엇이든 간에, 그것이 이중언어아동들의 언어에서 많이 발생하지 않는다. 대체로 동시적 이중언어아동들은 각 언어에서 발달단계에 적절한 문법적 구조를 사용한다. 그러나 이중언어아동을 대하는 부모나 의료 전문가들이 다른 언어에 영향을 받은 것처럼 보이는 언어구조를 발견할 때 이런 현상이 이중언어아동들의 언어발달에는 전형적인 현상이며, 혼란이나 이중언어입력을 대처하는데 특별한 어려움을 나타내는 증상이 아니라는 것을 알고 있어야 한다.

이중언어아동과 단일언어아동 간에 발달속도의 차이가 있는가?

많은 부모, 교육자, 의료 전문가들은 이중언어아동들이 단일언어아동에 비하여 동일한 시간에 두 개의 언어를 습득해야 하기 때문에 단일언어아동들보다 언어발달이 더 느릴 것이라는 인상을 가지고 있다. 3장에서 논의하였던 것처럼, 옹알이와 낱말조합과 같은 초기 중요한 언어발달단계에서 이중언어아동들이 단일언어아동들보다 더 느리다는 체계적인 증거는 없다. 이 섹션에서 우리의 관심은 생후 몇 개월 이후의 언어발달과 언어발달의 정교한 측면에도 이것이 사실인가 하는 것이다. 이 책에서 논의하였던 연구에서 단일언어아동들을 기준으로 하였을 때 학령기와 학령전기 이중언어아동들이 언어의 어떤 측면에서는 정상범위 안에 있으나, 다른 측면은 단일언어아동들보다 지연되어 있다는 것을 보여 주었다. 즉, 이중언어아동들이 어휘나 형태구문발달에서 전반적으로 지연되어 있지 않다. 연구에서 분명하게 나타난 언어발달속도의 차이는 두 언어에 노출된 양(**글상자 4.2**와 다음 절의 언어 우세에서 설명하고 있음), 구문형태적인 구조의 상대적인 복잡성, 사회적 상황에서 언어적 지위(다수언어/소수언어) 등과 같은 요인에 민감하다. 이중언어아동들이 이런 요인에 민감한 것이 때로 최소한 하나의 언어에서 또래 단일언어아동들 보다 지연을 보이는 원인으로 작용한다. 이중언어아동과 단일언어아동 간 언어발달속도에서 예상되는 차이를 이해하는 것은 의뢰를 하는 부모, 교육자, 의료 전문가, 그리고 언어중심의 평가를 하는 언어치료사와 심리학자와 같은 전문가에게 특히 중요하다. 이중언어아동과 단일언어아동들의 발달속도와 이중언어 차이의 원인에 대하여 논의하기 전에, 우선 언어우세에 대하여 논의하고자 한다.

언어 우세

동시적 이중언어를 연구한 대부분의 연구 결과에서 아동들이 출생에서부터 두 언어를 습득한다고 할지라도 두 언어는 흔히 동일한 속도로 발달하지 않는다는

글상자 4.2

우세언어의 결정

학령전기 아동: 어린 아동의 우세언어가 무엇인지 어떻게 말할 수 있을까? 우세언어는 비우세언어와 비교하였을 때 일반적으로 많은 특성이 있다(아래에서 설명하고 있음). 이런 특성은 다양한 연구자들이 제시한 것이며, 대략 1세 6개월에서 3세 6개월 연령에 해당하는 아동들의 자발적이고 자연스러운 언어샘플을 근거로 하였다. 연구자들은 어느 언어가 보다 유창 한가 또는 어느 언어를 보다 자주 사용하는가에 관한 부모보고와 두 언어의 언어적 특성을 직접적으로 평가하는, 두 가지 방법을 사용한다. 우리는 한 가지 이상의 평가방법을 사용하며, 가능한 하나의 언어영역 이상을 평가하여 우세언어를 결정하기를 권고한다. 즉, 두 개의 형태구문적인 평가를 하기보다는 어휘평가 하나, 형태구문평가 하나를 실시하는 것이다. 우세언어는 아동들이 대부분의 평가에서 더 높은 점수를 얻은 언어이다. 동점 가능성이 없도록 평가에서 3, 5와 같은 홀수가 좋다. 만약에 아동이 각각의 평가에서 매우 유사한 점수를 받는다면, 그 아동은 균형 잡힌 이중언어(balanced bilingual)라고 할 수 있다.

우세언어의 일반적인 특성

1. 평균발화길이(MLU: 대화에서 산출된 모든 발화를 계산한 평균길이)가 길다.
2. 발달된 형태의 형태구문 문장이 더 자주 산출된다.
3. 일정한 수의 발화에서 다른 낱말 수(NDW), 특히 동사유형이 더 많다.
4. 일정한 수의 발화에서 쉼 또는 주저함이 적게 나타난다.
5. 유창성이 더 좋은 언어: 일정한 시간 동안 더 많은 발화를 한 언어이다.
6. 대화에서 부호-혼합이 더 적게 발생한다.

우세언어를 어떻게 결정하는가에 대한 보다 전문적인 예는 Genesee 등(1995), Paradis와 Nicoladis(2007), Foroodi-Nejad와 Paradis(2009)를 보기 바란다. 또한 MLU의 교차언어적 사용과 우세언어를 결정하는 다른 접근방법에 관한 깊이 있는 논의는 Yip와 Mattews(2007)를 통하여 알 수 있다.

(다음 쪽에 계속됨)

> **학령기 아동:** 자발화 샘플의 평균발화길이와 같은 평가가 학령기 아동에게는 덜 적절할 수 있다. 학령기 아동들은 언어적 지식과 능력이 너무 복잡하게 성장하여 그런 방법으로 언어 유창성의 차이를 쉽게 알아내기 어렵기 때문이다. 평가내용과 평가방법이 비슷하다면, 보다 나이가 많은 아동들의 우세언어는 양쪽 언어의 평가 점수를 비교하는 것으로 확신할 수 있다. 어휘량과 같은 단지 하나의 평가 방법에 의존하는 것이 아니라 최소한 하나의 언어영역 이상을 평가하는 것이 중요하다. 또한 가정, 학교, 학교 밖에서 각각의 언어노출에 대한 포괄적인 정부는 보다 나이가 많은 아동들의 우세언어 결정에 도움이 될 수 있다.

것을 보여 주었다. 아동의 두 언어 중에 더 유창한 언어를 일반적으로 **우세언어**(dominant language)라고 하며, 다른 언어를 **비우세언어**(nondominant language)라고 한다〔다른 일반적으로 사용하는 용어는 강한 언어(stronger language)와 약한 언어(weaker language)라는 용어이다〕. 동시적 이중언어아동을 대상으로 한 대부분의 연구에서 우세언어는 아동이 학습하고 있는 두 언어에서 상대적으로 유창한 언어를 의미한다. **우세**(dominance)는 일반적으로 동시적 이중언어아동이 하나의 언어에 무능력하다는 것, 또는 한 언어에 수동적인 지식을 가지고 있다는 것을 의미하지 않는다.

우세는 일반적으로 각 언어에서 아동이 귀로 들은 이중언어입력의 양과 밀접하게 관련이 있으며, 이중언어에 노출된 정도는 두 언어가 동일하지 않다. 예를 들면, Gabriela와 같은 아동의 학령전기 언어노출에 대하여 살펴보면, Gabriela는 어머니로부터 주로 스페인어를 듣고, 주말과 주말 밤에는 아버지로부터 영어와 스페인어 둘 모두를 들으며, 주일 낮 동안은 보육원에서 영어를 듣는다. 이 경우에 아동은 영어입력이 더 많을 수 있으며, 그 결과 영어가 우세언어가 될 것이라 예측 가능하다. Barbara Pearson과 그의 동료들은 25% 이하로 스페인어 언어입력을 받은 스페인어-영어 이중언어아동들은 흔히 성공적인 이중언어사용자가 되지 못한 것을 발견하였다. 즉, 그 아동들은 결코 유창하게 스페인어를 사용하지 못하였다(Pearson, Fernandez, Lewedag, & Oller, 1997). 따라서 하나의 언어에 언어입력이 매우 낮은 것은 비우세언어라기보다는 수동적인 언어가 될 가능성이 있다. 이것은 아동이 그 언어를 자발적으로 말하지는 못하지만 들은 말을 거의 이해는 할 수 있다는 것을 의미한다. 그 언어에 입력이 증가하지 않는다면, 시간이 지남에 따라 한 언어의 수동적인 능력은 완전히 사라질 수 있다.

균형적인 발달의 기대는 비현실적인 것이며, 아동은 한 언어에 우세를 보일 가능성이 더 크다. 한 언어가 우세언어가 되면, 비우세언어는 동일한 연령의 단일언어아동의 평균보다 더 낮은 수준의 발달을 보일 수 있다(아동의 우세언어 결정에 대한 자세한 내용은 **글상자 4.2**에서 설명하고 있음). 단일언어아동과 비교해 볼 때, 비우세언어에서 아동의 유창성이 너무 제한되어 있어서 우세언어의 유창성보다 정상범위 아래의 수행력을 보일 가능성이 있다. 이런 이유로 비우세언어의 평가는 임상적으로 적절하지 않을 수 있으며, 특히 오직 비우세언어만을 평가하는 것은 더욱 그러하다(이것에 대한 보다 자세한 것은 이후에 논의하고 있는 평균발화길이에서 설명하고 있음).

우세언어는 이중언어아동에게 다른 영향을 준다: 그것은 아동들의 언어선택이다. McGill 대학의 Fred Genesee와 그의 동료들은 이중언어아동들의 언어선호 또는 대화상대자의 능력에 따라 민감하게 반응하는 것과 관련된 일련의 연구를 실시하였다(Genesee, Boivin, & Nicoladis, 1996; Genesee, Nicoladis, & Paradis, 1995; Nicoladis & Nicoladis, 1996a). 연구자들은 2세의 어린 연령의 아동들도 성인 대화상대자에 맞춰 언어선택을 한다는 것을 발견하였다. 그러나 이중언어아동들은 흔히 그들의 우세언어에 속박이 되며, 그 결과 비우세언어를 사용하는 성인에게 말을 할 때, 우세언어의 낱말이나 문장이 대화하는 중에 끼어 들어간다. 또한 Paradis와 Nicoladis(2007)는 프랑스어 소수언어/영어 다수언어사용자인 4세 프랑스어-영어 이중언어아동이 친숙하지 않은 대화상대자와의 대화에서 우세언어와 언어적 지위 간 상호작용을 보이는 것을 발견하였다. 특히 영어가 우세언어인 아동은 영어 또는 프랑스어를 사용하는 둘 모두의 대화상대자와 영어를 사용하는 것을 편안하게 생각했으나, 프랑스어 우세언어 아동은 영어를 사용하는 대화상대자와 프랑스어로 말하는 것을 꺼렸으며, 그 결과 영어로 대화를 할 때 그들이 참여할 수 있는 주제가 제한적이었다. 이 결과를 볼 때, 이런 4세 아동들이 그 지역 대부분의 프랑스어 화자들은 이중언어사용자이지만 영어화자는 그렇지 않다는 사실을 알고 있었다. 이중언어아동들의 언어선택에 대한 보다 자세한 정보는 5장에 제시하였다.

각 언어에 다르게 노출된 정도가 어린 연령 이후까지 지속적으로 언어능력에 영향을 주는 것처럼, 언어우세 또한 학령기 이중언어아동들에게서도 나타날 수 있다. 나이든 아동들이 각 언어노출에서 차이를 보이는 원인은 가정에서 부모의 언어사용을 넘어서는 것이며, 지역의 사회적 상황, 학교 교육 언어, 친구들과 사용언어, 매체의 언어선택, 그리고 다른 많은 것들이 포함될 수 있다.

어휘

가장 초기의 어휘습득기술 중 하나는 연속된 구어에서 친숙한 단어형태를 인지하는 것이다. 예를 들면, 영아들은 단어 하나만 따로 들었을 때는 친숙한 말소리 집단으로서 '컵'이라는 단어를 지각할 수 있으나, 일반적으로 단어는 자연스러운 대화에서 독립적으로 나타나지 않기 때문에 연속된 대화에서 들었을 때에도 이 단어를 지각할 수 있어야 한다. 그런 단어 지각능력은 출생 후 1년 정도 되었을 때 나타난다. Vihman과 그의 동료들은 행동적인 방법과, 뇌활성화 방법을 사용하여 9~12개월 영어 단일언어아동과 웨일스어-영어 이중언어영아의 단어형태 지각(word form recognition)을 연구하였다(Vihman, Thierry, Lum, Keren-Portnoy, & Martin, 2007). 연구 결과 이중언어영아들은 영어 단일언어아동과 동일한 시기에 이중언어에서 친숙한 단어형태를 지각하였다: 약 11개월. 단어형태를 지각하는 능력이 형성된 이후 다음 단계는 어휘증가를 위해서 의미를 형태에 연결시키는 것이다. Byers-Heinlein과 그의 동료들은 실험과제에서 14개월 연령의 이중언어아동들이 동일한 나이의 단일언어아동들처럼 성공적으로 낯선 사물에 대한 새로운 낱말(이름)을 학습할 수 있다는 것을 발견하였다(Weker et al., 2009).

그러나 이 과제에 사용된 단어는 음운적으로 서로 매우 달랐다. 언어학습자들은 실제로 단어가 단지 하나의 음소만 다를 때, 예를 들면, 영어의 *pet-bet*, 프랑스어의 *boire*('to drink')-*poire*('pear'), 단어-의미쌍(word-meaning pairs)을 배울 수 있어야 한다. 그런 단어들은 흔히 **최소대립쌍**(minimal pairs)이라고 하는데, 작은 음소적 차이, 즉, 한 음소가 완전한 의미 차이를 만들기 때문이다. 모든 언어에는 최소대립쌍이 있다. 최소대립쌍의 형태-의미 연결(form-meaning mapping)을 배우는 것은 인지적 단어학습기술과 음운체계의 조직화가 필요하다. Fennell, Byers-Heinlein, Weker(2007)는 *bih*와 *dih*와 같은 최소대립쌍 단어에서 이중언어와 단일언어 유아의 새로운 사물에 대한 새로운 낱말 학습능력을 평가하였다. 그 결과 단일언어아동들은 17개월 연령에 형태와 의미연결을 성공적으로 수행하였으나, 이중언어아동들은 약 20개월이 가까워져서야 가능하였다. 따라서 그 차이가 크지는 않으나 단일언어아동에 비하여 이중언어아동들이 이런 능력에서 뒤처지는 것처럼 보인다.

마지막으로, 초기 어휘발달에서도 우세언어가 역할을 할 수 있다는 증거가 있다. Conboy와 Mills(2006)는 19~22개월 연령의 이중언어아동들이 알고 있는 단어와 모르는 단어를 듣는 동안에 나타나는 뇌 활성화에 대하여 연구하였다. 연구자들은 실험을 하기 전에 아동들이 알고 있는 단어들에 대한 정보와 언어우세를 추측할 수 있는 각 언어의 노출형태에 관한 정보를 수집하였다. 알고 있는 단어가 우세언어의 단어인가 또는 비우세언어의 단어인가에 따라 뇌 활성화 타이밍과 분포가 달랐다. 요약하면, 어휘습득 초기에는 이중언어아동들이 단일언어아동과 유사한 발달속도를 보이나, 보다 어려운 어휘습득 측면에서는 뒤떨어질 수 있으며, 각 언어에 노출된 양이 아동들이 어떻게 단어를 처리하는가에 영향을 끼칠 수 있다.

연구자, 교육자, 언어치료사들은 아동들의 언어발달이 정상적인가, 즉, 대규모의 동일한 연령의 아동집단에게서 규정된 정상범위에 해당하는지를 알아보기 위해서 흔히 표준화된 평가도구를 사용하여 아동의 어휘량을 평가한다. 즉, 수행력이 연령에 기대되는 기준에 해당되는가(정규분포곡선에 대한 자세한 사항과 이런 종류의 평가에 대해서는 9장과 10장에 제시됨). 이중언어와 단일언어 아동의 차이는 유아에서부터 학령기까지 표준화된 어휘평가도구를 사용하여 지속적으로 연구가 이루어졌다. 이중언어아동들은 그들의 언어 중 하나에서 또래의 정상범위 아래의 수행력을 보였으나, 다른 사례에서는 단일언어 비교집단 보다 더 낮은 수행력을 나타내었다. 그러나 대략적으로 연령에 기대되는 범위 안에 있었다. 또한 어휘발달에서 이중언어아동들과 단일언어 또래집단과의 비교는 사회적 상황을 포함한 언어입력 노출 요인에 따라 다르다.

미국 내 어린 스페인어-영어 이중언어아동들은 대개 각각 언어의 어휘평가에서 단일언어 또래 아동보다 낮은 점수를 받았다(Conboy & Thal, 2006; Pearson, Fernández, & Oller, 1993). 또한 각 언어의 어휘량은 각 언어에 노출된 상대적인 양과 비례하여 직접적으로 관련이 있었다(Machman et al., 2004) —하나의 언어에 더 많이 노출될수록 어휘량은 더 많았으며, 적게 노출될수록 어휘량이 더 적었다. 마이애미에서 영어만을 사용하거나, 또는 영어와 스페인어 모두를 사용하는 교육 프로그램에 다니고 있는 대규모 스페인어-영어 이중언어아동들의 연구 결과는 단일언어아동과 이중언어아동이 최소한 5학년 때까지는 차이가 있다는 것을 보여 주고 있다(Oller & Eilers, 2002). 학교에서 각 언어에 노출되는 시간이 차이의 원인이다. 스페인어-영어 이중언어교육 프로그램에 등록한 이중언어아동들은 영어만을 사용하는 프로그램에 다니는 또래보다 스페인어 어휘량이 더 많았다. 영어만을 사용하는 프로그램에 등록한 이중언어아동들은 초기에는 스페인어-영어 프로그램에 다니는 이중언어 또래보다 영어 어휘량이 더 많았으나, 흥미롭게도 이런 효과는 2학년과 5학년 사이에 줄어들었다(이중언어교육 프로그램의 효과에 대한 보다 자세한 내용은 8장에서 설명하고 있음).

영어를 다수언어로 사용하는 캐나다 Edmonton의 프랑스어 사용 학교에 다니고 있는 프랑스어-영어 이중언어아동들의 어휘량 연구 결과는 마이애미에서 실시한 연구와 차이점과 유사점이 함께 있었다. 주요 유사점은 이중언어아동의 각 언어의 어휘량은 가정과 학교에서 그 언어에 노출된 양에 민감하다는 점이다. 주요 차이점은 1학년과 6학년의 대다수 이중언어아동이 프랑스어 단일언어 또래 아동과 동일한 어휘량을 가지고 있었다는 것이다. 이런 프랑스어를 사용하는 학교에서, 영어 언어과목은 3학년 때 소개된다. 이것으로 인해 아동들의 영어 어휘점수에서 차이가 나는 것처럼 보이며, 1학년에서는 영어 단일언어아동들보다 약간 낮았으나 6학년 때에는 영어단일언어아동들의 평균과 상응하는 수준이었다. 요약하면, 캐나다 연구에서 이중언어와 단일언어아동의 어휘량 차이 정도는 미국에서 이뤄진 연구보다 더 적었으며, 동일한 평가도구를 사용한 어휘량 평가에서도 그러하였다. 학교 교육이 소수언어인 프랑스어로 배타적으로 이루어지는 것이 하나의 차이 요인으로 작용하는 것 같고, 이러한 학교 교육은 캐나다 큰 지역사회의 영어 노출의 영향력에서 이중언어아동들이 이중언어 균형을 잡는 데 도움을 주는 것으로 보인다. 이유가 무엇이든 간에 이런 연구들을 비교하는 것으로, 부모, 전문가들은 이중언어아동들이 학령기 내내 언제나 어휘발달에서 지연을 보이지 않는다는 것과 최소한 어떤 상황에서는 이중언어아동의 어휘발달이 지연될 수 있다는 것을 알아야 한다.

이런 결과가 앞에서 소개한 James와 Gabriela 같은 아동들에게 무엇을 의미하는 것일까? 기억해 보면, James는 영어와 프랑스어 이중언어아동이며, 몬트리올의 이중언어도시에서 프랑스어를 사용하는 학교에 다니고 있다. Gabriela는 뉴욕의 이중언어학교에 다니고 있는 스페인어-영어 이중언어아동이다. 첫째, James와 같은 사회적 상황에 있는 아동들이 Gabriela와 유사한 사회적 상황에 있는 아동들보다도 조기에 두 언어에서 단일언어아동과 유사한 수준으로 어휘를 습득하기 더 쉽다. 둘째, 학교에서 배우지 않은 언어, 또는 학교에서 덜 배우는 언어의 어휘에서 이중언어아동과 단일언어아동 간 차이가 예상되며, 이것은 학교의 문해와 학업언어가 어휘습득에 기여하기 때문이다. 즉, 한 언어의 학업기술과 문해기술이 발달할수록, 그 언어의 어휘력이 향상될 가능성이 높다. 따라서 James는 지속적으로 프랑스어 학교에 다니고 있어서 영어를 사용하는 교육이 제한되어 있기 때문에 부모들이 가정에서 James에게 영어로 책을 읽어 주는 것이 필요하다. 몬트리올은 캐나다 나라 전체처럼, 주로 영어를 사용하는 지역사회이기 때문에, James가 영어를 성공적으로 습득할 수 있을 것이라고 기대할 수 있다. Gabriela의 상황은 다소 다르다. Gabriela는 3학년 이후에 스페인어 교육이 전혀 없거나 거의 없는 전이 이중언어학교(transitional bilingual school)에 다니고 있기 때문에(이런 종류의 프로그램에 대해서는 8장에서 설명하고 있음), 부모들은 Gabriela가 가정에서 지속적으로 문해기술을 발달시키고, 스페인어로 이루어진 활동에 정기적으로 활발하게 참여하도록 애써야 한다. 또한 스페인어가 뉴욕에서 다수언어가 아니기 때문에(비록 미국 내에서 광범위하게 사용되는 언어이기는 하지만), 이 언어의 유창성을 장기간 확실하게 하기 위해서는 학교와 부모 모두 노력을 기울여야 할 것이다.

왜 이중언어아동들은 단일언어아동들보다도 어휘량이 적은 경향을 보일까? 이중언어아동들은 단일언어아동들과 동일한 인지능력과 기억용량 측면에 제한이 있기 때문에 사람들은 이중언어아동의 각 언어의 어휘력이, 특히 어린 연령에서, 더 적을 것이라고 생각할 것이다. 이런 관점에서 보았을 때, 이중언어아동들이 두 언어에서 절대적으로 동일한 수의 단어-개념 짝을 단일언어아동들이 동일한 시간 동안 하나의 언어에서 한 것처럼 축척하지 못하는 것이 놀라운 일이 아니다. Pearson과 그의 동료들은 마이애미에서 부모보고 체크리스트를 사용하여 스페인어-영어 이중언어유아들의 수용 및 표현어휘력을 평가하였다. 그 결과 두 언어의 어휘를 합하고, 번역등가어를 한 번으로 계산하였을 때, 전체 개념적 어휘는 단일언어아동을 기준으로 한 어휘량과 유사하였다(Pearson, 1998; Pearson, Fernández, & Oller, 1993). 이것은 이중언어아동들이 어휘습득의 기저가 되는 기본적인 절차인, 단어를 개념으로 지정하였을 때에는 단일언어아동들보다 느리지 않았으며, 단일언어아동과 동일한 수의 단어-개념 짝을 습득할 수 있다는 것을 보여 준다.

요약하면, 이중언어아동들은 단어습득에서 단일언어아동과 동일한 메커니즘을 사용하며, 따라서 성공적으로 어휘를 습득할 수 있다. 이중언어아동들과 단일언어아동을 비교할 때, 각 언어의 어휘량이 적은 것처럼 보일 수 있으나, 그것은 가정, 학교, 보다 광범위한 사회적 상황에서 각 언어에 노출된 양에 따라 다르다.

형태구문

3장에서 동시적 이중언어아동들이 낱말조합 또는 단순한 문장을 사용하기 시작하는 시기가 늦지 않다는 것을 보여 주는 연구 결과에 대하여 논의하였다. 아동

글상자 4.3

전형적 발달을 보여 주는 평균발화길이

Paradis 박사님께

하나의 언어는 부모에게서, 다른 언어는 가정이 아닌 지역사회/TV에서 들으며 배우고 있는 4세 이전의 이중언어아동에게 MLU는 언어장애를 알 수 있는 좋은 지표가 될까요? 즉, 이중언어를 배우고 있는 2세 연령 아동의 MLU는 2.0이며, 3세 연령은 MLU가 3.0이라고 생각해야 할까요? 저는 이런 구체적으로 명확한 주제에 관한 연구를 찾는 것이 매우 힘들었습니다. 그러나 미국에 있는 수 천 명의 스페인어 학령전기 아동들이 수용언어가 정상적인 범위 내에 있는 것으로 평가되었을 때에조차도 4세 이전에 이런 MLU를 근거로 언어장애가 있는 것으로 판정하고 있는데, 저는 이점이 매우 염려스럽습니다.

도움을 주셔서 감사드리며,
언어치료사로부터

글상자 4.4에 있는 정보는 단일언어아동의 준거를 근거로 하여 정상적으로 발달하고 있는 두 명의 이중언어아동과 언어발달지연을 보이는 한 명의 이중언어아동 간의 MLU 차이를 설명하고 있다. 미국 내 학령기 스페인어-영어 이중언어아동들의 이야기 말하기 과제에서 산출한 MLU의 규범적인 정보는 SALT 웹사이트에 수록되어 있다. http://languageanalysislab.com.

의 초기 형태구문발달을 평가하는 일반적인 방법은 **평균발화길이**(mean length of utterance, MLU)의 측정이며, 이것은 아동의 자발화 샘플에서 발화의 평균길이를 산출한 것이다. 어린 아동들에게 '문장'은 단어 또는 구로 이루어질 수 있기 때문에 문장이라는 용어보다는 발화라는 용어가 적절할 수 있다. Miller와 Chapman(1981)은 수백 명에 달하는 단일언어아동들의 발화샘플을 수집하여 영어 MLU 발달에 대한 일련의 준거를 마련하였다. MLU는 발화 당 형태소 수를 계산하는 것으로 산출한다. 따라서 *cats*와 같은 단어는 두 개의 형태소로 계산한다: *cat-s*. 이중언어아동들은 나이가 들어감에 따라 단일언어아동과 동일한 속도로

글상자 4.4

이중언어아동과 단일언어아동의 평균발화길이

다음 이중언어아동들의 MLU는 Paradis와 Genesee(1996, p. 11)를 근거로 하였다. 연구자들은 MLU-m을 산출하였으며, Miller와 Chapman(1981, p. 158)의 연령을 기준으로 MLU를 비교하였다. 정상적으로 발달하고 있는 Gene과 Olive, 누 명의 아동은 모든 연령대에서 정상범위의 중간 또는 가장 낮은 범위에 가까운 MLU를 나타내었다. 언어발달지연이 있는 아동인 William은 단일언어아동과의 비교에서 1 표준편차 아래에 해당하는 MLU를 나타내었다.

아동명	연령	영어 MLU	프랑스어 MLU	영어단일언어아동의 −1에서 +1 표준편차(연령)
Gene (정상발달)	1;11	2.04	1.92	1.47~2.37
	2;7	2.17	2.12	1.97~3.11
	3;1	2.44	2.36	2.47~3.85
Oliver (정상발달)	1;11	1.55	2.32	1.47~2.37
	2;6	2.18	2.59	1.97~3.11
	2;10	2.31	2.40	2.22~3.48
William (언어발달지연)	2;2	1.29	1.26	1.72~2.74
	2;10	1.54	1.35	2.22~3.48
	3;3	2.19	1.60	2.71~4.23

MLU가 길어지는가? **글상자 4.3**은 미국 내 언어치료사들이 한 질문이다. **글상자 4.4**는 Miller와 Chapman이 연구한 아동집단의 결과와 비교하였을 때 정상범위(평균보다 +1 표준편차 위에 있거나 아래에 있는 범위)에 해당하는 Paradis와 Genesee(1996)가 연구한 세 명의 아동에 대한 자세한 정보를 담고 있다. 우리가 조사한 이중언어아동들은 James와 동일한 상황에서 성장하고 있는 아동이다. 이것은 영어 기준이기 때문에 이 기준을 프랑스어에도 사용할 때에는 주의가 필요하다. 또한 우리가 한 MLU 계산 방법과 Miller와 Chapman이 한 방식에는 약간의 차이가 있다. 그럼에도 불구하고, 아동 중 2명인, Gene와 Oliver는 단일언

어아동들의 MLU에서 보다 낮은 쪽에 해당하기는 하였으나 2세에서 3세 연령에서 두 언어가 정상범위 안에 있거나 또는 정상범위와 가까운 MLU를 나타내었다. 이중언어아동들의 MLU는 두 언어에서 정확하게 동일하지 않으며, 주로 두 언어에 동일하지 않은 노출의 결과인 것으로 보이는데, 즉, 언어우세로 인한 것이다. Padilla와 Liebman(1975)이 세 명의 스페인어-영어 이중언어아동을 대상으로 한 초기 MLU 발달에서도 결과가 유사하였다.

우리는 William을 제외한 Gene와 Oliver의 형태가 몬트리올 McGill 대학의 연구에 참여한 다른 아동들과 같다는 것을 발견하였다. 언어치료사는 연구의 마지막 무렵에, 3세 연령인 William이 표현언어지연이 있다는 것을 확인하였으며, William은 학교에 입학하기 전에 언어치료를 받았다. 연구를 시작하기 전에 우리와 부모 모두 이것을 몰랐다. William의 MLU는 두 언어에서 연령을 기준으로 한 단일언어아동들의 기대치보다 지속적으로 낮았다. 따라서 William은 언어지연이 있는 이중언어아동의 MLU 발달을 보여 주는 것이다. William의 MLU가 Gene와 Oliver와 차이가 있다는 사실은 이중언어아동들의 MLU가 단일언어아동들 보다 높은 수준은 아닐지라도, 정상적으로 발달하는 이중언어아동들은 단일언어아동들과 비교하였을 때 MLU 발달에서 지연을 보이지 않는다는 것을 의미한다. (언어지연과 언어장애를 보이는 이중언어아동에 대한 더 많은 연구는 9장에 제시하였다.) 학령전기 형태구문발달에 관한 보다 구체적인 측면을 살펴보면, 연구자들은 이중언어아동과 단일언어아동들 간 발달속도에서 어떤 차이가 있다는 것을 발견하였다. Paradis, Crago, Genesee(2005/2006)는 3세 연령의 프랑스어-영어 이중언어아동이 프랑스어 목적대명사를 프랑스어 단일언어아동들만큼 정확하게 사용하는 것으로 보고하였다—영어와는 달리 매우습득하기 어려운 프랑스어 형태구문적인 측면. 이와 달리, Pérez-Leroux와 그녀의 동료들은 프랑스어 목적대명사 사용에서 3세 연령의 이중언어아동이 또래 단일언어아동보다 뒤처져 있다고 하였다(Pérez-Leroux, Pirvulescu, & Roberge, 2009). 이런 연구 결과의 차이는 사회적 상황이 원인일 수 있다. Paradis와 그녀의 동료들이 연구한 아동들은 몬트리올의 이중언어도시에 살고 있는 반면에 Pérez-Leroux와 동료들의 연구에 참여한 아동들은 토론토의 영어가 다수언어인 도시에 살고 있었다. Nicoladis와 그의 동료들은 프랑스어-영어 이중언어아동들이 *ran*(*run*) 또는 *pick-ed*와 같은 과거시제에서 동사사용이 또래 4~6세 단일언어아동들의 수행력보다 약간 낮다고 하였다(Nicoladis, Palmerm & Marentette, 2007). 그러나 이런 연구자들은 아동의 우세언어의 수행력을 살펴보지 않았다. Paradis, Nicoladis, 동료들이 수행한 추수연구에서 이중언어아동들은 우세언어 과거시제의 사용이 이 연령의 단일언어아동들만큼 정확하다는 것을 발견하였다(Paradis, Nicoladis, Crago, & Genesee, 출간 중). 미국의 스페인어-영어 이중언어아동과 단일언어아동의 형태구문 비교에서도 동일한 결과가 나타났다(Gutiérrez-Clellen, Simon-Cereijido, & Eanger, 2008). 요약하면, 동시적 이중언어아동의 형태구문의 어떤 측면은 최소한 아동들의 우세언어 또는 그 지역사회의 다수언어에서는 단일언어아동과 동일하다.

앞에서 논의하였던 마이애미와 Edmonton의 어휘연구는 두 언어의 형태구문발달 평가도 포함되어 있었다(Gathercole, 2007; Oller & Eilers, 2002; Paradis, 2009, 출간 중). 구문형태평가의 결과는 어휘평가 결과와 대체로 유사하였다. 첫째, 두 연구 모두 이중언어아동들의 각 언어에 있어 형태구문능력은 그 언어에 얼마나 노출되었는가에 영향을 받았다. 둘째 마이애미 연구에서 이중언어아동들은 두 언어 모두 단일언어아동들보다 뒤처져 있었으나 5학년 시기에 그 차이를 거의 좁혔다(Gathercole, 2007; Oller & Eilers, 2002). 이와 달리 Edmonton 연구의 이중언어아동들은 프랑스어 단일언어아동들과 유사한 수행력을 보였다. 그렇지 않은 이중언어아동은 가정에서 주로 영어를 사용하는 아동들이었으며, 단일언어아동과의 차이는 1학년 때 분명하게 나타났으나, 6학년 때에는 그렇지 않았다(Paradis, 2009). 이중언어아동들의 영어 형태구문능력은 1학년 때에는 뒤처졌으나, 가정에서 영어를 주언어로 사용하거나, 프랑스어와 영어를 동일한 비율로 사용하는 가정 출신의 아동들은 단일언어아동들과 수행력이 동등하였다(Paradis, 2009, 2010).

어휘력에서처럼, 마이애미와 Edmonton 연구 간 주요한 차이는 이중언어-단일언어 차이 정도가 Edmonton의 영어-프랑스어 이중언어아동들에게서 더 적다는 것이다. 어휘에 관한 연구 결과에서도 언급하였듯이 학교에서 가르치는 소수언어의 양이 이런 연구 간 차이의 원인이 될 수 있으나, 평가된 형태구문구조가 다른 이유일 수 있다. 각 연구에서 형태구문발달의 차이 측면을 연구하였기 때문에 프랑스어와 영어는 마이애미 아동들을 대상으로 이루어진 영어와 스페인어의 측면보다 배우기에 더 쉬워서, Edmonton 연구에서 보다 작은 차이가 나타났다. 형태구문적인 구조의 복잡성은 그것을 배우는데 얼마나 많은 입력과 연습이 필요한가에 영향을 줄 수 있으며, 이것은 이중언어아동들이 단일언어아동들보다도 복잡한 구문을 습득하는데 더 긴 시간이 걸릴 수 있다는 것을 의미한다. 구조 복잡성에 대한 영향은 웨일스어(Welsh)를 사용하는 학령기 아동을 대상으로 한 대규모의 웨일스어-영어 이중언어아동 연구에서 찾을 수 있다(Gathercole, 2007). 웨일스어에서 명사가 여성을 나타낼 때에는 명사구에서 많은 음운론적 변화가 있으나, 명사가 남성을 나타낼 때에는 그런 변화가 거의 없다. Virginia Gathercole와 그의 동료들은 웨일스어 명사구에서 이중언어아동들의 정확성은 가정에서 얼마나 많이 웨일스어를 사용하느냐에 직접적으로 관련이 있었으며, 이런 차이가 보다 복잡한 여성형태를 산출할 때 더 많았다(Gathercole, 2007).

동시적 이중언어 연구는 대개 초등학교 고학년 이후의 연령에서는 이루어지지 않았다. 이런 제한점으로 인하여 이중언어아동들의 형태구문적인 측면이 우세언어, 교육 프로그램, 구조의 복잡성에 상관없이 또래 단일언어아동과 차이가 있는지의 여부는 의문으로 남아 있다. Silvina Montrul은 영어와 스페인어 이중언어로 성장하였으나, 영어만을 사용하는 학교에 다닌 성인 대학생을 대상으로 한 몇몇 연구를 리뷰 하였다. 이런 성인 중 많은 사람들은 동시적 이중언어아동이었다. 그녀는 이런 사람들이 문법적인 표현과 지식의 미묘한 측면을 이해하는 데 있어 스페인어 단일언어성인과 약간 다르다는 것을 일관성 있게 발견하였다. 이중언어성인의 두 언어 중 학교 교육을 받지 않은 언어는 장기적인 결과에 영향을 미칠 수 있다. 또한 영어에 대한 사회적 우세 때문에 초기에 스페인어에 충분히 노출되지 못한 것으로 인하여 Montrul이 '불충분한 습득'이라고 부르는 것이 발생할 수 있다. 그러나 Montrul이 연구한 이중언어성인들이 스페인어에서 꼭 불완전한 것은 아니라는 것을 지적할 필요가 있다. 많은 성인들은 스페인어에 유창하였으며, 특히 대화상황에서 그러하였다. 아동의 사례로 돌아가서, Montrul의 결과는 James 보다는 Gabriela에 더 적용이 된다. 캐나다 어느 지역에 살고 있는 James와 같은 아동들은 학교 교육을 통하여 두 언어 모두를 습득할 수 있다. Gabriela같은 아동은 스페인어 학교 교육을 제한적이거나 전이적인 형태로 받거나 또는 아예 교육을 받지 않을 수 있으며, 이것은 Gabriela와 유사한 상황에 있는 아동이 문해를 포함하여 가능한 최대한으로 스페인어에 풍부하게 노출되도록 부모들을 격려하는 것이 얼마나 중요한가를 보여 준다. Montrul이 실시한 성인의 언어적 한계는 두 언어를 배우는 개인 능력의 한계를 반영하는 것이라기보다는 이중언어를 습득하는 학습환경의 복잡성을 반영한다는 사실을 인식하는 것이 중요하다.

Bilingual Bootstrapping과 발달속도

언어습득을 촉진시키는 것으로 언어발달에 이득을 줄 수 있는 교차언어적 영향은 무엇일까? 우리가 알기에, **Bilingual Bootstrapping**은 Gawlitzek-Maiwald과 Tracy(1996)가 독일어-영어 이중언어 여아의 부호혼합 사용에 대하여 그들이 관찰한 것을 설명하기 위해서 처음으로 사용하였다. 여아들은 영어의 표현능력을 확대시키기 위해서 독일어 단어를 영어에 혼합하여 사용하였다. 영어는 이 아동의 비우세언어였다. 이 연구 이후로 Bilingual Bootstrapping은 약간 다른 의미로 사용되었다. 일반적으로 이것은 이중언어 중 한 언어의 발달이 다른 언어, 즉 우세언어에 의해서 진전될 수 있으며, 두 언어는 어떤 언어적-개념적 지식을 공유하는 것으로 서로 향상될 수 있다는 생각이다. 이것은 이중언어아동이 완전히 별도로 각각의 언어를 습득하고 있다면 기대했던 것보다 언어발달 진전이 더 빠를 수 있다는 것을 의미한다. 예를 들면, 이중언어아동이 모든 언어적 개념을 학습하지 않아도 되며, 모든 세부적인 언어적 표상을 두 번 습득하지 않아도 될지 모른다. 이렇게 하여, Bilingual Bootstrapping은 이중언어아동들이 단일언어아동에 비하여 상대적으로 어떤 지연이 있음에도 불구하고 전반적인 발달에서는 크게 느리지 않는 이유를 설명해 준다. 다르게 생각해 보면, 어떤 이중언어아동들은 단일언어아동들이 귀로 듣는 언어적 입력의 절반 정도를 들을 수 있으나, 단일언어아동들의 두 배만큼 언어발달지연을 보이지 않는다. 그와 반대로 아동들은 단일언어 기준 범위에 해당하는 능력을 보일 수 있다.

이중언어 Bilingual Bootstrapping의 직접적인 증거가 있는가? 교차언어적 영향에 대하여 앞에서 논의하였던 연구 결과를 보면, 이중언어아동의 두 언어는 서로 고립되어 발달하지 않았다. 그러나 일반적으로 이런 연구들은 발달하고 있는 이중언어 두 언어 간 상호작용 결과로서 발생하는 독특한 형태에 초점을 두고 있지, 두 언어 간 관련성이 긍정적으로 영향을 줄 수 있는가에 중점을 두지 않았다. Fabiano-Smith와 Goldstein(2010)은 학령전기 스페인어-영어 이중언어아동의 음소 발음의 정확성에 대하여 단일언어아동과 비교하여 연구하였다. 그 결과 두 언어 간 유사하거나 공유된 음소는 공유되지 않은 음소보다도 쉽게 습득되는 경향이 있었는데, 이는 공유된 음소를 공유되지 않은 음소보다 더 빈번하게 산출하거나 연습하기 때문인 것으로 보인다—아동들은 어떤 언어를 말하든지 간에 공유된 말소리를 사용한다. 연구자들은 그런 촉진활동이 하나의 언어 또는 두 언어에 덜 노출이 되었음에도 불구하고 이중언어아동들의 음운적인 습득속도에서 대략적으로 단일언어아동의 정상범위 안에 들 수 있는 이유라고 설명하고 있다. 음운론에서 Fabiano-Smith와 Goldstein(2010)이 발견한 것을 형태구문론에까지 확장시킬 수 있다. 어휘측면에서 볼 때, 발달하고 있는 이중언어아동들은 이중언어 어휘사전(lexicon)에서 단어의 개념적이고 의미적인 수준에서 서로 공유를 하고 있는 것으로 보인다(Gathercole, 2007). 따라서 이중언어아동들은 각 언어의 단어에 대하여 별도의 음운적 표지(phonological label)를 배워야 하나, 필수적으로 모든 것에 대하여 개념적 및 의미적 특성을 따로 배울 필요는 없다. 또한 몇몇 연구 결과에서 이중언어아동들의 언어 간 촉진적인 상호의존성이 있는 것으로 나타났으며, 학업적 언어능력과 문해와 관련된 영역에서 특히 그러하였다(Oller & Eilers, 2002; Riches & Genesee, 2006). 이런 연구는 8장에서 보다 자세하게 논의하고 있다.

또한 Bilingual Bootstrapping은 언어적 구조 자체의 공유라기보다는 언어학습의 근거가 되는 인지적 과정 또는 지식을 공유한다는 것을 보여 주는 것이다. 3장에서 설명하였듯이, Ellen Bialystok의 연구에서 초기 이중언어의 결과일 수 있는, 흔히 **실행기능**(executive functions)이라고 하는 인지적 이점을 보여 주었다. 이런 인지적 과정은 단지 다른 인지적인 기능 또는 학업기술을 위해서가 아니라 언어를 학습하는 것, 그 자체를 위해서 중요하다. 이중언어발달은 인지기술을 향상시키며, 다시 인지적 기술의 향상이 이중언어발달을 보다 촉진시킬 수 있다. 그러나 공유된 언어의 어떤 측면이, 또는 어떤 향상된 인지적 능력이 기여를 하는지에 관한 Bilingual Bootstrapping에 대해서는 충분한 연구가 이루어지지 않았다.

소수언어의 발달: 언어우세와 언어손실

James, Bistra, Gabriela, 이들이 배우고 있는 두 언어의 지위가 다수/소수 인가 하는 주요한 차이가 있기는 하나 이들은 모두 동시적 이중언어아동들이다. James와 Gabriela는 살고 있는 도시에서 상대적으로 광범위하게 사용되는 두 언어를 배우고 있는데 비하여, Bistra는 어머니 이외에 거의 불가리아어를 사용하는 사람들이 없는 미국의 도시에서 불가리어와 영어를 배우고 있다. 이미 James와 Gabriela에 대해서는 토의하였다, 그렇다면, Bistra는 어떠한가?

소수언어와 다수언어의 구별하는 것은 아동들의 이중언어습득에 매우 큰 영향을 주기 때문에 중요하다. Bistra와 같은 동시적 이중언어아동들이 3세 쯤 되면 두 언어에 유창하지만, 나이가 더 들어가면 일반적으로 교육현장에서 사용하는 언어인 다수언어로 언어의 우세가 분명하게 변경되며, 심지어는 청소년이나 성인이 되었을 때에는 이중언어사용자가 되지 않을 수도 있다. 학령전기 이중언어에 관한 많은 연구는 Bistra와 같은 아동을 근거로 하고 있다. 이 아동들은 언어적으로 혼합된 가정의 아이들이다. 이 아동들의 부모들은 각기 다른 언어를 사용하며, 각각의 부모는 그의 아이들에게 자신들의 모국어로 말을 한다. 그러나 이런 경우에 하나의 언어는 가정 밖 그 지역사회에서는 흔히 잘 사용되지 않는 언어이다. 이런 종류의 이중언어환경을 **가족이중언어**(family bilingualism)라고 한다. Montrul(2008, 4장)은 영어와 함께 히브리어나 러시아어 등의 소수언어를 배우고 있는 Bistra와 같은 조기 이중언어아동들의 사례를 연구하였다. 이 연구의 아동들에게서 소수언어의 빠른 감소와 어떤 형태구문적인 특성의 손실이 일반적으로 나타났으며, 아동이 영어 유치원 프로그램에 입학하였을 때 특히 그러하였다. Anderson(2001)은 유치원생이었을 때 미국으로 이주한 두 명의 푸에르토리코 아동들이 시간이 지남에 따라 형태구문 및 어휘능력이 점점 손실되고 있음을 보고하였다. 스페인어가 히브리어나 러시아어에 비하여 덜 소수언어에 속하였음에도 불구하고, Anderson의 연구에서 나타난 아동들의 두 가지 측면을 매우 흥미롭다: 1) 아동들은 미국 중서부의 작은 도시에 살고 있었는데, 그 지역은 스페인어를 말하는 사람들이 많지 않았으며, 학교에서 스페인어로 교육을 하지 않았다, 2) 부모들은 영어에 유창하였으며, 따라서 가정에서 두 언어를 편안하게 사용할 수 있었다. 이와 달리, 우리와 우리의 동료들이 마이애미와 웨일즈에서 실시한 연구에서는 James와 Gabriela와 같은 아동들을 대상으로 하였는데, 이러한 아동들은 이중언어가정에서 성장하였으며, 그 지역은 두 언어로 교육을 제공하는 이중언어 지역사회였다. 이런 아동들은 앞에서 언급하였듯이 아동 간 어떤 차이는 있겠지만, 초기 아동기 이후에 이중언어를 발달시킬 것이라 예상된다. 요약하면, Bistra의 부모는 Bistra가 학령전기 이후에 불가리아의 유창성을 유지할 것이라 확신하는 것은 어려울 것이며, 다른 두 아동들처럼, 불가리아어 문해기술을 습득하는 것은 Bistra가 불가리아어의 유창성을 유지하는 데 도움이 된다.

초기 다언어발달

지금까지 제시한 정보는 조기에 이중언어에 노출된 아동들을 근거로 한 것이다. 그러나 3개 또는 4개의 언어를 조기에 배우는 아동들이 있다. 즉, 다언어(multilingual)아동들이다. 3장에서, 인간은 하나 이상의 언어를 배울 수 있는 능력이 있다는 것을 보여 주는 증거를 제시하였으나, 3개의 언어는 어떠할까? 조기에 3개에 언어에 노출된 아동에 관한 연구가 거의 없으며, 이루어진 연구들은 모두 사례연구이다. 일반적으로, 아동들은 가정에서 두 개의 소수언어에 노출되고, 조기에 유아원 또는 유치원 프로그램에 등록한 결과 세 번째 언어로 다수언어에 노출된다. 이런 사례연구가 우리에게 말하는 것은 삼중언어 아동(trilingual children)이 앞에서 논의했던 조기에 이중언어에 노출된 아동들과 많이 다르지 않으나, 아동들의 연령이 증가하였을 때, 세 개의 언어 모두에서 동일한 유창성을 발달시키는 것은 어려울 수 있다는 것이다.

Simona Montanari는 캘리포니아의 타갈로그-스페인어-영어 삼중언어 소녀의 언어발달에 대하여 연구하였다(Montanari, 2008, 2009). 그 여아는 2세에 세 언어 모두에서 낱말조합을 하기 시작하였고, 아동이 습득하는 어휘에는 세 언어 모두에서 번역등가어를 포함하고 있었으며, 문장의 어순은 초기부터 언어특정 패턴을 반영하고 있었다. 또한 아동은 대화하는 대화상대자가 선호하는 언어를 더 많이 사용하는 것으로 대화상대자에 맞도록 언어를 선택하여 사용하였다. 따라서 삼중언어 노출이 기본적인 언어발달과정에서 두드러진 지연을 일으키지 않는 것으로 보였으며, 세 언어의 분화가 분명하게 나타났다. 이중언어아동들과 유사하게, 이 아동의 각 언어의 어휘량과 MLU는 각 언어에서 아동이 받은 언어입력의 양을 반영하였다. Montanari는 이 여아의 2세 4개월 연령에 MLU-w는 1.31이었으며, 영어에서는 1.6, 스페인어에서는 1.27이었다고 보고하였다(Montanari, 2008, p. 8). **글상자 4.4**의 표에 제시한 MLU는 단어가 아닌 형태소를 근거로 하였기 때문에 이것과 비교할 수 없다. 그러나 Paradis와 Genesee(1997)는 동일한 연령인 두 명의 프랑스어-영어 이중언어아동들의 MLU-w를 계산하였다: Yann은 영어 MLU-w는 1.49, 프랑스어는 1.58이었으며, Mathieu는 영어 MLU-w가 1.22, 프랑스어는 1.60이었다(Paradis & Genesee, 1997). 따라서 삼중언어 여아의 MLU는 이중언어 또래에 비하여 뒤떨어지지 않는 것으로 보인다. 삼중언어 아동에 관한 다른 사례 연구에서도 초기 문장에서 언어-특정 어순 패턴이 나타났고, 성인 대화상대자에 따라 언어를 다르게 사용하는 아동이 있었으며, 아동들이 각 언어에 받은 언어입력의 양이 언어발달과 밀접한 관련이 있는 것으로 나타났다(Hoffman, 1985; Maneva, 2004).

부모, 교육자, 언어치료사들은 흔히 우리에게 4개의 언어를 배우는 것이 아

글상자 4.5

어린 아동의 다언어(multilingualism)

Genesee 박사님께

저는 캘리포니아에 살고 있으며, 딸은 두 살입니다. 아내는 브라질 사람이며, 딸과 포루투갈어로만 말을 합니다. 저희 집 보모는 맥시코인이며, 스페인어 이외에는 말을 할 줄 모릅니다. 저는 딸에게 영어로 말을 합니다. 제가 이중언어 교육의 이점을 알고 있었기 때문에, 우리는 딸이 프랑스어 몰입교육 프로그램에 등록하는 것을 생각해 왔습니다. 그러나 저의 염려는 딸에게 4개의 언어를 배우도록 하는 것이 너무 많은 부담을 주고, 혼란스럽게 만들지 않나 하는 것입니다.

진심으로 감사드리며,
한 아버지로부터

우리는 어린 아동들의 삼중언어의 복잡한 사례에 대하여 염려를 하는 부모나 전문가들의 메일을 자주 받는다. 대부분 이런 질문은 어린 시기에 3개 또는 4개의 언어를 배울 수 있는가에 관한 것이다. 이런 질문에 대한 우리의 대답은 언제나 한 가지 중요한 요점을 포함하고 있다: 완전한 이중언어 또는 삼중언어가 되는 아동들의 능력은 시간에 따라 2개 또는 그 이상의 언어에 풍부하고 자주 노출되는 것에 달려 있다. 언어가 많으면 많을수록 더 많은 도전이 있다.

동들에게 과도한 것이 아닌가, 또는 동시에 배운 3개, 4개 언어를 실제로 유창하게 말할 수 있을지에 대해서 질문을 한다. **글상자 4.5**에 있는 이메일은 조기 다언어의 가능성에 대해서 일반적으로 부모들이 질문하는 내용이다. 사례연구 결과는 초기 단계의 삼중언어 아동들에 대하여 긍정적인 방향을 제시하고 있다. 결과에서 아동들이 3개의 언어입력을 처리하고 분리할 수 있으며, 시간이 지남에 따라 중요한 언어발달단계가 나타나고 있다는 것을 보여 주고 있다. 그러나 과학적인 보고인 사례연구에서 삼중언어(trilingualism)는 부모들이 관리를 하는 의도적인 선택을 한 가정 출신의 아동을 근거로 한 것이라는 점을 염두에 두어야 한다. 아동들은 또 다른 이유로 유치원 시기에 삼중언어에 노출될 수 있다. 1장에서 소개한 Faisal의 사례를 생각해 보면, 이 아동의 가족은 캐나다로 오기 전에 케냐의 난민촌에서 생활하였다. 비록 우리가 Faisal을 제2언어 습득자로 분류하였지만, 유사한 배경 출신의 아동은 출생에서부터 소말리아어-스와힐리어 이중언어를 경험하였을 수 있으며, 약 3세경에 캐나다로 이주한 이후에 영어에 노출되었다. 이런 상황에서 가족들은 '오래된' 그들의 주언어 사용을 당장 중단하지 않으며, Faisal과 같은 아동들은 시간이 지남에 따라 스와힐리어를 대신해서 영어를 사용할 것이기 때문에 삼중언어가 일시적일 수 있으나 이런 아동들은 초기 삼중언어 아동이 될 수 있다. 소수언어의 지위는 모든 삼중언어 아동에게 중요하다. Montanari의 사례에서 아동들이 영어를 사용하는 유치원에 입학하자마자, 영어능력은 매우 향상이 되었다(Montanari, 2008). 최소한으로 지원을 받은 언어인 타갈로그는 아동이 학교에 입학을 할 시기에는 거의 사용하지 않을 수 있다. 3개의 언어를 사용하는 아동을 양육하고자하는 가족들이 직면하는 가장 큰 어려움은 시간이 흐르면서 모든 언어에 아동을 충분하고 풍부하게 노출시키는 것이다. 풍부하고 충분한 노출 없이는 아동들이 3개의 모든 언어를 지속적으로 발달시키고 유지시키기 어렵다.

요점 및 의의

요점 1

출생부터 이중언어에 노출된 아동들은 처음부터 별도로 분리되어 있으면서 상호 연결된 언어체계를 갖고 있다. 단일언어와 이중언어아동들의 발달단계와 발달형태는 전반적으로 동일하다. 성인 언어체계를 습득하는 동안에 이중언어와 단일언어아동의 언어에서 대개 동일한 오류가 발생한다. 때로 이중언어아동들이 언어습득에서 다소 독특한 오류가 발생하는데, 이것은 대개 교차언어적인 영향의 결과이며, 이중언어발달의 자연스러운 과정이다.

의의

부모와 의료 전문가들은 이중언어입력이 혼란을 일으켜서 아동이 언어발달지연이나 독특한 발달단계 또는 발달형태를 보일 것이라고 생각해서는 안 된다. 이중언어아동들은 언어발달기에 전부는 아니지만, 대부분 각 언어의 단일언어아동들과 같은 발달단계를 두 언어에서 거칠 것이라고 예상할 수 있으며, 두 언어를 구별할 수 있다. 부모와 의료 전문가는 이중언어아동이 때로 다른 언어의 문법적 규칙에 따라 한 언어를 사용하더라도 염려하지 않아도 된다. 이런 종류의 교차언어적인 영향은 일반적이고 일시적인 현상이며, 언어장애 또는 언어혼란의 증상이 아니다. 이것은 단순히 이중언어아동들의 두 개의 언어가 언제나 단일언어아동들처럼 사용되지 않는 몇 안 되는 현상 중의 하나이다(5장의 부호혼합에서 설명하고 있음).

요점 2

영아의 언어습득이 한 언어에 한정되어 있다는 과학적인 근거가 없다. 이와 달리 단일언어와 이중언어아동 연구 결과에서 아동들은 특별한 대가 없이 이중언어를 습득할 수 있는 타고난 능력을 가지고 있는 것으로 나타났다. 비록, 동시적 이중언어아동들이 차후의 어휘와 문법발달의 모든 측면에서 언제나 단일언어아동과 같이 발달하는 것은 아니지만, 흔히 우세언어에서는 단일언어아동과 뒤처지지 않고 동일하게 발달한다(요점 3에서 설명하고 있음). 이중언어아동들의 발달속도는 가정, 학교, 지역사회에서 각 언어에 노출된 시간에 민감하다. 이중언어아동과 단일언어아동 간 발달속도에서 분명한 차이는 이중언어학습이 어린 아동들에게 너무 부담스러운 것이라는 증상이 아니다. 그것보다는 차라리, 그런 차이는 이중언어아동의 복잡한 언어환경과 발달궤도의 영향을 반영하는 것이다.

의의

부모와 전문가들은 이중언어아동들이 언어발달에서 경험하고 있는 어떤 지연이나 어려움이 이중언어노출 때문이라고 생각해서는 안 된다. 이중언어노출은 언어발달 자체에 위험요인이 아니다. 9장에서 이것에 대하여 보다 자세하게 설명하고 있다. 그러나 이중언어아동이 발달의 어떤 측면에서는 또래 단일언어아동보다 뒤처질 수 있으며, 하나의 언어에 노출이 덜 되어서 발생하는 언어발달속도의 차이와 실제로 임상적으로 의미가 있고, 타고난 언어학습장애의 증상으로 인해 발생하는 속도의 차이를 구별하는 것은 중요하다(9장에서 이 문제에 대한 보다 자세한 논의하고 있음). 언어노출 차이로 발생하는 가장 일반적인 결과 중 하나가 언어우세이다. 아동의 언어 중 하나에서 발달지연을 보이는 것은 다른 언어에 비하여 노출이 덜 된 것이 원인일 수 있다. 완전한 이중언어, 또는 삼중언어를 확신하기 위해서는 아동들이 정기적으로 일관성 있고 지속적으로 두 언어 또는 세 언어에 노출되는 것이 필수적이다. 마지막으로, 이중언어아동의 전체적인 의사소통 및 언어능력이 염려가 된다면, "전체는 부분의 합보다 크다"라는 말을 염두에 두어야 하며, 이런 관점에서 본다면, 단일언어아동에 비하여 이중언어아동들이 보이는 어떤 차이는 두 언어의 전체적인 유창성을 고려하였을 때 중요하지 않을 수 있다.

요점 3

이중언어습득에서 두 언어 중 우세언어 또는 두 언어의 불균형적인 발달이 발생 가능하고, 일반적인 현상인 것으로 보이며, 학령전기 아동에게서는 특히 그러하다. 언어우세는 가정, 유치원/학교에서 보다 자주 듣고 말한 언어와 밀접하게 관련이 있다. 한 언어의 다수/소수의 지위는 언어입력의 양에 영향을 줄 수 있으며, 많이 들은 언어가 우세언어이다.

의의

의료 전문가들은 이중언어아동들을 언어평가하기 전에 아동의 두 언어 중 우세언어가 어떤 언어인가를 결정하려 한다. 아동이 어느 언어에 노출되어 있고, 어느 언어를 자주 사용하는가를 확인하기 위해서 부모에게 질문을 하면 된다. 일반적으로 가장 많이 노출된 언어가 우세언어이다. 이것은 아동의 언어사용에 대하여 부모에게 여러 가지 질문을 하는 것으로 결정할 수 있다. 우세언어를 판단하기 위한 보다 자세한 방법은 각 언어의 어휘량, 문장의 길이와 복잡성, 유창성 등을 평가하는 것이다. 이중언어아동을 평가할 때, 우세언어는 아동 발달의 상한선을 알아보기 위해서 평가하는 언어이다. 임상가는 사회적 또는 다수언어를 사용하지만 아동은 소수언어에 더 유창한 경우에 문제가 되는데, 임상가가 적절한 언어평가를 하는데 필요한 언어능력이 부족하기 때문이다. 아동과 임상가의 언어적 부조화를 다루는 전략은 9장에 제시하였다. 아동의 비우세언어로 이중언어를 평가하는 것은 전반적인 아동의 언어능력과 특히 어휘량을 과소평가할 수 있다. 임상가들은 아동의 비우세언어를 평가하는 데 있어 문제점을 매우 잘 알고 있어야 하며, 평가결과를 해석할 때 매우 신중해야 한다.

제 5 장

이중언어발달에서 부호혼합

실제로 두 언어를 동시적으로 습득하는 모든 아동들은 부호혼합을 한다. 부호혼합에 대해서 자세하게 논의를 하는 것은 이중언어아동들에게 부호혼합이 일반적이며, 흔히 오해와 염려의 원인이 되기 때문이다. 다행스럽게도 언어발달관점에서 부호혼합이 무엇을 의미하는가에 관한 많은 연구가 이루어져 있다. 이 장에서 첫째 이중언어아동의 부호혼합(Bilingual Code-Mixing, BCM)에 대하여 정의를 하고, 아동 BCM에 대한 장기적인 발달전망을 알아보기 위해서 성인 BCM에 대하여 설명하고 있다. 다음으로는, 왜 아동들이 부호혼합을 하는지, 그리고 아동 BCM이 문법적으로 체계적인지 또는 임의적인지를 설명하고 있는 연구에 대해서 논의하고 있다. 마지막으로, 특히 이중언어아동의 언어평가를 위한 부호혼합의 영향을 고려하고 있으며, 부모, 교육자, 언어치료사가 보다 일반적인 아동발달에서 부호혼합을 어떻게 보아야 하는지에 대하여 살펴보고 있다.

부호혼합이란 무엇인가?

부호혼합(code-mixing)은 동일한 발화, 또는 대화에서 두 언어의 요소를 사용하는 것이다. 언어요소가 동일한 발화에서 발견될 때 이를 **발화 내 부호혼합**(intra-utterance code-mixing)이라고 하며, 동일한 대화의 두 개의 다른 발화에서 발견될 때 **발화 간 부호혼합**(inter-utterance code-mixing)이라고 한다. 몇몇 연구자들은 문장 내 부호혼합(intra-sentential)과 문장 간 부호혼합(inter-sentential mixing)이라고도 하나, 이 책에서는 '발화(utterance)'라는 용어를 사용하였다. 그 이유는 아동과 성인은 좀처럼 완벽한 문장으로 말하지 않기 때문이다. **글상자 5.1**의 보기 1과 2는 스페인어와 영어의 발화 내 그리고 발화 간 부호혼합의 예이다. 이런 보기에 대한 이해를 돕기 위해서, 영어가 아닌 음소는 이탤릭체로, 영어음소는 로마자체로 실제 발화를 인용부호 안에 제시하였으며, 영어가 아닌 음소는 괄호 안에 영어로 번역하여 두었다. 또한 **글상자 5.1**에서 알 수 있듯이, 부호혼합된 요소에는 전체 단어, 구, 절, 화용적인 형태까지도 포함될 수 있다. 즉, 혼합은 구, 전체 절과 같은 큰 단위뿐만 아니라 작은 언어단위(음소, 굴절형태소, 단어)와도 관련이 있다. 다음의 3~6의 보기는 앞에서 설명한 각각의 부호혼합 유형이다.

아동들이 얼마나 부호혼합을 하는가는 개인차가 있다. 몇몇 아동들은 혼합을 많이 하지만, 어떤 아동들은 거의 하지 않는다. 심지어 아동들은 가족구성원에 따라 다르게 혼합할 수도 있다. 그러나 실제로 모든 이중언어아동들은 언젠가 부호혼합을 한다. 가정에서 부모에게서 영어와 프랑스어를 배우고 있는 이중언어아동을 대상으로 한 연구에서, 아동들 간에 개인차가 매우 컸지만, 아동들이 발화 내에서 10% 미만으로 혼합을 하였다. 우리가 연구한 아동 중 몇몇은 그 당시 2% 정도 혼합을 하였으나, 다른 아동들은 더 많은 빈도로 혼합을 하였다(Genesee, Nicoladis, & Paradis, 1995). 이러한 연구 결과를 통하여 아동의 발달단계에 따라 분명한 차이가 있겠지만, 동일한 발화 내에서 보다 발화 간에 더 많은 혼합을 하고 있다는 것을 알 수 있었다. 한 낱말과 두 낱말 단계의 아동들

글상자 5.1

이중언어 부호혼합

동일한 발화 또는 대화에서 두 언어의 음운, 어휘, 구문형태 및 화용적 패턴을 사용하는 것이다. 하나의 발화 안에서 일어나는 혼합을 **발화 내 혼합**이라고 하며, 하나의 발화에서 다른 발화로 혼합이 일어나는 것을 **발화 간 혼합**이라고 한다.

1. Intra-utterance mixing(Zentella, 1999, p. 119)
   "*Alguien se murió em ese cuarto* that sleeps in." ("Someone died in that room...")
2. Inter-utterance mixding(Zentella, 1999, p. 118)
   "Pa *¿me vas a comprar un jugo?* It cos' 25cents." ("Are you going to buy me juice?")
3. 단어(Poplack, 1980, p. 241)
   "*Estamos como marido y* woman" ("we are like man and...")
4. 구(Zentella, 1999, p. 119)
   "I'm going with her *a la esquina*" ("...to the corner")
5. 절(Zentella, 1999, p. 118).
   "You know how to swim but *no te tapa*." ("...it won't be over your head")
6. 화용(Gene & Sauve, 2000)
   "*Donne moi le cheval; le cheval;* the horses!" ("Give me the horses; the horse;...") Child loudly asks for "the horse" when repeated attempts to get the toy horse from his father using French had failed.

Routu(2007)은 두 자매와 어머니의 대화에서 화용적으로 집중된 이중언어 부호혼합의 예를 제시하고 있다. 아동 중 한 명인 Vera는 언니와 어머니와 대화할 때 스웨덴어로 말하는데, 어머니의 관심을 언니에게서 자신한테 돌리기 위해서 핀란드어를 사용하였다.

은 주로 발화 전체에서 혼합이 일어났다. 아동들이 성장하고, 발화길이가 증가할수록 아동들은 단일 발화내에서 혼합할 기회가 많아진다. 많은 연구가들이 왜 몇몇 아동들은 혼합을 많이 하고, 다른 아동들은 혼합을 덜 하는지를 밝혀내기 위해서 연구를 하였으며, 이것은 뒷부분에서 논의하고 있다.

성인 부호혼합: 아동 부호혼합의 종결점

아동 BCM에 대한 논의를 시작하기 전에, 이중언어성인 연구로 제공된 보다 폭넓은 관점을 가지고서 아동 BCM을 검토하는 것이 필요하다. 성인의 형태가 발달적으로 전형적인 궤도 또는 아동 부호혼합의 종결점(end point)을 말해 주기 때문에, 언제, 어떻게, 왜 성인이 부호혼합하는가를 이해하면 BCM아동을 보다 잘 이해할 수 있다.

이중언어아동처럼 성인들도 발화 내에서 두 언어를 혼합하며(한 언어의 요소 또는 일련의 단어를 삽입하기 위해서 한 문법체계에서 다른 문법체계로 전환함), 동일한 대화상에서 발화 간에 혼합도 일어난다. 성인들은 공식적이고 조심스러운 언어사용이 요구되는 상황보다 사적인 상황에서 혼합을 더 많이 하는 것 같다(Zentella, 1999). 상황에 따라 혼합이 다르게 발생하는 것은 아마도 부호혼합이 격식이 없는, 부적절한 언어사용형태라고 생각하는 일반적인 신념 때문인 것으로 보인다. 성인이 발화 간에 언어전환을 하였을 때, 각각의 발화는 주언어의 문법규칙을 따르는 매우 적절한 문법형태를 보인다. 따라서 발화 간 부호혼합(또는 switching)은 각각 언어의 문법규칙을 잘 갖추고 있기 때문에 많은 논란이 없다. 발화 내 혼합 또는 단일발화에서 발생하는 혼합이 보다 논란이 많은데, 이 형태의 혼합은 문법적으로 혼합되어 있거나, 심지어는 뒤죽박죽인 형태를 나타내어 발화가 부정확하기 때문이다.

성인들의 발화 내 혼합의 문법성에 관한 광범위한 연구가 이루어졌다. 예외 없이 모든 연구자들은 대부분의 사례에서 혼합된 발화의 각 요소는 각각 언어의 규칙을 잘 따르고 있다는 것에 동의하고 있다. 비문법적인 예는 아마도 수행력

오류의 결과일 것이다. 앞 페이지에서 제시하였던 **글상자 5.1**의 보기 1~6까지의 예를 살펴보면, 각 발화에서 영어가 아닌 언어요소들은 그 언어의 문법규칙에 따라 적절한 것이었고, 영어요소들은 영어문법에 적절하였다. 또한 발화 내 혼합의 예에서 한 언어에서 다른 언어로 이동하는 것은 각 언어에 상응하는 문장의 위치에서 발생하는데, 예를 들면, **글상자 5.1**의 보기 4의 "I'm going with her *a la esquina*(to the coner)" 문장에서 화자는 영어에서 스페인어로 이동하였는데, 영어의 대명사 *her* 뒤에, 스페인어 선지사 *a*(영어에서는 'to') 앞으로 이동하였다. 여기에서 중요한 것은 영어와 프랑스어 양쪽 언어의 어순에 적절하게 이동을 했다는 것이다. 즉, 영어 문법규칙에 적용하든 스페인어 문법규칙에 적용하든지 간에 전치사구는 발화의 첫 번째 언어요소 뒤에 오는 것이 적절하다. **글상자 5.1**의 문장 내 부호혼합의 다른 보기에서도 동일한 형태가 나타나고 있음을 알 수 있다.

연구자들은 이중언어성인과 청소년들이 사용하는 혼합유형은 언어의 유창성 수준에 따라 결정된다는 것을 발견하였다. 양쪽 언어에 유창한 사람들은 발화 도중에 앞에서 설명한 것처럼 각 언어의 규칙을 어기지 않고 두 언어를 유창하게 전환하여 말할 수 있다. 그런 발화 형태는 이런 방식으로 혼합된 언어를 들어 본적 없는 사람들에게는 이상해 보일 수 있으며, 비문법적으로 들릴 수 있다. 그러나 앞에서 언급했던 것처럼, 혼합을 주의 깊게 분석해 보면 각 개인들은 동일한 발화에서 양쪽 언어의 요소들을 통합하기 위해서 양쪽 언어의 규칙을 분명하게 알고 있으며, 그 규칙을 오류 없이 일관되게 적용하고 있다. 이와 달리 제2언어 습득과정에 있는 학습자들은 흔히 유창한 이중언어사용자와 다른 방식으로 혼합을 한다. 일반적으로 제2언어학습자들은 이미 양쪽 언어가 유창한 동시적 이중언어의 특징인 유창하고 완벽하게 혼합을 하는데 필요한 언어능력이 부족하다. 전이(transfer)가 흔히 제2언어습득자의 혼합을 보여 주는 증거이다. 즉, 문장이 주언어(host language)의 구조에 다른 언어에서 온 혼합된 요소들로 이루어져 있으며, 그 결과 흔히 하나 또는 두 언어가 어법에 맞지 않는다.

아래에서 설명하고 있는 보기 7의 발화는 영어 문법구조를 따르고 있다. 스페인어 문장성분이 영어구조를 따르고 있어서 발화가 어법상 적절하지 않다.

Enseñar('to teach')가 부정사에 끼어들어서 이중부정형태의 문장이 되는 결과를 초래하였다. *leer*('to read')는 관사 없이 삽입되는데, 이것은 스페인어 부정어 사용에서 필요하다. 이 혼합의 예는 아마도 화자가 스페인어 문법능력이 부족하기 때문인 것으로 보인다.

7. 문법(Zentell, 1999, p. 116)

"Yo have been able to enseñar Maria leer" ("I... teach Maria to read.")

제2언어학습자가 혼합을 하는 다른 일반적인 이유는 언어 유창성에서 어휘의 격차를 채우기 위해서이다. 유창한 이중언어사용자 또한 어휘의 격차를 채우기 위해서 흔히 혼합을 한다. 그러나 이중언어학습자들이 유창하고, 일반적으로 무표의 어휘혼합을 하는 것과 달리 제2언어학습자는 주저하기, 목표언어를 표현하거나 적절한 단어를 찾기 위해서 질문하기, 또는 혼합하여 말하려고 할 때 우세언어가 끼어들기를 하는 것으로 그들의 혼합을 보다 잘 '나타내고' 있는 것 같다. 보기 8에서, 화자는 자신이 혼합하는 것을 알고 있고, 전이를 하는 이유를 분명하게 설명하는 것으로 이것이 적절하지 않을 수 있다는 것을 표현하고 있다. 유창한 이중언어사용자들은 좀처럼 이것을 할 필요가 없다. flagging은 제2언어학습자가 문법적으로 통합하는 방법을 모르기 때문에 혼합된 언어요소들을 분리하기 위해서 사용할 수 있는 화용적인 전략이다. 실제로, 화자가 혼합을 하려고 하고, 그 과정에서 실수를 할 수 있다는 것을 청자에게 알리고 있다. 이런 전략의 증거는 혼합이 유창성의 문제로 인한 징후인 것으로 받아들여 질 수 있다.

8. Flagging

"Hiere, je suis allé au ... hardware store—how do you say hardware store in French?" ("Yesterday, I went to the...")

마지막으로, 성인과 청소년에 관한 연구를 보면 BCM이 중요한 사회화용적이고 문화적 기능을 하고 있다는 것이 밝혀졌다. 이중언어성인과 청소년은 다른 이중언어사용자에게－일종의 정체성의 표시－이중언어능력을 표현하기 위해서 부호혼합을 할 수 있다(Myers-Scotton, 1993; Poplack, 1987). 그들과 문화 또는 언어를 공유하고 있는 사람들과 민족적 결속과 친근감의 표시로 부호혼합을 할 수 있다. 예를 들면, 1장의 James와 Gabriela과 같은 이중언어아동들은 아마도 유창한 이중언어사용자인 친구들과 부호혼합을 많이 할 것이다. 그 이유는 부호혼합이 그 아동들이 할 수 있는 어떤 것이고, 그들 자신의 일부분이기 때문이다. 1장에서 소개한 Bistria와 같은 다른 동시적 이중언어아동들은 James와 Gabriela와 달리 친구들과 부호혼합을 잘하지 않을 가능성이 있다. 그 이유는 Bistria는 이중언어 지역사회에 살고 있지 않으며, 그녀의 친구 중 누구도 불가리아어를 사용하는 아동이 없기 때문이다. 이중언어사용자들은 그들 자신이 이중언어사용자라는 것을 자연스럽게 말하기 위해서, 또는 그들 삶의 독특한 문화적인 측면을 말하기 위해서 부호혼합을 할 수 있다. 이중언어사용자들은 하나 또는 다른 언어에 유창한 대화상대자에 대한 존중심에서 부호혼합을 할 수 있으며, 그들이 주변의 단일언어사용자들과 다르다는 것을 보여 주기 위해서 부호혼합을 할 수 있다. 요약하면, BCM은 중요한 사회화용적 기능을 하며, 따라서 이중언어사용자들의 의사소통능력의 일부, 즉 그들을 다른 사람과 구별하게 할 수 있는 어떤 것이다. 요약하면 다음과 같다.

- BCM은 성인 이중언어사용자들에게 전형적이며 실제로 아주 흔한 언어적 특징이다.
- BCM은 중요한 언어적, 의사소통적, 사회적, 문화적 기능을 한다.
- 성인 BCM은 문법적, 사회적, 문화적으로 속박되어 있다. 이것은 임의적이 아니다.
- 두 집단이 공통점이 있기는 하나, 유창한 이중언어사용자와 제2언어학습자의 혼합은 언어 혼합의 이유와 특성에서 차이가 있다.

이중언어아동들은 왜 부호혼합을 하는가?

연구에서 나타난 성인 BCM의 관점과는 매우 다르게 부모, 교육자, 언어치료사를 포함한 많은 사람들은 아동 BCM이 아동이 정상적으로 발달하고 있지 않거나, 또는 아동이 두 언어에서 혼란을 겪고, 두 언어를 분리할 수 없어서(**글상자 5.2**에서 설명하고 있음), 극단적으로는 두 언어요소로 이루어진 하나의 언어체계를 형성해 가고 있다는 것을 나타내기 때문에 염려스러운 것이라고 믿고 있다. 이런 관점에 따르면, 아동들은 실제로 진정한 이중언어아동이라기보다는 두 언어가 혼합된 하나의 언어를 사용하는 단일언어아동과 같다. 이 섹션에서는 이런 관점에 대한 논의와 아동이 부호혼합을 하는 이유 및 그 시기에 관한 보다 일반적인 문제를 설명하고 있다. 이런 논의의 초점은 두 언어를 습득하고 있는 2세에서 대략 4세 연령의 아동들인데, 이 연령범위가 아동 BCM에서 가장 논쟁이 많기 때문이다.

단일언어체계가설

아동 BCM에 대한 일반적인 설명은 어린 이중언어아동들은 발달초기에 언어가 분화되지 않기 때문에 동일한 발화 내에서 다른 두 언어의 단어와 다른 언어적

글상자 5.2

부호혼합은 단일언어체계를 나타내는 증거인가?

"아동이 말하는 문장은 영어와 독일어가 자유롭게 혼합되어 있는 뚜렷한 특징이 있었다. 그러나 그 아동이 어휘를 혼합한다는 사실은 아직까지 진정한 이중언어사용자가 아니라는 것을 증명하는 것이다. 두 언어에서 온 어휘는 두 개의 다른 구어체계에 속한 것이 아니라 하나의 언어체계에 해당하는 것이다..."(Leopold [1949] in E. Hatch, 1978, p. 27)

요소(억양, 구, 문법적인 규칙 등)를 혼합한다는 것이다. 이 이론을 단일언어체계가설이라고 한다. 4장에서 논의했던 것처럼, 이 관점에 따르면, 이중언어학습 과정에서 아동들은 초기에 단일의 또는 통합된 신경인지체계로 언어를 표현하며, 분화는 약 3세경에 나타난다. 4장에서 다른 것을 근거로 이미 단일언어체계가설(Unitary Language System Hypothesis)에 반하는 증거를 제공하였으나, 아동 BCM을 설명하는 이 가설의 신념이 널리 알려져 있기 때문에 이에 대하여 보다 자세하게 설명하고자 한다. 이 관점에서는 이중언어아동들의 부호혼합을 혼란의 증상으로 보고 있으며, 극단적으로는 능력부족의 현상으로 보고 있기 때문에, 부모, 교육자, 임상가들이 부호혼합을 하는 이중언어아동에게 반응하는 방법을 위해서 진지하게 살펴볼 필요가 있다. 따라서 이 관점이 유용한 것인지를 판단하는 것은 중요하다.

이 논쟁에는 많은 문제가 있는데, 널리 회자되고 있는 주요한 하나는 아동 BCM을 발달하고 있는 언어가 분화되지 않았다는 증거로 받아들이며, BCM을 설명하기 위해서 이런 분화의 부족을 사용하는 것이다. 이런 설명을 입증하기 위해서는 이중언어아동들이 그들의 언어를 분화할 수 없다는 별개의 증거를 제공해야 한다. 이것을 평가하는 하나의 방법은 아동들이 대화상대자를 고려하지 않고 언어를 사용하는지 여부를 알아보기 위해서 다른 사람과 어떻게 언어를 사용하는지를 기록하는 것이다. 아동이 다른 사람과 언어를 적절하게 사용하는 증거를 발견한다면 혼동논쟁(confusion argument)을 배제시킬 수 있다. 이 문제를 다룰 때 언어분화(language differentiation)에 관한 초기 이론은 주로 이중언어아동들이 얼마나 자주 부호혼합을 하는가에 초점을 두었으며, 다른 사람과 얼마나 자주 적절하게 언어를 사용하는가는 무시되었다. BCM에 따라 적절하게 언어를 사용하는가를 살펴보는 것은 단일언어체계를 가지고 있기 때문에 혼합을 하는 것인지 어떤 다른 이유가 있는지 그 여부를 알아보기 위해서 중요하다.

이중언어아동들이 다른 사람과 어떻게 언어를 사용하는지를 조사하기 위해서, 우리는 몬트리올 출신의 이중언어아동이 가정 내의 자연스러운 상황에서 부모와 상호작용하는 모습을 관찰하였다(Genesee, Nicoladis, & Paradis, 1995). 다른 모국어를 사용하는 부모는 처음에 아동과 그들의 모국어로 말을 하였다—

글상자 5.3

한쪽 부모-하나의 언어 법칙

한쪽 부모가 하나의 언어를 사용하는 법칙은 이중언어가정에서 부모의 언어사용 형태이며, 각 부모는 아동과 함께 있을 때 단지 하나의 언어(주로 한쪽 부모의 모국어)만을 사용하거나 주로 하나의 언어를 사용하는 것이다. 이 형태는 흔히 부모가 언어를 서로 다르게 사용하는 것으로 아동들이 쉽게 두 언어를 구별하고 따로 유지되게 해 줄 것이라는 가정에서 부모들에게 권하는 방법이다. 또한 부호혼합을 없애거나 하지 못하도록 하기 위한 제시 방식으로 추천되고 있다.

비록 아동을 이중언어로 양육하는데 이 방법이 효과가 있다는 것을 알고 있지만, 사실상 이것이 최선책이거나 아동을 이중언어로 양육하는 유일한 방법이라는 주장을 지지하는 증거는 거의 없으며, 부호혼합을 줄여준다는 체계적인 증거 또한 거의 없다. 사실, 우리가 연구한 모든 프랑스어-영어 이중언어아동들은 이런 방식으로 양육되었으며, 이 아동들 모두 어느 정도 부호혼합을 하였다. 1장과 4장에서 언급했던 것처럼, 아동을 이중언어로 양육하는 다른 방법이 있다는 것을 염두에 두어야 한다. 1장에서 소개한 아동 중 James와 Bistra는 한쪽 부모-하나의 언어 법칙에 따라 양육되었으나, Gabriela는 그렇지 않다. 그러나 이 모든 아동들은 이중언어아동이 되었다. 마지막으로, 한쪽 부모-하나의 언어 법칙은 가족들만이 함께 살고 있을 때 보다 쉽게 지켜질 수 있다. 방문객이 오거나, 가족이 그 지역사회 안에 있을 때, 언어사용은 현재 대화상대자와 상황에 적합하도록 변경될 것이다.

흔히 **한쪽 부모-하나의 언어법칙**(one parent-one language rule)을 사용하였다(**글상자 5.3** 참조). 따라서 부모는 서로 다른 언어를 사용하였으며, 세 가지 다른 상황에서 이 아동들을 관찰하였다: 한 번은 오직 어머니와 함께하는 상황, 오직 아버지와 함께하는 상황, 두 부모 모두와 함께 하는 상황. 이런 세 가지 상황을 관찰하는 것으로, 다른 언어환경에서 언어를 분리하여 사용하는 아동들의 능력을 관찰할 수 있었다. 그 아동들은 22~26개월 연령이었으며, 초기 두 낱말 단계의 언어발달과정에 있었다. 우리는 아동들이 산출한 혼합의 빈도(발화 간, 그리고 발화 내)뿐만 아니라 각각의 부모에게 사용한 단일언어발화 빈도(프랑스어

사용 부모에게 사용한 프랑스어발화, 영어사용 부모에게 말한 영어발화)를 조사하였다.

매우 어린 이 아동들도 대화상황에 민감하게 두 언어를 사용할 수 있었다. 프랑스어를 사용하는 어머니와 말할 때는 프랑스어를 더 많이 사용하였으며, 영어를 사용하는 아버지와 말할 때는 영어를 더 많이 사용하였다. 부모가 아동과 함께 있을 때에도 유사하게 아버지와 말할 때는 영어를 더 많이 사용하였으며, 어머니와 함께 말할 때는 프랑스어를 더 많이 사용하였다. **그림 5.1**은 5명 아동에 대한 결과이다. 이 아동들이 양쪽 부모와 함께 있을 때나 따로 있을 때나 각각의 부모에게 적절하게 언어를 사용한다는 사실은 단일언어체계가설로는 설명할 수 없는 것이다. 단일언어체계가설 이론으로 보면, 아동은 언어적 상황에 상관없이 각각의 언어를 무작위로 사용해야 한다. **그림 5.1**을 보면, 대부분의 아동들은 모든 사례에서 양쪽 부모와 함께 있을 때 다른 언어보다 하나의 언어를 더 많이 사용하는 경향이 있다는 것을 알 수 있다. 모든 아동 사례에서 아동이 더 많이 사용하는 언어가 아동에게 유창한 언어이며, 단순히 그 언어를 더 잘 알기 때문에 더 많이 사용하였다. 이들 가족은 부모 자신이 양쪽 언어를 모두 알고 있고, 때로, 아동들에게 양쪽 언어를 모두 사용하기 때문에 이런 전략은 아동들로 하여금 모든 언어적 자원을 사용하여 표현하게 한다. 단일언어아동들은 보다 구체적이고 적절하게 한 단어를 배우기 전에 남자는 모두 아버지라고 부르는 것과 같이 단어의 의미를 과잉확장하는 시기에 이러한 특성을 보인다. 이중언어아동과 단일언어아동의 차이는 이중언어아동은 말을 이끌어 내는 두 개의 언어자원이 있는 반면에 단일언어아동은 단지 하나만 가지고 있다는 것이다. 이중언어발달에 있어 우세언어와 비우세언어에 대한 보다 자세한 것은 4장에서 살펴보기 바란다.

우리는 어린 이중언어아동들이 적절하게 언어를 사용하는 능력의 한계를 알아보기 위해서 추수 연구를 실시하였다(Genesee, Boivin, & Nicoladis, 1996). 우리의 초기 연구는 두 언어를 분화하는 아동의 능력을 과대평가하였는지도 모른다. 아동들은 부모와 2년 이상 많은 시간을 함께 하였기 때문에 양쪽 부모의 각 언어를 배울 수 있는 충분한 시간을 가질 수 있었기 때문이다. 아동들

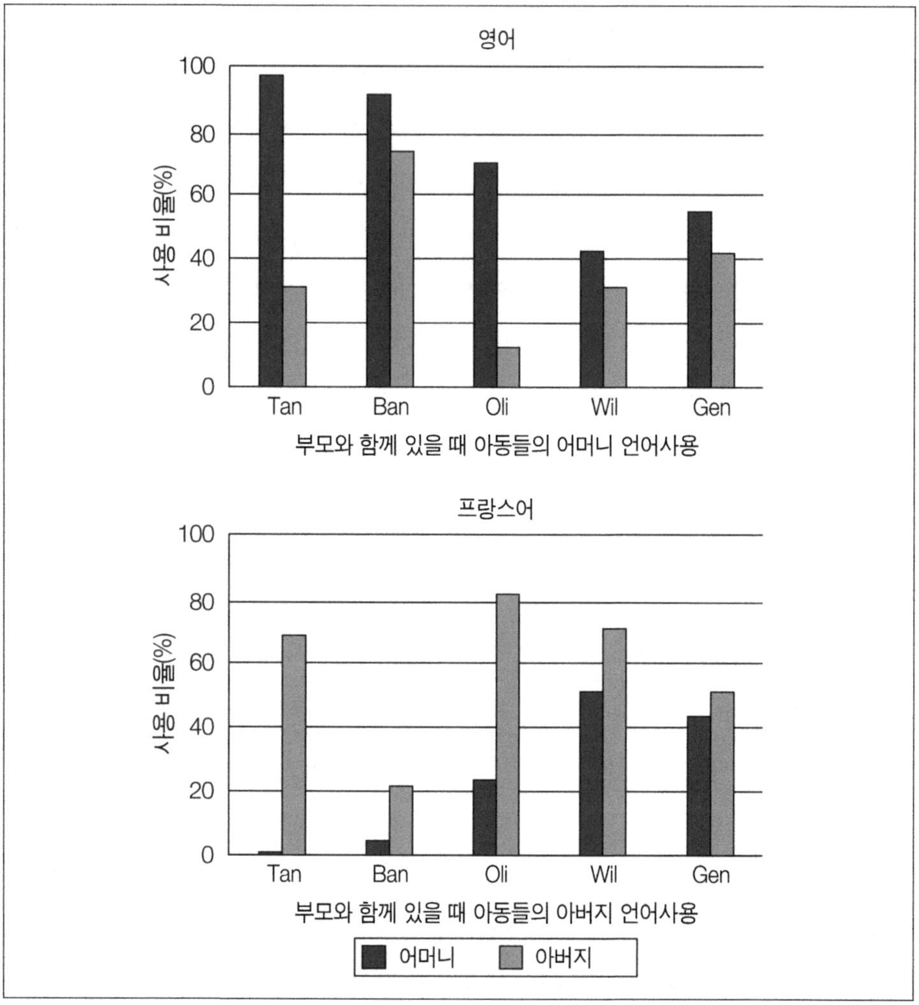

그림 5.1 부모와 함께 있을 때 아동들의 프랑스어와 영어사용. 어머니는 영어사용 화자이며 아버지는 프랑스어 화자이다.

이 언어를 분명하게 구분한다면, 친숙하지 않은 대화상대자와 함께 있을 때에도 구분하여 적절하게 두 언어를 사용할 수 있어야 한다. 우리의 두 번째 연구는 이중언어아동들이 이러한 것을 할 수 있는지를 알아보기 위해서 실시되었다. 이 질문을 연구하기 위해서, 자유놀이 상황에서 단일언어 낯선 사람과 상호작용하는 많은 부가적 프랑스어-영어 이중언어아동들을 관찰하였다. 이 아동들의 연령은 평균 26개월이었다. 프랑스어 평균발화길이는 1.8에서 1.59까지 다양하였으며, 영어에서 평균발화길이는 1.33에서 1.66이었다. 즉, 아동들은 한 낱말 단계 또는 초기 두 낱말 단계에 있었다. 아동들은 선정된 낯선 사람들이 선호하는 언어가 무엇인지 알지 못했다. 아동들이 낯선 사람과 적절하게 언어를 사용할 수 있다는 것은 낯선 사람들이 선호하는 언어능력을 파악하여, 낯선 사람에게 맞추기 위해서 즉시 그 언어사용에 적응할 수 있다는 것을 보여 주는 것이다. 낯선 사람들은 아동의 부모와는 달리 단지 하나의 언어만을 알기 때문에 하나의 언어를 고수하는 아동의 능력을 확실하게 알아보기 위해서 선정되었다. 낯선 사람들이 사용하는 언어가 네 명의 아동 중 세 명의 아동에게 덜 유창한 언어이기 때문에 낯선 사람들의 언어에 적응하는 아동의 능력을 알아보기 위한 매우 엄격한 검사였다. 아동들은 대화상대자와 의사소통하기 위해서는 아동에게 덜 유창한 언어적 자원에 의지해야 한다.

네 명 중 세 명의 아동은 낯선 사람과 동일한 언어를 사용하는 부모(주로 아버지)와 함께 할 때 보다도 낯선 사람과 그 언어를 더 많이 사용하는 것을 보여 낯선 사람의 언어에 바로 적응한다는 것을 알 수 있다. **그림 5.2**는 세 명 아동 중 2명에 대한 결과를 제시한 것이다. 또한 세 명의 아동 모두 양쪽 부모와 함께 있을 때보다 낯선 사람과 함께 있을 때 낯선 사람이 모르는 언어를 덜 사용하였다. 이 아동 중 한 명은 낯선 사람과 함께 있을 때 아동의 언어사용을 변경하지 않았다. 이러한 결과는 세 명의 아동은 가능한 낯선 사람의 언어를 확장하여 사용하였으며, 낯선 사람이 사용하지 않은 언어는 가능한 적게 사용했다는 것을 알 수 있다. 따라서 아동이 이전에 낯선 사람과 접촉한 경험이 없고, 아동에게 덜 유창한 언어를 사용하게 하였음에도 불구하고, 적절한 언어를 사용하였을 뿐만 아니라 그 언어를 사용하는 부모와 함께 있을 때보다 단일언어 낯선 사람과 함께 있을 때 낯선 사람의 언어 사용빈도가 더 많았다. 이런 결과를 보았을 때 혼돈가설은 이 결과와 맞지 않는다는 것을 알 수 있다. 우리의 연구에 참여한 아동들이 낯선 사람이 모르는 언어를 많이 사용하는 것은 그 언어에 대한 아동의 유창성을 반영하는 것이며, 이러한 형태는 아동이 부모와 대화할 때에도 관찰되었다. 또한 낯선 사람 연구에 참여한 아동들 모두가 비슷하게 행동하지 않았다는 것은 주목할 만한 것이다. 이 아동 중 한 명은 낯선 사람의 언어에 결코 적응하지 않

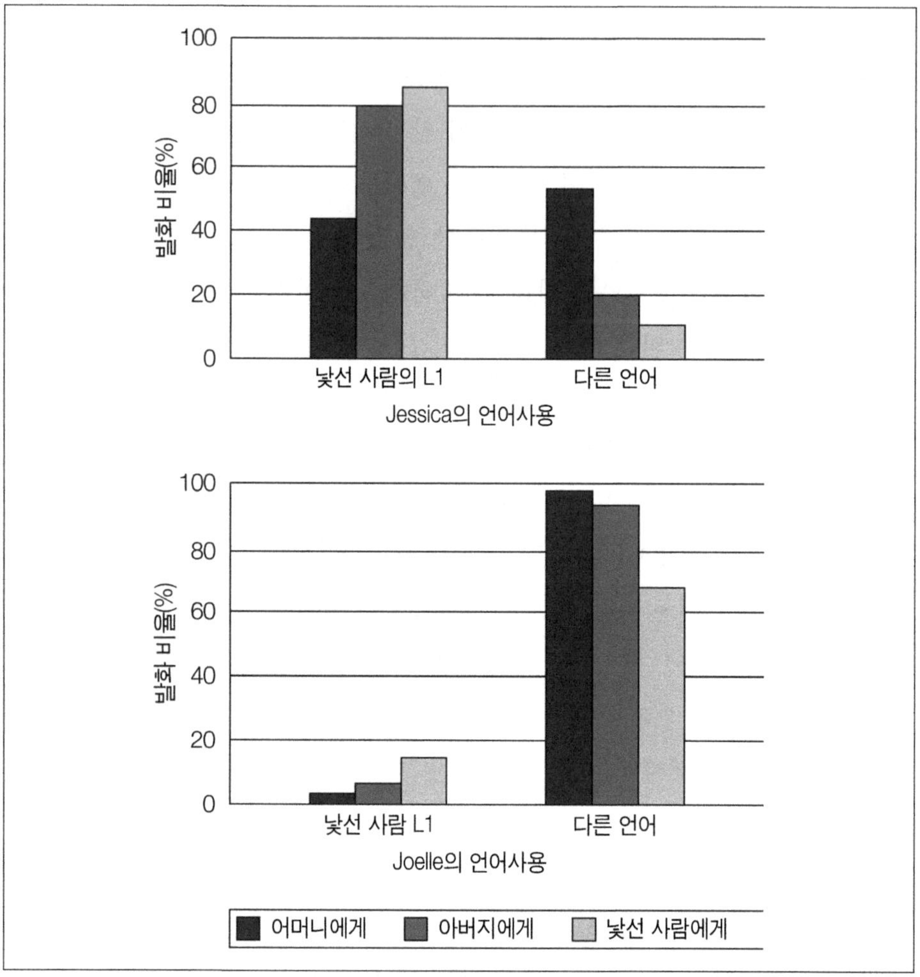

그림 5.2 부모 및 낯선 사람과 함께 있을 때 아동들의 언어 사용

왔다. 그 동안 아동언어습득의 다양한 측면에서 보고된 많은 개인차를 본다면 이것이 놀라운 것이 아니다. 단일언어 또는 이중언어아동들의 의사소통능력 발달은 언어발달의 다른 측면에서 나타난 아동 간의 동일한 변인에 의한 것이다.

요약하면, 많은 상식적인 해석과 달리, BCM은 아동언어발달에 있어 언어적 혼란이나 언어분화의 결함을 반영하는 것이 아니었다. 4장에서 언급했던 것처럼, 현재 연구자들은 단일언어체계가설이 유용하지 않으며, 두 언어가 따로 사용되고 있는 지역에서 성장하고 있는 이중언어아동들은 구어산출의 초기 시기부터, 어쩌면 그보다 더 이른 시기부터 두 언어를 분화할 수 있고 분화하고 있다는 것에 동의하고 있다. 몬트리올에 거주한 아동을 대상으로 한 우리의 연구대상아동들처럼, 이중언어아동에 대한 많은 사례연구에서, 아동들은 일반적으로 대화상대자와 적절한 언어를 사용하는 것으로 나타났다(De Hower, 1990; Lanza, 1992; Meisel, 1990). 미국의 스페인어-영어 이중언어아동을 대상으로 한 Vera Gutiérrez-Clellen과 동료들의 연구 결과에서 단순언어장애가 있는 이중언어아동들이 단순언어장애가 없는 이중언어아동에 비하여 BCM을 더 많이 보이거나 또는 비전형적인 혼합형태를 더 많이 보이지 않았다(Gutiérrez-Clellen, Simon-Cereijido, & Leone, 2009). 따라서 언어장애가 있는 아동이라 할지라도 단일언어체계가설이 제안하는 그런 종류의 언어적 혼란이 있을 것이라고 의심되지 않는다.

빈칸 채우기 가설

앞에서 본 것처럼, 이중언어아동들은 두 언어 간의 차이를 구별하지 못하거나 두 언어에 혼란 때문에 부호혼합을 하는 것은 아니다. 이 섹션과 다음 섹션에서 부호혼합에 관한 대안적인 설명을 하고 있다. BCM에 대하여 다양하게 설명할 수 있으며, 동일한 상황 또는 대화에 하나 이상으로 설명할 수 있다. 즉, 하나로 모든 BCM을 설명할 수 없다. 이중언어아동들이 부호혼합을 하는 이유를 이해하는 것은 아동의 언어 및 의사소통능력에 대한 상식을 넘어선 통찰력을 갖게 해 준다.

아동 BCM에 대한 하나의 대안적인 설명은 아동의 언어발달에서 격차를 채우는 역할을 한다는 것이다. 이에 대한 가장 간단한 설명은 단어혼합에 관한 것이다. **어휘 채우기 가설**(Lexical Gap Hypothesis)에 따르면 이중언어아동들이 Y언어의 적절한 단어를 알지 못하기 때문에 Y언어를 사용할 때 X언어의 단어를 혼합한다. 구문형태의 혼합 또한 아동의 목표언어에 대한 구문적인 지식의 격차를 채우기 위해서 발생할 수 있다. 이런 설명이 유용하다는 것을 증명할 수 있는 많은 증거가 있다. 첫째, 이것은 앞에서 언급한 것처럼, 어린 이중언어아동들이 덜 유창한 언어를 사용할 때 더 많이 혼합을 했던 그러한 일반적인 관찰을 통해서 설명할 수 있다. 덜 유창한 언어의 어휘와 구문능력은 다른 언어보다 덜 발달되었으며, 그 결과 덜 발달된 언어를 사용할 때 스스로를 더 잘 표현하기 위해서 보다 유창한 언어의 자원을 끌어내게 된다. 둘째, 아동들이 유창한 언어를 사용하든지 또는 덜 유창한 언어를 사용하든지 상관없이 목표언어의 번역등가어를 아는 단어보다 모르는 단어에서 더 많은 혼합을 한다는 직접적인 증거가 있다.

아동을 이중언어사용 아이로 키우기 위해서 3주 동안 날마다 아동의 언어사용을 자세하게 기록한 두 부부에게 질문을 하였다(Paradis & Wolf, 1995). 특히 아동이 사용한 새로운 낱말에 대해서 자세히 질문하였다. 두 명의 남자아동의 연령은 1세 8개월과 2세이고, 아동들의 많은 낱말을 산출하지 않았기 때문이 이런 과제가 가능하였다. 부모들에게 질문을 하여 아동들이 대화상대자 언어에서 적절한 단어를 알지 못할 때 부호혼합을 하는지 여부와 얼마나 자주 부호혼합을 하는지를 확인하였고, 부모의 일기에서 아동들이 부호혼합한 단어의 종류를 신중하게 분석하였다. 그 결과, 남자아동들은 언어의 적절한 번역등가어를 모르는 단어를 부호혼합 하였다. 이것은 아버지와 대화상황에서 아버지의 언어에서 모르는 단어를 100% 부호혼합한 남자아동의 경우 특히 그러하였다. 나머지 한 남자아동 또한 부호혼합한 단어의 대부분은 번역등가어를 모르는 단어였다. 정확하게 말하자면, 그 아동이 부호혼합한 단어의 65%는 번역등가어가 없었다. 다른 아동의 사례에서도 유사한 결과가 보고되었다(Nicoladis & Secco, 2000).

어휘혼합에 관한 몇몇 사례를 보면, 이것은 아동이 적절한 단어를 모르는 것뿐만 아니라 목표언어에 적절한 언어가 존재하지 않을 때 발생한다. 예를 들면, 프랑스어 단어 *dodo*는 주로 아동들이 사용하는 낱말이며, ‘nap’ 또는 ‘sleep’의 뜻이다(프랑스어의 *dormir*, ‘to sleep’). 영어의 모든 그런 낱말이 성인과 아동에게 동일하게 적절한 것이 아니기 때문에 영어에서 정확하게 같은 동일한 단어가 없다. 부모들이 영어와 프랑스어를 사용하는 이중언어 가정에서, 심지어 영어로 말할 때에도, 항상 *dodo*라는 말을 사용하는 것은 특이하지 않다. 목표언어에 정확하게 동일한 단어가 존재하지 않기 때문에 이중언어성인들이 단어를 혼합하여 사용하는 많은 예들이 있다. 예를 들면, *scholarité*('years of schooling'), *bourse*('fellowship, scholarship 또는 grant'), *formation*('training'), *stage*('internship') 등의 단어는 퀘벡에서 특별한 의미가 있기 때문에 몬트리올에서 살고 있는 영어화자가 일반적으로 사용하는 프랑스어 단어이다. 사실, 차용(borrowing)은 언어가 새로운 어휘를 습득할 때 사용되는 잘 알려진 현상이다. 영어는 특히 좋은 보기이다. 음식과 먹는 것과 관계된 많은 영어 단어는 프랑스어에서 유래된 것이다: *beef, mutton, ragout, veal, and so on*. 우리는 이런 차용형태에서 극적인 전이를 목격하였다. 컴퓨터와 전기기술에 관련된 단어와 표현이 영어로 만들어지고 전 세계적으로 많은 다른 언어에서 이를 차용하고 있다(*fax, spam, the web, the Internet, mouse*).

아동들이 하나 또는 다른 언어에서 구문 또는 어휘지식의 격차를 채우기 위해 혼합을 하는 것은 의사소통욕구를 만족시키기 위해서 모든 언어적 자원을 사용하는 이중언어아동들의 융통성을 반영하는 것이다. 즉, 아동들의 의사소통능력을 반영하는 것이다. 많은 이중언어아동들이 이중언어를 사용하는 다른 성인 그리고 아동과 함께 성장하기 때문에 이런 전략은 효과적이고 적절할 수 있다. 이중언어아동들이 단일언어아동에게 이런 전략을 부적절하게 사용하는 것은 일반적으로 중재가 필요한 언어장애가 있어서가 아니다. 아마도 목표언어에서 특별한 단어를 모르기 때문일 것이다. 몇몇 이중언어아동들은 단일언어사용자와 대화에서 지속적으로 부호혼합을 할 수 있는데, 그것은 대화상대자가 단일언어사용자라는 것을 이해하지 못하기 때문이다. 아동들이 일상생활에서 단일언어사용자를 만나기 어려울 수 있다. 성장하고 있는 이중언어아동의 독특한 측면은 그들보다 언어적으로 덜 능숙한 단일언어성인을 만날 수 있다는 것이다. 앞에서 낯선 사람에 관한 연구에서 보았듯이 이중언어아동들은 단일언어성인들의 언어적인 무능력을 수용하는 것을 배워야 한다. 충분한 시간이 주어진다면 이중언어아동들은 이에 적응할 수 있다.

화용적 설명

BCM의 다른 설명은 의사소통의 화용적인 측면에 관한 것이다. 이중언어아동들은 화용적 효과를 위해서 부호혼합을 할 수 있다. 즉, 말하고 싶은 내용을 강조하고, 누군가가 말한 것을 인용하고, 주장하고, 이야기하기 위해서이다. 예를 들면, 단일언어아동들이 중요한 세부사항을 강조하기 위해서(예를 들면, "나는 너무 무서웠어, 두려워서 죽을 것만 같았어!") 표현을 약간 변경시키면서 유사한 말을 반복하는 것과 동일한 방법으로 스페인어-영어 이중언어아동이 영어를 말할 때 말하는 내용의 중요성을 강조하기 위해서 스페인어 표현이 끼어들어 갈 수 있다. **글상자 5.1**의 보기 6은 몬트리올에 살고 있는 프랑스어-영어 이중언어 소년이 화용적인 목적으로 부호혼합을 한 예이다.

몇몇 이중언어아동들에게 이중언어 중 하나의 언어가 다른 하나보다 더 정서적인 통로가 될 수 있으며 감정을 표현하기 위해서 그 언어를 사용할 수 있다. 다른 사람이 말한 것을 인용하기 위해서, 또는 사건을 설명하기 위해서 부호혼합을 하는 것은, 다른 언어를 사용한 자료나 사건을 인용할 경우에, 말하는 사람의 담화를 보다 진실 되게 만드는 하나의 방법이 될 수 있다. 예를 들면, 이중언어 십대들이 텔레비전에서 본 스페인어 뮤직비디오를 설명하기 위해서 스페인어와 영어를 사용할 수 있다. 학교에서 스페인어 수업시간에 그들이 했던 것을 설명하기 위해서, 또는 쉬는 시간에 스페인어를 사용하는 친구들과 함께 놀았던 것을 말하기 위해서 영어와 스페인어를 사용할 수 있다. 이중언어아동들은 집에서 학교에 대하여 이야기하기 위해서 가정에서 사용하는 언어가 다를지라도 학교에서 사용하는 언어를 사용할 수 있다. 구어 또는 말하는 스타일을 혼합하는 것은 일상생활 담화에서 일반적이다: 이것은 담화를 다채롭고 진실되며 다양하게 만든다. 이중언어아동들은 담화를 풍부하기 하기 위해서 두 언어를 사용하는 이점을 가지고 있다.

사회적 기준

아동 BCM의 세 번째 설명은 사회적 기준과 관련된 것이다. 지역사회와 가정을 근거로 한 사회적 기준과 그것이 어떻게 아동 MCM에 영향을 주는지에 대하여 논의하고 있다. 이런 다른 기준의 영향은 서로 독립적으로 작용하지 않는다. 이중언어아동은 그 지역사회 BCM의 기준에 노출되어 있으며, 말소리, 단어, 문법 형태를 습득할 때 동시에 이런 형태도 함께 배우게 된다. 2장에선 논의한 것처럼 부호혼합에 대한 지역사회 중심의 적절한 형태를 익히는 것은 이중언어아동들의 사회화에 중요한 부분이다.

지역사회는 적절한 언어혼합의 종류, 언어혼합이 일어나는 시기, 장소, 적절한 혼합의 빈도 등에 관해 다른 사회적 기준을 가지고 있다(Poplack, 1987; Myers-Scotton, 1993). 어떤 지역사회는 언어혼합에 대하여 굉장한 허용과 수용을 한다. 그런 지역사회에서 성장하는 아동들은 언어혼합을 못마땅해 하거나 허용하지 않는 곳보다 더 많은 부호혼합을 배우게 된다. 예를 들면, Shana Poplack(1980)은 뉴욕에 거주하고 있는 스페인어를 사용하는 푸에르토리코인들을 대상으로 부호혼합 형태를 연구하였다. 이 지역사회 구성원들은 특히 유창한 형태의 혼합에 대하여 신경을 쓰고 있었으며, 동일한 발화에서 스페인어에서 영어로 전이해서 말하다가 다시 영어에서 스페인어로 전환해서 말하는 전이가 일어났다(**글상자 5.4**의 보기 9에서 설명하고 있음). BCM은 사회적 정체성에 대한

글상자 5.4

담화에서 다차원적 부호-혼합

보기 9: "But I used to eat th *bofe* (brain), the brain. And then they stopped selling it because, *tenían, este, le encontraron que tenía* (they had, uh, they found out that it had) worms. I used to make some *bofe! Despue's yo haci'a uno d'esos* (then I would make one of those) concotions: the garlic *con cebolla, y hacía un moho, y yo dejaba que se curare eso* (with onion, and I'd make a sauce, and I'd let that sit) for a couple of hours. Then you be drinking and eating that shit. Wooh! It's like eating anchovies when they drinking. Delicious!" (Poplack, 1980, p. 238)

중요한 표시로서의 역할을 하고, Poplack이 연구한 빠르고 유창한 혼합은 스페인어와 영어 이중언어사용자를 확인하는 역할을 하며, 따라서 푸에르토리코계 미국인이라는 것을 확인시켜 주는 역할을 한다(Zentella, 1999). 이중정체성을 형성하는 것은 이 지역사회 구성원에게 중요하다.

이와 달리, 캐나다의 오타와 지역에 살고 있는 사람들의 영어와 프랑스어 이중언어 BCM은 매우 다르다(Poplack, 1987). 일반적으로 이 지역 사람들은, 특히, 프랑스계 캐나다인의 정체성을 가지고 있는 사람들은 다른 형태의 언어혼합을 한다. 이들의 혼합은 유창하지 않으며, 혼합을 자주 하지 않는 경향이 있다. 이들의 언어혼합은 흔히 대화가 이중언어라는 것을 나타내기 위한 것이며(보기 10에서 설명하고 있음), 개인적인 대화나 개인적인 대화상황에 한정된다. 이 집단이 부호혼합을 하는 것은 유창성이 부족해서가 아니라－제2언어학습자들에게서 보았던－정체성 문제이다. 보다 구체적으로 말하자면, 이런 형태의 혼합은 캐나다에 살고 있는 프랑스어를 사용하는 지역사회의 동질감에 대한 구성원들의 욕구를 반영한 것이며, 영어를 사용하는 캐나다인과 그들 자신을 구별하고자하는 하는 목적이 있다. 뉴욕에 살고 있는 푸에르토리코인들이 스페인어와 영어를 사용하는 것처럼 프랑스어와 영어를 사용하는 것은 그들의 정체성을 모호하게 한다. Poplack이 오타와 지역사회 사람들이 언어분리를 유지하는 것에 중점을 두며 언급하였던 혼합의 형태는 북미에서 영어가 지배적으로 영향을 미치는 상황에서 프랑스어를 보존하려는 그들의 염려와 관련이 있는 것으로 보인다. 뉴욕시의 푸에르토리코 지역사회 사람들은 이런 측면을 염려하지 않는데, 그 이유는 스페인어가 다수언어이고 매우 풍부하게 사용되고 있는 푸에르토리코로 돌아갈 수 있거나, 흔히 돌아가기 때문이다.

10. Flagging(Polack, 1987, p. 61)

"*Mais je te gage par exemple* ... excuse my English, *mais les odds sont lá.*" ("But I bet you that ... but the odds are there.")

이중언어환경에서 성장하고 있는 아동들은 그 지역사회에 적응하고 기능적인 구성원이 되기 위해서 이중언어사용에 대한 분명한 형태를 배운다. 한 지역사회에서 온전하게 아동기를 보내는 아동들은 다른 지역의 언어사용형태에 익숙하지 않을 수 있으며, 그 결과 새로운 사회에 적응하기 위해서 새로운 형태를 배우는데 시간이 필요하다. 몇몇 이중언어아동들은 이중언어성인과 함께 성장하였기 때문에 그들의 언어를 분리하여 사용하는 것이 어려울 수 있다. 이중언어아동들이 다른 사람들의 단일언어에 적응하는데 시간이 걸릴 수 있다. 아동들이 적응할 필요가 있고, 적절한 시간이 주어지고 격려를 해 준다면 대부분의 아동들은 새로운 형태를 쉽게 배운다. 새로운 형태의 언어를 학습할 때 아동들이 처한 어려움은 언어장애와 관련된 것이 아니라 사회적응과 관련된 것이다.

집 밖 지역사회에 대한 아동들의 이해를 반영하는 어린 이중언어아동들의 부호혼합 시기에 대하여 질문하는 것은 적절하다. 앞에서 예를 들었던 세 명의 아동, James, Gabriela, Bistra를 비교하여 보면, Bistra는 성인과 상호작용할 때, 어휘적인 격차를 채우기 위해서 불가리아어를 영어에 혼합하여 잘 사용하지 않을 것이다. 그 이유는 불가리아어를 말하는 성인을 거의 만나지 못하기 때문이다. 이와 달리 James와 Gabriela는 두 언어를 사용하는 많은 성인이 살고 있는 이중언어지역사회에서 성장하고 있다. Suyal(2002)가 이 가설을 연구하였다. 그녀는 개나다의 Edmonton에 살고 있는 2세와 4세 연령의 프랑스어-영어 이중언어 형제자매와 역시 2세와 4세 연령의 네팔어-영어 이중언어 형제자매의 부호혼합을 비교하였다. Edmonton은 작지만 활발하게 프랑스어를 사용하는 지역이고, 그 지역에 살고 있는 모든 성인들 또한 영어를 사용하며, 두 명의 형제자매와 그들의 부모는 이 지역사회에서 적극적인 사람들이었다. 그러나 Edmonton에는 네팔어를 사용하는 사람들이 거의 없기 때문에 네팔어 사용 지역사회가 아니다. Suyal은 이 아동들이 부모 그리고 잘 모르는 성인과 상호작용하는 모습을 관찰한 결과 프랑스어-영어 사용 아동들이 네팔어를 사용하는 아동들보다 잘 모르는 성인과 부호혼합을 더 많이 한다는 것을 발견하였다. 또한 연령에 따라 변화가 있었는데, 이는 2세 아동은 4세 연령의 형제자매에 비하여 대화상대자의 언어에 아동 스스로를 덜 통제하기 때문인 것으로 보인다. 이런 변화는 두 개의 요인으로 발생할 수 있다. 나이가 많은 아동들은 보다 폭넓게 사회적 상황에 대하여 알고 있으며, 두 언어를 더 많이 알고 있다. 따라서 어휘적인 격차를 채울 필요가 없다. 이와 관련된 연구에서, Paradis와 Nicoladis(2007)는 Edmonton에서 4세 연령의 프랑스어-영어 이중언어아동 8명과 성인 대화상대자 간의 상호작용을 관찰하였다. 그 결과 우세언어는 우리가 이미 논의했던 방식으로 아동들의 부호혼합에 영향을 주고 있었으나, 프랑스어가 소수언어인 그 지역의 보다 폭넓은 사회적 상황에 대한 지식과도 서로 상호작용한다는 것을 발견하였다. 영어가 우세언어인 아동들은 프랑스어를 사용하는 성인과 대화할 때 영어를 프랑스어 대화에 자유롭게 부호혼합 하였으나, 프랑스어가 우세언어인 아동들은 영어를 사용하는 성인과의 대화에서 프랑스어를 영어대화에 거의 부호혼합하지 않았다. 이것이 그들의 대화주제를 제한시킬 때에도 그러하였다.

각 가족의 사회적 기준 또한 아동 BCM에 영향을 줄 수 있다. 부호혼합의 빈도와 형태는 동일 지역사회 내 가족에 따라 매우 다양할 수 있는데, 이는 어떤 가족과 동일한 가족 내 각 부모에 따라서도 부호혼합의 관대함 정도가 다를 수 있기 때문이다. 예를 들면, Elizabeth Lanza(1997)는 Siri를 이중언어로 키우고 있는 노르웨이 이중언어부모에 대하여 설명하였다. 양쪽 부모가 모두 이중언어 사용자이지만 Siri는 노르웨이어가 모국어인 아버지와 대화할 때보다 영어가 모국어인 어머니와 대화할 때 부호혼합을 덜 한다는 것을 관찰하였다. Lanza가 이들을 보다 자세하게 연구한 결과, Siri의 어머니는 자신이 부호혼합을 피하고, Siri가 노르웨이어로 뭔가를 말을 하면 Siri의 말을 알아듣지 못하는 척하거나, 또는 어머니에게 말할 때는 영어로 말하도록 하는 것으로 아동의 부호혼합을 막았다. Siri의 어머니는 이런 대화 형태를 Siri에게 사용함으로써 어머니 자신이 영어를 선호하며, 아이가 가능한 영어를 많이 사용하기를 원한다는 것을 전달하였다. 이러한 현상은 Siri가 영어를 사용할 수 있는 몇 안 되는 기회이기 때문에 Siri의 어머니는 아이가 오직 영어만을 사용하도록 격려하는 것이라고 추측할 수 있을 것이다. 노르웨이 사람들에게는 흔하게 일어나는 일이다. 이와 달리 아버지는 아동의 영어와 노르웨이어 두 언어 모두 받아들였다. 아버지 자신이 부호혼합을 하며, 아동이 그의 모국어가 아닌 언어를 사용할 때조차도 아동이 말한 것을 이해했다는 표현을 하였다. 결과적으로 아동의 언어선택은 어머니와 함께 있을 때처럼 문제가 되지 않았다.

아동 BCM에 대해 가족들의 기준이 영향을 끼친 다른 예는 오스트레일리아의 독일어-영어 이중언어가족을 연구한 Döpke에서 찾아볼 수 있다. Döpke (1992)가 관찰한 몇몇 가족은 영어가 다수언어인 그 지역의 다른 가족보다 소수언어(독일어) 사용이 보다 성공적이었다. Döpke는 이런 성공의 원인이 부분적으로는 소수언어를 사용하는 부모들이 아동중심으로 대화를 하기 때문인 것으로 보았다.

> 현재의 연구 결과는 다수언어 부모에 비하여 보다 구조적으로 꼭 맞는 언어 입력을 제공하는 소수언어 부모를 둔 아동들이 효과적인 소수언어능력을 습득한다는 점에서, 부모들이 언어를 가르치는 사람으로서의 역할인식과 아동들의 적극적인 소수언어습득과 상관이 있는 것으로 나타났다(Döpke, 1992).

Lanza와 Döpke의 결과는 이중언어아동들은 부모의 담화스타일에 따라 하나의 언어를 고수하거나 부호혼합을 하는 선호도뿐만 아니라 BCM의 빈도와 스타일에서 차이가 있다는 것을 보여 주고 있다.

몇몇 이중언어아동들은 가족이나 근처 지역사회에서 배운 혼합형태를 부적절하거나 효과적이지 않은 새로운 환경으로 과대 확장하여 사용할 수 있다. 대부분의 아동들은 충분한 시간과 격려를 해 준다면 새로운 형태를 배울 수 있거나 배울 것이다. 새로운 환경에서 어느 정도 경험을 한 이후에도 부적절한 부호혼합을 일관되게 지속적으로 사용하는 것은 다른 요인들이 작용한 것이라 추측할 수 있다.

1. 부호혼합이 목표언어에서 유창성의 차이를 채우고 있다.
2. 부호혼합이 화용적으로 전략상 중요하다.
3. 부호혼합이 아동의 가족 또는 지역사회의 규준이 될 수 있다.
4. 부호혼합이 이중언어사용자 또는 다른 문화집단의 구성원으로서 정체성을 확고하게 해 준다.

이런 설명이 우리가 접할 수 있는 대개의 형태를 설명해 주기 때문에, 언어학습 문제와 관련된 문제를 진지하게 다루기 이전에 조사하여, 배제시켜야 한다.

요약하면, 모든 아동들이 그러하듯이 이중언어아동들은 그들이 삶을 지배할 사회적 규준을 배운다. 아동들이 이런 규준을 배우고 지키는 것은 가족, 지역사회, 문화집단에 어울리는 데 필수적이다. 지역-가족의 특별한 규준은 이중언어아동의 부호혼합 행동을 형성한다. 이중언어아동들이 두 언어를 배우는 사회적 상황을 보는 것으로 각 아동들이 어떤 방식으로 언어를 사용하는지에 대하여 더 잘 이해할 수 있다. 부모, 임상가, 아동의 부호 혼합에 대하여 관심이 있는 다른 전문가들은 무엇보다 가족들의 상황, 아동이 살고 있는 지역사회, 그리고 아동이 속한 문화집단에서 BCM이 아동에게 어떤 의미인지 이해하려고 노력해야 한다. 특히 아동이 살고 있는 지역사회, 또는 문화집단의 구성원에 속하지 않은 전문가에게 이런 영향의 근원을 살펴보는 것은 중요하다. 이는 아동에게 영향을 끼치는 규준에 친숙하지 않기 때문이다. 전문가가 아동의 혼합에 대하여 보다 폭넓은 틀을 갖기 위해서는 특별한 노력이 필요하다.

이중언어아동이 부호혼합을 하는 것은 문법적으로 이탈인가?

동일한 발화에서 두 언어가 사용될 때, 단어순서 및 굴절문법형태소의 차이로 인하여 두 언어 간에 문법적 불일치가 발생할 수 있다. 또한 이런 것들은 서툴고, 사회통념에 어긋난 언어사용 형태를 발생시킬 수 있다. 정말로, 부호혼합에 대한 일반적인 개념은 조악한 언어의 형태(비문법적인 형태)라는 것이다. 이것이 부모나 다른 사람들이 흔히 아동 BCM을 염려하고 아동과 부호혼합을 피하려고 하는 그 이유이다. 언어 간 부호혼합의 문법적인 지위에 대한 오명이 성인 BCM에서도 분명하게 존재한다. 이에 대한 질문을 받을 때, 많은 이중언어 성인들은 부호혼합은 언어의 적절한 형태가 아니라고 생각한다고 말할 것이다. 그러나 이 장의 앞에서 설명한 것처럼, 성인 BCM에 관한 광범위한 연구 결과를 볼 때, 성인 BCM이 양쪽 언어의 문법을 따르며, 몇몇 문외한의 의견과는 달리 대부분의 유창한 이중언어사용자들이 정교한 형태의 부호혼합을 하는 것이 분명하게 나타났다.

그러나 아동 BCM은 어떨까? 아동들의 부호혼합은 문법을 따르고 있는가 또는 이탈되어 있는가? 영어와 프랑스어를 포함한 광범위한 연구에서 다양한 이중언어를 습득하는 아동들의 발화 내 부호혼합의 문법적 특성을 조사하였다. 영어와 프랑스어(Genesee & Sauve, 2000; Paradis, Nicoladis, & Genesee, 2000), 프랑스어와 독일어(Köppe, 2009; Meisel, 1994), 영어와 이뉴잇어(Allen, Genesee, Fish & Crago, 2000), 영어와 노르웨이어(Lanza, 1997), 영어와 에스토니아어(Vihman, 1998) 등의 연구 결과가 있다. 모든 이런 연구 결과에서 대부분의 이중언어아동의 부호혼합은 체계적이었으며, 특히 두 언어의 문법적 제약을 따르고 있었다. 문법적인 제약이 언어사용에서 중요하게 되는 시기에 이중언어아동들이 다단어 발화를 시작하는 것이 분명하다. 한 낱말 단계의 아동은 언어 간 부호혼합을 하지 못하는데 그 이유는 당연히 이것이 한 단어 또는 하나의 형태소 이상의 사용이 되어야 하기 때문이다. 이중언어아동들이 문법적인 원칙에 따라 언어를 조직하기 시작하자마자 곧 문법적으로 부호혼합을 한다는 연구결과는 매우 중요하다. 이는 이중언어아동들이 두 언어를 배우는 것과 동시에 문법적으로 부호혼합하는 방법을 배운다는 것을 의미하기 때문이다. 이것은 아동들이 배워야 하는 추가적인 어떤 것이 아니다; 이것은 아동들이 이중언어학습자가 되는 것으로 자동적으로 되는 것이다. 이와 함께 아동들 자신의 가족과 지역사회의 특징이 되는 부호혼합의 형태와 빈도를 배운다.

아동들의 부호혼합이 문법적이라고 말하는 것이 정확하게 무엇을 의미하는가를 설명하는 몇몇 예가 있다. 어린 이중언어아동들이 보이는 부호혼합의 일반적인 형태는 다른 언어의 문법적 규칙을 따르는 발화 또는 문장에 내용어(명사, 동사, 형용사)를 혼합하는 것이다. 이런 부호혼합의 형태는 어린 아동들에게 일반적인데, 대개 결합된 언어요소들이 짧고 부족한 단순한 문장을 산출하기 때문이다. 아동들이 단어를 부호혼합할 때, 대개 혼합된 단어를 주언어(host language)의 부분처럼 처리하여, 그 결과 문법적으로 적절한 문장구조를 산출한다.

보기 11~14는 이런 종류의 부호혼합을 설명하고 있으며, 4세보다 어린 아동들의 발화에서 발췌한 것이다. 보기 11~13은 몬트리올에 사는 영어-프랑스어 이중언어아동이 산출한 발화이다. 보기 14는 북 퀘벡의 영어와 이뉴잇어를 배우는 이중언어아동의 발화이다. 모든 사례에서 영어단어는 적절한 위치에 들어가 있는데, 이를 통하여 볼 때, 아동은 단어를 주언어의 한 구성으로 다루고 있다는 것을 알 수 있다; 주언어가 아동 대화상대자의 우세언어인 것으로 보이며, 보기 11~14를 보았을 때 그 언어는, 각각 영어, 프랑스어, 프랑스어, 이뉴잇어이다. 보기 13은 특히 흥미로운데, 이 경우 아동이 프랑스어 동사와 함께 영어 주어 대명사(subject pronoun) (I)을 사용하기 때문이다(aime, 'like'). 이 아동의 발화샘플에서 이런 종류의 다른 예를 찾아볼 수 있다. 프랑스어에서 주어 대명사는 동사 형태와 나타나지 않지만, 영어에서는 그렇지 않다. 이 아동은 주어 대명사를 혼합할 때 이런 제약을 지켰다. 아동은 영어 대명사를 몇몇 프랑스의 동사와 함께 사용하였으나, 프랑스어에 한정된 범주에 따라 영어동사 형태와 함께 프랑스어 대명사를 사용하였다. 이런 방법으로 아동이 대명사 혼합을 할 때 영어와 프랑스어의 분포적 제약을 지켰다.

11. 내용어(single content words)를 영어에 혼합 (Paradis, Nicoladis, & Cenesee, 2000, p. 255)

"big *bobo*" ('bruise' or 'cut')

12. 내용어를 프랑스에 혼합(Paradis et al., 2000, p. 257)

"*jeveux aller manger* tomato" ("I want to go eat...")

13. 내용어를 프랑스에 혼합(Paradis et al., 2000, p. 257)

"*I aime pas ça, moi*" ("...do not like that, me")

14. 내용어를 이뉴잇어에 혼합(Allen et al., 2002)

"monkey-*uqquungimmat*"("it's probably not a ...")

또한 보기 14는 어린 이뉴잇어-영어 아동이 이뉴잇어 발화에 영어 명사(monkey)를 넣어서 사용하였기 때문에 흥미롭다. 영어와 이뉴잇어는 어순이 다르지만 아동은 이뉴잇어에 적절한 위치에 영어단어를 끼워 넣었다. 또한 영어 단어 'monkey'가 이뉴잇어 형태소 *u*('to be')에 의해서 동사로 바뀌는 것이 흥미롭다. 명사 'monkey'는 'to be monkey'가 된다. **명사 포합**(noun incorporation)으로 알려진 이것은 이뉴잇어에서 일반적인 구조이다. 이 아동은 영어 명사로 이런 구조를 사용하는 방법을 알고 있다는 것을 의미한다. 요약하면, 동시적 이중언어사용자, 심지어 어린 아동에게서도 부호혼합의 증거는 이들의 부호혼합이 양쪽 언어에서 제약되어 있으며, 문법적인 능력을 반영한다는 것을 보여 주고 있다.

아동들이 나이가 들어감에 따라 언어의 더 큰 요소를 혼합하고, 보다 정교한 화용적 기능을 위해서 부호혼합을 한다. 보기 15~17은 단어조합의 혼합을 설명하고 있다.

15. 3세 5개월의 아동(Paradis et al., 2000, p. 258)

"*Elle coupe* her hair" ("she cuts...")

16. 12세 아동(Zentella, 1999, p. 100)

"*ello(h) te invitan a bailar*, so I GO, you know" ("they invite you to go dancing...")

17. 8세보다 나이 많은 아동(Zentella, 1999, p. 95)

"*Ella tiene*—shut up! Lemme tell you." ("She has...")

보기 15는 영어-프랑스어 이중언어아동이며, 보기 16, 17은 영어-스페인어 이중언어아동이다. 사용된 언어의 어순을 따르고 있는 경우에 이런 모든 보기들은 문법적이다. 즉, 한 언어에서 다른 언어로 전이는 두 언어에서 문법적인 동등성(grammatical equivalence)이 있는 그 발화에서 일어난다(예를 들면, 보기 15는 동사와 명사 간; 보기 16과 17은 화자가 감탄사를 만들 때 전이가 발생한다). 보기 17은 특히 시점을 강조하기 위한 전이의 사용을 설명하기 때문에 흥미로운데, 이 경우에 화자는 청자에게 마음이 상해 있고 주의집중 할 것을 요구하고 있다. 따라서 부호-혼합의 형태가 연령이 증가함에 따라 보다 복잡해질 뿐만 아니라 화용적인 기능도 한다.

삼중언어 아동들도 문법적으로 조직화된 방법으로 부호혼합을 한다.

18. 삼중언어(trilingual) 부호—혼합(Hoffmann & Stavans, 2007, p. 65)

"…ki the moscos dovorim…" (히브리어 'because' + 영어 'the' + 스페인어 'the flies' + 히브리어 'bees': "because the flies…bees…")

요점 및 의의

이중언어아동의 언어발달에 대하여 BCM이 말해 주는 것은 무엇이며, 부모, 교사, 임상가에게 아동 BCM의 의의는 무엇일까?

요점 1

BCM은 이중언어아동과 성인에게 나타나는 전형적이고 매우 흔한 언어사용형태이다. 다양한 증거를 통하여 볼 때 대부분의 경우에 아동 BCM은 염려할 문제가 아니다. 이런 증거 중에서 중요한 것은 대부분의 아동 BCM이 문법적이라는 것이며, Gutiérrez-Clellan과 그의 동료들의 연구 결과에서 밝혀진 것처럼, 단순언어장애아동은 일반적으로 발달하는 아동에 비하여 더 많은 BCM을 하지 않았으며, 보다 비전형적인 혼합을 나타내지도 않았다(Gutiérrez-Clellan et al., 2009). 따라서 BCM은 아동의 발달하고 있는 언어능력을 잘 반영하는 것으로 보인다. 정말로 문법적으로 부호혼합을 하기 위해서 이중언어아동들은 두 언어의 문법을 습득해야 하며, 언어를 하나의 발화로 통합하기 위해서는 온라인으로 양쪽 언어의 문법에 접근해야 한다.

의의

대부분의 경우에 주의 깊게 평가를 실시하지 않은 채, 언어지연 또는 언어장애의 증상으로 이중언어장애아동들의 BCM을 받아들여서는 안 되며, 부모, 교육자들은 아동의 부호혼합을 질책해서도 안 된다. 아동들이 이중언어사용자이고 부호혼합을 하는 것 때문에 아동들에게 오명을 씌워서는 안 된다. 언어발달전문가, 교육자, 그리고 다른 전문가들은 아동들이 오직 하나의 언어만 사용하도록 권고하거나 이것이 어떤 언어학습의 문제를 교정시킬 것이라는 생각에서 이중언어사용을 중지하도록 해서는 안 된다.

요점 2

BCM은 의사소통적인 자원이다. 이중언어아동들이 부호혼합을 할 때 두 언어를 기지 있게 사용한다. 특히 이중언어아동들은 각 언어의 유창성이 완전하게 발달하지 않은 발달단계 동안에 이중언어자원을 이용하려는 경향이 있다. 그러나 BCM은 완전하게 유창한 이중언어사용자들이 이중언어사용자로서 그들의 독특한 삶의 부분을 표현하기 위해서, 그리고 하나 또는 다른 언어로 자신들의 생각, 사건 등을 최고로 표현하기 위해 사용하는 자원이기도 하다.

의의

대부분의 이중언어아동들은 적절한 시간과 격려를 받는다면, 단일언어 사회적 상황의 의사소통요구에 적응할 것이다. 아동으로 하여금 단일언어로 스스로를 표현하도록 하는 것이 벌을 주기 위한 것이 라기보다는 언제나 긍정적이 되도록 하려는 것이다. 예를 들면 아동이 애쓴 것이 무엇이든 간에 칭찬하면서 아동이 말하고 싶어 하는 단일언어 표현 또는 단어로 바꾸어서 말해 준다. 이중언어아동이 적응할 만한 상당한 시간이 경과한 이후에도 사람들과 부적절하거나 효과적이지 않게 부호혼합을 지속적으로 하고 있는 경우에 의사소통능력에 격차가 있는지 알아보기 위해서 그 상황에 있어 의사소통 요구를 조사해 봐야 한다. 만약에 어떤 언어 유창성 영역에서 눈에 띄는 차이가 있다면, 적절한 영역에 언어적으로 풍부하게 촉진을 제공해 주어야 하며, 염려가 되는 영역의 진전 정도를 주의 깊게 모니터링 해야 한다. 대부분의 경우에 아동은 염려가 되는 그 상황 또는 환경에서 계속적으로 지내는 것이 좋다. 아동이 또래와의 접촉과 주류 언어 모델에서 제공되는 긍정적인 자극을 받지 못한다면, 특수교사 또는 특수학급에 의뢰하는 것은 확인된 의사소통 문제를 해결하는데 효과적이지 않는 것 같다. 또한 부적절한 의뢰는 이중언어아동에게 오명이 된다.

요점 3

BCM은 이중언어아동이 살고 있는 가족과 지역사회의 기준에 의해서 형성된다. 모든 아동들은 가족의 지역사회특성을 나타내는 사회적 행동과 언어적 형태로 사회화된다. 가족과 지역사회 기준은 아동들이 만나는 친숙하고, 친숙하지 않은 대부분의 환경에서 그들의 행동지침이 된다.

의의

주류 출신의 단일언어/단일문화아동과 다른 언어와 사회적 행동을 보이는 이중언어아동들이 자동적으로 특별한 관심의 대상으로 지목되거나 기본적인 언어학습의 장애가 있는 것으로 의심되어 추가적인 평가에 의뢰되어서는 안 된다. 대부분의 이중언어아동들은 충분한 시간과 긍정적인 격려가 주어지면 새로운 상황에 맞는 사회적 규준을 습득할 것이다(요점 2에서 설명하고 있음). 전문가들은 아동들의 언어적 행동들 보다 잘 이해하기 위해서 아동의 가족과 지역사회

삶의 특징을 보여 주는 언어적 형태와 사회적 행동에 스스로 친숙해져야 한다. 이것은 지역사회 규준에 대하여 잘 알고 있는 그 지역사회의 보호자 또는 사람들과 인터뷰를 통하여 얻을 수 있다. 가정 방문이 필요할 수도 있다. 가정, 지역사회와 새로운 상황 간에 많은 차이가 존재하는 경우에는 아동들이 새로운 환경에 적응하기 위한 조치가 필요하다.

요점 4

BCM은 아동의 문화적인 정체성을 반영할 수 있다. 언어는 한 사람의 정체성에 대한 중요한 표지이다. 이것이 각 개인이나 집단이 자신의 언어를 사용할 권리를 옹호하기 위해서 기꺼이 애쓰고 있는 그 이유이다. 어린 언어학습자와 학령기 아동들에게 언어는 그들이 성장하고 있는 세상과 떼래야 뗄 수 없는 일부분이기 때문에 근본적인 자신의 일부이다. 아동의 언어를 폄하하거나 아동들이 자신을 표현하기 위해서 자신들의 언어를 사용할 기회를 거부하는 것은 한 개인으로서 아동의 중요성을 폄하하는 것이다. 많은 성인들은 이중적인 정체성을 갖는 것, 또는 소수집단의 구성원이 되는 복잡함에 대처할 수 있는 개인적인 자원을 가지고 있다. 대부분의 아동들은 이런 자원이 부족하다. 이것은 특히 소수출신 배경의 아동들이 그러하다. 따라서 성인들이 단일언어 상황에 적응하고 있는 이중언어아동을 이해하고 지지해 주는 것은 매우 중요하다.

의의

아동의 독특한 정체성을 키우고, 주류 문화와의 차이에서 발생하는 어려움으로부터 아동들을 보호하고, 이런 어려움에 대처하는 전략을 제공하는 것이 이중언어/이중문화아동을 대하는 전문가, 임상가, 다른 성인들의 임무이다. 교육자, 임상가, 다른 전문가들은 다른 문화의 정체성, 특히 소수문화에 친밀감을 보이는 이중언어아동에게 긍정적인 인식과 지원을 제공해야 한다. 이와 함께 이중언어아동이 다수언어집단에 완전하게 사회화되지 않았을 경우에는 다수집단 환경에서 효과적으로 기능하고 친구를 사귀는데 필요한 문화적 이해와 사회적 기술을 습득할 수 있도록 도움을 주어야 한다. 소수언어 출신의 이중언어아동들이 다른 아동들로부터 고립되지 않도록 확실하게 조치를 취해야 한다. 예를 들면, 이중언어아동이면서 그 환경에 잘 통합된 친구를 소수언어 아동에게 소개하는 것은 그 아동이 고립되는 위험을 최소화시키면서 새로운 집단에 사회화되도록 돕는 하나의 방법이다.

제 6 장

아동의 제2언어발달

1장에서 9명의 이중언어아동에 대한 프로파일을 소개하였다. 이들 중 6명—Samantha, Trevor, Bonnie, Luis, Faisal, Pauloosie—는 첫 번째 언어를 습득한 이후에 다른 언어를 학습하기 시작하였기 때문에 동시적 이중언어와 다른 제2언어(L2) 학습자들이다. James, Bistra, Gabriel와 마찬가지로 제2언어 학습 아동과 비교하였을 때 Samantha와 Trevor가 처한 언어학습상황의 차이는 소수언어와 다수언어 간의 차이이다. Samantha와 Trevor는 학교에서 제2언어를 학습하고 있는 영어를 주 언어로 사용하는 아동들이며, Samantha의 제2언어인 스페인어는 그 지역사회에서 소수언어에 속한다. Bonnie, Fasal, Luis, Pauloosie 모두 소수언어를 제1언어(L1)로 사용하는 아동들이며, 이들의 언어는 북경어, 스페인어, 소말리아어, 이뉴잇어이다. 이 아동들은 모두 지역사회에서 영어를 사용하는 사람들과의 접촉과 학교 교육을 통하여 다수언어인 영어를 제2언어로 습득하고 있다. 비록 이뉴잇어를 사용하는 사람들이 Pauloosie가 살고 있는 북부 퀘벡지역에서 다수에 속할 지라도 영어와 프랑스어가 캐나다 전역과 이 지역에서 다수언어이다.

이러한 다수와 소수언어의 상황은 흔히 아동이 습득한 제2언어의 유창성과 제1언어를 유지하는데 큰 영향을 끼친다. Samantha와 같이 제2언어를 배우는 어린 아동들은 전형적으로 부가적 이중언어를 경험하기 때문에 특권이라 생각할 수 있다. 소수언어를 제2언어로 배우는 아동들은 원해서 이중언어사용자가 되었기에 사회문화적 통합과 새로운 언어를 배우면서 동시에 학교를 시작하는데 필요한 적응에 대처할 필요가 없다. Samantha와 유사한 아동들의 언어학습 상황과 그 결과는 8장에서 다루고 있다. 그러나 이 장에서 제2언어 학습단계에 관한 몇몇 정보는 제2언어를 배우는 다수와 소수 두 집단 아동 모두에게 적용되는 것이다. 그럼에도 불구하고 이 장에서 중점을 두고 있는 대부분의 연구와 이슈는 Bonnie, Luis, Pauloosie, Faisal과 같은 소수언어 아동들의 상황에 관한 것이다. 미국, 영국, 호주의 다수 영어를 사용하는 지역에 살고 있으면서 영어를 사용하는 학교에 다니고 있는 소수언어를 제1언어로 사용하는 아동들을 **English language learners**(ELLs)라고 부르거나, English learners(ELs), 추가적 언어로서 영어를 배우는 아동(English as an additional language, EAL) 또는 제2언어로서 영어를 배우는 아동이라고 한다. 이 장에서 종종 미국이나 캐나다의 ELL아동을 대상으로 한 논문을 논의할 것이다. 그러나 이런 연구 결과는 다른 지역에서 또 다른 다수 L2를 배우고 있는 소수 제1언어사용 아동들에게 적용할 수 있고, 약어 사용을 줄일 수 있기 때문에 이 책에서는 이런 아동들을 '영어 L2 아동'이라고 하고 있다.

아동과 청소년들은 L2를 어느 연령대나 접촉할 수 있으나 이 장에서는 학령전기와 초등 저학년의 L2 학습자에 제한하여 중점적으로 다루고 있다. 이 연령 범위에 중점을 두는 것은 이 시기가 아동들의 언어와 학습능력을 확인할 목적으로 발달평가를 가장 많이 실시하기 때문이다. 또한, 이 시기에 L2 학습자를 위한 가장 적절한 교육프로그램 제공 방법에 대하여 고민을 가장 많이 하게 된다. 삶에서 이 시기에 L2 학습자가 되는 많은 L1 소수집단아동들이 주류사회(host society)에서 태어났다는 것을 명심할 필요가 있다. 이들 아동 모두가 Bonnie, Fasal 같은 이민자 가정의 아동들은 아니다. 예를 들면, Luis는 미국에서 태어났으며, 학교에 입학해서 영어를 배우기 시작하는 미국에 있는 많은 스페인어 L1

아동들은 미국에서 한 세대이상 살고 있는 가족 출신이다. 또한 Pauloosie는 북미에서 태어났는데, 그곳은 이누크족이 최소한 천년 동안 살고 있는 곳이다. 그럼에도 불구하고 현재 Pauloosie의 언어는 소수언어이며 다수언어인 프랑스어와 영어로 대체되고 있다.

1장의 요점을 다시 한 번 살펴보면, Bonnie는 상대적으로 운이 좋은 이민자 아동이다. 부모는 그 지역사회(host society)에서 좋은 직업을 갖고 있고 교육수준이 높다. 또한 새로운 나라에 왔을 때 그 나라의 주언어인 영어로 말할 수 있었다. 미국과 유럽의 많은 이민 온 L2 아동들이 운이 좋은 것이 아니다. 이민자 가정의 가족들은 재정적인 어려움을 해결해야 하고, 때로 Faisal 가족의 경우처럼 강제전출의 스트레스를 이겨내야 한다. 흔히 L2로서 다수언어를 습득하는 아동의 부모들은 그 나라의 주언어를 잘 사용하지 못하고 그 결과 미국에서 어느 정도 살았음에도 불구하고 Luis의 부모들처럼 의료 전문가, 교사들과의 의사소통이 어렵다. 이런 어려움은 부모들이 아이들의 학교수업에 관여하고, 모니터링하며, 아동들의 L2 학습을 지원할 수 있는 정도에 영향을 줄 수 있다. 1장과 4장에서 동시적 이중언어와 순차적 이중언어로 나누는 것이 언제나 단순한 것은 아니라는 것에 대하여 논의하였다. 대략 3세 연령의 나이를 설정하였는데, 이것이 대부분의 연구자들이 가장 일반적으로 사용하는 나이 경계선이고 이 연령대의 아동들은 전이 효과(transfer effects)와 L1과 L2 간의 발달단계 차이를 보여 줄 만큼 첫 번째 언어를 습득하기 때문이다. 그러나 4장에서 언급하였듯이, 3세와 4세 사이 연령과 같은 어린 순차적 이중언어아동들의 언어발달형태는 동시적 이중언어아동과 더 일치할 가능성이 있으며, 이와 반대로 출생에서부터 두 언어에 노출되지 않은 몇몇 늦은 동시적 이중언어아동들은 이 장에서 논의하고 있는 아동들과 유사한 발달형태를 보일 수 있다. 따라서 동시적 이중언어와 순차적 이중언어를 구별하는 것은 대략적으로 가이드라인으로만 생각해야 할 것이다.

이 장의 목적은 L2 아동들의 구어언어발달에 대하여 논의하는 것이다. L2 아동의 문해기술과 학업진전은 8장과 10장에서 논의하고 있다. 이 장은 다음의 일반적인 질문에 대한 내용으로 구성되어 있다.

1. L2 학습에서 아동들이 거치는 단계는 무엇인가?
2. L2 아동들이 원어민 화자와 같은 유창성을 획득하는데 걸리는 기간은 어느 정도인가?
3. L2 아동들의 언어습득에 영향을 주는 요인은 무엇인가?
4. 소수언어가 L1인 아동들이 다수 L2 언어환경에서 성장할 경우 어떤 일이 발생할까?

이 장의 L2 언어발달에 관한 예들은 Johanne Paradis가 Canada의 Edmonton 지역 이민자 아동들을 대상으로 실시한 연구에서 발췌한 것이다(더 많은 정보를 보려면 http://www.ualberta.ca/~jParadis/ 참조). 이 아동들의 연령은 4~8세이며, 가장 큰 집단인 스페인어, 아랍어, 남아시아 언어(펀자브어/힌디어/우르두어), 중국어(북경어/광둥어) 등의 다양한 L1 언어환경 출신 아동들이다. 이 아동들의 영어 노출 기간은 4개월에서 3년 6개월까지 다양하다. 자연스러운 평가(naturalistic methods)와 표준화된 평가도구를 포함한 다양한 평가방법으로 아동들의 구어 유창성을 검사하였다. 이 책의 Edmonton ELL Corpus는 이 연구자료에서 나온 데이터에 대해서 언급할 때 사용하는 용어이다.

아동의 제2언어발달단계

제2언어 첫 노출 시기

Patton Tabors(2008)는 Massachusetts의 대학 유치원에서 영어가 L2인 아동을 연구하였다. 연구자는 다음의 초기 L2 발달단계를 알아보기 위해서 다른 교육환경에 있는 L2 아동들도 함께 집중적인 관찰을 실시하였다: 1) 모국어 사용, 2) 비구어 사용 기간, 3) 정형화된 언어사용, 4) 생산적인 언어사용. 각 단계의 언어발달을 논의하기 전에 L2 아동 간에 큰 개인차가 있다는 점을 강조하고 싶은데, 예를 들면, 몇몇 아이들은 단계 2를 뛰어 넘기도 하고, 다른 몇몇 아동들은 몇 달 동안 단계 2에 머물러 있기도 한다. 이런 발달단계의 전형적인 특징을 이해하는 것은 전반적인 발달과정을 예측할 수는 있지만 모든 아동들에게 필수적으로 적용할 수는 없다.

단계 1, 또는 가정언어 사용기간은 영어를 사용하는 환경에서 그들의 모국어인 L1을 사용하는 아동들을 말하며, 그 환경에서 다른 사람들은 그 언어를 사용하지 않는다. 이 기간은 매우 짧을 수 있는데, 때로 단지 며칠이 될 수도 있다. 아동들이 새로운 환경에서 모국어를 사용하려고 하지만 다른 아동과 성인들이 그 언어를 말하지 못한다는 것을 빠르게 깨닫기 때문이다. 때로 L2 아동이 영어를 사용하는 학교에서 길게는 2~4개월 정도 모국어사용을 고집하지만 이것은 일반적이지 않다(Saville-Troike, 1987). **비구어 기간**(nonverbal period)인 단계 2는 모국어 다음 단계이며, 이 기간 동안 아동들의 L2 수용언어능력이 증가하지만, L2 단어를 거의 산출하지 못하거나 산출할 수 있는 단어가 없다. Tabors는 연구에 참여한 L2 아동들이 이 기간 동안 의미를 전달하기 위해서 주로 제스처에 의지한 의사소통체계를 개발한다는 것을 발견하였다. 이런 비구어 기간은 몇 주에서 몇 달 동안 지속될 수 있으며, 나이가 어린 아동이 나이가 많은 아동들보다 이 단계에 오래 머무른다. 이 비구어 기간 동안 또래와의 사회적 상호작용은 L2 아동이 L2 언어에 노출되는 중요한 요인으로 작용하며, L2 언어습득의 동기를 제공한다.

단계 3에서 아동들은 처음으로 L2의 몇몇 언어를 산출하는데, 완전한 문장을 즉시 사용하지는 못한다. 대신에 이 아동들의 발화는 본래의 내용이 거의 없는〔**정형화된 언어**(formulaic language)〕 흔히 짧거나 모방하는 형태이다. Tabors가 관찰한 아동들이 산출한 첫 영어는 사물을 분류하고, 색깔을 확인하여 말하기 위한 한 낱말 발화로 이루어져 있었다. 따라서 그 아동들은 완전한 문장을 사용하지 않았다. 첫 문장은 흔히 각각의 낱말로 구성되어 있는 문장이 아닌, 예를 들면, *I don't like, Excuse me, so what? what's happening?* 등과 같은 구절을 외워서 사용하는 듯하다. Wong Fillmore(1979)는 이 단계 영어 L2 아동들의 두 가지 주요한 학습전략 특징을 설명하고 있다: 1) 몇몇 단어를 잘 선택하여 그 언어를 말할 수 있다는 인상을 준다. 2) 몇몇 표현을 습득하고 대화를 시작한다. 이런 전략을 사용하는 것으로 L2 아동들은 사회적 상호작용에 기능적으로 참여할 수 있으며 그 결과 L2에 더 많이 노출될 수 있다.

L2 아동들은 점진적으로 생산적인 문장을 산출하기 시작한다. 생산적인 문장은 전적으로 외운 일련의 단어로 구성된 문장이 아니다. 아동들은 자신들의 명사, 동사, 형용사 레퍼토리 중 몇몇을 사용하며, 부분적으로 또는 전적으로 독창적인 발화를 산출한다. L2 영어의 몇몇 초보 문장은 반쯤 정형화된 형식(semiformulaic frame)과 slot construction의 형태이다. 예를 들면, '*I do* + 명사' 또는 '*I want* + 명사'의 형식인데 여기에서 아동들은 다른 대명사 또는 동사 형태를 사용하지 않고 단지 아동이 원하는 명사만을 바꾸는 형태로 사용한다(예: *I do a ice cream*, *I do letter B*).

Wong Fillmore는 Nora라는 아동이 하나의 공식으로 말을 시작하였는데, Nora는 흔히 상황에 따라 "*How do you do dese?*"라는 말을 사용하였으며, 그 다음 "*How do you dese in English?*" 그리고 "*How do you do dese little tortillas?*"와 같이 어떤 것을 말하기 위해서 확장하여 사용하였다. 그 이후에 아동은 공식에 있는 단어를 바꾸기 시작하였다: "*How do you make the flower?*" 그리고 "*How do you gonna do dese in English?*"(1979, p. 214). 마침내 L2 아동들은 정형화된 형식과 slot 단계를 지나 실제로 생산적인 언어산출 시기로 접어든다. Tabors의 4단계에 속하는 아동들은 문장 안에 있는 모든 위치에 단어를 다양하게 넣을 수 있으며, 그 후 L2에서 유창성이 거의 발달된다. 영어 L2 아동은 대개 유치원 또는 학교 영어프로그램에 참여하여 첫 1년 동안에 이 단계에 도달한다. 그러나 언제나 아동 간에 변수가 있어서 몇몇 아동은 한 학기 이후에 단계 4에 도달하기도 하고 다른 아동들은 그 학년 마지막에 단계 4가 시작될 수도 있다.

아동들이 4단계에 도달할 때 L2를 생산적으로 사용할 수 있는데, 그렇다고 그 언어의 원어민처럼 산출하는 것을 의미하지는 않는다. 어린 아이들은 L2를 배울 때 외국 말투로 말할 수 있다. 단어를 잘못 발음할 수 있으며, 어휘선택과 구문에서 실수를 한다. 흔히 L2 아동들의 첫 문장은 '**전보문식**(telegraphic)'의 축약된 형태인데, 이 문장에는 많은 **문법형태소**(grammatical morpheme)가 생략되어 있다. 문법형태소는 복수표지 *-s*, 과거시제 *-ed*, 관형사, *a*, *the*와 같은 것이다. 영어 L2 아동들은 초기학습단계에서 "he doesn't like to play the cars" 라고 말해야 하는 문장을 "he no like play car"라고 말할 수 있다. 정형화된 문장과 전보문식 문장 사용 모두 아동 언어발달과정에서 정상적인 부분이라는 것을 기억할 필요가 있으며, L1을 습득하고 있는 아동들도 이 과정을 경험한다. 이런 종류의 언어사용형태는 언어장애 또는 학습장애의 증상이 아니다.

L2 아동의 중간언어 특성

제2언어를 습득하는 기간 중, 제2언어학습자가 언어를 생산적으로 사용하기 시작하여 원어민과 유사한 수준으로 언어습득을 하는 시기까지 그 기간을 **중간언어**(interlanguage) 라고 한다. 중간언어는 체계적이며 규칙이 있는 언어체계이지만 L2 목표언어와 동일한 특성을 가지고 있지는 않다. 전통적으로 중간언어는 **발달성 오류**(developmental errors)와 **전이오류**(transfer errors)로 이루어져 있으며, 두 오류유형으로 인하여 목표언어와 차이가 있는 것처럼 보인다. 이 장에서 목적은 독자들이 중간언어의 특성(특히 영어)을 아는 것이다. 여기서 '오류'라는 용어보다는 더 일반적인 용어인 '형태(patterns)'라는 용어를 사용하고 있는데, 그 이유는 엄격하게 말해서 목표언어에 대한 오류의 형태가 아닌 어떤 발달상 또는 전이의 형태이기 때문이다. 또한 아동들이 학습하고 있는 언어의 문장을 창의적으로 만들어 봄으로써, L1 또는 L2 이든 간에, 학습할 목표언어를 연습하고 그 결과 수용 및 표현언어 능력을 습득하게 된다. 따라서 아동들의 언어사용을 단순히 오류로 설명하는 것은 아동들의 언어학습을 부정적인 측면으로 묘사하는 것이며, 아동들이 원어민과 유사한 능력으로 진전되고 있는 중요한 사실을 놓치는 것이다.

영어 L2의 발달형태

중간언어의 많은 발달형태는 아동들의 L1에 상관없이 언어학습자들에게 일반적인데, 이것은 L1에서의 전이가 중간언어 형태의 유일한 원인이 아니라는 것을 보여 주는 것이다. 사실, 많은 연구자들은 대부분의 중간언어의 형태는 전이의 형태라기보다는 발달적이라는 것에 동의한다. L2 아동의 발달적 형태는 또한 보

글상자 6.1

중간언어

'중간언어'라는 용어는 1972년 Selinker가 만든 용어이며, 언어학습자들이 산출한 언어를 지칭하는 용어이다. 여기에서 언어학습자들은 두 가지 언어체계를 산출하는데, 첫째는 체계적인 규칙의 결과로서 어떤 시기에 산출되는 언어체계이며, 둘째는 학습자의 언어학습 진행과정을 특징적으로 보여 주는 일련의 서로 맞물린 언어체계가 그것이다. 다시 말하면, 중간언어는 두 가지 기본적인 개념을 강조하고 있다: 학습자가 산출한 언어는 학습자 자신의 규칙을 지키면서 산출하는 독립적인 하나의 체계이며, 또한 시간이 지나면서 점진적으로 발달하는 역동적인 체계이다." (Mitchell & Myles, 1998, p. 31)

다 어린 단일언어 영어를 습득하는 아동들의 형태와 많은 유사점이 있다. 언어의 말소리 체계인 음운론에서 하나의 예는 아동들이 자음군(consonant clusters)을 습득하는 방법이다. 자음군은 *play* 또는 *truck*과 같은 단어는 시작부분에 모음이 들어가 있지 않고 자음이 연속으로 산출된다. 영어를 L1으로 습득하는 어린 아동들은 이 단계에서 자음군 중의 하나를 생략하는 발달과정을 경험하며, 그 결과 아동들은 *play*를 *pay*/pei/로 발음한다. 이와 유사하게 자음군이 L2 학습자들에게도 문제가 될 수 있는데, L1의 음운체계에 있는 L2의 자음군일지라도 그러한 생략이 발생할 수 있다. L2 학습자들은 두 가지 방법으로 이러한 어려움에 대처 한다: 1) L1 아동과 유사하게 자음군 중 하나를 생략, 2) 자음군 중간에 모음을 끼워 넣기. 이 두 가지 전략 모두 자음군을 보다 쉽게 발음할 수 있게 해준다(Gillhool. Burrows, Goldstein, & Paradis, 2009; Sorenson Duncan, Tessier, & Paradis, 2009).

어휘학습과 관련하여, 교실환경에서처럼 흔히 어린 L2 아동들은 의사소통을 하기 위해서 제한된 어휘력을 충분히 발휘해야 할 상황에 처한다. 그 결과, 보다 구체적인 단어를 사용해야 하고, 그 단어가 원어민 화자의 특성이 있는 어

글상자 6.2

General All-Purpose(GAP) 동사로서 *Do*의 사용

이 샘플은 Golberg, Paradis, Crago(2008, p. 13)의 연구에서 인용한 것이다. 이 아동들은 다양한 L1 언어환경 출신으로 구성되어 있고, 9~34개월 정도 영어에 노출되었다. 영어에 적게 노출된 보다 많은 아동 샘플이 있는데, 이 아동들은 영어를 배워가면서 어휘가 증가하는 만큼 GAP 단어에 의존하지 않기 때문이다.

GAP *do* 발화 형태	상황에 보다 적절한 동사 형태
he *do* ribbit, ribbit	say
I *do* the bigger one	want
he *do* a baseball	throw
how to *do* ring-around-the-rosie?	play, sing
I can *do* any night	play
spiderman *do* like this	spray[his web]
my dad can *do* a person	draw, make
we *do* our name	write
I *do* some grass over here too	cut
then we *did* recess	have
I *did* some loud	blow
[a nurse] *do* needles	give
I *do* like this [protects face with hands]	put my hands in front of my face

휘일 때에, L2 아동이 보이는 어휘발달 형태는 General All-Purpose(GAP)라고 불리는 단어를 사용한다. 영어에서 do와 같은 동사는 흔히 GAP 동사가 되는데, 그 이유는 do의 의미가 다양하고 융통성이 있기 때문이다. Golberg, Paradis, Crago(2008)은 **글상자 6.2**에서 나타낸 것처럼 Edmonton ELL 아동들의 발화에서 GAP 동사로서 do의 많은 예를 발견할 수 있었다. GAP 단어를 사용하는 현상을 보면 L2 아동들이 L2의 언어능력을 능가하는 지각과 인지능력을 가지고 있

으며, L2로 융통성 있게 자신의 생각을 표현하려는 능력이 있다는 것을 보여 주고 있다. 또한 GAP 단어의 현상은 몰입교과과정으로 프랑스어를 제2언어로 배우는 영어가 L1인 아동들의 연구 결과에서 입증되고 있다(Harley, 1992).

L2 아동의 중간언어에 대해 가장 많이 연구된 영역 중 하나가 문법형태소 발달과정이다. 이 분야의 조사연구에서 Dulay와 Burt(1973, 1974)는 스페인어가 제1언어인 아동들이 말한 영어오류의 85%는 발달적인 것(스페인어에서 유래되지 않은)이었으며, 문법형태소의 오류였다. 또한 그 과정은 영어를 L1으로 습득하고 있는 영어 단일언어아동과 유사하였다. 예를 들면, L1과 L2 아동 모두 특정 문법형태소를 더 정확하게 사용하였다. 예를 들면, *walk-ed*에서 동사의 과거를 나타내는 *-ed*와 *walk-s*에서 삼인칭 단수 *-s*는 *walk-ing*에서 진행형 *-ing*, *cat-s*에서 복수의 *-s*보다 더 정확하게 사용하였다. 보다 최근의 연구에서는 습득과정에 관한 이러한 1970년의 연구 결과를 더욱 확실하게 해 주고 있으나(Hazendar, 2001; Jia & Fuse, 2007; Paradis, 2005, 2008; Paradis, Rice, Crage, & Marquis, 2008), 하나의 예외가 L2 아동의 동사 *be*의 조기습득이다. 단일언어 L1 아동들은 *-ed*, *-s*와 같은 굴절형태소를 습득하는 유사한 시기에 *be*를 조동사로서 습득한다, *she <u>is</u> walking*, 또는 *the bears <u>are</u> sleeping*. 그러나 L2 아동들은 그런 굴절형태소를 습득하기 이전에 *be*를 먼저 습득한다. 영어 문법형태소 습득과정에 관한 연구 결과는 아동들이 하나의 문법형태소는 습득하여 사용할 수 있으나, 여전히 다른 형태소에서는 발달성 오류를 보인다는 것을 알려 주고 있다. 예를 들면, Edmonton ELL 아동들의 발화에서, 영어에 노출된 기간이 10개월이 지나면, 자발어에서 약 71% 정도로 정확하게 복수 *-s*를 사용할 수 있다. 그러나 동일한 자발어 샘플에서 과거시제 *-s*는 약 22%의 정확도를 보였다(Paradis, 2005). 언어치료사나 교사들이 L2 아동들의 진전 정도를 평가할 때 그 습득과정을 알 필요가 있다. 영어 L2 아동들은 동시에 전체 문법형태소를 습득하지 않는다.

L2 아동들의 문법형태소 오류는 **생략오류**(errors of ommission)와 **수행오류**(errors of commission)로 분류할 수 있다. 생략오류는 문법형태소를 빠뜨리는 것을 말하며, 이로 인하여 중간언어에 전보문식 발화형태가 산출된다. 수행

오류는 문법형태소를 다른 것으로 대치하거나 목표형태소를 다른 음운구조를 가진 형태로 만들어 산출하는 것이다. 이런 용어는 L2 아동들의 중간언어 오류를 분류하기 위해서 사용된다. 다음의 보기들은 Edmonton ELL 아동들의 발화 샘플에서 발췌한 것이며, 이런 종류의 오류에 대하여 설명하기 위해서 제시하였다. 샘플 1에서 아동(CHI)은 평가자에게 과거에 일어난 일을 이야기 하고 있으며, 적절한 동사의 과거시제 형태를 거의 사용하지 않는다. 샘플 2에서는 삼인칭 단수 *-s*, 복수표지 *-s*, *give*의 불규칙 과거동사 형태를 생략하고 있으며, 샘플 3은 샘플 2와 동일한 아동이 산출한 것으로 소유격 *-s*를 생략하고 있다. 샘플에서 아동들의 연령은 년, 월로 나타내었다.

1. **Randall (영어 노출 기간: 5개월; 연령: 7;9)**

   CHI: And than the boat *go* like that. [went] [아동이 장난감 배를 뒤집으며.]

   EXP: The boat sank, huh?

   CHI: Yeah.

   EXP: And what happened to the people?

   CHI: They *get* some. [got]

2. **Oleg (영어 노출 기간: 13개월; 연령: 6;7)**

   CHI: He like-Ø carrot-Ø [like-s, carrot-s]

   CHI: And one time I *give* to him carrot-Ø. [gave, carrot-s]

3. **Oleg (영어 노출 기간: 13개월; 연령: 6;7)**

   EXP: T-Rex!

   EXP: Is that your favorite dinosaur?

   CHI: Yes.

   EXP: Umhum.

   CHI: Not it's my friend-Ø favorite dinosaur. [*friend-'s*]

이와 대조적으로, 수행오류는 문법형태소가 부적절하게 사용될 때 나타난다. 샘플 4에서 아동은 *have*의 불규칙 과거시제 *had*를 적절하게 사용하지만, 불필요한 -*ed*를 덧붙였다. 그 결과 과거시제를 이중으로 표시하였다. 샘플 5에서 아동은 삼인칭 단수 -*s*를 동사 *got*에 붙여 사용하였다. 이중표지(double-marking), 불일치(faulty agreement), 시제의 과잉 규칙화(overregularization of the past)−불규칙 과거시제 동사에 -*ed*를 덧붙이는 형태(*came* 대신에 *comed*를 사용)−는 전형적인 수행오류의 형태이다. 영어 L2 아동에게서 이런 종류의 수행오류가 두드러지기는 하지만 전반적으로 생략오류보다는 발생 빈도가 적다(Paradis, 2005; Paradis et al., 2008).

4. Felipe (영어 노출 기간: 10개월; 연령: 5;8)

EXP: Where there robbers in Columbia?

CHI: Yeah.

EXP: Mmhm?

CHI: That's why we *haded* to move [had-Ø]

5. Felipe (영어 노출 기간: 10개월; 연령: 5;8)

EXP: what's different about this house?

CHI: Um, it's bigger.

CHI: And it *gots* basement. [(It's)got-Ø]

L2 아동의 문법형태소 습득과정에서 흔히 형태소를 적절하게 사용하다가 그 형태소에서 실수를 한다. 샘플 6을 보면, 아동은 대화 중에 처음 동사 2개는 과거시제를 사용하지만 나머지는 동사원형 형태를 사용한다. 이렇게 정확한 사용과 부정확한 사용을 번갈아 보이는 것은 전형적인 언어발과정의 한 부분이다. 사실, 일관되게 정확하게 사용하다가 퇴행을 보일 수도 있다. 터키어가 제1언어이고, 영어가 제2언어인 남자아동의 사례연구를 보면, 아동은 몇몇 불규칙 과거시제를 정확하게 사용하다가 이후 중간언어발달과정에서 과잉규칙화형태로 바꿔서 표현하였다(Haznedar, 2001). 샘플 7에 이와 관련된 두 개의 예가 제시되어 있으며, 시기적으로 적절한 형태가 부적절한 형태보다 더 빨리 출현한다. Wong

Fillmore(1979)는 올바른 문장구조가 보다 정형화되고 외워서 사용된 형태이기 때문에 이런 퇴행이 발생하는 것이라고 제안하였다. 아동들이 실제로 L2를 생산적으로 말할 수 있게 될 때, 과잉규칙화와 같은 창의적인 오류가 나타난다.

언어치료사와 교사들은 아동들의 발달과정을 이해하기 위해서 문법형태소를 적절하게 사용하다가 다시 오류를 보이는 아동들의 사용형태를 알고 있어야 한다. L2 아동이 한 번 또는 두 번 적절하게 사용하였다 할지라도 이것이 이후에 문법형태소를 정확하게 사용한다는 것을 의미하지는 않는다. 아동들이 안정적이고 지속적으로 90% 정도로 정확하게 사용하거나 필수적인 상황에서 더 높은 정확도를 보일 때까지, 정확한 산출과 부정확한 산출이 번갈아 나타나며, 하나의 형태를 산출하다가 그 형태를 산출하지 않기도 한다. 이러한 현상은 문법형태소뿐 아니라 다른 통사형태영역에서도 나타난다. 따라서 아동들이 적절한 형태를 비일관적으로 사용하는 것이 반드시 언어장애의 증상이 아니라는 것을 알고 있어야 한다. 흔히 L1 아동과 L2 아동 모두에게 일반적으로 나타나는 현상이다.

6. Oleg (영어 노출 기간: 13개월; 연령: 6;7)

CHI: I *went* one time, *was* in the line at first, and then the *come push* outta the line and *come stand* beside me first.

7. Erdem (L1 터키어, L2 영어; Haznedar, 2001, p. 19)

CHI: My Daddy *brought* a toy. (February 14, 1995)

CHI: She *bringed* me some new clothes. (May, 19, 1995)

CHI: Because it was not working, that's why I *broke* it. (February 22, 1995)

CHI: Daddy opens the window and the window *breaked*. (May 19, 1995)

중간언어 시기에 영어 L2 아동들이 대화를 하면서 얼마나 많은 문법적 오류를 범할까? 자주, 가끔 또는 매우 드물게? 초기단계의 L2 아동들은 이런 문법형태소를 거의 적절하게 사용하지 못한다. 그 결과 오류율이 매우 높아, 80% 이상 오류를 보인다. 아동들이 영어에 더 많이 노출이 되면 자연스럽게 오류율은 감소하지만 이런 감소가 이 섹션에서 논의했던 것처럼 매우 빠르게 일어나지는 않는다.

L2 발달에서 L1의 전이

중간언어 형태는 부분적으로 L2 학습자의 L1 언어에서 온 것이며, 이것이 흔히 동일한 L1을 가진 L2 학습자들이 유사한 외국어 억양을 보이는 이유이다. 성인과 아동 모두 L2를 습득할 때 L1의 언어학적 지식에 의존하며, 이런 L2에 대한 L1의 영향은 흔히 L1으로부터의 전이(transfer)라고 한다. 과거에 전이는 L2 학습에 매우 해로운 것으로 여겼으며, 전이 효과를 제거하기 위한 강력한 교수법이 있었다. 그러나 현재는 L1은 L2 학습을 위한 값진 언어적 자원으로 여기고 있다. L1의 음운, 어휘, 문법은 L2의 언어학적 지식을 쌓는 데 필수적인 비계(scaffolding)를 제공할 수 있으며, L1에 대한 의존도는 L2의 언어를 생산적으로 산출하는 초기시기에 가장 두드러진다. L1 문장의 단어순서, 음운규칙 등에서 차이가 있을 때, L1에 대한 의존도로 인하여 아동의 중간언어에서 전이가 발생한다. 이와 달리, L1과 L2가 형태를 공유하고 있을 경우에는 L2의 습득이 촉진된다. 우리는 흔히 전이가 오류를 일으킬 때에만 전이의 증거를 본다. 이것이 아마도 전이가 문제인 것처럼 보이는 이유일 것이다. 전이가 적절한 형태를 유발시킬 때, 그것이 눈에 보이지는 않는다, 그 결과 전이의 촉진효과를 알아볼 수 없다.

음운체계는 흔히 L1 언어에서 온 전이의 주요자원이다. 예를 들면, 스페인어에서, 단어의 시작점에 있는 /st/ 또는 /sp/와 같은 단어의 자음군 앞에 전형적으로 모음이 위치한다. 스페인어 화자들은 흔히 이런 발음규칙을 영어에 전이하여 영어낱말 *stop* /stap/을 '*estop*' /ɛstap/으로 발음한다. 심지어 매우 어린 아동들도 L1의 음운적인 특징을 L2로 전이할 수 있다. Alvino Fantini(1985)는 그의 아들을 대상으로 한 사례연구에서 Mario는 약 2세 6개월경에 처음으로 영어를 말하기 시작하였으며, Mario의 첫 영어단어 중 몇몇은 스페인어 음운특징을 사용하여 발음하였다고 보고하고 있다. 예를 들면 영어는 모음 /i/ (b*e*at) /ɪ/ (b*i*t), 그리고 /u/ (b*oo*t) /ʊ/ (b*oo*k)에 대해 긴장과 이완모음 쌍이 있다. 반면에 스페인어는 단지 긴장모음 /i/와 /u/만 있다. Mario는 첫 낱말 영어단어에서만 긴장 모음을 사용하였다. 따라서 '*bili*'를 /BIli/(즉, Billy)라고 하였으며, '*luk luk*'을 /lʊklʊk/(즉, look look)으로 말하였다.

아동의 L1과 L2의 문장 내 어순이 다를 경우에 대개 전이가 발생한다. Unsworth(2005)는 L1이 영어이고 L2가 독일어인 아동들의 단어순서에 대하여 연구하였다. 독일어는 몇몇 측면에서 영어와 단어순서에서 차이가 있는 언어이다. 독일어는 동사의 목적어 위치가 부사 또는 부정어로 이동할 수 있으며, 특정사물을 언급하느냐 비특정 사물을 언급하느냐에 따라 목적어의 위치로 의미차이를 표시한다. 이와 달리 영어의 동사 목적어는 동사 뒤에 위치하며, *he often watches TV/*he watches often TV*, 또는 *he doesn't watch TV often/*he watches not often TV*(별표가 있는 문장이 잘못된 문장이다)의 예문처럼 부정어 또는 부사어가 중간에 끼어들 수 없다. Zdorenko와 Paradis(2009)는 아동이 영어의 의문문 구조를 어떻게 습득하는지에 대하여 연구하였다. 영어 의문문의 통사형태는 조동사와 주어의 도치와 관련되어 있다. 예를 들면, *The kitty is resting*의 문장과 *Is the kitty resting?* 문장을 비교하여 보자. 중국어를 포함한 많은 언어에서는 의문문 위해서 이런 문장구조를 만들지 않는다. Zdorenko와 Paradis는 스페인어와 같이 조동사가 있고, 의문문을 만들기 위해서 도치를 하는 언어가 L1인 아동들은 L1 언어에 조동사가 없으며 도치를 하지 않는 언어가 L1인 아동들보다 적절한 조동사와 도치된 문장을 더 잘 산출하였다. 따라서 스페인어를 사용하는 아동들에게 L1전이는 영어의 이런 측면을 습득하는데 이점이다. 그러나 L2 습득 상황에서 하나의 차이는 전이가 일반적으로 L1에서 L2의 방향으로 이루어진다는 것이다. 그러나 동시적 이중언어습득은 양방향 전이가 가능하다.

L1의 영향은 명백한 전이오류를 발생시킬 뿐만 아니라 보다 감지하기 힘든 방식으로 L2에서 나타날 수 있다. 예를 들면, 영어와 비교하여 스페인어와 프랑스어의 차이는 소유격의 형태이다. 영어에서는 'the dog's house' 또는 'the house of the dog'라고 표현할 수 있다. 대부분의 영어 원어민 화자들이 'the dog's house'를 더 자연스럽게 사용하지만, 영어를 배우는 스페인어와 프랑스어

화자들은 'the house of the dog'라고 말하는 것을 선호한다. L2 아동들의 언어 사용에 대한 이러한 선호는 L1에서 온 미묘한 영향으로 인한 것이다. 왜냐하면 이런 영향이 문법적인 오류를 만들지 않기 때문이다. 대신에 L2 학습자들은 자주 사용되지 않아서 어색해 보일 수 있는 구조를 선택한 것이며, 엄격하게 말해서 문법적인 오류는 아니다. 또 다른 L1의 미묘한 영향은 L2의 어떤 문장구조를 잘 사용하려 하지 않는 것이다. 영어와는 다르게 프랑스어의 목적대명사는 동사의 뒤가 아니라 앞에 온다. 예를 들면, *je le vois* ("I see him/it"). 우리의 연구에서 영어가 제1언어이고 L2가 프랑스어인 아동이 때로 직접목적 대명사 사용을 회피하는 것을 목격하는데, 이것은 아마도 두 언어의 단어순서 차이 때문인 것으로 보인다. 그 결과 "je le vois"라고 말하는 대신에 프랑스어의 지시대명사를 사용하였다. 그것은 동사 뒤에 위치하며, 아동들은 "je vois ça"("I see that")라고 말하게 된다. 또는 대화에서 불필요해 보이는데도 대명사 대신에 어휘 목적어(lexical object)를 사용하기도 한다. 아동들이 선호하는 전이의 예에서 보았듯이, 엄격하면 말해서 아동들의 이런 회피가 문법적 오류를 발생시키지는 않는다. L1영향으로 인해 3종류의 형태가 L2 아동들의 구문형태에서 나타날 수 있다: 1) L1 문장구조에서 L2 문장구조로 직접적인 전이, 2) L1과 유사한 L2 문장구조를 선호, 3) L1 문장구조와 대조되는 L2 문장구조의 회피.

마지막으로, L2 중간언어에서 L1의 전이오류가 분명하게 나타나겠지만, 앞에서 언급했던 것처럼 발달적 형태는 L2 중간언어의 두드러진 특성이다. 이것이 의미하는 것은 L1 언어에 상관없이 어떤 언어의 L2의 전체적인 발달단계는 대체로 전체 학습자들 간에 유사하다는 것이다. 발달적 형태와 전이 간의 다른 차이는 L1 전이는 L2 습득 초기단계에서 관찰하기 쉬우며(Unsworth, 2005; Zdornko & Paradis, 2008, 2009), 발달적 형태는 아동들이 L2 언어를 원어민 수준에 가까워질 때까지 계속 나타나는 중간언어의 결정적인 특성이다. 발달적 형태와 전이 형태 간 상호작용을 설명하기 위해서 1장의 소수집단 L2 아동들의 중간언어를 생각해 볼 수 있다. 첫째, Bonnie의 제1언어는 중국 표준어이고, Luis는 스페인어, Faisal은 소말리아어이지만, 그 아동들 모두 초기에는 자음군을 단순화시켜 발음할 것이다. 또한 몇몇 GAP 단어를 사용하고, 유사한 순서로 영어 문법형태소를 습득할 것이다. 그러나 스페인어는 영어처럼 조동사가 있고 의문문에서 도치가 일어나는 언어이지만, 중국 표준어는 그렇지 않기 때문에 Luis는 영어 의문문 형태통사에서 Bonnie 보다 오류를 덜 범할 것이다. 그 이유는 Luis가 스페인어 L1 문법규칙을 전이할 수 있기 때문이다.

제1언어와 제2언어의 상호작용

4장에서, Bilingual Bootstrapping의 개념에 대하여 논의하였다. 이중언어발달은 어느 정도 상호의존적이어서 이중언어아동들은 두 언어의 모든 부분을 두 번씩 습득할 필요가 없다. 예를 들면, 두 언어의 언어-개념적 지식과 언어학습기술의 어떤 측면은 서로 공유될 수 있다. L2 학습자들은 이용할 수 있는 언어지식을 가지고 있기 때문에 그런 상호간의 의존은 동시적 이중언어뿐만 아니라 순차적 이중언어에서도 발생할 수 있을 것이라고 생각하는 것은 무리한 추측이 아니다. 캐나다 토론토 대학의 Jim Cummins는 이런 상호의존 가능성을 논의한 첫 번째 연구자 중 한 사람이다. 3장에서 Cummins의 임계치 가설에 대하여 논의하였듯이, L1과 L2 두 언어의 유창성이 높은 것은 인지적 향상의 결과를 가져올 수 있다. **상호의존**(interdependence)과 **공통기저능력**(common underlying proficiency)에 관한 Cummins의 이론은 임계치 가설과 관련이 있다(Commins, 1979, 1991, 2000). 그는 L1의 많은 언어적인 지식이 L2와 공유되거나 전이된다고 하였는데, 그것은 언어가 추상적 언어개념, 언어학습기술, 지각적 인지기술과 같은 유사한 공통기저능력에 의지하기 때문인 것으로 보고 있다. 이런 측면에서 상호의존은 광범위한-촉진적인 전이라고 볼 수 있다. 몇몇 연구자들이 어린 아동들의 L1과 L2 간 상호의존의 증거를 발견하였다. Castilla, Pérez-Leroux, Restrepo(2009)는 유치원 영어 프로그램에서 스페인어가 제1언어이고 영어가 제2언어인 4세 6개월 아동들의 구문형태와 어휘지식에 대하여 연구하였다. 그 아동들은 영어에 많이 노출되기 전인 프로그램 초기에는 스페인어 평가를 받았으며, 그 학기 말에는 영어로 평가를 받았다. 그 결과 L1에서 풍부하고 능숙한 언어능력을 가지고 있는 아동들은 그 학기 말 L2평가에서도 보다 풍부하고 능숙한 구어언어기술을 가지고 있는 것으로 나타났다. 제1언어가 터키어이고 제2언어가 독일어인 네덜란드 아동을 대상으로 한 연구에서도 결과가 유사하였다(Verhoeven, 2007). 그러나 일반적으로 L2 아동들의 구어언어능력 보다는 학업적인 언어기술과 문해능력이 보다 일관되게 상호의존적이다(Commins, 2000; López & Greenfield, 2004; Oller & Eilers, 2002; Riches & Genesee, 2006).

L2 아동들이 원어민처럼 말하기 위해서는 시간이 얼마나 걸릴까?

중간언어 기간 동안에 가장 빈번하게 받는 질문은 이 기간이 얼마나 오래 지속될 것인가이다. 즉, L2 아동들이 원어민처럼 말하게 되는 때가 언제인가 하는 것이다. 이 질문은 L2 습득이 매우 느린 것처럼 보이는 아동들에 대해서 부모나 전문가들이 염려를 할 수 있기 때문에 이 질문에 답하는 것은 매우 중요하다. 성인 L2 학습자들은 외국어 억양에서 벗어날 수 없겠지만 L1 소수집단 아동들은 다수언어 제2언어를 원어민처럼 말할 것이라 기대할 수 있다. 어린 아동들이 실제로 하룻밤 동안 언어를 배울 수 있다고 하는 전해 오는 말이 있다. 몇몇 사람들은 어린 아동들이 새로운 언어에 노출되면 '스펀지처럼 그 언어를 빨아들여' 금방 언어를 배운다고 생각한다. 이런 사람들이 일반적으로 생각하는 이 신념이 잘못된 것이라는 많은 연구 결과가 있다. L2 아동을 대하는 전문가들은 아동들이 L2 언어를 원어민처럼 습득하는데 실제로 많은 시간이 걸릴 수 있다는 것을 알고 있어야 하며, L2 아동이 모든 측면의 언어능력에서 실제로 원어민화자와 같은 능력을 갖게 될 수 있는지 그 여부에 대하여 아는 것은 중요하다. 초기단계 L2 아동들은 많은 단어 없이도 기능적으로 대화에 참여할 수 있다. 이 점을 설명하기 위해서 Johanne Paradis와 7살 소년이 주고받은 대화를 살펴보자. 이 아동은 제1언어가 스페인어이며 캐나다에서 초등학교에 입학하면서 영어에 4개월 동안 노출된 아동이다.

8. Samuel(영어 노출 기간: 4개월; 연령: 7;3)

EXP: So, what grade are you in at school?

CH1: Two.

EXP: Wow, Grade 2 already. What's your teacher's name?

CH1: Mrs. Munro.

EXP: What's the name of your school?

CH1: Lendrum.

EXP: I've heard of that school. I think one of our other grad students sent their kids there. Do you like school here in Canada?

CH1: Yeah. Oh yeah.

EXP: What's your favorite subject? what do you like best at school?

CH1: Um. math.

EXP: That's great. Not everybody likes math, but it's important. Do you take English second language classes?

CH1: Yeah...some days.

EXP: What do you think about all the snow? Does it snow like this in Chile?

CH1: I like it, the snow.

EXP: Do you go tobogganing with your friends?

CH1: Yeah, I like it.

EXP: The cold doesn't bother you?

CH1: [shrug] No.

이런 대화를 나눈 후, 몇몇 사람들은 아동이 영어를 잘한다고 생각 한다. 그러나 정말 이런 대화로 아동의 영어기술을 판단할 수 있을까? 이 대화에서 아동이 말한 내용은 익숙한 주제에 대해서 주로 한 낱말로 대답하는 것으로 이루어져 있다. 아동의 이해력은 좋아 보이지만, 아동이 질문을 받았을 때(학교에 관한 실제적인 지식, 학교에 관한 경험) 많은 종류의 비언적인 단서를 이용했는지 모

글상자 6.3

시간이 얼마나 걸리는가? 임상가들의 질문

흔히 우리가 아동 관련 전문가들에게 받는 질문은 L2 아동들이 단일언어아동과 유사한 언어능력을 습득하게 되는 시기가 언제인가 하는 것이다. 일반적으로 이런 질문을 하는 이유는 L2 아동에게 표준화된 평가도구를 사용할 것인지 결정을 해야 하기 때문에 또는 L2 아동에게 표준화된 평가도구를 실시하였을 때 그 결과해석 때문이다. 이 섹션의 논의에서 보았듯이 이 질문에 대한 대답이 단순하지 않다. 그러나 일반적으로 보았을 때, 임상가들이 표준화된 평가도구를 L2 아동에게 사용할 때는 매우 주의를 기울여야 한다. 이 주제에 대해서는 9장에서 논의하고 있다.

Paradis 박사님께

저는 ESL을 습득하는 아동들의 언어습득 속도에 대하여 박사님의 의견을 듣고 싶습니다. 발달평가에 의뢰된 9세 아동이 있습니다. 이 아동은 필리핀에서 약 1년 전에 이곳 캐나다로 온 아동입니다. 이 아동은 알파벳을 모르며, 이미 배운 것을 기억하는데 어려움이 있습니다. 이 아동의 선생님은 아동이 보이는 문제가 단순히 영어가 부족한 것이 아니라고 생각하고 있습니다. 그럴 가능성이 있을까요? 아동이 일 년 동안 제2언어를 빠르게 습득할 것이라 기대하기 어려울 것 같습니다. 그리고 저는 그 선생님이 구어언어와 문자 학업언어 간 차이를 이해하고 있는지 알 수 없습니다.

감사합니다.
어느 심리학자로부터

Genesee 박사님께

저는 현재 아동발달센터에서 일하고 있으며, 여기에는 출생에서부터 6세까지 연령의 작업치료, 언어치료, 물리치료 등의 한 가지 이상 치료가 필요한 아동들이 있습니다. 제가 살고 있는 지역은 가족의 1/3이 가정에서 영어 이외의 언어를 사용하는 사람들입니다. 언어치료사로서 저는 이 아동들을 평가해야 합니

(다음 쪽에 계속됨)

다. 흔히, 통역사를 통하여 검사를 하여 이 아동들이 정상발달 범위에 해당하는지를 평가합니다. 이것은 정말 어려운 일입니다. 특히, 아동들이 사용하는 언어에 대한 규준이 없을 때 정말 어렵습니다. 예를 들면, 펀자브어를 말하는 3세 아동이며, 아직 유치원에 다니지 않는 경우에, 우리는 아동이 최소의 영어기술을 가지고 있을 것이라 생각합니다. 그 아동이 유치원을 1년 다닌 4세에는 어떨까요? 저는 유치원에 1년 다닌 이후에 아동의 모국어는 잘 하지만 여전히 영어는 잘 이해하지 못하는 몇몇 아동들을 만났습니다. 이 아동들은 문제가 있는 것일까요?

박사님의 도움에 감사드리며,
언어치료사로부터

른다. 보다 중요한 것은 성인 대화자와 청자들이 아동에 대한 기대치가 낮다는 것이다. 많은 사람들은 낯선 성인과의 대화에서 아동들이 말을 먼저 시작하고 자세하게 말을 할 것이라 기대하지 않는다. 따라서 7세 아동에 대한 기본적인 대화 기술과 사회적인 기대측면에서 보았을 때, 이 소년은 영어대화를 매우 잘하고 있다. 그러나 실제로 그 아동은 영어를 잘 모를 수 있다.

요점은 평상시의 대화(가벼운 대화)에서 L2 아동들은 실제 그들의 능력보다 언어적으로 잘하는 것처럼 보이는데, 그 이유는 이런 가벼운 대화에서는 언어능력이 많이 필요하지 않기 때문이다. 즉, 비공식적 사회적 상호작용에 참여하고 대화하는 아동의 능력이 L2 아동들의 언어능력을 완전하게 반영하지 않는다는 것이다. 그렇다면 실제로 얼마나 많은 시간이 걸리는 것일까? Hakuta, Goto Butler, Witt(2000)는 샌프란시스코에 살고 있는 1,800명의 L2 아동들의 L2 영어능력을 평가하였다. 그 결과를 보면, 이 아동들은 종일제 영어학교 교과과정에 3~5년 정도 참여하였을 때 원어민과 유사한 영어능력을 갖추었다. Saunders와 O' Brien(2006)이 L2 아동을 연구한 많은 논문을 리뷰한 결과에서도 초등학교 고학년이 되어서야 비로소 원어민과 같은 영어능력을 갖추게 되는 것으로 나타났다. Saunders와 O' Brien(2006)은 이 아동들의 영어 발달속도가 시간 경과에 따라 변한다는 것을 발견하였다. 특히, 초등학교 3학년 때까지는 언어 유창성이 중등도 수준까지 빠르게 발달해 가지만 초등학교 고학년 시기에는 그 발달속도가 느려지며, 또래 원어민 아동과 유사해지기까지 2년 또는 그 이상의 기간이 걸렸다. 일반적으로 새로운 어떤 것을 배울 때 초기에는 습득속도가 빠르지만 이후에 세부적인 부분까지 완전하게 습득하는데 시간이 걸린다는 것을 생각해 보면 아동들의 L2 습득이 이해가 될 것이다. 특히 교육자나 부모가 L2 아동을 위한 적절한 교육프로그램을 결정할 때에는 이러한 아동들의 습득의 변화에 대해서 잘 알고 있어야 한다. L2 아동들의 초기 습득속도가 초등학교 고학년까지 유지될 것이라 기대해서는 안 되며, 고학년 시기에 보다 더 긴 시간 동안 특별한 언어지원이 필요하다는 것을 잊지 말아야 한다.

L2 아동들이 원어민과 유사한 유창성을 획득하는데 얼마나 많은 시간이 걸리는가에 대해 보다 구체적으로 답을 찾기 위해서 각각 언어영역별로 살펴보고자 한다.

음운발달

Snow와 Hoefinagel-Höhle(1977)는 네덜란드에서 독일어를 L2로 배우고 있는 3세에서 60세까지 47명의 영어화자의 독일어 단어 발음을 연구하였다. 그 결과 일 년 이후 아동학습자들은 발음에서 성인학습자들을 능가하였다. 그러나 독일어 노출 18개월 이후에 아동 중 누구도 완벽한 독일어 발음에 도달하지 못하였다. Edmonton ELL을 근거로 한 최근의 연구는 학교에서 영어에 1년 정도 노출된 이후 아동들의 영어발음을 조사하였다. 영어발음 정확도는 많은 자음과 모음에서 90% 이상으로 매우 좋았다. 발음에서 80%이하의 정확도를 보인 음소는 특히 마찰음(/s/, /z/, /f/, /v/, /ʃ/ ‘sh’ 또는 /δ, θ/ ‘th’)이었으며, 이 자음을 습득하는데 시간이 더 많이 걸렸다(Gilhool et al, 2009). 어린 아동들이 실제로 원어민과 같은 수준으로 언어를 습득한다는 것이 일반적으로 받아들여지고 있지만, 이런 수준에 도달하기까지는 2년 이상의 시간이 걸린다. 또한 몇몇 L2 아동들은 주류가 사용하는 발음과 차이가 있는 다양한 목표언어(영어)에 노출되고 있으며, 그 결과 발달된 아동들의 말소리에는 그 지역사회의 다양성이 드러날 것이다. 이와 관련된 논의는 미국 내 스페인어 영향을 받은 영어에 관한 연구를 한 Goldstein(McLeod, 2007)의 연구를 살펴보기 바란다.

형태통사 발달

적절한 문법형태소 사용을 배우는 것으로 화자는 한 언어의 습득을 끝낼 수 있다—일반적으로 문법형태소를 90% 또는 그 이상의 수준으로 사용하는 것을 의미 한다. 예를 들면, 가산 명사의 복수를 표시하시 위해서는 *-s*를 덧붙여야 한다(*two kitten-s are playing with the string*). 원어민과 같은 문법사용이 100% 정확한 사용을 의미하지는 않는다. 단일언어 원어민들도 빠르게 말할 때, 또는 말하는 중간에 생각을 바꿔서 말할 때 등의 상황에서 작은 실수를 할 수 있기 때문이다. 아동들이 L2에서 완전히 습득하기까지는 몇 년이 걸린다. Jia(2003), Jia와 Fuse(2007), Paradis(2008)는 영어 L2 아동들의 시간 경과에 따른 문법산출에 대하여 연구하였다. 2~3년 정도의 영어노출 이후에 초기에 습득되는 문법형태소인 복수표지 *-s*, 진행형 *-ing*와 같은 문법형태소를 매우 정확하게 사용하였다. 그러나 아동들이 보다 늦게 습득되는 문법형태소인 *-s*, *-ed*와 같은 어형변화 어미를 정확하게 산출하기까지는 3~5년 정도가 걸렸다. Zdorenko와 Paradis(2008)는 영어 L2 아동들의 *the*, *a/an*과 같은 정관사와 부정관사 습득에 대하여 연구하였다. 많은 언어의 문법형태소에 정관사와 부정관사가 없고, 영어의 정관사와 부정관사를 사용하는 규칙은 매우 복잡하며, 의미와 화용의 미묘한 뉘앙스에 따라 사용된다. 따라서 많은 성인 L2 학습자들이 이런 규칙을 습득하기까지 시간이 많이 걸리는 것이 놀라운 일이 아니며, 심지어 매우 유창한 L2성인이라 할지라도 때로 이런 관사를 사용할 때 실수를 범할 수 있다. 우리가 연구한 아동들은 매우 초기에 영어의 명사 앞에 관사가 위치한다는 것을 습득하였으며, 상대적으로 영어 관사의 위치에 대하여 빠르게 이해하였다. 그러나 2~3년의 노출 이후에도, 아동들은 여전히 관사 사용에 실수를 할 수 있다. 가장 두드러진 실수는 부정관사 자리에 정관사 *the*를 사용하는 것이다. 놀랍게도 이런 오류는 단일언어 영어아동들의 언어발달기에 일반적으로 일어나는 것이다. 이를 종합해 보면, 문법형태소에 관한 이런 연구들은 L2 아동들이 원어민화자와 유사한 구어 유창성을 획득하는데 3년에서 5년이 걸린다는 Hakuta 등(2000)의 연구 결과와 동일하며, '제2언어 습득단계'에서 L2 학습자들은 동일한 언어를 말하는 보다 어린연령의 단일언어아동의 문법형태소 습득과 유사한 순서를 보이는 것으로 나타났다.

어휘발달

L2 아동들이 또래 L1 아동만큼 어휘를 축척하기 위해서는 얼마나 시간이 걸리는가에 대해서 매우 광범위한 연구가 이루어졌다. 대개 어휘의 양적 및 질적 발달이 읽기이해에 주요한 요인으로 작용하며(10장에서 다루고 있음), 그 결과 L2 아동들의 어휘력이 학업기술에 결정적인 역할을 하는 것으로 보고 있다. 지금까지 증거로 볼 때 L2 아동들이 L1또래와 유사한 어휘력과 어휘 구성력을 갖추기까지 매우 오랜 시간이 걸리며, 때로 결코 그 수준에 도달하지 못하였다. Oller와 Eilder(2002)는 스페인어가 L1이고 영어가 L2인 아동들의 수용어휘능력을 동일한 연령의 단일언어아동과 비교하였다. 두 집단 아동 모두 동일한 시스템의 유치원 출신들이었다. 연구 결과 L2 아동들은 영어로 학교 교육을 받은 6년 이후인 5학년 시기에 단일언어아동과 격차를 거의 줄일 수 있는 정도에 도달하였으나, 두 아동 간 차이는 여전이 남아 있었다. Goldberg 등(2008)은 Oller와 Eilder가 사용한 동일한 평가도구를 이용하여 2년 동안 19명의 Edmonton ELL 출신 아동들을 대상으로 추적연구를 실시하였다. Oller와 Eilder의 연구 결과와 다르게, Edmonton 지역의 L2 아동들은 학교에서 영어교육을 받은 후 6년이 아닌, 3년 후에 또래 원어민 아동들과 어휘력의 격차를 거의 줄일 수 있는 수준에 도달해 있었다. 두 연구 결과에 차이가 나는 이유는 Goldberg 등(2008)의 연구에 참여한 아동들은 다양한 L1의 언어배경을 가지고 있으면서 영어가 학교 안과 밖에서 공용어로 사용되는 지역에 살고 있다는 점이었다. 이런 환경은 동일한 L1을 사용하고 있는 마이애미 L2 아동들과 비교하였을 때, 빠른 영어 어휘습득

에 도움이 되었을 것이라고 추측해 볼 수 있다. 그러나 사회적 상황에 따른 L2 아동들의 두드러진 어휘습득 차이를 알기 위해서는 더 많은 연구가 필요하다. Oller와 Eilder의 연구는 그림 명명하기 어휘산출 평가가 포함되어 있었으며, L2 아동들이 5학년 정도에 수용언어와 표현언어 모두 원어민화자와 유사해진다는 점에서 표현언어와 수용언어 둘 모두 유사한 경향을 보이기는 하지만, 영어의 수용어휘보다는 표현어휘에서 보다 점수가 낮은 경향이 있었다. 이러한 미국과 캐나다에서 이루어진 연구의 중요한 의미는 L2 아동들이 두 연구의 마지막까지 완벽하게 그 격차를 좁히지는 못하였다는 것이다. 따라서 L2 아동들은 초등학교 저학년 기간 안에 원어민과 동등한 어휘지식을 습득할 것이라 기대하기 어렵다.

무엇 때문에 L2 아동들이 어휘에서 격차를 좁히지 못하는 것일까? Roessingh와 Elgie(2009)는 3학년까지 영어 L2 아동의 초기 어휘습득의 이득이 어떻게 고학년까지 유지되지 않는가에 대하여 논의하였다. 연구자들은 사용빈도가 낮은 단어와 동의어를 사용하여 유도한 대화에서 L2 아동들의 어휘는 또래 원어민 아동들에 비하여 양적 그리고 질적으로 제한되어 있었으며, 읽기를 위한 학습에서 학습을 위한 읽기로 전환될 때, 이것으로 인해 4~6학년, 그리고 그 이후 연령에서도 읽기이해문제가 발생할 수 있다는 것을 발견하였다.

요약하면, L2 아동들은 영어발음과 기초적인 통사형태능력이 또래의 단일언어아동과 거의 유사해지는 단계 이후에도 어휘능력은 단일언어아동과 어떤 차이를 보일 수 있다. 이런 현상이 발생하는 이유는 무엇일까? L2 어휘학습에서 두 가지 요인이 중요하다. 첫째는 아동들이 L2 어휘를 습득할 때 발달하고 있는 단일언어아동을 따라잡으려고 한다. 그 이유는 또래 원어민 단일언어아동 역시 초등학교 시기에 어휘가 빠르게 축적되며, 어휘학습은 평생에 걸쳐 지속될 수 있기 때문이다(Commins, 2000). 음운과 형태통사는 한 번 습득되면 새로운 규칙을 배울 필요가 없다는 점에서 어휘와 차이가 있다: 음운과 형태통사는 한정된 체계이다. 둘째, 4장에서 논의했던 것처럼, 동시적 이중언어와 순차적 이중언어 모두 하나가 아닌 두 개의 어휘체계를 가지고 있으며, 개념-단어 연상의 광범위한 특성이 두 언어의 어휘 규모에 영향을 미친다(4장에서 설명하고 있음; Oller & Eilers, 2002; Oller, Pearson, & Cobo-Lewis, 2007). 위에서 살펴본 두 요인을 통해서 L2이중언어아동과 청소년들의 어휘학습에 관해 이루어진 장기적인 연구 결과 중 몇몇을 설명할 수 있다.

어휘발달연구에서 언어의 모든 측면에서 이중언어아동들이 단일언어아동과 동일하게 될 것이라 기대하는 것이 적절한지, 또는 이중언어와 단일언어아동 간의 언어능력형태에 있어 어떤 차이가 있을 것이라고 생각하는 것이 적절한지에 대해서 폭넓은 의문이 제기되고 있다. 이중언어아동과 단일언어아동 간 차이가 있을 가능성을 고려할 때 두 가지를 염두에 두어야 한다. 첫째, 이중언어와 단일언어 간의 어떤 차이를 부정적으로 생각하는 대신에 이중언어는 많은 유리한 점이 있는 언어 및 인지적 결과라는 문맥으로 이해해야 한다는 것이다. 둘째, 장기적인 어휘지식에 있어 이중언어와 단일언어 간의 어떤 차이가 불가피한 것인지, 또는 흔히 감가적 이중언어상황(3장과 8장에서 설명하고 있음)처럼, 소수집단 L1 아동들이 이중언어를 습득하고 있는 복잡한 사회적 교육적 환경의 산물인지에 대해서는 분명하지 않다.

원어민 화자 규준에 접근하는 프로파일 효과

L2 언어발달은 모든 언어영역에서 동일한 속도로 원어민 화자와 같은 유창성에 도달하지 않는다. 그 대신 L2 아동들은 **프로파일 효과**(profile effects)라는 것을 보여 준다. Oller et al. (2007)은 스페인어L1/영어L2 아동이 단일언어 또래 아동들과 동등한 단어해독기술을 가질 수 있는 반면에, 영어의 어휘력은 또래보다 뒤떨어진다는 것을 발견하였다. Paradis와 Schneider(2008)는 Edmonton ELL 아동과 동일한 지역에 거주하는 단일언어아동들의 이야기 다시 말하기, 즉, 담화능력을 비교하였다. 연구자들은 일련의 그림을 보고 아동들이 말한 이야기 미시구조(microstructure of story)에 대하여 연구하였다. 이야기 미시구조는 일관성 있는 이야기를 만들기 위해서 아동들이 어떻게 이야기의 등장인물(캐릭터), 배경(세팅), 사건, 결과를 나타내는가를 의미한다. 이야기 미시구조는 아동문장에 사용된 어휘의 다양성, 문법적 복잡성을 말한다. L2 아동들은 독특한 담화기술을 보여 주었는데, 이들은 흔히 미시구조 평가에서 또래 단일언어아동과 비교

하였을 때 매우 높은 득점을 하는 동시에 매우 낮은 점수를 획득하기 때문이다. 단일언어아동들은 둘 모두 높거나 또는 둘 모두 낮은 경향을 보인다. 프로파일 효과의 이유는 무엇일까? 상호의존의 개념과 공통기저능력으로 이런 현상을 설명할 수 있다. 예를 들면, 글자단어를 해독하는 기술은 대개 지각-인지이며, 두 언어 간 공유될 수 있다. 또한 담화의 미시구조는 어떤 특별한 언어에 매여 있지 않은 큰 개념적인 요소를 가지고 있으며, 따라서 언어 간 공유될 수 있다. 이와 대조적으로 어휘와 구문의 많은 요소들은 L2 언어에 특정적인 것이다.

L2 아동들의 프로파일 효과를 설명하기 위해서 Edmonton ELL 아동들의 몇몇 데이터를 **그림 6.1**에 제시하였다. 이 자료는 25명 아동의 것이며, 매 6개월 간격으로 2년 동안 영어 능력을 평가한 것이다. 평가된 영역은 수용어휘력, 형태소 사용, 담화 미시구조였다. 그림의 막대는 정상발달 원어민 아동들의 기준을 근거로 아동들의 성취 정도를 나타낸 것이다. **그림 6.1**에서 놀라운 것은 막대

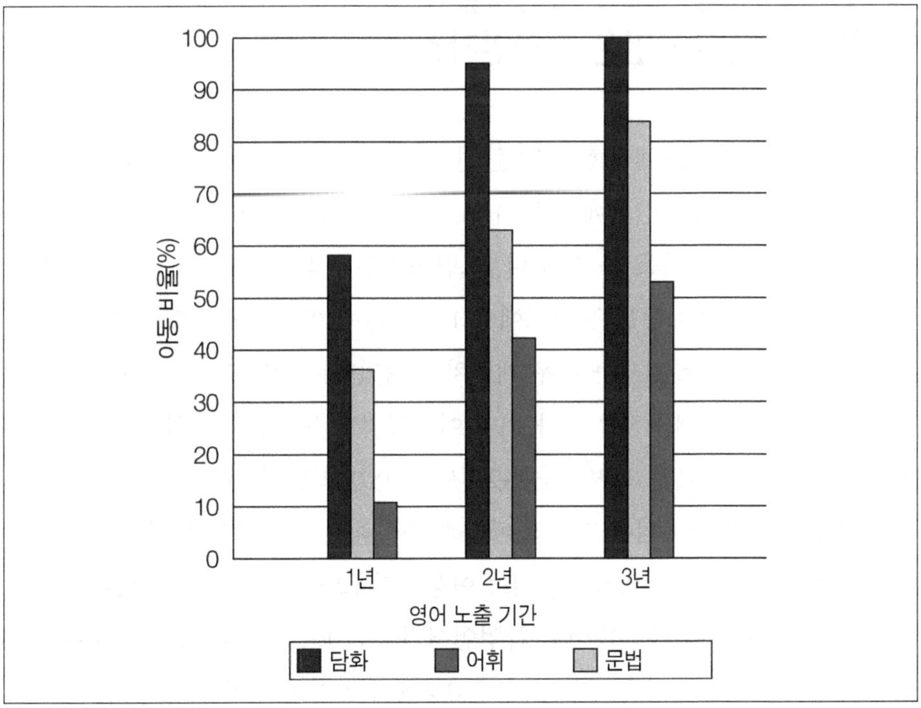

그림 6.1 어휘, 담화, 문법 평가에서 원어민 아동의 수행력에 부합하는 영어 L2 아동들의 비율

가 동시에 길어지지 않고 각 시기마다 발달 정도가 불균형하다는 것이다. 전반적인 형태는 L2 아동들이 어휘보다는 담화 미시구조가 먼저 원어민화자의 수준에 도달해 가는 것이며, 문법형태소발달이 가장 늦다. 프로파일 효과는 특히 L2 아동들을 평가하는 언어치료사, 심리학자, 특수교사들이 알아야 한다. 이 전문가들은 때로 L2 아동들의 평가결과에서 불균형을 보이는 수행력을 해석하는 방법을 이해하여야 하며, L2 아동들의 상대적인 강점과 약점을 인지하고 있어야 한다. 즉, 프로파일 효과는 "얼마나 시간이 걸릴까요?"라는 질문의 답이 간단하지 않다는 것을 의미하는데, 한 언어영역이 다른 언어영역보다 습득시간이 더 걸릴 수 있기 때문이다. 우리의 설명이 적절하다면, 기초적인 언어요소를 L1과 공유하고 있거나 또는 전이할 수 있는 언어와 문해영역에서 보다 빠른 진전이 있을 것이라 예측할 수 있을 것이다.

제2언어습득 속도에서 개인차를 설명할 수 있는 요인은 무엇인가?

아동들의 L2 습득 속도에 관한 놀라운 한 측면은 아동 개인차 정도이다. 많은 연구에서 L2 아동들의 개인차에 대하여 보고하였으며, Edmonton ELL 아동에게서도 분명한 그런 개인차를 볼 수 있다. **그림 6.1**은 25명 아동들을 종단 연구한 결과이다. 첫 면담 때 아동들은 학교에서 1년 동안 영어에 노출되었으며, 그 당시 평가에서 문법형태소 점수는 매우 개인차가 많았다. 평균 27%의 정확도를 보였으나, 그 범위는 0%에서 94%였다. 수용어휘에서도 유사한 개인차가 있었다. 평균 표준 점수는 77이었고, 범위는 49에서 114였다. 몇몇 아동들은 1년 이후에 영어 문법과 어휘력이 원어민 또래 아동과 유사해진 반면에 몇몇 다른 아동들은 매우 뒤떨어져 있었다. 이 섹션에서는 아동들의 L2 습득 속도에 영향을 주는 몇몇 요인에 대해서 알아볼 것이다. 학업언어기술(academic language skills)과 학업성취의 개인차에 영향을 주는 요인은 8장에서 논의하고 있다. L2 아동들의 개인차에 대한 더 많은 논의를 위해서는 Paradis(2007), Saunders와 O'Brien(2006)

을 참고하기 바란다.

언어습득에서 개인차를 보이는 요인은 아동 외부적 및 내부적 요인으로 살펴볼 수 있다. 아동 내적 요인은 동기, 성격, 언어학습 소질, 인지적 성숙(연령), L1 언어의 구조 등이며, 아동의 외적 요인은 아동 외부의 환경에 관한 것으로, 아동이 L1과 L2를 귀로 들은 양, 가정에서의 언어사용, 가정에서 아동과 부모 간 언어적 상호작용의 질, 학교 밖에서 노출된 L2의 양, 교실 언어사용의 특성 등이다. 부모나 다른 양육자들, 교육자, 의료 전문가들은 아동들의 빠른 L2 습득에 영향을 주는 요인뿐만 아니라 어떤 요인이 효과적으로 L2 학습을 촉진시키는지에 대해서도 알아야 한다. 부모나 전문가들이 영향을 줄 수 있는 아동의 내적 요인은 동기 이외에 거의 없다. 그러나 아동 외적 요인의 몇몇 측면은 변경이 가능하다.

동기

태도, 감정적인 요소, 학습하고 있는 언어와 그 언어를 사용하는 문화집단에 대한 신념이 결합하여 L2 학습의 개인적 동기를 만든다. 성인학습자들의 높은 동기는 L2 습득의 성공과 매우 관련이 깊으며, 특히 외국어 수업에 참여하는 성인 학습자들에게서 찾아볼 수 있다(Dörnyei & Skehan, 2003). 동기는 또한 성인 이민자들의 L2 습득에 주요 예언인자이다. 이들은 다양하고 복잡한 인종, 종교, 문화적 이유로 인해 주류사회 통합의 요구가 매우 다양하다. 그러나 동기의 부재가 L1 소수집단아동들의 일반적인 특징이 아니다. Wong Fillmore(1979)는 몇몇 스페인어 L1 아동들이 초기에는 영어 배우는 것을 꺼려하지만, 이런 태도를 계속 고집하지는 않았으며, 이런 태도는 이들이 살고 있는 캘리포니아 지역이 스페인어를 활발하게 사용하는 지역이고 아동들은 스페인어를 사용하며 함께 놀기 때문이라고 한다. 교실에 있는 다른 아동이 사용하지 않는 언어가 L1인 아동이 장기간 다수언어를 배우려는 동기가 낮다는 것은 상상하기 어렵다. 이와 반대로, "소수아동의 제1언어에서 무슨 일이 일어나고 있는가?"라는 이 섹션의 제목처럼 주류사회에 동화되려는 소수아동의 욕구로 인해 아동들의 L1 언어가 유지되지 못하는 것 같다.

성격과 사회적 상호작용

성격이 아동의 L2 습득에 미치는 영향에 관한 연구는 닭이 먼저냐 달걀이 먼저냐의 문제와 같은 것이다. 즉, 아동의 성격이 외향적이어서 영어를 사용하는 아이들을 찾아서 같이 놀고 그 결과 더 많은 영어를 말할 수 있는 기회를 갖기 때문에 L2를 더 잘 습득할 수 있는 것인가? 또는 아동들이 영어를 잘하기 때문에 외향적이 될 수 있고, 친구를 찾아 나설 수 있는 것인가? 성격의 영향을 고려할 때, 이런 문제를 항상 염두에 두어야 한다. 성격요인은 성인 L2 학습자의 성공에 일관성 있게 작용하는 주요 예측요인은 아니었으나 몇몇 연구 결과를 보면 아동 L2 습득에서는 중요할 수 있다(Dörnyei & Skehan, 2003; Strong, 1983; Wong Fillmore, 1983). Wong Fillmore(1983)는 2년 간 실시된 연구에서 캘리포니아 버클리에 살고 있는 스페인어가 L1인 48명의 아동을 추적하여, 아동의 성격 특성과 L2 성공과의 상관에 대하여 조사하였다. 그녀의 연구에서 사교적이고 말이 많은 것에 비하여 수줍어하고 내향적인 것과 같은 아동의 사회적 스타일로 성격 특성을 규정하였다. 매우 사교적이고 외향적인 아동은 성공적으로 영어를 배웠으며, 흔히 또래와의 상호작용을 통하여 영어로 말할 기회를 찾으려고 하였다. Strong(1983)에서도 이와 유사하게 원어민 화자와의 사회적 접촉 양과 관련된 성격 변인이 유치원 L2 아동의 영어문법, 어휘, 발음과 매우 상관이 높았다. 그러나 Wong Fillmore(1983)는 수줍어하고 사교성이 좋지는 않으나 수업시간에 집중을 잘하고 학업기술이 뛰어난 아동들 또한 L2를 매우 잘 습득한다는 것을 발견하였다. 아마도 이런 아동들의 뛰어난 인지 및 분석 기술이 적극적이지 않은 사회적 상호작용을 보완해 주는 것 같다.

언어소질

L2성인학습자를 대상으로 실시한 연구에서 가장 일관성 있는 언어학습의 성공요인은 **언어소질**(language aptitude)이다(Dörnyei & Skehan, 2003; Sawyer &

글상자 6.4

언어소질

"이 분야의 저명한 학자인 John Carroll은 외국어학습 소질은 어떤 시기에 이후 외국어학습 진전속도를 조절하는 '개인의 어떤 특성으로 정의하고 있다'(1974). 언어소질과 관련된 L2 성공에 대한 연구 결과 일반적으로 .4에서 .6 범위의 상관계수를 나타내었다(Carroll, 1981, p. 93). 이것은 중간 정도의 상관관계가 있는 것으로 보이며, 비록 학습변인에 대한 많은 부가적인 설명이 필요할지라도, 언어소질은 일관성 있게 추후 언어학습 성취에 관한 최고의 예언인자이다."(Sawyer & Ranta, 2002, p. 320)

Ranta, 2002). 그러나 분명하게 언어소질은 지적능력, 즉 지능과 상관이 있다. 언어소질에는 작업기억과 분석능력이 포함되며, 각 개인의 언어소질은 지능만큼이나 다양하다. 지능처럼, 언어소질도 학습된 능력이라기보다는 타고난 능력으로 보인다. 예를 들면, 익숙하지 않은 말소리를 음소 단위로 해독하고 모르는 언어의 글을 명사, 동사, 형용사와 같은 언어요소로 빠르고 정확하게 분석하는 능력을 가진 사람들은 언어에 소질이 있다. 언어소질은 많은 다른 요인들보다 성인 L2 학습자들의 개인적인 차이를 잘 설명해 주며, 이것이 타고난 능력이기 때문에 몇몇 아동들은 왜 다른 아동들보다 L2를 더 빠르게 습득하는지 그 이유를 설명하는데 가장 적절한 요인이다. 그러나 언어적성검사의 구성양식과 문해능력의 요구 때문에 성인용 언어적성검사를 아동에게 사용하는 것이 쉽지 않아서, 어린 아동을 대상으로 한 L2 습득에 있어 언어소질의 영향에 관한 연구가 널리 이루어지지 않았다. 나이가 많은 아동과 청소년을 대상으로 한 연구는 성인 L2를 대상으로 한 결과와 유사하였다(Harley & Hart, 1997; Ranta, 2002).

어린 아동들의 습득속도에 관한 언어소질의 영향을 알아보기 위해 적성검사를 실시할 경우에는 어린 아동들에게 적절한 적성검사를 해야 한다. 숫자 폭(digit span) 또는 비단어 반복과제를 사용한 단기기억과 작업기억 평가는 흔히 어린 아동들에게서 사용하는 방법이다. 예를 들면, 아동들은 일련의 숫자 또는 익숙하지 않은 단어를 듣고 가능한 빠르고 정확하게 기억해서 말해야 한다. 이런 종류의 과제는 특히 음운단기기억을 평가하는 것이다. **음운기억**(phonological memory)이 좋은 것은 특히 단일언어아동들의 뛰어난 언어학습능력과 어휘능력과 상관이 있으며, 흔히 단순언어장애아동들은 음운기억력에 결함이 있다 (Gathercole, 2006; 9장에서 설명하고 있음).

Edmonton ELL에 참여한 5~7세 연령의 155명의 아동을 살펴보면, 비구어 지능지수와 음운기억은 아동들의 영어 어휘량과 문법형태소의 정확성을 매우 잘 예측할 수 있다(Paradis, 2010; Genesee & Hamayan, 1980). 사실, Edmonton L2 아동들의 이런 아동 내적 요인은 앞에서 잠시 토의했었던, 외부적인 요인들보다도 영어학습을 더 잘 예언하였다. 이런 결과를 볼 때, 언어소질은 L2성인 학습자들처럼 L2 아동학습자들의 개인차 예측에 중요하다.

습득연령

성인이 L2를 학습할 때 일반적으로 외국어 억양이 있고 문법적 오류를 범하기 때문에, 전문가가 아닐지라도 습득연령이 L2 학습에 영향을 준다는 것을 분명히 안다. 그러나 L2 학습의 연령 효과는 아동기에 시작한 L2 학습에서도 나타난다. 도착 연령이 다양한 아동기 L2 학습자들의 음운과 형태통사 습득 결과는 매우 잘 연구되어 있다(Hyltenstam & Abrahamsson, 2003). 즉, 6세에서 8세 사이에, 또는 그보다 더 나이가 들어서 L2 학습을 시작한 아동들은 비록 원어민 화자와의 차이가 미묘할 지라도 성인이 되었을 때 L2의 모든 언어영역에서 원어민 화자와 동일하지는 않을 수 있다. 이 섹션에서 보다 중점적으로 관심을 두고 있는 것은 단기 연령 효과가 있는지 또는 L2 학습 시작 연령 변인으로 인해 아동들의 발달속도에 개인차가 있는지에 관한 것이다. 초등학교 저학년이 아닌 중간 학년 정도에 L2로서 영어를 배우기 시작하는 것은 학업을 위한 영어습득에 유리할 수 있다(Collier, 1987, 1989; Roessingh, Kover, & Watt, 2005). 어린 아동에 비하여 나이가 많은 아동들의 개발된 인지기술은 학습전략에 유리하게 작용할 수 있기 때문에 학업기술을 위한 영어습득은 나이가 많은 아동이 더 나을 수 있다. 또한 나이가 많은 아동들의 이전 학교 교육 경험과 문해경험이 언어 간 상호의존의 일부분으로 영어에 전이될 수 있기 때문이다(3장과 8장에서 설명하고 있음). 앞에서 언급했던 것처럼, 구어언어능력에 관해서, Golberg et al (2008)의 어휘발달에 관한 종단연구는 연구 시작 시기에 나이가 4~7세인 아동을 포함시켰다. 연구에서 보면, 5세 이후에 영어를 배우기 시작한 아동들은 5세보다 어린 나이에 영어를 배우기 시작한 아동들보다 일관되게 2년 이상 영어 어휘력이 더 좋았다. Jia와 Fuse(2007) 또한 미국에 도착한 시기가 5세에서 16세까지 연령범위의 아동과 청소년을 대상으로 문법형태소발달에서 연령 효과를 연구하였다. 그 결과 나이든 아동과 청소년은 처음에는 어린 아동들보다 문법형태소를 더 빨리 습득하였다. 그러나 연구가 끝날 시기에는 더 어린 나이에 영어학습을 시작한 아동들은 거의 90% 정확하게 문법형태소를 사용하는 수준에 도달하였다. 유사한 형태가 7장의 국제입양아동들에게서도 나타났다. 따라서 아동기의 습득연령은 나이가 더 어린 아동들이 장기적으로 보았을 때는 습득을 더 잘하였으며, 나이가 많은 아동들은 단기간 습득에서는 더 나은 결과를 보였다. 여기서 더 어리다고 하는 연령은 중기 아동기(middle childhood) 보다 더 어린 연령을 의미한다. 이런 연령집단에 관해 연구가 전반적으로 부족하지만, 지금까지 결과로는 6~8세 연령보다 더 어린 나이에 제2언어로서 영어를 배울 때 차별화된 장기적인 결과가 나타난다는 증거는 없다.

습득연령에 관한 결과는 전문가들이 소수집단 부모들로부터 아동들의 L2 습득 시기에 관한 질문을 받을 때 조언을 해 주기 위해서 의미 있는 정보이다. 이주민과 망명한 가족의 부모들은 흔히 아동들이 학교에 입학하기 전에 영어를 배워서 남보다 앞서 시작한 것으로 유리한 위치에 있기를 바란다. 여기에 논의한 결과가 보여 주는 것처럼, 조기에 시작하는 것이 반드시 더 나은 것은 아니다. 또한, 8장에서 논의한 이중언어 학교 교육에 관한 연구 결과를 보면, 때로 학년기 초기에 소수언어에 대하여 교육적 지원을 하였을 경우 영어로만 학교 교육을 받은 아동들보다 영어 성취수준이 더 높은 것으로 나타났다. 실제로 몇몇 연구자들은 영어를 너무 조기에 습득하게 하였을 때, L1 소수언어의 유지가 어려울 수 있다고 주장하고 있다. 이 논쟁에 대하여 다음 섹션 '제1언어가 소수언어인 아동들에게 무슨 일이 일어났는가'에서 보다 자세히 다루고 있다.

제1언어의 구조

아동 개인 간 차이에 대해 마지막으로 다룰 내용은 음운과 구문구조에 있어 L1과 L2 간의 차이이다. 즉, 아동의 L1이 L2와 전혀 다를 때, L2 발달속도에 영향을 줄 수 있다. 이 장에 앞서, '아동의 제2언어발달단계'에서 L1전이의 개념, L1에 영향을 받아 L2에 나타날 수 있는 독특한 패턴에 대하여 이미 논의하였다. 예를 들면, 중국 북경어는 정관사와 부정관사(the, a)가 없지만 스페인어에는 있다. 스페인어가 제1언어인 아동보다 북경어가 제1언어인 아동이 영어의 관사를 배우기 쉬울까? 만약 스페인어가 제1언어인 아동이 한정사에 대한 문법적인 개념을 전이할 수 있다면, 언어에는 이런 개념을 나타내는 단어가 있다는 지식, 그리고 문장 속 관사의 사용방법에 대한 어떤 규칙을 아는 이런 모든 것들은 아동들이 영어 관사를 습득하는데 유리할 수 있다. Zdorenko와 Paradis(2008)는 L1이 스페인어인 아동들이 실제로 제1언어가 중국어인 아동들에 비하여 영어 관사 습득이 유리하다는 것을 발견하였다. 음운체계에서 L1과 L2가 공통점이 있을 때 발달이 촉진될 수 있다. Goldstein(2004), Fabiano-Smith와 Goldstein(2010)의 초기 순차적 이중언어아동들의 영어 말소리 산출연구에서 스페인어와 공유하고 있는, 즉 스페인어와 유사하게 발음이 되는 음소는 공유되지 않은 음소보다 발음이 더 좋았다. 언어치료사들이 L1의 전이가 아동들의 영어 오류형태, 말소리 습득 속도, 구문형태발달에 어떻게 영향을 주는가를 이해하는 것은 아동들의 조음음운장애 또는 언어발달장애를 판단할 때 매우 중요하다. *The International Guide to Speech Acquisition*(McLeod, 2007)은 24개 언어에 관한 음운체계와 말소리 습득패턴에 대하여 설명하고 있으며, 임상가들이 L2 학습자들의 대치형태와 습득의 어려움을 예측할 수 있는 유용한 자료이다. 현재까지 각 언어의 구문형태구조에 대한 가이드라인은 없다.

제2언어 노출의 양과 질

아동의 L2 발달에 영향을 주는 외부적 요인은 L2의 경험과 관련이 있다. 예를 들면, 아동이 L2를 학습한 기간, 학교, 가정, 지역에서 L2를 사용한 경험의 양 등 L2의 양적 입력에 관련된 모든 것이 해당되며, 노출된 L2의 질 또한 고려되어야 한다. 즉, L2의 언어적 상호작용 깊이와 다양성, 원어민과의 접촉, 대중매체, 그리고 아동으로 하여금 풍부한 어휘와 복잡한 문법에 노출되게 하는 L2 읽기매체 등이 그것이다. Jia와 그의 동료들은 영어 텔레비전을 보는 시간, 읽은 영어책 수, 영어 원어민화자 친구 수, 가정에서 영어로 말하는 시간 등의 정보(Jia & Aaronson, 2003; Jia & Fuse, 2007)를 근거로 중국 표준어가 제1언어인 아동들의 학교 교실 밖 영어 노출 정도를 조사하였다. 그 결과 아동들의 빠른 영어습득은 L2의 풍부한 언어환경과 관련이 있었으며, 이민자 아동들의 도착연령보다 더 중요한 요인이었다.

그러나 이런 결과가 가정 내 가족들이 L2를 많이 사용하도록 권해야 한다는 것을 의미하지는 않는다. 이와 달리 다음 장에서 보다 자세하게 알아보겠지만, 가정에서 L1을 자주 사용하도록 권해야 할 많은 이유가 있다. 가정에서 L2를 빈번하게 사용하는 것이 아동들의 성공적인 L2 습득에 필수적이라는 증거는 없으며, 가정에서 사용하는 L2의 질적인 측면을 고려해야 한다. L2에 유창하지 않은 부모가 아동과의 상호작용 시에 대부분 이 언어를 사용한다면, 부모의 제한된 L2 언어기술로 인해 부모와의 이런 상호작용으로 L2에 많이 노출되는 장점은 아동의 초기 언어습득단계가 지나고 나면 줄어들 수 있다. Edmonton ELL 아동들이 이 경우인 것 같다. 가정에서 영어노출의 이점은 얼마나 유창한 영어에 노출되는가에 달려 있다(Paradis, 2010). 또한 가정에서 가족 간의 영어사용은 영어 매스컴의 접촉, 학교 밖에서 영어로 하는 활동, 원어민 화자와의 접촉과 같은 요인보다 아동들의 언어발달에 다르게 영향을 준다. 후자는 특히 학교 교육을 1년 정도 받은 이후부터 아동들의 영어능력에 매우 큰 긍정적인 영향을 준다. 원어민 화자와의 접촉이 앞에서 소개한 Luis와 Faisal의 중요한 차이이다. Luis가 살고 있는 지역은 스페인어를 사용하는 많은 또래 아동들이 살고 있다. Faisal도 많은 L2 아동들이 있는 지역에 살고 있지만 이 아동들은 L1으로 다양한 언어를 사용하는 아동들이며 또한 몇몇 영어 단일언어아동 또래 친구들이 있다. 이 차이는 Faisal이 Luis 보다 지역사회 내 원어민 화자와 접촉을 자주하고 영어를 연습할 기회가 더 많다는 것을 의미한다.

언어입력의 양과 질에 관련된 요인은 주로 어머니의 교육수준으로 평가되는 가족의 사회경제적 수준(SES)이다. 부모의 교육수준은 아동들의 제1언어발달에 강한 요인이 되며, 이런 결과에는 두 가지 이유가 있다: 1) 교육수준이 높은 어머니는 아동에게 더 많은 말을 해 준다. 2) 교육수준이 높은 어머니는 아동들의 복잡한 문장사용을 촉진시킬 수 있는 형태의 언어적 상호작용을 한다(Hoff, 2006). Oller과 Eilers(2002)는 사회경제적 수준이 높은 스페인어-영어 이중언어 아동들은 사회경제적 수준이 낮은 아동들보다 영어가 더 유창하다는 것을 발견하였다. Golberg 등(2008)의 연구 결과에서도 2년간 추적한 L2 아동집단에서 교육수준이 높은 어머니들이 가정에서 L2가 아닌 L1을 더 많이 사용하는 경향이 있었으며, 이런 아동들은 또래보다 영어를 더 잘했다. 이 결과가 다소 역설적으로 보이기는 하지만, 사용되는 언어에 상관없이 가정에서 이루어지는 질적인 언어적 상호작용이 이중언어습득에 중요하며 도움이 된다는 것이다. 앞에서 소개한 아동들을 생각해 보면, Bonnie 만이 부모가 대학을 졸업했으며, Luis와 Faisal의 부모들은 교육수준이 낮다. 사회경제적 수준의 차이는 다른 두 아동과 달리 Bonnie가 빠르게 영어를 배운 원인이 될 수 있다.

고려해야 할 마지막 입력요인은 학교에서의 영어사용이다. 예를 들면, 교육매체를 통하여 프랑스어를 L2로 배우는 캐나다의 프랑스어 몰입교육 상황에서, 수업시간, 쉬는 시간, 그리고 강당에서 프랑스어를 더 자주 사용하는 아동들이 유치원을 졸업할 즈음에 프랑스어를 더 잘하였다(Genesee & Hamayan, 1980). Wong Fillmore(1983)는 스페인어가 제1언어인 아동들을 대상으로 교실상황이 L2 결과에 영향을 주는 성격요인과 어떻게 상호작용하는가를 조사하였다. 연구 결과, 학생들은 또래와 사회적 상호작용을 잘 시도하지 않고, 선생님의 이야기를 통하여 영어에 매우 많이 노출되기 때문에, 교사중심의 교실환경은 수줍음이 많고 주의를 잘 기울이는 학생들의 L2 학습에 도움이 되었다. 그러나 보다 외향적이고 또래와 상호작용하는 것을 선호하는 학생들은 교실 밖 다른 아동과 상호작용 활동으로 더 많은 언어적 입력을 얻었다. 하지만 많은 학생들이 동일한 L1을 사용하고, 영어 원어민화자가 거의 없는 경우에는 외향적인 사회적 스타일의 장점이 많은 집단 활동이 있는 교실에서 역효과를 낳을 수 있다. Wong Fillmore가 관찰한 사회성이 좋은 학생들은 집단 활동을 하는 동안에 주로 스페인어로 또래들과 말을 하기 때문에 영어를 학습하는 1년 동안 거의 영어를 제대로 배우지 못하였다. 이 연구에서 하나의 중요한 의미는 성공적으로 빠르게 L2를 습득하게 하는 학습자와 교실 특성의 단일조합은 없다는 것이다. 상대적으로 보면, 수줍어하는 학생들도 L2 습득에 빠른 진전이 있을 수 있으며, 모든 교실환경이 모든 학습자의 스타일에 적절하지는 않다.

소수언어 아동의 제1언어에 어떤 일이 일어나는가?

이민자와 망명가족의 부모들은 흔히 자식들이 그들의 모국어를 사용하며 성장하기를 바라는 마음과 아이들이 주류사회에서 성공하기 위해서 가능한 빨리 다수언어인 영어를 습득하기를 바라는 마음이 있다. 진실은 L1과 L2가 서로 경쟁이라기보다 L1유지와 L2 습득이 서로 도움을 주기 때문에 부모는 이 문제가 서로 다른 것이라 느끼지 않아야 한다는 것이다. 표면적으로는, L1의 유지가 중요하다고 제안하는 것이 모순적으로 보일 수 있다. 오랫동안 L2 아동들이 원어민과 같은 수준으로 언어를 습득하는데 시간이 얼마나 걸리는가에 대하여 논의하였고, 하나의 요인으로서 사회적 상호작용의 잠재적 중요성을 확인하였다. 그러나 이중언어학습은 제로섬 게임이 아니다. 3장에서 지적한 것처럼, 제한된 능력가설은 지지되기 어려우며, 어린 아동들의 뇌에 언어를 위한 공간이 그만큼 밖에 없기 때문에 L2를 위한 공간을 마련하기 위해서 L1의 사용을 중단해야 한다는 것은 사실이 아니다. 또한 단순하게 과제 집중 시간(time-on-task)이 L2 진전에 효과에 있을 것이라는 것도 사실이 아니다(8장에서 설명하고 있음). 아동들이 L2에 최대한 노출이 되어야 하고, L2의 이득을 최대화하기 위해서 다른 언어의 노출은 감소시켜야 한다고 일반적으로 믿고 있지만, 스펀지처럼 빨아들인다는 이론처럼 거의 실증적인 지지를 받지 못하고 있다.

미국, 서유럽, 호주로 이민 온 다수언어 영어를 배우는 소수언어 아동들은 흔히 L2의 유창성이 증가함에 따라 L1 능력을 잃어버리기 때문에 감가적 이중언어환경 아동들이다. 그 결과 높은 수준의 이중언어 유창성은 낮아질 수 있으며, 3장에서 논의했던 것처럼, 부가적 이중언어아동들이 유창한 이중언어로 얻을 수 있는 인지적 이득을 경험할 수 없다. 또한, L1과 L2의 학업언어기술의 상호의존적 발달에서 나오는 학업적인 이점을 얻기도 어렵다. 긍정적인 상호의존적 발달의 가장 분명한 예는 L2의 읽기이다. 학교에 입학하기 전에 L1의 초기 문해기술을 습득한 소수언어 아동들은 그런 문해기술이 부족한 아동들보다 L2 문해기술을 빠르게 습득할 수 있다. L1과 L2 문해기술 간의 관련성은 L1에서 이미 읽기기술을 습득한 아동들에게서 보다 분명하다. 이런 아동들에게 L2 문해기술의 습득은 쉽다. 학교환경에서 L2의 보다 나은 수행력을 위해서 L1을 유지하는 것과 관련된 이점은 8장과 10장에서 논의하고 있다.

감가적 이중언어환경은 어린 언어학습자와 양육자의 모국어와 문화에 대해 양가감정을 갖게 할 수 있다. 모국어가 다수언어를 습득하는데 방해가 되며, 소수집단의 열등함을 나타내는 것으로 보일 수 있어, 모국어를 포기하는 결과를 초래한다. 당연한 결과로 부모들은 자신들이 아직 완전히 습득하지 못한 언어로 아이들과 상호작용하기 위해서 노력하기 때문에 더 이상 아이들에게 풍부한 모국어 언어환경을 제공하지 않게 된다. 사실상 아이들의 이중언어는 평가절하 되었으며, 완전한 언어습득을 위해 매우 중요한 풍부한 언어입력은 위태롭게 된다. 앞에서 언급한 인지적/학업적인 이유 이외에, 소수집단 아동들의 소수언어가 유지되도록 해야 하는 중요한 심리적 및 사회문화적 이유가 있다. **글상자 6.5**에 제시한 Wong Fillmore의 1991년 논문인 '제2언어를 배우는 것은 제1언어를 잃어버리는 시기를 의미한다'에서 그녀는 제1언어의 손실이 아동과 가족들에게 해를 주는 이유에 대하여 열정적으로 설명하고 있다. 아동의 개인적인 행복과 학업적인 성공을 위해서 L1의 유지가 중요함에도 불구하고, 시간이 지남에 따라 아동들은 점차 L1을 잃어버리게 된다. 언어손실의 이런 과정을 **L1 감소**(L1 attri-

> ## 글상자 6.5
>
> ### 소수언어 아동의 L1 손실의 결과
>
> "아동과 부모가 서로 쉽게 의사소통하지 못할 때 잃는 것은 무엇인가? 잃는 것은 부모들이 자녀들을 사회화시키는 방법 못지않다: 부모들이 아이들과 대화하지 못할 때, 아이들에게 그들의 가치, 신념, 이해, 경험의 지혜 등을 쉽게 전달할 수 없다. 부모들은 직업의 의미, 개인적인 책임감, 또는 너무 많은 선택과 따라야 할 지침이 없는 이 세상에서 도덕적이고 윤리적인 인간이 되는 것이 무엇을 의미하는지 등에 대해서 자녀들에게 가르쳐 줄 수 없다. 대화는 부모와 자녀의 중요한 연결고리이다: 부모들은 대화로 자녀들에게 그들의 문화를 전달해 주며, 부모가 원하는 그런 사람이 되는 것을 가능하게 해 준다. 부모가 자녀들에게 영향을 주고 사회화하는 방법을 잊어버릴 때, 틈이 생기고, 가족들은 서로 신념과 이해를 공유하는 데서 오는 친근감을 잃어버린다."(Wang Fillmore, 1991, p. 343)

tion)라고 한다. 어떤 감소는 미국 내 몇몇 지역의 스페인어처럼 주변지역에서 L1이 활발하게 사용되고 있는 지역의 아동에게서도 발생한다. 아동을 대하는 전문가들은 많은 소수언어사용 아동들의 L1 능력이 안정적으로 유지되지 않을 것이며, 그 언어를 사용하는 단일언어아동들의 언어능력과 동일하지 않을 것이라는 것을 알아야 한다. L1에서 다수언어인 L2로 점점 전이가 되는 것은 미국, 캐나다, 서유럽, 호주에 살고 있는 이민자 가족들에게 불가피한 일이다.

언어 전이와 언어 감소의 특성

순차적 이중언어아동은 가장 유창한 언어인 모국어가 있으면서 L2 학습을 시작한다. 그러나 대부분의 L1이 소수언어이고 L2가 다수언어인 아동들의 주언어는 일반적으로 시간이 지나면서 L2로 변경되며, L2가 학교에서 사용되는 언어일 경우에는 특히 그러하다(이중언어의 주언어에 대한 논의는 4장에 제시되어 있음). Kathryn Kohnert와 그의 동료들은 L1이 스페인어이고 L2가 영어인 캘리포니아의 청소년과 아동을 대상으로 감소하는 L1과 증가하는 L2 간의 과도기에 대하여 연구하였다(Kohnert & Bates, 2002; Kohnert, Bates & Hernandez, 1999). 이 연구자들은 다른 연령인 5세에서 16세까지 아동들의 스페인어와 영어에서 단어인식과 명명하기 속도 및 정확성에 대하여 연구하였다. 처음에는 단어기술이 스페인어에서 더 강했으나, 영어를 약 10년 정도 경험한 이후부터는 주언어가 스페인어에서 영어로 이동하였다. 언어이해에서는 이런 이동이 더 빨라서 영어에 노출된 지 약 7년 이후에 이동이 발생하였다. 이들 아동과 청소년들은 L1인 스페인어가 광범위하게 사용되는 지역에 살고 있었으며, 이것이 주언어의 이동 기간에 영향을 주었을지도 모른다. 소수집단아동의 소수언어가 지역사회에서 잘 사용되지 않는 곳에 살고 있는 아동의 경우에는 보다 더 일찍 L2가 주언어로 변경되었을 것이다. L1 감소의 원인에 대하여 논의할 때에는 L1이 사용되는 지역사회의 규모에 대하여 짚고 넘어가야 한다.

L2가 주언어로 이동하는 것이 L1의 감소 또는 L1의 완전한 손실과 필수적으로 관련이 없을 지라도 몇몇 경우에 이런 결과를 초래한다. 소수집단 아동들의 L1 감소는 언어지식과 언어사용의 다양한 측면에서 분명하게 나타난다. Anderson(2004)은 감소를 겪고 있는 미국 내 이중언어아동들의 스페인어의 특성에 대하여 논의하고 있다. 다음은 Anderson(2004, p. 202)이 제시한 몇몇 예이다.

1. 아동들은 어휘력에 제한이 있을 수 있다. 따라서 흔히 사물의 이름 대신에 *éste*('this one')과 같은 지시대명사를 사용하거나 영어단어를 스페인어 문장에 부호혼합한다.
2. 아동들은 문법형태소에서 ellos comen('they eat[복수형]') 대신에 *ellos come*('they eat[단수형]')을 사용하는 오류를 범하거나, *el casa rojo*('the [masc] house[feminine] red[masc]')와 같이 명사구의 성별(gender)에서 오류를 범한다.
3. 아동들은 또한 스페인어에서 적절한 구의 어순인 *el vaso grande*('the glass large') 대신에 *el grande vaso*('the large grass')와 같이 사용함으로써 스페인어 구에서 영어어순을 사용할 수 있다.

Silvina Montrul은 미국 내 스페인어 모국어 사용자를 광범위하게 연구하고, 이들에게 스페인어가 편안하고 유창할지라도 스페인어 단일언어화자와 비교하였을 때, 형태구문능력에서 크고, 흔히 미묘한 차이가 있다는 것을 발견하였다 (Montrul, 2008). Montrul은 스페인어 사용자(heritage speaker)와 스페인어 단일언어사용자 간의 어떤 차이는 감소와 다른 불완전한 습득을 반영하는 것일 수 있는데, 그것은 스페인어 사용자(heritage speaker)들이 스페인어 문법형태소를 습득한 이후에 손실되었다기보다는 처음에 스페인어의 복잡한 문법형태소를 완전하게 습득할 기회가 없었기 때문인 것으로 보고 있다. 예를 들면, 소수언어인 스페인어 가정법 구문과 의미의 완전한 습득은 3세까지는 거의 이루어지지 않는데, 이 시기 아동들은 다수언어에 지속적이고 일관성 있게 노출이 된다. 또한 스페인어로 학교 교육을 받지 않는 것은 미묘한 스페인어 가정법에 결코 노출될 기회가 없다는 것을 의미한다. 아동과 성인의 유산언어 감소와 불완전한 습득에 관한 광범위한 리뷰는 Montrul(2008)을 참고하기 바란다. 비록 L1의 감소 또는 불완전한 습득이 일반적이라 할지라도, 그 영향 정도는 개인차가 매우 많으며, 모든 L2 소수집단 아동들에게서 L1 감소현상이 현저하게 나타나는 것은 아니라는 것을 강조하고 싶다. 몇몇 이중언어아동들은 소수언어와 다수언어 모두 유창하다. 그럼에도 불구하고 부모나 전문가들은 L1 감소의 특성을 알아야 하는데, 이는 아동들이 L1을 제한되게 사용하거나 실수를 하는 것이 언어학습에 어려움이 있거나 장애가 있어서 아니라는 것을 인식해야 하기 때문이다.

어린 L2 아동의 연구에 참여했던 많은 연구자들과 이 분야의 전문가들은 이런 아동 중 몇몇은 L1 능력이 눈에 띄게 빠른 속도로 감소하는 시기에 과도기를 경험할 수 있으나, 아동들의 L2능력은 완벽하거나 원어민과 같지 않다고 말한다. 이런 과도기를 흔히 **반푼이중언어**(semilingualism)라고 한다. 이 과도기 기간에 아동들은 영어와 모국어 둘 모두를 제대로 말하지 못한다. 이 시기 아동들은 언어적인 공백상태이며, 언어장애와 유사한 상황이라는 것을 의미하기 때문에 이 용어는 매우 논란의 여지가 있다. 많은 이유로 볼 때 이런 용어는 사용하지 않아야 한다고 생각한다. 첫째, 과도기 시기에 어떻게 아동이 언어적으로 결함이 있다고 할 수 있는가에 많은 의문이 있다. 이 시기 아동들은 언제나 L1과

L2에 어느 정도 유창성을 가지고 있으며, 중간언어가 이 시기 아동들의 언어이다. 중간언어는 체계적이며, 문법이 있고, 그 언어로 기능적인 의사소통이 가능하다. 둘째, 경험으로 보았을 때, 반푼이중언어라는 꼬리표는 가정의 언어모델이 우려가 될 수 있는 소수집단 L2 아동들에게 적절하지 않다. 이는 가정의 성인들이 아동과 상호작용 할 때 모국어인 L1이 아닌 아직 완전히 습득하지 못한 L2를 사용하기 때문이다. 즉, 이런 가정에서 아동들이 경험한 언어모델은 어떤 의미에서 결핍되어 있는 언어일 수 있다. 그러나 이것은 단일언어아동들 또한 결핍된 언어모델에 노출될 수 있기 때문에 반푼이중언어와 별개의 문제이다. 중요한 것은 이런 소수집단 아동들이 학교와 대중매체를 통하여 보다 풍부하고 학업적인 L2에 노출될 것이라는 점이다. 마지막으로, 반푼언어개념의 결점은 흔히 평가와 관련되어 있다. 많은 소수집단 아동들이 언어능력평가에서 낮은 수행력을 보이기 때문에 반푼이중언어라는 꼬리표가 붙는데, 문제는 평가도구가 평가순서 및 방법, 그리고 주류문화와 주류언어의 다양성에 익숙하게 구성되어 있다는 것이다. 9장에서 자세하고 논의하고 있듯이, 이러한 평가도구를 통한 평가결과는 신뢰성이 없으며, 다양한 문화와 언어적인 근거로 볼 때 유용하지 않다. 요약하면, L1의 감소가 가속화되는 L1에서 L2로 빠른 이동이 몇몇 아동들에게서 관찰된다. 그러나 이런 현상이 반푼이중언어를 발생시키거나, 이런 아동들이 환경적인 원인으로 인한 어떤 언어장애를 갖게 된다는 증거는 없다.

제1언어의 감소: 원인과 예방

많은 이민자 가족들은 자녀들이 L1을 말하지 않으려고 한다고 불평을 한다. 자녀들은 L1을 이해할 수 있으나, L2로 대답을 한다. 이런 거절은 흔히 시간이 지남에 따라 언어손실로 전향되거나, 이미 진행 중인 손실의 결과이다. 몇몇 손실 또는 감소의 원인은 변화하는 가족과 지역사회에 있다. 이 섹션에서 감소의 원인을 논의하고, 소수집단아동들이 초기 아동기에 L1을 유지하는 데 도움이 되는 전략을 제안하고자 한다.

소규모 L1 지역사회

1장에서, 소수언어의 개념은 연속선상에 있다고 설명하였다. 예를 들면, 미국에서는 스페인어와 쿠르드어 모두가 소수언어에 속하며, 두 언어가 연속선상의 양쪽 끝에 있다. 소수아동의 언어인 L1이 집 밖의 환경인 가게, 교회, 문화 이벤트 등과 같은 많은 상황에서 사용되는 지역에 살고 있는 소수언어 아동들은 그 언어를 다양한 상황에서 보다 자주 사용할 수 있기 때문에 소수언어 L1을 발달시키고 유지시킬 기회를 많이 갖게 된다. **민족언어학적 생동력**(ethnolinguistic vitality)(Hardwood, Giles, & Bourhis, 1994)이 낮은 소수언어를 사용하는 가족들은 자녀들의 L1을 발달시키고 유지시키기 위해서 가능한 L1을 경험할 수 있는 기회를 많이 주어야 한다. 그 언어로 된 책, DVD 등과 같은 매체를 구하려고 노력해야 하고, 그 언어를 말하는 아동들의 놀이집단 또는 사회집단을 찾아야 하며, 실제로 그 언어가 널리 사용되는 지역으로 여행을 가기도 한다. 흔히 우리는 휴일에 아이들을 데리고 고국을 방문하는 것은 '활력소'와 같은 역할을 한다는 말을 가족에게서 듣는다: 이것으로 아동들은 모국어와 문화에 대한 관심을 다시 가지게 되며, 돌아와서 모국어를 더 많이 사용하기 시작한다. 앞에서 소개한 L2 이민자 아동들은 이런 소수언어 지위의 연속선상에 있다. Luis는 스페인어를 사용하는 멕시코인이 많이 살고 있는 캘리포니아 지역에서 성장하고 있으며, 날마다 집밖에서 L1인 스페인어를 사용할 기회가 많이 있을 것이다. 이와 유사하게, Bonnie와 그녀의 가족들은 매우 크고, 활기찬 밴쿠버의 중국문화 지역사회의 구성원이며, 또한 정기적으로 타이완을 방문한다. 이에 비하여, Faisal과 그의 가족들이 속해 있는 Edmonton의 소말리아 공동체는 매우 작고, 뿔뿔이 흩어져 살고 있으며, 소말리아어 책이나 다른 매체를 거의 구하기 어렵다. 정치적 및 경제적인 이유로 Faisal과 가족들이 고국 소말리아를 방문할 수 없다. 따라서 지역사회 요인을 보았을 때, Faisal은 다른 두 아동들보다 L1이 감소될 위험이 더 크다.

어린 시기의 L2 학습

앞에서 개인적인 요인에 대하여 논의하면서, 장기적 및 단기적인 L2 학습에 있어 언어습득연령의 영향을 설명하였다. 소수언어 L1이 유지되도록 지원을 할 때, 어떻게 L2 습득연령을 고려할 것인가에 대하여 논의하였다. Wong Fillmore (1991)와 Montrul(2008)은 특히 유치원 시기에 영어를 빨리 가르치는 것은 미국에서 L2 감소와 손실을 유발시킬 수 있다고 하였다. 연구자들은 아동들이 다수언어와 접촉하면서 실질적으로 L1으로 말하는 것을 포기하는 사례들을 자세히 기록하였다. L1이 완전히 습득되지 않은 어린 나이에 접촉이 일어나면 그 결과 손실이나 감소가 일어나기 더 쉽다. 그러나 언제나 이것이 사실은 아니다. 사실 몇몇 미국 연구자들은 유치원 시기에 영어에 노출되는 것이 L1 유지에 부정적인 영향을 주지 않는 것을 발견하였다(Winsler, Díaz, Espinosa, & Rodriguez, 1999). 조기에 영어에 노출되는 것이 L1 유지를 어렵게 하는 정도는 앞에서 논의된 다른 요인인 아동의 언어환경이 감가적 이중언어환경인가에 달려 있는 것 같다. L2 다수언어에 늦게 노출되는 것이 L2 발달에 부정적인 영향을 주지 않고, 몇몇 아동들에게는 L1의 발달을 보호하고 촉진하기 때문에 흔히 너무 이른 발달 초기에 L2 다수언어에 소수언어 아동들이 노출되지 않도록 권장하고 있다.

L1 교육기회의 부족

아동들은 학업 및 문해능력과 관련된 어휘와 문법을 주로 학교에서 배우기 때문에 교육은 많은 사회에서 언어학습의 주춧돌 역할을 한다. 이와 유사하게, 교육은 학교 밖에서 달리 지원이 되지 않는 언어를 귀로 들을 수 있는 풍부한 기회를 주고, 언어가 유지될 수 있게 해 주기 때문에 소수언어의 발달과 유지를 위해서도 중요하다. 소수언어 아동들의 이중언어교육의 중요성은 미국 내 이중언어 프로그램의 성공사례에서 분명하게 나타나고 있다. 이런 프로그램에서 소수언어 아동들은 최소한 초기에 어느 정도는 그들의 소수언어인 모국어로 교육을 받는다. 8장에서 리뷰한 연구에서 보았듯이, 이 프로그램에 참여한 소수언어 아동들은 단지 영어프로그램에 참여한 학생들보다도 모국어 구어와 문해에서 높은 수준의 수행력을 보였다. 이와 동시에, 이들이 영어프로그램만 참여한 소수집단 아동들보다도 영어말하기와 문해에서 더 높은 수준의 영어 유창성을 습득하였다. 초등학교 시기 이중언어학습에 관한 이런 연구를 지지하는 Wong Fillmore

(1991)가 대규모 부모 설문조사를 실시한 결과, L1을 배타적으로 사용하는 유치원 프로그램에 참여한 소수집단 아동들이 유치원에서 영어만을 사용하는 프로그램에 참여한 아동들 보다 초등학교 저학년까지 L1을 더 잘 유지하고 있었다. 따라서 유치원과 초등학교 모두에서 소수언어를 경험하는 것은 소수언어를 발달시키고 유지시키는 데 도움이 된다는 것을 알 수 있다.

모든 소수집단 아동들이 모국어로 정규적인 교육을 받을 수 있는 것은 아닐 것이다. 어떤 소수민족공동체는 주말학교를 열어 아이들이 모국어를 배우고 연습할 수 있게 하며, 문해기술도 배울 수 있게 한다. 앞에서 소개한 아동사례 중, Bonnie는 그런 주말학교에 참여하고 있다. 아이들의 모국어 능력이 유지되기를 바란다면, 소수언어사용 가족들이 아이들을 위해서 모국어로 교육을 받을 수 있는 방법을 찾도록 조언을 해야 한다. 이런 모국어 경험이 아이들의 L2 발달을 위협한다는 증거는 없다. 그와 반대로 두 언어는 서로서로를 기반으로 하여 발달할 수 있으며, 문해와 학업언어기술 영역은 특히 그러하다.

동화와 통합의 욕구

소수언어 아동들이 영어만 사용하는 학교에 입학 했을 때, 다수언어와 문화를 접하게 된다. 모국어와 모국의 문화는 전혀 볼 수 없거나, 거의 찾아볼 수 없다. 아동들은 그 학교의 사회 구성원이 되어야 하며, 다수언어를 배우고, 그 문화에 동화되어야 한다는 것을 빠르게 깨닫게 된다(Wong Fillmore, 1991). 이런 동화 욕구는 소수집단에 속한 열등감에서 오는 것일 수 있다. 우리의 관점에서 볼 때, 소수집단 아동과 부모들이 이중언어지식처럼 이중문화 정체성도 소수집단 아이들에게 현실적이고 유익한 가능성이라는 것을 인지할 수 있도록 도와주어야 한다. 그러나 그렇게 하기 위해서, 교육기관은 다양성과 소수집단 문화 간의 교류를 개방적으로 받아들여야 한다. 개방은 교실에서 다양한 문화와 언어를 더 많이 표현하는 것으로 시작하여 부모와 지역사회 참여를 토대로 교과과정을 변경하는 것으로 깊이 있게 발전할 수 있다. 교육자와 교육체계의 역할은 소수집단 아동들이 이중문화 정체성의 균형을 잡고, 이중언어를 유지할 수 있도록 적극적으로 도움을 주는 것이다.

가정에서 언어이동

다양한 요인으로 인해 소수언어 아동의 다수언어사용에 대한 압력이 증가할 때, 이것이 가정에서 가족구성원 간의 언어사용에 영향을 끼칠 수 있다. 아동들의 이런 욕구 이동은 Faisal의 모든 형제자매들에게 일어났으며, 부모 또한 가정에서 다수언어를 많이 사용하면 아이들이 그 언어를 더 빠르게 습득할 것이라는 생각에 되도록 다수언어를 많이 사용하려고 노력한다. 그러나 부모들이 아이가 나이가 들어서도 계속적으로 L1을 사용하기 바란다면 가정에서 L1 사용을 고집할 필요가 있다. 또한 가정에서 소수언어를 사용하는 것이 아동들의 다수언어습득을 방해하지 않을 것이다. Hakuta와 D'Andrea(1992)는 캘리포니아 멕시코계 청소년을 대상으로 대규모 연구를 실시하였다. 연구자들은 인터뷰를 통하여 청소년들의 가정 배경, 다양한 상황에서의 언어사용, 그리고 스페인어에 대한 청소년들의 태도에 관한 정보를 수집하였다. 이 연구의 주요 결과는 스페인어 유창성은 십대들의 스페인어에 대한 태도보다는 가정에서 부모들의 언어사용과 더 많은 관련이 있었다. 가정에서 부모가 영어를 사용하는 청소년들의 스페인어 유창성이 가장 낮았다. 또한 십대들이 스페인어를 얼마나 유창하게 말하느냐에 상관없이, 약 8년 정도 미국에 거주한 십대들은 영어 유창성이 높고 상대적으로 안정적이었다. 이 연구 결과는 자녀의 모국어인 제1언어능력이 유지되기를 바라는 부모라면, 가능한 가정에서 그 언어를 많이 사용해야 하며, 가정에서 언어를 사용한다고 해서 영어를 습득하지 못하는 것이 아니라는 것을 보여 주고 있다.

요점 및 의의

요점 1

아동들은 L2의 음운과 문법을 습득하고, 어휘는 천천히 쌓아간다. "아동들은 스펀지처럼 언어를 흡수하지 않는다." 아동들이 새로운 언어를 처음 접할 때 비구어를 사용하는 기간이 있을 수 있다. 아동들이 L2를 말하기 시작할 때, 첫 발화는 대개 짧고, 정형화되어 있다. L2 아동들은 영어에 노출된 지 몇 달 이내에 성인이나 또래 아동들과 의사소통을 잘 할 수 있지만, 그렇다고 해서 문법능력, 어휘의 다양성과 어휘량, 발음이 또래 영어사용 아동과 같은 수준이라는 것은 아니다. 대개 L2 아동의 구어 유창성이 또래 단일언어아동과 유사해지기 위해서는 3~5년이 걸린다. 마지막으로, L2의 어떤 언어영역은 다른 언어영역보다 더 빠르게 발달한다. 예를 들면, 사건을 구성하고 연속적으로 나열하는 L2의 이야기 능력은 원어민 화자와 거의 같은 수준으로 발달할 수 있으나, 그 이야기를 정확한 문법형태소를 사용하여 말하는 것은 원어민 화자와 수준차이가 많다.

의의

교실에서 또는 언어평가를 할 때, L2 아동이 말을 전혀 하지 않으려고 하거나 낱말수준으로 질문에 반응한다면, 이 아동이 언어발달지연 또는 언어장애인가를 생각해 보기 전에, L2에 일관성 있게 노출된 기간이 얼마나 되었는가를 확인해 봐야 한다. L2에 일관성 있게 노출된다는 것은 L2를 사용하는 학교나, 전일제 유치원에 다닌다는 것을 의미한다. L2 노출이 1년이 되지 않았을 경우에 L2 습득 수준은 초기단계에 해당될 가능성이 높다. 또한 아동들이 말을 잘 안하려 하는 행동은 문화적인 것이 원인일 수 있다. 예를 들면, 성인과는 말을 많이 하지 않는 것이 그 아동의 문화일 수 있다. 또 다른 이유는 아동이 다른 나라 이주로 인해 심리적인 충격을 경험하였거나, 난민 수용소에서 지냈거나, 한 쪽 부모 또는 양쪽 부모와 강제로 분리되는 경험을 하였을 가능성이 있다. 이런 종류의 경험은 어린 L2 아동들이 말을 하지 않는 이유가 될 수 있다.

L2 아동들을 대상으로 한 표준화된 평가도구 사용과 그 결과 해석은 매우 신중해야 한다. 표준화된 검사도구가 아동들의 구어언어능력을 직접적으로 평가하지는 않지만, 아동들의 제한된 구어언어능력이 검사결과에 영향을 줄 수 있다. 아직까지 정확하게 언제 L2 아동들에게 표준화된 검사도구를 사용하는 것이 적절한지 연구 결과는 없지만, L2에 노출된 지 3년 안에 표준화된 검사도구로

평가하는 것은 적절하지 않는 것으로 보인다(이 문제에 대한 보다 자세한 논의는 9장에서 이루어지고 있다).

아동들의 공식적 및 비공식적 언어평가결과를 해석할 때, L2 아동들이 다른 언어영역보다는 어떤 언어영역에서 보다 빨리 원어민 화자처럼 발달한다고 보면, 대개, 평가 또는 평가의 하위영역이 목표언어의 특정한 축척된 지식을 근거로 할수록, 그 언어를 이제 막 습득하기 시작한 아동들의 수행력이 더 낮게 나올 가능성이 있다. 이와 달리, 담화구조 또는 낱말 해독처럼 인지-언어, 지각-언어의 접점 영역 기술에 가까울수록 L2 아동들의 수행력은 원어민 화자와 동일한 수준은 아니겠지만 그와 유사한 수행력을 보일 가능성이 있다.

요점 2

L2 습득 속도는 아동 간에 큰 개인차가 있다. 예를 들면, 제2언어에 노출된 기간, 학교 학년 등이 언제나 아동의 L2 진전 정도를 분명하게 결정할 수 있는 것은 아니다. 몇몇 아동들은 1년 정도 영어로 학교 교육을 받은 이후에 쉽게 대화를 할 수 있는가 하면 다른 아동들은 동일한 기간 동안 노출되어도 영어를 막 사용하기 시작하는 수준이기도 하다. 아동이 얼마나 빨리 L2를 습득하는가를 결정하는 요인에는 성격, 사회성 스타일, 언어적성, 습득연령, L1의 구조, 노출된 L2의 양과 질 등이 있다.

의의

L2 아동들의 개인적인 변인은 L2 표준화된 언어평가결과를 해석할 때 주의를 기울려야 하는 또 다른 이유이다. 부모의 교육수준, 가정과 지역사회의 언어사용, 가족들의 이주 이전의 경험 등과 같은 배경정보를 수집하는 것은 아동들의 제2언어인 영어발달속도를 예측하는 데 도움이 될 것이다.

부모나 전문가들이 가진 능력이 아동들의 개인 간 차이에 영향을 줄 수 있는 요인과 그렇지 않은 요인이 있다. 예를 들면, 대부분의 아동 개인 내적 요인은 전문가들이 변화시킬 수 없는 것들이다. 그러나 언어노출과 같은 외부적 요인은 전문가들이 긍정적인 방향으로 영향을 줄 수 있는 요인이다. 예를 들면, 교육자들은 교실환경이나 가정에서 아동들의 요구와 관심에 적절한 매체를 통하여 풍부한 L2 언어환경을 제공할 수 있으며, 동시에 그 과정에서 아동들이 어휘와 구문능력을 더 발달시킬 수 있도록 북돋워 줄 수 있다.

요점 3

L2 아동들의 중간언어는 음운, 어휘, 구문에서 원어민 화자들이 사용하는 목표언어와 차이가 있다. 이런 차이 중 몇몇은 L1의 구문규칙과 말소리 체계의 전이 때문에 발생한 L2의 오류로 나타날 수 있다. 그러나 대부분 이런 차이와 오류는 발달적인 것이며, 어린 L1 단일언어아동들이 그 언어를 배울 때 경험하는 발달단계와 유사하다. 제2언어로서 영어를 배우는 아동들에게서 분명하게 오류가 나타나는 언어영역은 문법형태소이다. L2 아동들이 문법형태소를 일관되고 정확하게 산출하기 위해서는 3년 이상이 걸린다. 이 기간 동안 아동들은 어느 한 문법형태소를 다른 형태소 보다 먼저 정확하게 사용할 수 있으며, 동일한 문법형태소를 정확하게 사용하는 것과 오류를 보이는 것이 번갈아 나타날 수 있다. L2 영어습득의 이런 측면을 강조하는 이유는 문법형태소의 오류가 또한 언어장애아동들에게서 나타나는 특성이기 때문이다. 9장에서 이에 대한 보다 자세한 설명을 하고 있다.

의의

아동들의 L1의 음운과 문법구조를 아는 것은 교사와 언어치료사들이 언어치료와 연습으로 이득이 되는 L2의 특성을 확인하는 데 도움을 줄 수 있다. 그러나 L2 아동들이 범하는 대부분의 오류는 L1에서 추적해 볼 수 없는 것이다. 따라서 일반적인 발달오류를 근거로 치료 목표를 세우는 것은 특히 다양한 L1 언어 배경 출신의 L2 아동들을 대상으로 할 때 유용할 수 있다.

L2 아동이 음운과 구문구조를 정확하게 산출하는 것과 정확하게 사용하지 못하는 것이 반복적으로 발생할 경우에 이런 아동들의 행동은 L2 언어발달 과정

에서 일반적으로 발생하는 것이지, 언어장애의 증상이 아니다. 특별한 음소와 문법형태소를 수업시간에 집중적으로 배우고 있을 때에도 L2에서 정반응과 오반응이 반복되는 현상이 나타난다.

전문가들은 아동들의 L2 학습발달단계에 적절한 중재전략을 개발하는 것이 중요하다. 아무리 집중적인 중재나 교육을 제공한다고 해도 L2 아동들의 학습 속도가 두 배가 되거나, 언어발달단계를 뛰어넘을 것 같지 않다. 차라리, 학교 선생님과 언어치료사들은 몇몇 어려움을 보이는 부분에 적절한 수준으로 중재를 제공하여 L2 아동들이 앞으로 나아갈 수 있게 도움을 주어야 하며, 아동들의 학습 속도를 점검하면서 보다 어려운 매체를 소개해야 한다.

요점 4

L1에서 L2로 우세언어의 이동 그리고 L1의 감소와 손실은 소수집단 아동들에게서 일반적으로 발생하는 일들이다. 그러나 L1의 유창성을 유지하는 것은 심리적, 인지적/교육적인 측면 모두에서 이득이 있으며, 감가적 이중언어환경 아동들에게는 특히 그러하다. L1을 사용하는 지역사회가 작고, L1교육기회가 제한되어 있으며, 아동들이 주류집단에 동화되려는 욕구가 강하거나, 가족 전체가 가정에서 언어사용을 L1에서 L2로 바꾸어버렸을 때 등과 같은 상황에서는 L1의 유지가 더욱 어렵다.

의의

L1으로 학교 교육을 받지 않고, L2가 다수언어인 환경에서 성장하고 있는 아동들의 L1 능력은 제한적일 수 있다. 이것은 아동들이 그 언어에 다른 정도의 능력을 가지고 있거나, 아동들의 언어능력이 그 언어의 교육경험 부족이나 L1의 감소특성 또는 L2와의 접촉에 의해서 영향을 받는 것을 제외하면, 아동들이 L1을 말할 수 없다는 것을 의미하는 것은 아니다. 이것은 자연스러운 결과이며, 아동들의 언어학습능력을 우려할 이유가 없다. 만약에 부모들이 아이의 말이 이상해 보인다거나 아이가 말을 하지 않아 L1에 대하여 염려를 한다면, 이것은 언어장

애의 증상이 아니라, L1의 감소 현상이다.

이중언어아동들은 두 언어를 제대로 배우기 위해서 가능하면 정서적, 언어적으로 전적인 지원을 받아야 한다. 지속적이며 일관성 있게 두 언어에 풍부하게 노출되는 것은 완전한 이중언어발달과 장기적으로 이중언어 이득을 거두기 위해서 중요하다. 아동들의 이중언어기술을 긍정적으로 보아야 하며, 가능한 많은 강화를 받아야 한다. 교사, 사회복지사와 같이 이중언어아동들을 대하거나 관련된 일을 하는 사람들은 아동의 이중언어기술이 해로운 결과를 초래하지 않는 개인과 사회의 긍정적인 자산으로 보도록 교육을 받아야 한다. 또한 이들은 아동의 이중언어학습을 지원하고 이중언어학습자로서 아동들이 자부심을 가질 수 있도록 지도해야 한다. 부모상담에서는 가정에서 아동의 L1 사용의 중요성을 강조해야 하며, L1을 계속적으로 사용하고 배우는 것이 L2의 성공적인 학습에 방해가 되지 않는다는 것에 대하여 부모에게 가능한 전문적인 정보를 제공해야 한다.

부모에게 가정에서 주로 L1을 사용하라고 조언을 하는 것은 현재 가족구성원이 서로 함께 있을 때 L1을 어떻게 서로 사용하며, 부모들이 아동과 어느 시간대, 어느 장소에서 접촉을 하는지, 그리고 아동들에게 일반적으로 어떻게 말을 하고, 글을 읽어 주는지와 관련지어 논의해야 한다. 이런 세부적인 것들을 이해하고, 부모와 언어사용 가능성을 조사하는 것으로 L1에 대한 조언이 보다 쉽고 효과적으로 이행된다. 우리의 경험으로 볼 때, 많은 부모들은 아동들과 대화할 때 보다는 아동의 행동을 지도할 때 주로 L1을 사용한다. 이것은 문화적인 이유로 발생할 수 있는데(2장에서 논의하고 있음), 부모들이 너무 바빠서, 또는 모국어만이 부모가 잘 사용할 수 있는 유일한 언어일지라도 부모들 자신이 그들의 모국어가 아동들에게 가치 있는 것이라고 보지 않기 때문이다. 이유가 무엇이든간에, 하루 동안 아동이 직접적으로 경험할 수 있는 유일한 L1이 몇 마디 발화밖에 되지 않는다면 그 언어가 유창하게 발달할 것이라고 기대하기는 어렵다. 부모들이 L1 사용의 기회, 주제, 빈도수를 늘려야 아동들이 그 언어를 완전하고 풍부하게 경험하게 된다. 문화적 또는 다른 요인으로 인해 부모가 어린 아동과 L1으로 자주 대화하기 어려울 경우에는, 형제자매와 대화를 하거나 지역사회 중심

활동을 하는 것으로 그 경험을 풍부하게 할 수 있다. 여기에서 요점은 모국어 사용 방법에 관한 조언이 유용하기 위해서는 부모와의 대화가 필수적이라는 것이다.

제 7 장

국제입양아동들의 언어발달

이 장에서 국제입양아동들(Internationally Adopted children), 즉 IA아동들의 언어발달에 대하여 논의할 것이다. 1장에서 언급했던 것처럼, 이 아동들은 입양되기 전 사용하던 언어와 다른 언어를 사용하는 가족들에게 입양되었다. 예를 들면 아동이 중국에서 태어나 1년 동안 그 나라에서 자랐지만 영어를 사용하는 미국이나 캐나다에 입양된 것이다. 국제입양된 모든 아동들이 필수적으로 새로운 언어를 사용하면서 자라는 것이 아니기 때문에 이런 아동들은 **교차언어 입양아동**(cross-language adopted children)이라고 부르는 것이 더 적절할 수 있다. 그러나 이 책에서는 과학적 문헌에서 흔히 사용하는 그 용어를 사용하였다. 국제입양된 아동의 수는 세계의 몇몇 나라에서 상당히 많다. 예를 들면, 지난 10년간 미국은 다른 나라에서 200,000명이 넘는 아동들을 입양하였다(U.S. Department of State, 2008, Scott, 2009). 이 아동들은 입양이 되고 나면 제1언어인 출생국 언어는 더 이상 학습되지 않고 입양한 가족들의 언어에 노출되기 때문에, 독특한 제2언어학습자들이다. 이 책에서 특히 이 아동들에 대하여 관심을 가지고 있는데, 흔히 이들이 언어발달 위험군이기 때문이다.

누군가가 왜 이중언어발달을 다루는 이 책에서 국제입양아동들의 언어발달을 생각해야 하는지 질문을 할 수 있을 것이다. 흥미로운 질문이다. 이들 아동 중 대부분이 이중언어사용자가 되지 않는다 할지라도 이런 아동들은 특별한 이중언어학습 사례라고 생각한다. 대부분의 사례에서 이런 아동들은 입양으로 출생국의 언어학습이 중단되기 때문에 독특한 이중언어학습자이다. 사실, 국제입양아들은 입양 후 단기간 내에 출생국 언어를 잊어버리거나 잃어버린다는 주장이 있었으며(De Geer, 1992; Nicoladis & Grabois, 2002), 비록 그 증거가 제한되어 있고, 일관성이 없기는 하지만(Hyltenstam, Bylund, Abrahamsson, & Park, 2009; Pallier et al., 2003), 시간이 지나면 출생국 언어의 흔적이 남아 있지 않는다는 몇몇 증거가 있다. 그 결과 이런 아동들의 언어발달은 분류하기 어렵다. 출생부터 두 언어를 습득하는 동시적 이중언어와 달리 국제입양아동들은 비록 출생언어의 습득이 중단되지만 두 언어를 성공적으로 습득한다. 그러나 이용어의 일반적인 의미로 보았을 때, 대부분의 국제입양아동들이 영아기/유아기에 하나의 언어를 배우기 때문에 이 아동들이 제2언어학습자라고 쉽게 말할 수는 없을 것이다. 그들의 언어습득은 때로 '두 번째 제1언어 습득'이라고 한다(De Geer, 1992; Glennen, 2002).

과학적인 측면에서 볼 때, 현재까지 입양언어습득에 있어 출생언어의 언어학습 중단이 끼치는 영향에 대하여 완전한 정보가 없기 때문에, 국제입양아동들의 입양언어습득이 제1언어학습자, 제2언어학습자, 또는 동시적 이중언어학습자와 동일한지 그 여부를 알기는 어렵다. 입양 아동의 언어습득이 제1언어습득과 유사한 몇몇 측면이 있으나(Glennen, Rosinsky-Grunhut, & Tracy, 2005; Snedeker, Geren, & Shafto, 2007), 또한 몇몇 측면은 이 아동들이 원어민 화자와 같은 방법으로 입양언어를 사용하거나 습득하지 않는다는 증거도 있다(Gauthier, Genesee, & Kasparian, 2009); 다음에 이 연구들에 대하여 보다 자세하게 논의할 것이다. 제1언어, 제2언어, 또는 동시적 이중언어학습자들처럼, 입양 아동들의 언어발달을 잘 개념화하는 것은 부모, 교육자, 임상가들이 이런 아동들이 어떻게 언어발달을 할 것인가에 대한 예측을 하는 데 도움을 줄 수 있고, 그것은 결과적으로, 문제가 있는 영역을 확인하고 중재전략을 세우는데 유용할 수 있기 때문에, 흥미 있는 학문적인 도전일 뿐만 아니라 매우 중요한 실제인 것이다.

또한 이 책에서 입양 아동들에 대하여 깊이 있게 논의하고 있는데, 그 이유는 이런 아동들이 언어발달 위험군으로 여겨지기 때문이다. 이 부분에 대해서는 많은 이유가 있다. 첫째, 출생언어 습득 중단은 국제입양아동들의 입양언어습득을 위험에 처하게 할 수 있다. 정확하게 출생언어의 습득중지가 어떻게, 어느 정도로 다른 언어습득에 영향을 주는지 지금까지는 잘 알려지지 않았다. 첫 번째 언어, 또는 다른 언어발달에서 생애 첫 몇 개월과 첫 해가 중요하다는 증거가 있다(Kuhl, Williams, Lacerda, Stevens, & Lindblom, 1992). 이는 언어노출의 결과로 생애 첫 몇 달 동안 뇌에서 일어나는 변화 때문이다. 따라서 입양으로 갑작스럽게 언어에 노출되는 경험은 언어습득을 지원하는 정상적인 신경인지 시스템을 위태롭게 하거나 또는 최소한 변화시킬 수 있으며, 그 결과 국제입양아동의 입양언어습득 형태와 결과를 변경시키거나 위험에 처하게 할 수 있다.

국제입양아동들의 언어발달이 위험할 수 있는 보다 중요하고 직접적인 원인은 비록 중국 같은 몇몇 나라 출신아동들이 때로 위탁가정에서 자라기는 하였으나, 많은 국제입양아동들이 입양되기 전에 고아원에 있었다는 것이다. 대부분의 고아원은 어린 아동들에게 복잡하고 고위험 환경이다(Zeanah, Smyke, & Dumitrescu, 2002). 고아원에서 자란 아동들은 양육자가 자주 바뀌고, 아동을 담당하는 양육자의 수가 적기 때문에 흔히 일관적이고 지속적인 양육자와의 상호작용이 박탈되어 있으며(Gunnar, Bruce, & Grotevant, 2000), 전반적인 자극을 제대로 받지 못하고, 언어적인 경험을 제대로 하지 못한다(Johnson & Dole, 1999). Johnson과 Dole에 따르면, 비록, 입양 이후에 이런 영향이 오래가지 않을 수 있을지라도, 아동들이 고아원 시설에 머무르면서 부정적인 영향을 받지 않는 것은 거의 불가능하다고 한다. 앞으로 간단하게 언급하겠지만, 다행스럽게도 많은 이런 두려움이 현실화되지는 않는다. 입양 전 국제입양아동들의 시설양육은 언어습득에 있어 선택이 아니며, 새로운 가정의 적응뿐만 아니라 새로운 언어습득에 대한 염려를 불러일으키는 것이라는 정도만 여기서는 말하겠다. 1장에서 소개한 국제입양아 Kristina는 고아원에서 생활하였으며, 1장에서 설명한 것처럼 입양된 이후의 신체발달과 언어발달을 볼 때 아동의 초기 삶에 있어서 고아원 생활이 지속적인 영향을 줄 가능성이 있음을 보여 주고 있다.

마지막으로, 많은 국제입양아동들이 생후 2~3년 이내에 입양언어를 배우기 시작할지라도, 여전히 전형적으로 제1언어로서 습득하는 아동들에 비하여 언어노출 정도가 늦기 때문에, 입양언어습득에 위험이 있을 수 있다. 이것이 결정적 시기 가설에서 보았을 때 염려되는 부분이다. 많은 사람들은, 흔히 사춘기, 또는 12~15세 나이 이전, 어떤 결정적 시기 이전에 언어를 습득한다면 결국 제2 언어능력은 원어민 화자와 같은 수준으로 될 것이라고 주장하고 있다. 이에 비하여, 결정적인 시기 이후에 제2언어를 습득하게 되면 원어민과 같은 언어능력을 갖기 어려울 것이라고 말한다. 이것이 제2언어습득에 대하여 일반적으로 받아들여지고 있는 관점이다. 그러나 언어습득의 결정적인 시기, 즉 연령에 대해서 너무나 많은 논쟁이 있다. 그런 논쟁 중에 가장 논의가 많이 되고 있는 것이 발달에 있어 연령효과가 얼마나 빨리 나타나는가이다. 아동의 언어능력을 매우 엄격하고 자세하게 평가하였을 때 학령전기(유치원 시기)의 제2언어습득도 실제 원어민 화자와 같은 언어능력을 갖게 된다고 보기 어렵다는 몇몇 증거가 있다(Abrahamsson & Hyltenstam, 2009). 즉, 아동들이 원어민화자와 같은 언어능력을 갖기 위해서는 이전에 생각했던 것보다도 새로운 언어의 습득 시기가 더 어린 연령이어야 한다. 이것이 사실이라면, 1~2세경에 입양되어, 생애 2~3년 이내에 입양언어를 배우기 시작하는 국제입양아동들이 완벽한 원어민과 같은 영어능력을 습득하지 못할 수도 있다. 이것은 아동들의 언어능력에 손상이 있다는 것이 아니라, 언어의 몇몇 측면에서는 원어민 화자와 다를 수 있다는 것을 의미한다. 앞에서 언급했던 것처럼, 몇몇 아동들에게서 나타나는 언어능력의 차이가 장애를 반영하는 것인지, 또는 단순히 언어경험의 차이를 반영하는 것인지를 이해하는 것은 중요하다.

이 책의 다른 이중언어학습자 사례에서 논의한 것처럼, 국제입양아동들의 일반적인 발달과정을 적절하게 예측하고, 각 아동들이 제대로 발달하고 있는지 여부를 확인하며, 추가적인 지원이 필요한 아동이 누구인지, 그 아동에게 어떤 종류의 지원이 필요한지를 확신하기 위해서 이들의 언어발달에 대하여 확실한 과학적인 이해를 하는 것은 매우 중요하다. 즉, 국제입양아동들의 언어발달과 언어발달에 영향을 주는 요인을 이해하는 것은 아동들에게 언어학습 환경을 제공하고, 언어능력을 발달시킬 수 있는 가능한 많은 지원을 제공해 주기 위해서 중요하다. 앞으로 소개될 섹션은 다음 두 가지 전반적인 질문을 소개하는 것으로 이루어져 있다.

1. 국제입양아동들의 학령전기 언어발달에 대하여 우리는 무엇을 알고 있는가?
2. 입양 아동들은 언어 또는 학교 학업에서 어려움을 경험할까?

국제입양아동들의 학령전기 언어발달에 대하여 무엇을 알고 있는가?

이 섹션에서는 학령전기 국제입양아들의 언어발달에 초점을 두고 있다. 5세 이후의 연령에 국제입양된 아동에 관한 연구는 없는 것으로 알고 있다. 언어평가 시기에 5세보다 나이가 더 많은 국제입양아동들의 언어발달에 대하여 논의하였으나, 이 아동들은 5세 이전에 입양된 아동들이었다. 따라서 다음 섹션에서 학령기 국제입양아들을 논의할 때, 학교에 입학한 시기인 학령전기 입양 아동들의 수행력에 대하여 논의할 것이다. 언어학습 상황이 학령전기와 학령기가 매우 다르기 때문에, 평가시기에 있어 5세 이하의 아동과 5세 이상의 국제입양아동들의 결과를 따로 분리하여 다루는 것은 매우 중요하다. 학령전기 국제입양아동들의 연구는 입양 바로 이후, 그리고 입양 후 짧은 기간 동안 중요한 초기 언어학습에 관한 통찰력을 제공하고 있다. 초점은 언어습득에 관한 것이다. 이 시기가 국제입양아동들이 개인적, 사회적, 문화적, 언어적, 물리적 환경의 주요 변화에 적응하는 때이다. 학령기 국제입양아동들에 대한 연구는 학령전기에 습득한 새로운 언어기술이 학교 교육의 요구, 특히 구어뿐만 아니라 쓰기 및 고차원적인 인지적 목적으로 언어를 사용할 준비가 되어 있는가에 대한 통찰력을 제공하고 있다. 이런 것들은 학령전기 입양 아동들이 직면하는 문제가 아니다.

지금까지 많은 연구들은 대개 미국의 영어 단일언어를 사용하는 가정으로 입양된 아동들에 대하여 다루었다(Gauthier & Genesee 출간 중; Hyltenstamm et al, 2009; Hene, 1988; Van IJzendoorn, Juffer, & Poelhuis, 2005). 학령전기 국제입양에 관한 많은 연구는 The MacArthur Communicative Development Inventories(MCDI; Fenson et al., 1993), Language Development Survey(LDS; Rescorla, 1989)와 같은 설문지와 부모보고를 근거로 한 데이터를 사용하였다. 부모보고와 설문지는 아동들의 언어발달이 구어 이전 단계여서 자발화 샘플의 수집과 분석이 어렵고 유용하지 않을 때 영유아의 언어발달에 대한 자료를 수집하는데 최고의 방법이다. 또한 부모보고 평가도구로 언어 이전 단계에 있는 언어학습자들에 관한 정보를 수집할 수 있으며, 설문지는 지리적으로 널리 분포되어 있어서 연구자들이 달리 접근하기 어려운 아동들에 대한 정보를 수집하는데 이점이 있다. 일반적으로 이러한 평가를 통하여 아동들의 수용어휘와 표현어휘, 그리고 짧은 구를 이해하고 표현하는 능력에 관한 정보를 얻을 수 있다. 또한 이러한 평가도구로 아동의 평균발화길이, 즉, 각 발화에서 아동이 산출한 단어 또는 형태소의 평균 수(MLU에 대한 자세한 내용은 4장에서 설명하고 있음), 그리고 제스처 사용과 같은 비구어 의사소통에 관한 정보도 얻을 수 있다. 평가도구를 통해 얻은 아동들의 수행력은 평가도구 개발자가 제공하는 기준을 준거로 하여 해석한다. 이것은 일반적으로 발달하는 원어민 화자들의 수행력 수준을 의미하며, 연령을 기준으로 더 높은 수행력을 보이는 아동과 더 낮은 수행력을 보이는 아동들의 특성을 알 수 있다. 흔히 규준은 백분위 또는 등가연령으로 나타낸다.

다음 네 가지 주제에 대하여 앞으로 논의하고자 한다: 1) 일반적인 언어발달결과; 2) 언어발달에 영향을 주는 요인; 3) 국제입양아동들의 언어장애 발생위험; 4) 방법론적인 문제.

일반적인 언어발달 결과

대부분의 입양된 학령전기 아동들은 새로운 언어습득에서 놀라운 진전을 보인다. 아동의 언어발달 진전은 입양 후 즉시, 그리고 차후 학교에 들어가기 전, 두 시기에 분명하다. 예를 들면, 이 분야에서 매우 활발한 연구 활동을 하고 있는 Sharon Glunnen은 연구에 참여한 대부분의 동유럽 출신의 아동들은 입양 2개월 후에 단어와 단순한 구를 이해할 수 있었으며, 몇몇 단어를 산출하였다(Glennen, 2005, 2009). Snedeker와 Geren(2005)이 중국에서 입양되어 입양언어에 단지 3개월 노출된 아동을 MCDI로 평가한 결과 24개월 연령의 입양되지 않은 아동과 같은 어휘력을 나타내었다. 대부분의 국제입양아동들이 입양 이후 바로 언어습득에서 놀라운 진전을 보일지라도 새로운 언어를 습득할 만큼 충분히 입양언어에 노출되지 않았기 때문에 입양 이후 2~3개월 안에 실시된 초기평가 결과에서 낮은 수준을 나타낼 수 있다는 것에 주의를 기울여야 한다. 따라서 국제입양아동들이 새로운 언어에서 원어민 화자와 같은 진전이 나오기 전까지는 지연을 보일 수 있다. 그러나 이것은 약 12개월에 첫 낱말 산출을 하는 정상적으로 발달하는 원어민 화자들이 경험하는 것보다는 더 짧다. 즉 12개월 노출 이후(Meacham, 2006).

국제입양아동들의 명사, 동사, 복수형 *-s*(*cat-s*), 과거시제 *-ed*(*walk-ed*)와 같은 문법형태소들의 습득에 대하여 자세하게 연구한 연구자들은 국제입양아동들이 입양되지 않은 일반아동들과 유사한 형태를 보인다고 보고하였다(Glennen, Rosinsky-Grunhut, & Tracy, 2005; Snedeker & Geren, 2005). Glennen 등이 실시한 러시아 출신 입양아 연구에서 30~40개월 연령 때 문법형태소를 조사하였을 때, 4개의 문법형태소가 완전히 습득되지 않았다. 연구자들은 진행형 *-ing*, 복수표지 *-s*, 규칙 과거시제 *-ed*, 소유의 *-s*의 사용에 대하여 조사하였다. 국제입양아동들은 입양되지 않은 아동들처럼 이런 문법형태소 사용이 정확하지 않았다(L2 아동들이 이러한 문법형태소를 어떻게 사용하는지에 대한 자세한 내용은 6장에서 설명하고 있음). 이런 결과는 국제입양아동들의 박탈된 언어환경, 출생언어의 손실, 입양언어의 늦은 노출에도 불구하고 새로운 언어를 학습하는 능력을 잃지 않았다는 것을 보여 주는 것이기 때문에 중요하다. 일반적으로 국제입양아동들은 5세 때 학교 입학 전에 다양한 표준화된 언어평가에서 정상범위에 해당하는 결과를 보이며, 때로 정상범위보다 더 높은 수행력을 나타내기도 한다(Gauthier & Genesee, 출간 중; Krakow & Roberts, 2003; Roberts, et al., 2005; Roberts & Scott, 2009; Tan & Yang, 2005).

대부분의 입양된 아동들이 입양 후 새로운 언어습득에서 보여 주는 놀라운 결과는 대개 아동들이 새로운 가정에서 경험한 지원 환경 때문이다(Capron & Duyme, 1989). 입양가족들은 입양 아동들이 입양 전에 겪은 박탈과 역경을 상쇄할 수 있는 다양한 보호적인 환경을 제공하며, 입양된 아동들의 발달을 촉진시킨다(Gauthier, Genesee, Dubois, & Kasparian, 2009; McGuinness, McGuinness, & Dyer, 2000). 입양부모들은 대개 나이가 많고, 교육수준이 높으며, 상대적으로 사회경제적 수준이 높다. 특히, 부모의 의무를 할 수 있는 사람들로 선별되었거나, 부모의무에 대하여 훈련을 받은 사람들이다. Kristina의 부모들도 양쪽 모두 석사학위가 있으며, 부부는 자신들의 아이를 갖기 위해서 한동안 노력을 하였으나 불가능하다는 것을 알고 입양을 결심하였기 때문에 아이를 입양할 당시 일반적인 부모들이 첫 아이를 갖는 연령보다 더 나이가 많았다. 언어에서 변화를 경험하지 않는 국내 입양아들도 입양으로 이익을 경험한다. Duyme (1988)의 초기 연구는 이 점에 대하여 설명하고 있는데, 상대적으로 사회경제적 지위가 높은 가정으로 입양된 아동들이 낮은 사회경제적 수준의 집으로 입양된 아동들보다 학업수행력이 더 뛰어나다는 연구 결과를 제시하고 있다. 사회경제적 수준은 입양되지 않은 아동들에게도 유의미한 상관이 있으며(Hoff, 2006), 입양 후 국제입양들의 긍정적인 언어발달에 영향을 주는 또 다른 요인이다.

언어발달에 영향을 주는 요인들

이러한 결과에도 불구하고, 국제입양아동들의 언어습득에 영향을 주는 다양한 변인들이 있다. 이런 다양한 변인의 원인을 이해하는 것은 부모, 교사, 임상가들이 국제입양아동들의 진전을 이해하는 데 도움이 되며, 따라서 각 아동들이 예상대로 발달해 가고 있는지, 또는 눈에 띄는 지연을 경험하고 있는지를 보다 잘 판단할 수 있게 해 준다.

입양연령

입양연령은 국제입양아들의 언어 그리고 다른 결과와도 관련되어 있다는 것이 지금까지 연구 결과에서 수차례 밝혀졌다. 보다 어린 나이에 입양된 아동들의 언어능력이 더 나은 경향이 있으며, 특히, 나이든 입양아들보다 어린 나이에 입양된 아동들이 학령전기에 일반 또래 아동들과 같은 수준으로 언어발달을 성취하는 것 같다(Gauthier & Genesee, 출간 중; Glennen & Masters, 2002; Krakow, Tao, & Roberts, 2005). 이와 달리 나이든 입양아들은 새로운 언어습득에서 초기에는 진전이 빨라도, 더 느리게 진행되며, 학교 입학하기 전에 또래 입양되지 않은 아동수준에 도달하지 못하는 것 같다(Glennen, 2009; Krakow et al., 2005; Meacham, 2006; Pollock, 2005). Pollack의 연구 결과는 여기에서 의미가 있다. 그녀의 연구에서 24개월 이후에 입양된 아동들은 6개월 만에 400단어를 습득하였다. 13~24개월 사이에 입양된 아동들은 1년 뒤에 200단어만을 습득하였다. 7~12개월 사이에 입양된 아동들은 1년 뒤에 단지 50단어를 습득하였다. 그러나 생활연령으로 보았을 때, 더 어린 입양 아동들이 나이든 아동들보다 또래 아동들이 발달하는 것과 같은 수준으로 발달하였는데, 아마도, 이것은 나이든 입양 아동들은 습득해야 할 언어가 더 많아서 동일한 연령의 또래 수준으로 도달하기까지 더 많은 시간이 필요하기 때문일 것이다. 같은 맥락에서, Glennen(2009)이 3~4세에 입양된 아동들을 대상으로 입양 후 3, 9, 14개월 간격으로 실시한 평가에서 입양 후 동일한 간격으로 평가한 2세 이후에 입양된 아동들보다 더 많은 어휘력을 습득하였다. 입양연령은 또한 학업성취와도 관련이 있는 것으로 나타났는데, 언어발달과 입양연령 간의 관련성은 **글상자 7.1**에서 보다 자세히 설명하고 있다.

24개월 이전에 입양된 아동들은 대개 언어발달기준과 동등하게 성취해 간다(Gauthier & Genesee, 출간 중; Glennen & Masters, 2002; Tan & Yang, 2005). 그러나 입양 전에 고아원에서 심각한 박탈을 경험한 경우에는 입양이 매우 어린 나이에 이루어졌다 할지라도 언어지연 또는 장기간의 언어발달문제를 경험할 수 있다. 예를 들면, Groft와 동료들은 입양 전에 단지 6개월 동안 고아원에서 생활한 루마니아 출신 아동들의 언어와 인지발달지연이 학령기까지 이어

글상자 7.1

입양과 언어발달에서 연령의 중요성

Glennen과 Masters(2002), Pollack(2005)은 입양할 당시 아동들의 나이가 종단적인 측면에서 언어발달에 어떻게 기능하는가를 연구하였다. 특히 Pollack은 중국에서 입양된 아동들의 연령을 7~12개월, 13~18개월, 24개월 이상의 하위집단으로 나누어 살펴보았다. 연구자들은 새로운 가정에 입양된 이후 매 3개월마다, 평균 약 6.2개월 동안 3세가 될 때까지, 또는 600개의 어휘를 도달할 때까지 MCDI를 통하여 각각 아동들의 언어발달을 조사하였다. Glennen과 Masters(2002)도 유사한 연구방법으로 동유럽 출신 입양아들의 언어발달결과에 대하여 연구하였다. 아동들을 입양된 연령에 따라서 몇 개의 하위집단으로 나누었다: 0~12개월, 13~18개월, 19~24개월, 25~30개월. 평가는 아동들이 36개월이 될 때까지 매 3~6개월마다 실시되었다. 두 연구의 결과는 서로 유사하였으며, 앞으로 이 장에서 논의할 다음과 같은 일반적인 형태를 나타내었다.

- 초기 어휘발달 진전속도에서 어린 입양 아동들이 나이가 많은 아동들보다 더 느린 경향이 있었다.
- 초기에는 나이가 많은 입양 아동들이 나이가 어린 입양 아동들 보다 입양 후 시기별로 이루어진 각각의 평가에서 더 많은 단어를 산출하는 경향이 있었다.
- 두 집단 모두 입양되지 않은 아동들처럼 어휘폭발기가 나타났으며, 어린 아동에 비하여 나이가 많은 입양 아동들이 입양 후 몇 달 먼저 어휘폭발기를 경험하였다.
- MLU 평가에서는 유사한 패턴이 발견되었다.
- 적어도 두 연구 결과에서는, 입양 당시 나이가 많은 아동에 비하여 보다 어린 아동들이 또래 연령의 언어발달 기준에 먼저 도달하는 것 같았다.
- Glennen과 Masters(2002)는 아동에게 필요한 구어-언어 서비스의 회기 수가 입양연령과 정적인 상관이 있다는 것을 발견하였다.

지는 것을 발견하였다(Croft et al, 2007). 이에 비하여, 아동들이 시설에서 6개월 이상 살지 않은 경우에는 인지와 언어발달에서 눈에 띄는 영향이 없었다. Croft와 그의 동료들이 언급한 것처럼, 이들의 연구에 참여한 아동들은 극단적인 박탈을 경험하였다. 따라서 비록 대부분의 아동들이 입양되기 전 시설생활의 경험으로부터 회복할지라도, 시설생활에서 오는 극단적인 박탈은 입양 아동들에게 오래도록 영향을 미칠 수 있다(Meacham, 2006; Morison, Ams, & Chisholm, 1995). 이런 결과는 또한 입양 아동들의 입양 이후 입양언어에 대한 진전 정도를 평가할 때, 입양 전 시설에서 경험한 아동들의 삶의 양과 질, 시설에서 생활한 기간이 중요하다는 것을 일깨워 준다.

입양연령이 왜 그렇게 중요한가에 대하여 생각해 볼 필요가 있다. 첫째, 입양연령이 상대적으로 어린 모든 국제입양아동들은 나이가 많은 아동들보다 발달적 가소성이 더 많다. 그것은 아동들이 새로운 가정에서 적응하고 생존할 수 있게 해 주는데, 보다 구체적으로 말하자면, 입양 전의 환경과 관련된 어떤 역경을 극복할 수 있게 해 준다. 또한 입양 당시 나이가 많은 아동들 보다 어린 아동들이 박탈 경험이 덜 했을 것이다. 이와 비교해서, 입양 당시 나이가 많은 아동들이 입양이 되기 전에 전반적인 발달뿐만 아니라 언어발달을 위태롭게 하는 다양한 형태의 경험을 더 많이 했을 가능성이 있다. 예를 들면, 나이든 아동들은 오랜 기간 동안 스트레스가 심한 가족들과 함께 살았을 가능성이 있다. 시설에서 더 오랜 시간 살았거나 최소한의 또는 결핍된 사회적, 인지적, 언어적 자극, 그리고 부적절한 양육과 영양상태에서 위탁가정에서 생활하였을 수 있다. 그리고 언어발달 측면에서는 새로운 언어에 노출되는 시기가 더 늦어졌을 것이다. 각각의 아동들은 고아원 생활의 영향을 악화시킬 수 있는 다양한 형태의 박탈을 경험했을 것이다.

출신국

입양 아동들을 서로 구별할 수 있고, 언어결과에 영향을 줄 수 있는 다른 요인은 아동들의 출신국이다. 비록 한국, 콜롬비아와 같은 나라 출신 아이들과 루마니아와 같은 동유럽 출신의 아동들 그리고 아프리카의 여러 나라 등의 다른 나라 출신 아이들이 있기는 하나, 중국, 동유럽, 특히 러시아 출신 국제입양아동들이 가장 많이 연구되었다. 중국출신 입양아들의 연구 결과를 통하여 출신국에 따라 아동이 모든 발달에서 어떻게 차이를 보이는가를 설명할 수 있다. 1981년 중국은 어떤 기대를 가지고서, 가정에서 한 명 이상 아이를 낳는 것이 불법이라는 법령을 통과시켰다(Johnson, Banghan & Liyao, 1998). 법 제정에도 불구하고 많은 가족들은 첫째, 둘째, 또는 그 뒤에 낳은 아이가 아들이 아닌 경우에는 아이를 포기하고 입양시켰다. 대부분의 중국출신 입양아들은 출생 직후 버려져서 바로 고아원이나 위탁가정에 있던 아동들이었다(Johnson et al, 1998). 그 결과 중국 출신 국제입양아들은 다른 나라 출신 국제입양아들과 차이가 있었다. 비록 부유한 가족들은 법을 위반한 벌금을 낼 수 있을 만큼 능력이 있어서 입양을 시키지 않을 수 있을지라도, 중국의 모든 계층 가족들이 아이를 입양시켰다. 또한 중국에서 입양된 아이들은 다른 나라출신 입양아들보다 다음에서 설명하는 영향으로부터 받는 고통을 덜 겪은 것처럼 보였다. 부모의 알코올중독, 약물중독, 가난, 전반적인 방임과 학대, 전반적인 가족의 역기능. 이 모든 요인들은 아이들을 포기하는 다른 나라 가족들을 힘들게 할 수 있는 상황들이다. 정말로, 국내 및 국제적으로 아이를 입양시킨 부모들은 흔히 이런 어려움 때문에 아이들을 포기한다. 앞에서 언급했던 것처럼, 입양아들이 이런 역경을 더 많이 겪고, 더 오래 경험할수록, 그들의 신체적 정신적 건강은 더 나빠지며, 입양 이후에도 더 많은 어려움을 경험하는 것 같다.

어떤 나라 출신의 입양 아동이든 입양되기 전에 상대적으로 적절하거나 또는 부적절한 양육환경을 경험했었을 수 있기 때문에 여기서 모범적인 어떤 입양국을 골라보자는 것이 아니다. 요점은 모든 입양 아동들이 겪은 입양 전의 양육과 주변환경에 대하여 가능한 자세하게 조사를 해 보는 것이 중요하다는 것인데, 그것은 입양 후 아동들의 발달을 더 잘 계획할 수 있고 더 잘 이해하기 위해서이다. Croft와 동료들이 지적했던 것처럼, 입양 자체가 위험요인이 아니다. 아동을 위험에 빠뜨리는 것은 입양 전 아동의 양육환경과 아동의 건강이다(Croft et al, 2007). 아동의 개별적인 환경을 잘 알고 있는 부모, 교육자, 언어치료사들이 입양 이후 아동들을 잘 지원해 줄 수 있다.

언어장애 발생 위험

일반적으로 국제입양아동들은 표준화된 평가도구나 부모보고 평가에서 평균범위의 점수를 획득한다는 연구 결과에 대하여 논의하였다. 이와 동시에 입양되지 않은 일반 집단 아동들에게서 나타나는 것보다 더 많은 언어지연이나 어려움을 보이는 입양아 하위집단이 있다는 다른 증거가 있다(Roberts, Pollock & Krakow, 2005; Tan, Dedrick & Marfo, 2007). 이런 언어발달지연 발생 위험은 입양아동들의 나이가 많을수록 더 높다. 예를 들면, 동유럽 출신 입양 아동들을 대상으로 한 종단연구에서 12개월 이전에 입양된 아동 중 47%가 언어치료 평가를 받았으며, 13개월에서 18개월 사이에 입양된 아동들의 58%가 언어치료 평가를 받았고, 19개월에서 24개월에 입양된 아동들의 73%가 임상적인 언어평가를 받았다. 또한 아동의 연령이 높을수록 치료에 의뢰되는 수가 증가하였다. 평가와 치료에 의뢰되는 아동 수는 입양되지 않은 일반 아동들의 수를 근거로 비교하였을 때 더 높았다. 예를 들면, 환경적인 요인이 원인이 아닌 단순언어장애아동과 같은 언어발달장애는 대개 아동 인구에서 약 7% 정도 발생한다(Leonard, 1998; Tomblin et al., 1997; 1장에서 설명하고 있음). 평가 또는 언어치료 서비스에 의뢰되는 것은 언어학습에 어려움이 있다는 것을 나타내거나 새로운 언어습득에 있어 부모들의 염려수준을 반영한다고 볼 수 있다. 앞에서 소개한 Kristina의 부모는 입양 이후 바로 아동이 전반적인 발달평가를 받도록 하였다. 따라서 이런 높은 평가와 치료 의뢰율은 입양 아동들이 발달적, 또는 후천적인 장애 발생률이 높다는 증거로서 신중하게 해석되어야 한다. 아동들의 언어발달에 대하여 객관적이고 직접적인 평가를 실시할 때에도 아동들의 수행력이 기대했던 것보다 낮은 경우가 매우 많다. 예를 들면, Glennen(2007)은 입양 당시 11개월에서 23개월 연령인 27명의 국제입양아동들을 대상으로 Communication and Symbolic Behavior Scales Developmental Profile™(CSDS DP™; Wetherby & Prizant, 2002)과 MCDI로 언어평가를 실시하였다. 이들은 동유럽 출신 아동들이었다. 평가 당시 아동들의 나이는 평균 31개월이었으며, 아동 중 22%가 또래들 보다 언어발달이 느린 것으로 나타났다.

Robert, Pollock, Krakow(2005)가 실시한 연구에서도 국제입양아동들이 예상했던 것보다 더 큰 중요한 언어발달문제를 가지고 있는 것으로 드러났다. 그들은 55명의 국제입양아동 집단에서 가장 낮은 수행력을 보인 10명 아동들의 언어발달에 대하여 조사하였다. 모든 아동들은 2년 간격으로 2회 평가를 받았다.

두 번째 평가 당시에 5세 10개월의 연령이었으며, 평균 4년 6개월 동안 영어에 노출되었다. 연구자들은 첫 번째 평가와 두 번째 평가 사이의 2년 동안 아동의 늦은 언어발달은 정상적인 범위에 속하는 다른 입양아들과 같은 수준인 정상적 범위로 따라잡았을 것이라고 추측하였다. 그러나 아동들의 수행력은 여전히 비교집단아동에 비하여 유의미하게 낮은 상태를 유지하고 있었으며, 이것은 단지 시간이 흐른다고 해서 아동들의 언어발달지연과 기본적인 언어학습문제가 해결되는 것이 아니라는 것을 보여 주고 있었다. 앞에서 언급했던 것처럼 일반적으로 발달하는 아동들의 단순언어장애 발생률이 약 7%임을 볼 때 18%는(55명 중 10명) 매우 높은 언어장애 발생률이다. 따라서 입양 아동들의 언어학습문제는 근본적인 원인으로 단순언어장애뿐만 아니라, 경미한 인지적 손상과 같은 언어장애와 발달적 또는 유전적인 문제가 아닌 후천적인 특징을 보이는 언어장애도 포함시켜야 한다.

방법론적인 고려사항

국제입양아동에 관한 연구 결과를 해석하는 것은 이 섹션에서 간단하게 논의하고자 하는 방법론적인 이유 때문에 어려움이 있다. 국제입양아동들의 언어발달 진전을 보다 잘 이해하기 위해서 집단 데이터 결과를 일반화하여 살펴보는 것은 방법론적인 측면 때문에 문제가 될 수 있다. 국제입양아동들이 서로 많이 다르고, 아동 샘플링 선택은 과학적인 원리를 근거로 하기보다는 흔히 편리함을 근거로 한다. 즉, 연구에서 합리적인 샘플 수집을 위해서 가능한 많은 아동들을 포함시킨다. 그 결과 흔히 아동들 간에 중요한 요인이 매우 이질적이다. 예를 들면, 다른 연구에서 출신나라가 다른 입양아동들을 포함시킬 수 있으며, 동일한 연구에서 또 다른 나라 출신 아동들을 포함시킬 수 있는데, 이것은 앞에서 논의했던 것처럼, 입양 전 나라 간 서로 다른 환경적 특성으로 인해 샘플 간 차이가 있기 때문에 연구 결과를 서로 비교하기 어렵다. 이와 유사하게, 각 연구에서 입양 시기와 평가 시기 두 시기 모두에서 광범위한 연령범위의 아동들을 포함시키기고 있거나, 다른 연구에서는 다른 연령 범위 아동들을 대상으로 평가를 하였다. 그 결과, 특별한 집단에 대한 연구 결과를 개별 아동들에게 일반화시켜 적용하는데 매우 주의를 기울여야 한다.

또한 연구에 사용된 평가방법에서 흔히 차이가 있다. 많은 연구에서 MCDI 또는 앞에서 언급했던 평가도구와 같은 부모보고 방법을 사용하고 있다. 이런 평가도구를 통하여 많은 아동들에 대한 자료를 수집하는 것이 가능하고, 다른 지역에 살고 있는 부모들의 참여를 유도할 수 있다. 그러나 이런 데이터 수집 방법은 부모들이 설문지나 부모보고를 작성하는 방법을 정확하게 모르거나, 제공받은 정보가 정확하지 않을 가능성이 있다. 또한 부모가 아동의 발달에 대하여 과도하게 염려를 한다면, 과대평가의 가능성과 심지어 아동이 언어손상이 있음에도 평가에 맞춰 문제가 없는 것처럼 표시할 수 있다. 이와 반대로, 부모가 아동의 잠재적인 문제를 확인하기 꺼려할 경우에 아동의 언어능력을 과소평가할 수도 있다. 그러나 부모보고와 직접적인 평가를 비교한 많은 연구에서 대개 MCDI와 같은 부모보고 평가결과가 신뢰성 있는 평가방법이라고 보고하고 있다 (Paradis, Emmerzael, & Sorenson Duncan, 출간 중). 입양 아동을 대상으로 한 다른 연구에서는 객관적인 발달지표에 대한 정보를 얻기 위해서 표준화된 평가도구를 사용하였다. 이것은 부모보고에서 나타날 수 있는 어떤 편견을 줄이는데 유용한 방법이다. 많은 연구에서 표준화된 평가도구의 준거를 근거로 아동들의 수행력을 해석하였다. 그러나 평가준거는 부모들의 사회경제적 수준과 같은 언어발달에 영향을 주는 요인과 입양되지 않은 일반아동과 비교하였을 때 입양 아동들에게는 부적절한 항목에 대하여 거의 고려하지 않았다. 몇몇 연구는 그들의 연구 결과를 입양 아동의 성별, 연령, 사회경제적 수준 등 주요한 변인이 일치하거나 또는 일치되지 않는 비교집단과 관련하여 결과해석을 하고 있다. 그러한 방식으로 통제를 하였을 때와 통제를 하지 않았을 때 결과에서 차이가 있을 수 있다(Cohen, Lojkasek, Zadeh, Pugliese, & Kiefer, 2008; Gauthier & Genesee, 출간 중).

집단 효과 또한 중요하다. 즉, 동일한 나라 출신 아동들이라도 입양시기에 따라 결과에서 차이가 있을 수 있다. 만약 국가들이 아동이 국제입양 되는 기준을 변경시킨다면, 입양 전 환경이 더 낫거나 더 나쁜 아동들이 특정한 연구에 포함될 수 있다. 예를 들면, 우리가 종단적으로 연구한 중국 출신의 어느 국제입양아동 집단은 프랑스어 사물 명사를 습득하는데 어려움이 있었으나, 그 이후에 실시한 동일한 연령의 동일한 국가 출신 아동집단연구에서는 그런 어려움이 없는 것으로 나타났다. 비록 이런 차이에 대하여 명확하게 설명하기는 어려움이 있지만, 집단 효과가 가능성 있는 하나의 요인이다. 그러나 현재까지는 집단 효과가 발생하는 것인지, 어느 정도 발생하는지에 대한 체계적인 데이터는 없다.

국제입양아동들이 입양 전에 어떠한 환경에서 성장하였는지에 대한 정보가 거의 없기 때문에 연구 결과 해석이 매우 어렵다. 입양 보낸 국가에서 정보를 얻기 어렵기 때문에 이것은 실제로 다루기 어려운 문제이다. 이로 인해서 각 아동들의 진전을 완전하게 이해하기 어렵다. 부모, 교육자, 임상전문가들은 국제입양아동에 대한 연구 보고서를 읽고 해석할 때 이런 방법론적인 문제를 인식하고 고려하는 것은 매우 중요하며, 각 입양 아동의 발달을 평가하기 위한 기준으로 출판된 보고서 자료를 이용하는 경우에는 더욱 그러하다.

요약하면, 국제입양아동들은 입양 후 언어발달에서 놀라운 회복력을 보여주고 있다. 대부분은 매우 빠른 초기 진전이 있으며, 학령전기 동안 또래들의 수준으로 따라간다. 입양 당시 연령이 어린 아동들이 연령이 많은 아동들보다 또래와 같은 언어발달수준에 도달하지만, 입양 초기에는 나이가 많은 아동들의 진전이 더 빠른 것처럼 보인다. 언어발달결과에 영향을 주는 요인들은 다음과 같다: 입양연령, 입양 전 환경의 특성과 노출 정도, 그리고 아동집단이나 나라 간에 직접적인 비교를 한 연구가 거의 없지만, 아동 출신국과 아동집단.

국제입양아동들은 학교에서 언어 또는 학업에 어려움을 겪을까?

국제입양아동들의 언어능력과 학령기의 학업성취, 행동적응에 대하여 많지는 않지만 연구가 증가하고 있다(Scott, 2009). 많은 이런 연구에서 국제입양아동들과 그 나라의 일반아동들을 직접적으로 비교하였다(Van IJzendoorn et al,

2005). 이 연구에서는 언어 이외에 학업성취, 행동문제와 학습장애 진단을 받은 빈도, 언어장애문제 발생과 언어치료와 특수교육 의뢰 및 서비스 등에 대한 다양한 결과에 대하여 조사하였다. 여기서 문제는 국제입양아동들이 학령 전에 습득한 언어능력을 이용하여 학교에서 문해능력, 문제해결능력, 그리고 복잡하고 추상적인 문제를 해결할 수 있느냐 하는 것이다. 교육분야의 연구는 학업목적 또는 학업언어기술에 관한 것이다(이 부분에 대한 보다 광범위한 논의는 8장에서 설명하고 있음). 또한 학령전기에 일반 또래 집단 아동들의 언어습득 범위에 들지 못하는 국제입양아동들의 언어능력이 또래집단 수준으로 따라갈 수 있을 정도로 학교의 언어환경이 소수집단아동들의 언어능력을 향상시킬 수 있을지도 의문이다. 그렇지 않으면, 학교의 언어능력요구는 아동들을 더 어렵게 만들 수 있으며, 그 결과 언어문제가 계속적으로 이어지거나 언어기술지연이 또래 아동들보다 더 커질 수 있다.

국제입양아동들이 학령전기에 보여 준 회복력은 학령기에 느리게 계속적으로 이루어진다. 학령기 국제입양아동들에게 일어나는 발달의 전반적인 경향은 **글상자 7.2**에 제시하였다.

대부분의 국제입양아동들이 학령기에 성공적인 적응과 발달을 한다는 많은 증거가 있음에도 불구하고(**글상자 7.2**), 학령기 일반아동들보다도 언어나 학업에 어려움을 경험하는 수가 더 많다는 증거 또한 있다. 예를 들면, 동유럽 출신의 6~9세 연령의 아동을 대상으로 한 Glennen과 Bright(2005)의 연구에서 부모와 교사에게 설문지 조사를 한 결과, 국제입양아동 중 17.4%가 교실의 교육환경과 활동에서 조절을 받았거나, 특수교육 프로그램에 참여하고 있었고, 27.3%는 그 전에 언어치료 서비스를 받았으며, 11.4%는 학습장애를 가지고 있었다. 이들은 모두 30개월 이전에 입양된 아동들이었다. Tirella, Chan, Miller(2006)는 동유럽 출신 아동들을 대상으로 유사한 설문조사를 실시하였는데, 8~12개월에 입양된 아동 중 36%는 학습장애를 가지고 있었고 38%는 주의집중문제를 가지고 있었다. 또한 이들 아동 중 61%는 개별화교육 계획의 일부로 특수교육 서비스를 받고 있었다. 이것은 2006~2007년 인구의 약 9%가 특수교육 프로그램에 참여하는 비율보다 매우 더 높은 수치이다(U.S Department of Education,

글상자 7.2

학령기 국제입양아동

- 국제입양아동들은 지능검사와 같은 인지능력 평가에서 입양되지 않은 일반 또래 아동들과 유사하거나, 몇몇의 경우에는 수행력이 더 높다(Van IJzendoorn et al, 2005).
- 국제입양아동들은 흔히 또래만큼 학습수행능력을 보이며(Dalen & Rygvold, 2006), 몇몇의 경우에는 더 잘한다(Lapointe et al, 2006).
- 많은 국제입양아동들은 일상언어에 대한 평가에서 입양되지 않은 또래 아동들에 필적하는 수준의 언어능력(Dalen & Rygvold, 2006)과 읽기능력(Delcenserie & Genesee, 2010; Scott, 2009)을 보여 준다.
- 국제입양아동들은 일반적으로 새로운 가정에 잘 적응하고 통합된다(Juffer & Van IJzendoorn, 2005).
- 국제입양아동들은 고국에 남아 있는 또래 또는 형제자매보다도 인지발달과 학업 성취 평가에서 수행력이 더 높으며(Van IJzendoorn et al, 2005), 국내 입양된 입양아들 보다 정신건강 문제로 전문가들에게 덜 의뢰된다(Juffer & Van IJzendoorn, 2005).

2009). Scott, Roberts, Krakow(2008)은 학령기 중국 출신 국제입양아 연구에서 이들 아동들이 다양한 구어와 문해능력 검사에서 평균범위에 해당하는 점수를 받은 집단임에도 불구하고 절반이 넘는 수의 아동들이 보충교육 또는 특수교육 서비스를 받고 있다는 것을 발견하였다. 이러한 결과는 학령기 국제입양아동들의 언어와 학업능력을 평가할 때 다양한 지표를 고려하는 것이 얼마나 중요한가를 보여 준다.

이러한 상대적으로 높은 문제 발생률은 아동들의 출신국과 관련이 있다는 몇몇 증거가 있다. 예를 들면, 한국에서 입양된 아동들은 콜롬비아에서 입양된 아동들보다 학업수행력이 더 높았다(Dalen, 2001). 몇몇 연구에서 동유럽 출신의 입양 아동들이 임상평가와 서비스에 의뢰되는 비율이 높았으나 이와 달리 중국 출신의 국제입양아동들은 상대적으로 나은 결과를 보여 주었다. 예를 들면,

Dalen과 Rygvold(2006)의 연구에서 77명의 중국 출신 입양 아동과 노르웨이 원어민 아동들에 대한 교사의 언어 및 학업수행력 평가에서 두 집단 간 유의미한 차이가 없었다. 그러나 국제입양아동들은 노르웨이 원어민 아동들보다 입양 아동들 간에 개인차가 더 컸다. Lapointe, Gagnon-Oosterwal, Cossette, Pomerleau, Malcuit(2006)의 연구에서 중국 출신 입양 아동들은 평균 이상의 학업수행력을 나타내었다. 여기에서 소개한 Kristina는 동유럽 국가인 러시아에서 태어났으며 첫 낱말 산출이 다소 느렸다. 비록 집단연구를 개인아동에게 무비판적으로 일반화시키지 않아야 하지만, Kirstina의 출신국과 상대적으로 느린 영어기술의 발달뿐 아니라 입양 당시의 신체적 특성(부적절한 입양 전의 경험을 보여 주는), 이 모든 것이 학령기 내내 주의 깊게 아동의 진전 정도를 모니터링 해야 할 필요성이 있음을 보여 주는 것이다.

비록 앞에서 논의한 연구에서 국제입양아동들이 특수교육 서비스에 의뢰되고 교육을 받는 비율이 매우 높다고 해도, 앞 섹션에서 논의한 방법론적인 문제는 충분히 고려되어야 한다. 앞에서 논의했던 내용을 반복해 보자면, 국제입양아동에 관한 많은 연구에서 입양연령과 평가 시기가 매우 광범위한 아동들을 포함시켰으며, 그 결과 입양 전에 경험한 환경특성과 입양되기 전 기간에서 개인차가 많았다. 특정 연구에 참여한 아동들의 구성원에 따라 한 집단으로서 국제입양아동들의 결과는 입양되기 전 오랜 기간 동안 부정적인 양육경험을 한 아동들에 의해서 왜곡될 수 있다. 이와 유사하게, 학업성취를 평가하고 특수교육 서비스 의뢰율을 모니터링 하기 위해서 평가척도와 보고형식의 평가방법을 사용하는 것에 편견이 들어갈 수 있다. 한편, 응답자가 국제입양아동이 가능한 많은 추가적인 지원을 받기를 바란다면, 낮은 등급의 결과는 왜곡되었을 수 있다. 또한 선생님과 같은 평가자들이 평가를 받는 학습자에 대하여 긍정적인 고정관념을 가지고 있다면 그 등급에는 우호적인 편견이 들어가 있을 수 있다. 따라서 이런 결과와 차이에 대하여 심사숙고하여 다양한 측면에서 해석해야 한다.

연구자들이 대상자 선정, 평가절차, 통계방법, 기타 등등과 관련된 차이를 고려하여 많은 연구 데이터를 분석하는 하나의 방법이 소위 메타분석이다. 메타분석은 입양과 같은 몇몇 요인과 관련된 다양한 결과와 신뢰성을 평가하기 위해서 많은 유사한 연구 결과를 설명하고 종합하기 위한 체계적인 통계절차이다. 사실상, 메타분석은 대규모의 복합적인 연구실험에서 각각의 연구를 하나의 대상으로 다룬다. Van IJzendoorn과 그의 동료들(2005)은 중국을 제외한 다양한 나라에서 입양된 17,767명의 입양아들을 대상으로 한 62개의 연구를 메타분석하였다. 국내입양아와 국제입양아 모두를 포함시켰다. 이 연구의 초점은 입양아들의 인지, 학업, 언어능력을 비입양아들과 비교한 것이다. 국내와 국제입양아 모두 여전히 시설(고아원)에 남아 있거나 입양되지 않고 가족과 함께 살고 있는 유사한 환경출신의 입양되지 않은 아동들에 비하여 지능지수와 학업성취에서 유의미하게 높았다. 지능지수에 있어서 국제입양아동들은 일반 또래 아동과 차이가 없었다. 그러나 언어기술과 학업수행력은 동일한 환경의 일반 또래 아동들보다 더 빈약하였으며, 더 많은 언어적인 문제를 가지고 있었다. 이런 결과는 국내입양과 국제입양 모두에게서 분명하게 드러났다. 상식적인 기대와 달리, 성별은 주요 요인이 아니었으며, 여아와 남아의 전반적인 발달패턴은 동일하게 나타났다(Van IJzendoorn et al, 2005). 이런 결과는 입양이 입양아들의 인지발달에 긍정적인 영향을 준다는 것을 보여 주고 있다. 이것은 입양되지 않고 그 나라에 남아 있는 형제자매, 또래와의 인지 및 학업능력 비교에서 분명하게 나타난다. 그러나 흔히 국내, 국외 입양 아동 모두 언어와 학업성취에서 새로운 환경의 일반 또래 아동을 완벽하게 따라잡지는 못하였다(Van IJzendoorn et al, 2005). 이런 차이가 통계적으로 유의미할지라도 효과크기는 작았다. 통계적 유의도는 결과에 대한 신뢰도를 추정한 것이다. 즉, 그것이 얼마나 일관성 있게 전체 연구에서 발견되었느냐 하는 것이다. 효과크기는 연구 간 방법론적인 다양성을 고려하면서 분석한 모든 연구에서 산출된 차이의 규모를 나타낸 것이다. 통계적으로 효과크기가 작은 유의미한 차이는 신뢰성은 있지만, 작은 차이이다. 이것은 매우 중요한데, 그 이유는 비록 경험적으로 신뢰성은 있으나 국제입양아동과 다른 아동 간의 차이 정도를 정확하게 추정하여 실증적으로 제공할 수 없는 각 연구결과에 대하여 우리가 논의한 것들을 지지하여 주기 때문이다. Van IJzendoorn와 그의 동료들이 제시한 것처럼, 차이 연구에서 국제입양아동과 비입양 아동 간의 차이 크기를 체계적으로 알아보기 위해서 적절한 통계적인 절차를 사용하였을 때, 그 차이가 다소 작은 것으로 나타났다. 이와 함께, 작은 효과크기라 할지라도 이것은 국제입양아동들이 학교 교육을 시작하고 그것을 통하여 진전을 해 나갈 때 이들 아동들이 관심을 받을 만한 가치가 있다는 것을 나타내는 것이다.

요약하면, 국제입양아동들은 학령기 동안에 발달적인 회복력을 지속적으로 보여 준다. 특히, 대부분의 국제입양아동들은 전반적인 지적능력 또는 인지능력과 언어능력, 그리고 행동적응평가에서 입양되지 않은 일반아동과 유사하거나 몇몇 아동의 경우에는 더 뛰어난 수행력을 보여 준다. 이와 함께, 학업성취 또는 학업언어에서 입양되지 않은 일반 또래 아동들보다 더 낮은 수행력이 나타날 수 있으며, 학업과 언어 관련 어려움을 경험하는 아동의 발생률이 예상했던 것보다 더 높다. 많은 연구에서 어려움을 보고하고 있지만, 메타분석에서는 비록 통계적으로 유의미한 차이가 있기는 하나, 입양 아동과 입양되지 않은 아동 간의 차이 정도는 작다는 것이 밝혀졌다. 각 연구들 간에 크고 중요한 방법론적인 차이가 있기 때문에, 특정한 연구 결과를 일반화시키는 것에는 주의를 해야 한다. 가장 중요한 것은 어떤 특정한 연구 결과에서 나타난 집단 또는 평균적인 결과가 그 연구에 참여한 각 아동들의 광범위한 변인을 보여 주지 않기 때문에 특정한 연구 결과에서 나타난 국제입양아동의 수행력은 매우 주의 깊게 해석되어야 한다.

요점 및 의의

요점 1

국제입양아동들은 학령전기와 학령기에 놀라운 발달적 회복력을 보여 준다. 대부분의 국제입양아동들은 학령전기에 새로운 언어습득에 있어 빠르고 놀라운 진전을 보이며, 많은 아동들은 학교에 입학하기 전에 새로운 언어를 또래와 같은 수준으로 발달시킨다. 인지평가에서 대부분의 학령기 국제입양아동들은 동일한 연령의 일반아동들과 동등한 수행력을 보이며, 몇몇은 더 나은 수행력을 나타내기도 한다. 또한 국제입양아동들은 여전히 시설(고아원)에서 생활하고 있거나 입양되지 않고 아동의 원래 가족과 함께 살고 있는 형제자매들보다 더 뛰어난 수행을 보인다. 국제입양아동들의 행동적응에 관한 연구에서는 새로운 가족과 지역사회에 매우 잘 적응하고 통합되는 것으로 보고하고 있다.

의의

입양은 언어발달, 학업수행력, 또는 사회정서적 발달에 위험 요인이 아니다. 사실, 대부분의 입양가족들은 입양된 아동들이 새로운 환경에 적응하고, 많은 경우에 입양 이전의 부정적인 경험으로부터 회복할 수 있도록 매우 지지적인 환경을 제공한다.

요점 2

일반적으로 국제입양아동들이 대부분의 영역에서 긍정적이고 연령에 적절한 발달을 해 나간다는 증거에도 불구하고, 언어를 포함한 발달결과에는 광범위한 개인차가 있다. 또한 입양되지 않은 또래 아동들에 비하여 언어와 학업에 어려움을 경험하는 비율이 상대적으로 높다. 현재, 대부분의 연구가 넓은 범위의 평가를 위주로 한 연구이기 때문에 어떤 구체적인 언어 또는 학업분야에 문제를 경험하는지를 보여 주는 충분한 연구가 없다. 몇몇 학령전기 국제입양아동들의 언어발달에서 분명하게 나타나는 어려움은 많은 경우에 목표언어에 충분히 노출시키고 학교 교육을 강화하는 것으로 해결되지 않는다(Delcenserie & Genesee, 2010). 또한 국제입양아동에 대한 연구들이 많은 중요한 방법론적인 측면에서 매우 다양하며, 이러한 방법론적인 요인들이 입양 아동들의 발달결과에 개인차를 보이는 원인으로 작용할 수 있다.

의의

국제입양아동들에게 지원이 필요한 경우에 필요한 영역에 부가적인 도움을 주기 위해서 아동들의 언어와 학업 진전 정도를 주의 깊게 모니터링 해야 한다. 각 아동들의 진전을 평가할 목적으로 이미 이루어진 연구 결과를 이용할 때에는 많은 주의를 기울여야 한다. 입양연령, 출신국, 평가 시기 등에 대하여 아동 간 차이를 구분하지 않은 연구 결과의 경우에는 특히 그러하다.

요점 3

비록 국제입양아동들의 언어와 학업수행력에 영향을 주는 요인에 관한 연구가 여전히 증가하고 있을지라도, 많은 요인들이 국제입양아동들의 입양 후 장기-단기간의 발달과 관련이 되어 있다. 여기에는 입양연령, 입양 전 시설에서 살았던 기간, 양육의 질, 전반적인 신체적 정신적 건강상태 등이 포함된다. 입양 시기에 상대적으로 나이가 많은 아동들은 고아원에서 양육을 받은 기간이 더 길고, 입양 전에 결핍된 양육의 경험이 있다. 그리고 입양 전 신체 및 정신적 건강상태가 나빴던 국제입양아동들은 발달지연의 위험에 놓이게 되며, 입양 전에 상대적으로 양호한 양육경험을 한 아동들 보다 장기간 정상발달보다 낮은 수준을 보일 가능성이 높다.

의의

부모와 의료 전문가들은 아동의 입양 전 양육환경과 양육에 대하여 가능한 많은 정보를 수집하여 입양 후 아동들의 전반적인 발달을 최대한 촉진시킬 수 있는 환경과 전문적인 지원을 제공할 수 있도록 해야 한다.

요점 4

국제입양아동들의 언어발달은 입양 후 얼마 지나지 않아서부터 몇 년 동안까지 지속적으로 진전을 보이며 학령기까지 계속적으로 이어진다. 국제입양아동의 출신국 언어에 대한 지식, 입양언어로 첫 낱말을 산출하는데 걸린 시간, 그리고 입양언어의 초기 발달지표 등 모든 것이 그 이후의 언어능력과 유의미한 상관이 있으며, 이러한 관련성은 학령기까지 지속된다. 이와 함께, 국제입양아동들의 입양언어능력은 입양 후 시간이 얼마 지나지 않았을 때에는 또래 입양되지 않은 아동에 비하여 더 낮은 것 같다.

의의

입양 시 출신국 언어에 대한 지식의 정도, 입양 후 상대적으로 빠른 시기에 입양언어습득, 그리고 입양언어습득에서 상대적으로 진전이 빠른 것은 이후 언어발달의 좋은 전조이다. 이와 반대로, 아동들이 이런 발달현상을 보이지 않을 경우 이들을 위한 부가적인 지원의 필요성 여부를 알아보기 위해서 지속적으로 주의 깊게 살펴보아야 한다. 임상적으로 볼 때, 입양 후 몇 달 이내에 아동들의 언어기술을 평가하려는 시도는 이들이 매우 초기 습득단계이기 때문에 동일한 연령의 일반아동과 비교하였을 때 낮은 수행력을 보일 것이라는 것을 이해하고 시작해야 한다. 국제입양아동들의 평가와 진단에 대한 논의는 9장에서 보다 자세하게 다루고 있다.

제 8 장

제2언어 학교 교육

이 장에서는 부분적으로 또는 전체적으로 제2언어로 교육을 받고 있는 아동들에 대하여 논의하고 있다. 이런 아동들은 언어적으로 다양하다. 예를 들면, 많은 이민자 아동들은 미국, 캐나다, 호주, 그 외 영어가 다수언어인 나라로 이민 온 아동들로서 학교에 입학 할 때 영어를 배우기 시작한다. 전 세계의 많은 지역에서 아동이 태어나 성장하고 있는 그 나라 언어 이외의 언어를 말하면서 자라고 있는 학령기 아동들이 있다. 예를 들면, 1장에서 소개한 Luis는 캘리포니아에 살고 있으며, 태어나면서부터 스페인어를 사용하며 성장하였으나, 학교 교육은 영어로 받고 있다. 소개한 다른 아동인 Pauloosie는 민족언어공동체 지역에서 살고 있으며, 그 공동체가 사용하는 언어는 이뉴잇어이다. 그러나 영어와 프랑스어가 나라와 그 지역의 다수언어이며, 그 결과 학교에서 프랑스어를 제2언어로 배우고 있다. Luis와 Pauloosie와 같이 실제로 그들이 사용하는 언어가 소수언어에 속하는 나라에 태어난 아동들이라 할지라도, 다수집단 언어와 문화를 처음으로 제대로 경험하는 것은 흔히 학교에 입학 한 이후이다. 1장에서 소개한 Faisal과 Bonnie와 같은 아동들은 영어를 사용하지 않은 나라에서 태어났으나 영어를 사용하는 캐나다로 가족과 함께 이민을 왔으며, 그 결과 학교에서 L2로 교육을 받고 있다. 외국에서 근무하는 부모를 둔 아동들은 흔히 Trevor처럼 그 나라의 국어가 사용되는 학교에 입학하며, 그 결과 L2로 교육을 받는다. 이 책에서 Trevor를 다수언어 L1/다수언어 L2를 학습하는 아동으로 분류하였는데, 그 이유는 독일에 일시적으로 거주하는 특성과 영어의 국제적인 중요성 때문이다.

소수언어 출신 아동들이 L2로 교육을 받는 유일한 아동들이 아니다. 미국이나 캐나다에서 영어와 같은 다수언어를 사용하는 아동 수가 증가하고 있으나, 아동들은 그들 지역사회 내에 있는 학교 교과목의 많은 부분을 제2언어 또는 외국어로 가르치는 학교에 다닌다. 아리조나 투산 출신의 Samantha가 그런 아동의 예이다. St. Lambert가 1965년 프랑스 퀘벡주에서 프랑스어 몰입프로그램을 만든 이후에 이런 프로그램을 흔히 **몰입교육**(immersion programs)이라고 부르며(Lambert & Tuker, 1972), 또한 **이중언어 프로그램**(dual language program)이라고도 한다.

아동들이 살고 있는 다수지역에 다수가 말하는 언어가 아닌 다른 언어를 사용하는 아동들이 학교에 입학할 때 그 아동들을 **소수언어 학생**(minority language students)이라고 부른다. 아동들이 살고 있는 그 지역의 다수언어를 사용하지만 다른 언어를 사용하는 학교에 다니지 않는 아동들을 **다수언어 학생**(major language students)이라고 한다. 3장에서 언급했던 것처럼, 소수언어를 사용하는 아동들은 그들의 모국어가 지속적으로 발달되도록 특별한 지원이 이루어지지 않은 한 이 아동들은 감가적 이중언어학습환경을 경험하는 것 같다. 이 장에서는 소수와 다수언어환경 출신 아동 각각의 다수언어와 소수언어, 그리고 학교에서 그 아동들의 언어 및 학업발달에 초점을 두고 있다. 소수언어 아동들에 대해서 먼저 알아보고, 그 이후 몰입프로그램의 다수언어 학생들에 대한 연구를 논의하고 있다. 학교에서 제2언어 또는 외국어의 노출이 단지 전통적인 외국어 수업에만 한정되어 이루어지는 학생들에 관한 논의는 여기에서 제외시켰다. 이 학생들을 배제한 이유는 이 학생들의 L2 학습경험이 매우 제한적이며, 부모, 교육자, 또는 임상가들이 이들에 대하여 우려를 하고 있지 않기 때문이다. L2학교 프로그램에서는 다수와 소수언어에 대한 문해결과, 초기 읽기에 대하여 논의하고 있으나, L2의 읽기학습과 관련된 프로세스, L2 읽기에 어려움을 보이는 학생들에 대하여 연구자들이 말하고 있는 내용에 대해서는 논의하고 있지 않다. 이런 이슈는 읽기장애를 경험하는 L2 아동들을 확인하고 중재를 제공하는 것과 관련된 논의와 함께 10장에서 다루고 있다.

소수언어 학생들

앞에서 이미 언급했던 것처럼, 전 세계의 많은 지역에 살고 있는 아동들이 학교의 사회적 의사소통과 교육에서 사용되는 것과 다른 언어를 이들 가정에서 사용하고 있다. 그 아동들이 학교에 입학하면, 사회적으로 적응하고 학업을 성공적으로 수행하기 위해서 다수언어를 배워야 한다. 1장에서 산업사회의 상황에 대하여 강조를 하였지만, 경제적 및 정치적 상태와 상관없이 실제로 전 세계 어느 나라에서나 그런 아동들을 찾아볼 수 있다. 사회적 및 경제적인 이유로 가족 스스로 결정한 이민, 또는 전쟁, 정치적 압력 그리고 경제적 어려움으로 인한 이민이 일반적이며, 그 결과 제2언어로 학교 교육을 받고 있는 많은 수의 소수언어 사용 학생들이 있다. 이러한 다양한 형태의 이민은 또한 이민자 아동들이 전형적으로 학교에 입학을 하는 연령인 약 5세에서부터 중등학교 수준까지 다양한 연령에서 다른 언어로 학교 교육을 시작할 수 있다는 것을 의미한다.

대부분의 그런 아동들은 그 사회의 다수언어 만으로 교육을 받으며, 그들의 모국어는 거의 관심의 대상이 되지 못한다. 전 세계의 몇몇 나라, 특히, 미국의 어떤 소수언어 아동들은 주류 사회에서 사용하는 언어인 다수언어와 함께 부분적으로 모국어로 교육을 받을 가능성이 있다. 이런 아동들을 위한 교육을 흔히 이중언어 프로그램(bilingual program) 또는 **이중언어교육**(bilingual education)이라고 한다. 이중언어교육을 위한 대안적인 형태가 있으며, 이에 대하여 이 책에서 간단하게 설명하고 있다.

이 장에서는 L2만을 사용하는 프로그램에 참여하고 있는 학생뿐 아니라 이중언어 프로그램에 참여하고 있는 소수언어사용 아동들의 언어와 학업발달에 관련된 많은 문제를 다루고 있다. 오직 L2만을 사용하는 학교 프로그램과 이중언어아동들을 위한 프로그램을 각각 다루고 있는데, 그 이유는 각 그 프로그램마다 소수집단 아동들이 참여하기 때문이다. 이와 함께, 우리는 발달적이고 교육적인 이유로, 자원을 이용할 수 있고, 부모들이 강력하게 지원을 해 주는 모든 아동들을 위한 이중언어교육 형태를 지지하고 있다. 부모, 교육자, 임상가, 또는 다른 전문가들은 이런 학령기 아동들의 발달에 관련된 분명한 증거에 익숙해져서 이들의 교육을 위해 적절한 판단을 할 수 있어야 하며, 어려움을 경험할 가능성이 있는 아동의 경우에는 부가적인 지원 서비스를 받도록 해야 한다.

몇몇 사람들은 부분적으로 또는 전적으로 모국어로 교육을 시키는 것이 다수언어습득을 지연시키거나 심지어는 지체가 발생할 수 있다는 이유로 소수언어 아동들의 이중언어교육을 반대하고 있다(Poter, 1990; Rossell & Baker, 1996). 사실 이런 주장에 대한 분명한 증거가 없다. 미국 내 이중언어 프로그램에 참여한 소수집단아동들을 평가한 결과를 보면, 소수집단아동들이 흔히 또래아동들과 동등한 결과를 보이거나, 학교 교육에서 오직 영어만을 사용하는 프로그램에 참여하는 또래 아동들보다도 수행력이 더 나았다(August & Shanahan, 2006; Goldenberg, 2008; Lindholm-Leary & Borsato, 2006). 뒤에서 보다 자세하게 소수집단아동들의 이중언어교육 효과에 대하여 살펴보고 있다. 아동의 모국어 손실을 일으키는 교육 프로그램에 대하여 논쟁하는 것은 소모적인 일이며, 아동들이 학교에서 사용할 언어적 자원을 소모시키는 것이다. 이것은 또한 이런 아동들의 문화적 기술과 환경을 존중하지 않는 것이며, 몇몇 경우에는 교육적으로 해가 된다. 다음에서 논의하고자 하는 목적은 논쟁을 하기 위한 것이라기보다 교육적인 결과를 고려해 보자는 것이다. 특히, 언어와 읽기발달, 그리고 언어 또는 학습장애를 경험하거나 경험할 위험이 있는 소수언어사용 아동들을 위한 교육 형태에 관해 의미 있는 논의를 하고자 한다.

제2언어만을 사용하는 학교 교육 프로그램에 참여하는 소수언어 학생

다수언어로 소수집단아동을 교육시키는 것이 가장 일반적인 교육형태이며, 미국 내 이중언어교육 프로그램을 제공하고 있는 학교에서조차 이런 형태의 교육이 이루어진다(Goldenberg, 2008; Genesee, 1999). L2만을 사용하는 프로그램을 때로 **submersion** 또는 **sink-or swim program**이라고 하는데, 이것은 학교 현장에서 학생들의 특별한 언어학습 요구와 특별한 문화적 배경을 고려하지 않은 프로그램이다. 이 책에서는 보다 중립적인 용어인 **second language-only program**으로도 알려져 있는 L2-only program이란 용어를 사용하고 있다.

이 장에서 구어와 언어기술 모두를 살펴보고 있다. 소수언어사용 아동들의 L2-only program의 효과에 관한 증거를 제시하고 있지 않는데, 그 이유는 L2-only program이 얼마나 효과적인가 하는 것에는 광범위한 변인이 있기 때문이다. 몇몇 소수언어 아동들은 L2-only program에서 잘 하지만, 많은 다른 학생들은 그렇지 않다(Genesee & Lindholm-Leary, 출간 중; Goldenberg, 2008). 소수집단 아동들이 얼마나 L2-only program에서 성공적일 수 있는가를 정확하게 단언하여 말하기 어렵다. 그 이유는 다수언어를 모르는 아동들과 다수언어를 아는 소수집단 학생들을 분할할 통계자료가 없기 때문이다. 그러나 대부분은 아니지만 많은 경우에 산업화된 나라의 이민자와 다른 소수민족집단 학생들은 일반적으로 학업성취가 낮고 특수교육 학급에 배치되는 것으로 인식되고 있다. 몇몇 성공적인 사례가 있음에도 불구하고, 이것은 L2-only programs에 있는 소수집단 아동들의 평균적인 실패 또는 위험 발생률이 보다 높다는 것을 의미한다. L2-only programs에 참여하는 학생들은 다양한 어려움에 직면해 있다. 이들은 새로운 언어를 습득해야 하고; 사회적 문화적으로 새로운 또래 집단에 통합해야 하며; 새로운 학업기술과 지식을 습득해야 한다.

L2-only programs에 있는 학생들의 수행력을 조사할 때는 그들이 보이는 어려움을 확인하고, 특히 그 어려움이 특별하게 언어와 관련되어 있는지 그리고 임상적으로 의미가 있는 것인지를 분명하게 알아보기 위해서 고려되어야 할 많

은 요인들이 있다. 그 요인들은 언어 유창성, 문화, 이전의 언어와 문해경험, 가족 배경과 관련이 있다.

성공적인 학업을 위한 언어 유창성의 특성

학교에서 학생들의 수행력을 이해하기 위한 중요한 개념이 학업언어(academic language)이며, '기본적인 상호 간 의사소통기술'과 '인지적 학업적 언어 유창성'은 차이가 있는 것으로 Cummins(1984)가 처음으로 제안하였다. 학교에서 성공적으로 학업을 수행하기 위해서는 학업목적을 위한 언어 유창성이 필요하다는 것이 널리 받아들여지고 있다. 많은 연구자들이 이러한 학업언어에 대한 정의를 제안하였다(Bailey & Butler, 2007; Scarcella, 2003; Short & Fitzsimmons, 2007). 우리가 좋아하는 간결한 정의는 Chamot와 O'Malley(1987)가 내린 정의로서 학업언어는 "새로운 정보를 전달하고, 추상적인 생각을 설명하며, 학생들의 개념적인 이해를 발달시키면서 새로운 지식과 기술을 습득할 목적으로 학생과 교사가 사용하는 언어"이다. Chamot와 O'Malley의 정의를 확장시켜 보면, 학업언어는 학교 교육(학업적 지식)과 학업자료 및 과제를 완전히 익히는 것과 관련된 특별한 어휘, 문법, 담화, 기능적인 기술을 말한다. **글상자 8.1**은 수업시간에 그래프를 이용하여 캘리포니아에서 제조업의 변화과정을 설명하는 학생과 선생님이 사용한 학업언어의 예를 보여 주고 있다.

이 보기에서 기술적인 어휘(예: 제조, 선 그래프, 경로, 증가), 복잡한 조항의 해석이 포함된 문장들(예: 생산할 제품이 없다면 무슨 일이 발생할까?), 말하고 있는 내용에 대해서 분명하게 언급을 하기(예: …그래프는 감소하고 있다는 것을 보여 주고 있다. <u>선이</u> 하향하고…) 등에 대하여 말하고 있다. 학생들은 이런 대화에 사용된 언어에 어려움을 겪지 않도록 특별한 배경지식을 가지고 있어야 한다. 또한 이 보기에서는 구어언어이지만 학업언어는 구어일 수도 있고 문어일 수도 있다.

과학과 같은 특별한 학교 교과목의 학업언어는 이런 교과목에 대하여 말하거나 쓸 때 전형적으로 사용하는 문법이나 담화형식이 수학과 같은 다른 교과목과 관련된 어휘와 다를 수 있다. 예를 들면, 과학은 학생들이 주관동사형태

글상자 8.1

학업언어의 예

교사: 캘리포니아에서는 비행기에서 컴퓨터 칩까지 많은 것들이 제조된다. 네가 과거 25년간 캘리포니아에서 얼마나 많은 사람들이 제조업에 종사하였는지 조사한다고 가정해 봐라. 선 그래프가 너에게 도움을 줄 수 있다. 51쪽에 있는 선 그래프를 펴서, 시간경과에 따라 변화를 보이는 선을 살펴보아라. 시간경과에 따라 선이 변화하는 이유가 무엇이라 생각하니?

학생: 더 많은 직업이요.

교사: 맞았어. 시간이 지남에 따라 제조업이 증가하기 때문에, 그 선은 직업 수와 관련된 증가를 나타내고 있어. 1990년 경에는 어떤 일이 일어났을까?

학생: 동일한 수준을 유지하고 있어요.

교사: 맞아. 인력시장이 안정화되어서 아주 약간의 증가가 있는데, 그것은 선에서 거의 표시가 나지 않는 수준이다. 생산할 제품이 없다면 무슨 일이 일어날까?

학생: 사람들은 직장을 잃어요.

학생: 몇몇 사람들은 이동을 해요.

교사: 맞아. 그리고 그래프는 감소를 나타내고, 이 경우 선은 아래로 내려가겠지.

(subjective verb forms)를 사용하여 가설을 세우거나 개연론에 의거한 용어의 관련성(예: 만약 보트가 무거우면 가라앉을 것이다)을 표현하거나 또는 우연적인 관계를 설명하기 위해서(예: 습도는 온도와 물주변의 근접성 모두와 관련이 있다) 문법적인 기술을 요구하는 반면에, 수학은 이런 문법과 담화기술을 덜 자주 요구할 수 있다. 다른 학업적인 영역과 관련된 학업언어에 어떤 공통점이 있다는 것은 의심할 여지가 없다. 따라서 이것은 각각의 학업영역에서 어떤 문법형태와 담화패턴이 자주 사용되는가의 문제이다.

학업언어의 정의는 흔히 일상적인 사회적 상황에서 사용되는 언어와 차이가 있다. 예를 들면, Cummins(1984)는 학업언어는 탈문맥화되고 인지가 필요한 것으로 그 특징을 정의하고 있으며, 사회적 언어는 문맥화되고 인지를 요구하지 않는 것으로 설명하고 있다. 비록 학업적 언어와 사회적 언어를 비교하는 것이 유용할지라도 두 개의 언어영역이 서로 완전히 다르다는 생각과 사회적 언어는 학업적 상황에서 사용되는 언어보다는 인지가 덜 필요하다거나 덜 복잡한 특성이 있는 어떤 것이 있다는 생각은 버려야 한다. 예를 들면, 영어에서 과거시제와 같은 동사의 굴절형태소는 학업언어와 사회적 언어 모두에서 사용된다. 6장에서 논의했던 것처럼, L2 학습자는 그런 문법형태소를 습득하는데 더 많은 시간이 걸린다(Paradis, 2007). 이것은 학교 안팎에서 학업적 의사소통과 사회적 의사소통으로 구별되는 다른 종류의 언어구조, 어휘, 담화패턴의 전반적인 출현율 차이이다.

일상생활 대화기술이 학업언어기술보다 더 빠르게 습득된다는 주장을 지지해 주는 몇몇 증거가 있다. 이것은 L2 학습자들이 학교 안팎에서 또래와 성인들의 사회적 언어사용에 더 많이 노출되어 있다는 것을 생각해 보면 일리가 있는 말이다. 이에 비하여 학업언어의 노출은 대개 학교 교육 또는 학교 선생님에 한해서 제한되어 있다. 그러나 일반적으로 구어언어와 대화언어가 동일하지 않다는 것이 중요하다—앞에서 언급했던 것처럼 학업언어는 구어언어와 문어 모두를 지칭하는 것이다. 그럼에도 불구하고, 아동들은 학업언어사용 능력을 획득하며, 흔히 그것은 학교 교육을 통해서이다. 학생들이 낮은 수준에서 높은 수준으로 진전해 감에 따라 교육과 학습 교과목은 추상적이고 복잡해지며 이에 따라 보다 추상적이고 복잡한 방식으로 언어를 사용해야 할 상황에 놓이게 된다. 게다가 소수언어 학생들이 L2에 있어 원어민과 같은 학업언어기술을 습득하는 것은 목표가 달라지기 때문에 어렵다. 소수언어 학생들의 학업기술이 발달하면 다수언어 학생들 또한 그러하다. 다수언어 학생들은 언어에 있어 소수언어 학생들보다 유리한 출발을 하였기 때문에 소수언어 학생들이 원어민 또래 아동들 수준으로 언어능력을 따라잡았다면 다수언어 학생들보다도 더 빠른 속도로 학업언어기술을 습득해야 한다. 학교환경에서 학생들의 수행력을 근거로 한 연구 결과를 보면, 소수언어 학생들이 원어민 학생들과 동등한 영어 학업언어를 습득하는

데 걸리는 시간은 5~7년 정도이다(Cummins, 2000; Lindholm-Leary & Borsato, 2006; Thomas & Collier, 2002). 여기에서 중요한 주의사항이 있다. 소수언어 학생들이 언젠가 학업언어를 완전히 습득할 필요가 있다는 사실은 연령에 맞는, 어려운 학업내용을 배우지 않거나, 배울 수 없다는 것을 의미하지 않는다. 그런 학업적인 내용을 이해할 수 있도록 언어적 변경(linguistic modification)이 필요하다(Echevarria, Vogt, & Short, 2000). 또한 학업언어기술을 가르치는 최고의 방법은 의미 있는 학업적 문맥에서 소수언어 학생을 가르치는 것이다.

학업언어와 사회적 의사소통 간의 차이는 소수언어 학생들의 학업수행력을 이해하는데 유용하다. 소수언어 학생들이 L2로 학교 교육을 받기 시작할 때, 흔히 학교 교육 언어(영어)의 몇몇 대화기술을 가지고 있다. 이것은 소수언어 아동들이 또래, 나이든 형제자매, 텔레비전, 또는 거리에서 이런 기술을 습득할 수 있기 때문이다. 이에 비하여, 학업을 목적으로 하는 영어는 거의 습득하기 어렵다. 특히 소수언어 학생들이 초등학교 저학년 이후에 학교 교육으로 L2 언어를 습득하기 시작할 경우에는 더욱 그러하다. 그 결과 이런 학생들은 흔히 사회적 상황과 학업적 상황에서 영어로 효과적으로 의사소통하는 능력에 큰 차이를 경험한다.

교육자, 특수교육 전문가, 언어치료사들은 소수언어 학생들이 교실에서 반응이 없거나 서투를 수 있다는 것을 알 필요가 있다. 이것은 소수언어 학생들이 학습장애 또는 언어장애가 있어서가 아니라 단순히 학업을 목적으로 활발하고 적극적으로 상호작용을 하기에는 아직 충분한 유창성을 습득하지 못하였기 때문이다. 소수언어 학생들의 차이를 이해하지 못하는 교사들과 다른 전문가들은 평가 상황이나 교실에서 아동들이 보여 주는 행동을 학습장애로 해석하기 쉽다. 소수언어 아동들이 상호작용 언어는 알고 있는 것처럼 보이기 때문에 그런 행동은 학습장애 또는 행동적인 문제로 인한 것으로 오해한다. 중등 또는 고학년의 구어언어발달을 평가하기 위해서 고안된 많은 표준화된 평가도구는 주로 학업언어기술에 초점을 두고 있다. 그 결과 영어 학업언어를 아직 완전하게 습득하지 못한 정상적으로 발달하고 있는 소수언어 아동들은 그 평가에서 마치 언어장애와 학습장애가 있는 아동과 같은 수행력을 보일 수 있다. 정말, 소수언어 아동들은 흔히 특수교육 학급에 과잉으로 의뢰되는데, 이것은 그 아동들의 불완전한 학업언어기술을 학습장애로 잘못 해석하기 때문이다(Genesee & Lindholm-Leary, 출간 중).

학업언어기술 습득의 어려움은 학생들이 교실에서 수업을 따라가는 것뿐 아니라 토론에 참여하는 것도 해당된다. 또한 이것은 학교에서 사용하는 언어로 읽기를 배우는 것과 관련되어 있다. 10장에서 논의하고 있는 것처럼, 많은 논문에서 읽기 텍스트를 이해하기 위한 효율적이고 효과적인 기술의 습득은 학생들이 언어의 복잡한 구문과 의미적인 측면을 습득하는 것과 관련이 있다는 것을 보여 주고 있다. 고학년 학생들이 읽는 읽기자료는 복잡하고 미묘한 언어를 포함하고 있다는 것을 생각해 보면 이 말이 일리가 있다; 언어능력으로 인해 학생들이 읽고 있는 내용을 이해하는 어려움이 발생함. 요약하면, 소수언어 학생들이 읽기학습에 어려움을 보이는 이유를 이해하려고 할 때, 특히 고학년의 경우에, 소수집단 학생들이 읽기이해력에 도움이 되는 구어언어기술도 습득해야 하기 때문일 수 있다는 것을 생각해야 한다. 그 아동들은 아마도 읽기장애가 아니다.

문화적 요인

각각의 소수집단 아동들의 제2언어사용 형태를 이해하려 할 때 문화적인 요인 또한 고려되어야 한다. 2장에서 논의했던 것처럼, 아동과 성인의 언어사용과 언어적 상호작용의 적절한 형태는 문화마다 다르기 때문이다(Roseberry-McKibbin, 2002). 이 논의에서, 우선 다수언어 또는 사회적 언어로서 영어와 주류문화로서 **백인문화**에 대하여 언급하고 있다. 그 이유는 대부분 이 언어와 문화에 익숙하며, 독자들이 영어에 익숙하고 영어를 사용하는 지역사회에 대한 문화적인 몇몇 지식을 공유하고 있다고 생각하기 때문이다.

2장에서 영어를 주언어로 사용하고 유럽문화에 속한 사람들은 아이들을 정당하고 중요한 대화상대자로 대하며, 아동들이 적극적으로 성인과의 대화에 참여하고 대화를 시작하며 대화를 유지할 것이라 기대한다. 그런 문화에서는 또한 학교 학생들이 선생님의 질문과 격려에 적극적으로 반응하면서 배운 것을 자랑

할 것이라 기대한다. 선생님과 학생이 눈 맞춤을 하는 것은 적절한 것으로 여기며, 학생이 수업에 집중하고 있으며, 학습을 하고 있는 것으로 받아들인다. 여아와 남아에게 동등한 일반적인 기대를 하며, 이들은 함께 작업하고 함께 공부한다. 모든 문화에서 이런 기준과 기대를 하지 않는다. 몇몇 문화에서는 학생들을 성인과의 적절한 대화상대자로 생각하지 않는다. 그 결과 아동들은 눈앞에 있지만 듣지 못한 것처럼 행동하며, 대화 중에 성인들의 눈을 피하는 것으로 성인에 대한 존중을 나타낸다. 이런 문화에서 학생들이 스스로 적극적으로 주장을 하고 대화를 시작할 것이라 기대하지 않는다. 학생들은 흔히 다른 사람을 지켜보는 것을 먼저 배우며, 그들이 배운 것을 집단으로 또는 신중하게 표현한다. 어떤 문화 출신의 아동들은 학교에서 남녀 공학인 학교가 불편할 수 있다. 이것은 문화적 차이에 의한 것이다. 동일한 문화에 속한 모든 개인들이 이 기준을 공유하고 이러한 것을 기대하는 것은 아니기 때문에 과잉으로 일반화하는 것에도 주의를 기울여야 한다.

소수언어를 사용하는 아동들이 가정에서 사회화된 형태는 학교에 입학해서도 그대로 나타난다. 가정과 학교의 문화적인 차이 때문에 몇몇 학생들은 선생님이나 다른 성인들과 대화하는 것을 피한다. 학생들은 선생님의 질문이나 요구에 개별적으로 반응하는 것을 불편해한다. 성별이 다른 학생들과 함께 과제를 하는 것을 불편해하거나 심지어는 저항하기도 한다. 성인 대화상대자와 눈 맞춤을 하거나 가까이에 있는 것을 피한다. 그런 문화적인 기준은 학생들이 학교언어(영어)를 습득한 이후에도 장기적으로 다른 사람과의 사회적 상호작용에 영향을 줄 수 있는데, 이런 기준들이 개인적인 정체성의 일부분으로 자리 잡고 있기 때문이다. 서구문화와는 다른 문화 출신의 소수언어를 사용하는 아동들은 언어장애나 언어지연 또는 학습장애가 있다는 인상을 주기 쉬운데, 아동들이 서구문화에서 기대하는 방식으로 적극적으로 반응하지 않기 때문이다.

이러한 예는 이뉴잇 학교에 관한 연구에서 찾아볼 수 있다. 언어치료사들이 이뉴잇 출신이 아닌 서부 캐나다 출신의 교사들에게 언어장애가 있다고 생각되는 아동들의 리스트를 달라고 하였을 때 학교 학생의 1/3에 해당하는 명단을 주었다. 각각의 이름 옆에는 '수업시간에 말을 하지 않는다'라고 적혀 있었다. 리스트에 적힌 학생들의 수는 일반적으로 아동기에 발생하는 언어장애아동 수를 훨씬 초과하였기 때문에 언어치료사는 그 지역 출신의 특수교사에게 도움을 요청하였다. 이것을 알고 있는 이뉴잇 교사는 리스트를 훑어보며 낙담한 목소리로 "이뉴잇 출신 교사가 아닌 사람들은 정상적으로 잘 발달하고 있는 아이들이 교실에서 말을 하지 않는다는 것을 배우지 않는 것으로 본다. 아이들은 보고 듣는 것으로 배운다."라고 말했다(Crago, 1988, p. 212). 서구출신의 교육자들과 임상가들이 하는 이런 종류의 오해로 인해 소수집단 아동들은 심각한 교육적 불이익을 당할 수 있다.

문화는 아동들의 언어사용에 다른 방식으로 영향을 준다—성장과정에서 얻은 온전한 경험의 특성. 예를 들면, 소수언어사용 아동들은 의사, 치과의사, 또는 다른 전문가들에 대하여 주류사회 출신 아동들이 경험한 것과 동일한 경험을 하지 않을 수 있다. 음식, 음악, 장난감, 종교적인 의식은 흔히 다르다. 그 결과 교실에서 토론이나, 아동들에게 익숙하지 않은 경험과 관련된 활동에 참여하는데 어려움이 있을 수 있다. 이것은 단순히 아동들에게 이런 주제의 활동이 익숙하지 않기 때문에 말을 잘 안할 수 있다. 교사들이 수업을 계획할 때 모든 학생들이 학교 밖에서 동일한 삶의 경험을 공유하고 있지 않다는 사실을 아는 것은 매우 중요하다. 수업계획에 소수집단 아동들의 문화적 배경을 근거로 주제와 활동을 포함시키는 것으로 소수집단 아동들의 참여를 촉진시킬 수 있다.

소수집단 아동을 대하는 교사, 교육 전문가, 임상가들이 단순언어장애, 또는 학습장애가 있는 것으로 의심되는 아동들을 확인할 때는 아동들의 언어발달과 언어사용에 있어 문화적인 요인을 고려해야 한다. 특히, 소수아동 문화에서는 적합한 언어사용임에도 불구하고 언어장애 또는 학습장애가 있는 것으로 잘못 판단해서는 안 된다. 다문화 출신 아동이 왔을 때 단일언어와 단일문화 출신의 교사와 교육 전문가들이 모든 소수언어사용 아동들의 문화를 아는 것은 실제로 어려운 일이며, 심지어 다양한 문화적 경험을 한 교사와 교육 전문가들에게도 마찬가지이다. 교사와 언어치료사가 익숙하지 않은 문화출신의 아동들을 만나게 되었을 때, 그 문화 출신의 구성원 또는 그 문화에 보다 많은 경험이 있는 사람들에게서 정보를 얻어야 한다. 이와 동시에 전문가들은 소수언어 아동들이 다수집단의 규범을 포함한 문화적인 레퍼토리를 확장시켜 나갈 수 있도록 도움을 주어야 한다. 결국은, 더 넓은 지역사회에 성공적으로 통합되는 것은 아동들이 이중언어뿐만 아니라 이중문화 사용자가 되는 것에 달려 있다.

가족 배경 요인

언어사용을 포함하여 학교에서 L2 학습자들의 수행력은 또한 가족의 배경과 관련된 요인에 영향을 받을 수 있다. 여기에서는 가정의 사회경제적 수준의 중요성에 대하여 말하고 있다. 다음 섹션에서 가정에서의 언어사용에 대하여 설명하고 있다. 연구 결과를 보면, 성적 또는 진전을 보여 주는 다른 공식적인 증거에서 나타나는 것처럼 학교에서의 수행력은 사회경제적 수준과 상관이 있었다. 예를 들어, 미국 내 영어학습자들의 문해발달에 관한 연구 결과를 보면, 사회경제적 수준은 다양한 문해능력 평가의 수행력과 상관이 있었으며, 사회경제적 수준이 낮은 가정 출신의 아동들이 보다 높은 사회경제적 가정 출신의 아동들에 비하여 유의미하게 수행력이 낮았다(Genesee & Riches, 2006). 그러나 사회경제적 수준 그 자체가 원인적인 요인이 아니라 학령전기 문해경험, 가정에서 사용되는 언어의 양과 종류, 건강 및 영양과 같은 낮은 사회경제적 수준의 영향을 받을 수 있는 다양한 다른 요인과 관련이 있다. 연구 결과에서 많은 가족관련 변인이 특히 학교의 문해발달에 중요하다는 것이 밝혀졌다. 상대적으로 사회경제적 수준이 높은 가정 출신의 아동들은 사회경제적 수준이 낮은 가정 출신의 아동들보다도 사회경제적 수준의 이점을 누릴 수 있다. 낮은 사회적 경제적 수준에 해당하는 소수언어 학생들이 매우 많으며, 이들 소수아동들이 사회경제적 수준과 관련된 요인 때문에 학교의 언어와 문해발달에서 진전속도가 더디거나 심지어는 발달지연을 경험할 수 있다. 연구 결과, 학업수행력에서 낮은 사회경제적 수준이 주는 영향은 사회경제적 수준이 낮은 가정 출신의 가족과 아동이 많이 살고 있고 그 지역의 학교에 다니는 소수언어 아동들에게 더 많이 나타났다(Goldenberg, 2003).

이런 종류의 요인들은 학교에서 소수언어사용 아동들의 언어, 읽기, 학습문제를 평가할 때 고려되어야 할 사항이다. 학업수행력에 있어 이런 요인의 영향이 장애 또는 손상의 증거로 오해를 받는다. 또한 이런 일반적인 형태를 각각의 아동들에게 과잉일반화하지 않아야 하며, 사회경제적 수준이 낮은 가정 출신이라 할지라도 소수언어를 사용하는 모든 아동들이 이런 영향으로 인한 혜택이 없다고 생각해서는 안 된다. 사회경제적 수준이 낮은 가정 출신의 아동들을 대상으로 한 연구 결과의 일반적인 형태는 단지 일반적인 형태일 뿐이며, 필수적으로 모든 소수언어사용 아동들에게 적용되는 것은 아니다.

초기 문해와 언어 경험

소수언어 학생들의 학업 수행력을 이해할 때 각 아동들이 살고 있는 가정과 지역사회의 언어 및 문해사용에 대하여 알아보는 것 또한 중요하다. 많은 연구 결과, 아동들이 학교에 입학하기 전에 가정과 지역사회에서 언어와 특히 문해와 관련된 경험을 하는 것은 학교에서 학업언어와 문해기술 습득에 기초를 세울 수 있는 중요한 역할을 한다(Neuman & Dickinson, 2003). 특히, 학교에서의 읽기와 쓰기학습은 학교에 입학하기 전 가정에서 읽기와 쓰기를 미리 경험한 어린 아동들이 더 배우기 쉽다. 학령기 문해발달을 촉진시키는 많은 학령전기의 경험은 실제 읽기와 쓰기의 직접적인 경험과 관련되어 있다기보다는 간접적인 경험과 관련이 있다. 이런 간접적인 경험에는 책 읽어 주는 것을 듣기, 아동 자신의 책을 소유하기, 책 읽는 척 하기, 끝말잇기, 알파벳이나 글자에 노출되는 활동에 참여하기, 어휘력을 늘려주고, 아동들의 언어사용을 확장시켜 주는 부모나 주양육자와의 대화 등이 모두 포함된다. 읽기와 쓰기가 구어언어를 글로 쓴 형태라고 할 때 이런 종류의 초기 구어언어기술이 이후의 문해발달을 촉진시키는 것은 맞는 말이다.

또한, 연구 결과에서 증명되고 있는 이중언어학습에서 중요한 것은, 읽기와 쓰기학습의 기초가 되는 많은 기술은 하나의 언어에서 다른 언어로 전이가 될 수 있다는 것이며, 특히 읽기와 쓰기의 초기 단계에서는 더욱 그러하다(August & Shanahan, 2006; Erdos, Genesee, Savage, & Haigh, 출간 중; Genesee, Lindholm-Leary, Saunder, & Christian, 2006). 보다 구체적으로 설명하자면, 사물의 이름 및 음소에 대한 지식과 음운인식기술은 단어해독에 중요하며, 이것은 이후 읽기이해에도 중요하다. 학교에 입학하기 전에 이런 기술과 이런 종류의 지식을 습득하고 온 아동들은 그렇지 않은 아동들보다 읽기와 쓰기를 보다 쉽게 배운다. 또한 가정에서 소수언어 모국어로 이런 기술을 습득하고 입학한 아동들은 이것을 제2언어의 읽기와 쓰기학습에 적용할 수 있다. 두 언어가 유형학적으로 유사하고 음소와 문법에서 유사할수록 전이 효과가 더 크며(예를 들면, 영어와 스페인어 또는 프랑스어), 다를 경우에는 전이 효과가 덜하다(예를 들면, 영어와 중국어). 그러나 두 언어가 매우 다를 경우에도 전이가 발생한다. 실제로 학령전기 소수언어 아동들의 모국어에 대한 알파벳 지식 및 음운인식능력과 학교 입학 후 제2언어의 단어해독 및 읽기이해기술 간에 정적인 상관이 있음이 많은 연구 결과에서 밝혀졌다(August & Shanahan, 2006; Erdos, et al., 출간 중; Genesee, et al., 2006).

요약하면, L2-only 또는 이중언어 프로그램에 참여하고 있는 소수언어 학생들의 수행력을 평가할 때, 특히, 초기 읽기와 쓰기기술의 평가 시에는, 가정과 모국어에서 아동들이 경험한 초기 문해와 관련된 경험을 고려해야 한다. 어떤 프로그램에 있는 학생이든 간에 학령기 초기 문해기술 습득의 어려움은 장기간 읽기와 쓰기발달에 어려움이 있을 수 있다는 것을 반영하거나, 또는 공식적인 문해기술 교육을 지원하는 학령전기 언어경험에서 아동이 이득을 얻는 정도를 단순하게 반영하는 것일 수 있다(Genesee, & Hamayan, 2009).

이런 요인들이 앞에서 소개한 소수언어환경 L2 아동들의 학업성취에 어떻게 영향을 끼치는지 알아보고자 한다: Pauloosia, Faisal, Luis, Bonnie.

2장에서 소개한 이뉴잇 가족들의 언어사회화에 관한 정보를 고려해 보면, Pauloosie는 앞에서 논의한 학교에 입학하기 전에 가정에서 문해능력을 촉진시키는 언어형태를 경험하지 못하였을 것이라 추측할 수 있다. 또한 Pauloosie는 서구의 학교교실에서 학생들에게 기대하는 개인적인 언어사용이 불편하고 익숙하지 않을 것이다. Pauloosie의 가정에서 학교로 전이는 문화적으로 특별한 교육방법을 사용하여 이뉴잇어로 유치원에서 2학년까지 교육을 받는 것으로 촉진이 되었다. 그러나 Pauloosie는 3학년 때 다른 언어와 교실문화로 전이를 하고 있다. 사회경제적 수준과 모국어 사용을 고려해 볼 때, Faisal 또한 불이익 상태에 놓여 있을 수 있다. 그의 부모들은 낮은 임금을 받으면서 장시간 일을 하는 이민 온 지 얼마 안 되는 노동자계층이다. 이것은 음식을 얻는 것과 음식의 질에서부터 가정에서 부모와 아동 간 상호작용의 양에까지 아동의 일상생활의 모든 측면에 영향을 줄 수 있다. 또한 이민을 오기 전 정신적 외상의 경험은 가족구성원의 정신건강과 부모 아동 간의 상호작용에 영향을 끼칠 수 있다. 소말리아 문화의 전형적인 언어사회화 패턴이 무엇이든 간에, 이민 전과 이민 후의 경험은 Faisal 가족의 언어사회화 형태를 방해할 수 있다. 비록 미국에서 태어났다 할지라도 Faisal처럼 Luis도 주류 계층과 차이가 있는 사회경제적 수준이 낮은 가정 출신의 아동이다. 이와 비교할 때, Bonnie는 학교학업에 부정적인 영향을 줄 수 있는 요인이 거의 없다. Bonnie는 사회경제적 수준이 높은 가정에서 태어났고, 부모들은 Bonnie가 학교에 입학하기 전에 문해와 관련된 활동에 함께 참여하였다.

이중언어 프로그램의 소수언어 학생들

이 책에서 미국 내 이중언어 프로그램에 등록된 소수언어 학생들을 중심으로 논의하고 있는데, 그 이유는 소수언어 학생들을 위한 이중언어 프로그램이 매우 잘 연구되어 왔기 때문이다. 미국에는 다문화 배경을 가진 학생들을 위한 교육적 대안을 개발하는데 영향을 주는 강력한 시민의 권리가 있다. 소수언어를 사용하는 아동에게 모국어로 교육을 받을 수 있는 기회를 제공하는 것이 이 법안 발의의 주요 성과이다. 이중언어 프로그램에서 다수언어와 함께(미국에서는 영어) 아동들의 모국어는 교육적 목적으로 사용된다.

이중언어교육의 대안적인 모델들이 있다. 그 중 주요한 모델은 **전이적 이중언어**(transitional bilingual), **발달적 이중언어**(developmental bilingual), **양방향 이중언어/몰입교육**(two-way bilingual/immersion)(Genesee, 1999)이다. 발달적 이중언어 프로그램과 양방향 이중언어 프로그램에서 학업과 문해교육은 유치원부터 시작하여 학생의 모국어와 영어 두 개의 언어로 제공된다. 영어와 모국어로 교육을 받는 학교 교육일수의 비율은 교육 프로그램 모델에 따라 다르며, 가장 일반적인 형태는 90%는 모국어(L1)로 나머지 10%는 영어(L2)로 하거나, 또는 L1(50%), L2(50%)로 실시한다. 이런 프로그램을 각각 90/10 그리고 50/50 모델이라고 한다. 교육에서 두 개의 언어를 사용하는 것은 초등학교 기간 내내 지속되며, 중학교까지 계속된다.

발달적 이중언어 프로그램은 양방향 몰입교육 프로그램과 차이가 있는데, 전자의 프로그램에 참여하는 아동들은 모두가 소수언어 아동들인데 비하여, 양방향 몰입교육 프로그램에 참여하는 학생의 절반은 다수언어사용 아동들이라는 점이다. 양방향 몰입교육 프로그램의 목적은 소수언어와 다수언어 두 집단 아동들의 이중언어를 촉진시키는 것이며, 각각의 언어를 교육언어로 사용하여 교과과정의 과목들을 가르쳐서 교육적 목적을 달성하려는 것이다. 발달적 이중언어와 양방향 몰입교육프로그램 모델은 이중언어교육의 부가적 형태라 여겨지는데, 이는 두 가지 프로그램 모두 다른 언어(L2)에서 능력을 촉진시키는 것과 동시에 학생들의 모국어를 유지하는 것을 목적으로 하기 때문이다. 이 두 가지 이중언어 프로그램에서는 모국어를 소수언어 아동들의 중요한 개인적 자산이자 자원으로 보고 있으며, L2와 학업능력에서 아동들의 능력을 쌓아갈 수 있는 필수적인 토대라고 생각하고 있다. 양방향 몰입교육프로그램에서는 이중언어를 다수언어 학생들을 포함한 모든 학생들의 자산이라고 보고 있다.

전이 프로그램은 이중언어교육의 가장 제한된 형태이나, 미국 내에서 가장 많이 실시되고 있는 프로그램이다. 전이 이중언어 프로그램에 참여하고 있는 학생들은 모두가 소수언어 출신 아동들이다. 전형적인 전이 프로그램에서는 영어의 구어언어발달을 위한 교육과 함께 수학과 같은 학업 교과목과 문해를 위한 초기 교육을 학생의 모국어로 실시 한다. 음악과 체육과 같은 비학업적 교과는 흔히 영어로 교육을 실시한다. 전이 이중언어 프로그램에서 가장 일반적으로 사용되는 소수언어는 스페인어이며 그 다음으로 베트남어, 몽족어(Hmong), 광둥어, 한국어이다(Kindler, 2000). 학생들이 영어에서 유창성을 습득하였을 때, 학업 교과목을 가르치는 영어사용이 더 많이 늘어나고, 그에 상응하여 모국어 사용은 줄어든다. 흔히 이런 변화는 3학년 시기에 끝이 나며, 그 시기는 모국어 사용이 완전히 중단되는 시기이다. 전이 이중언어 프로그램은 이중언어교육의 감가적 형태라 볼 수 있으며, 학생들의 모국어 사용은 L2만을 사용하는 교육프로그램으로 이동을 하는 그 시기까지이다. 결과적으로 이 프로그램의 목적은 이중언어의 유창성이 아니라 단지 영어의 유창성을 위한 것이다. 사회문화적으로 전이 이중언어 프로그램은 소수언어 학생들에게 모국어는 유용하지 않으며, 단지 영어로 충분히 학교 교육을 받을 수 있을 만큼 영어를 배우기까지 사용하는 언어라는 인상을 주기 쉽다. 흔히 그런 프로그램에 참석하는 아동들은 영어가 일상생활에서 보다 강력한 역할을 해 나갈 때, 모국어를 잃어버리는 결과를 가져오며, 특히 읽기와 쓰기는 더욱 그러하다. 1장에서 소개한 동시적 이중언어아동인 Gabriela는 학교 입학 시기에 이미 영어를 말하고 있음에도 불구하고 전이 프로그램에 참여하고 있다. 그녀의 부모는 제한되어 있을지라도 학교에서 어떤 스페인어 교육을 원했기 때문에 이 프로그램을 선택했는지도 모른다. 학교 행정관이나 교사는 사실상 소수언어 학생들이 다수언어에서 유창성이 매우 다를 때에도 이들을 동질집단으로 생각한다.

이 책에서 우리가 염려하는 이중언어 프로그램에 참여하고 있는 소수언어 학생들의 언어발달과 관련하여 많은 중요한 질문이 생긴다. 이것은 다음과 같다: 1) 이중언어 교육프로그램이 학생들의 다수언어습득을 촉진시키는가 또는 지연시키는가? 2) 학교에서 소수언어에 노출된 양과 그 언어의 습득 간에 관련성은 무엇인가? 실제적인 질문은 다음과 같은 것이다: 어떤 프로그램 모델이 이중언어 유창성을 형성하는데 가장 효과적인가? 이 질문에 대한 대답은 학업성취와 언어발달에 관한 전형적인 형태와 비전형적인 형태를 구별해 낼 수 있는 유용한 정보를 제공해 주기 때문에 매우 중요하다.

학교의 이중언어 프로그램은 학생들의 다수언어 습득을 촉진시키는가 또는 지연시키는가?

이 책에서는 이 질문에 대하여 다수언어와 소수언어 학생, 모두의 측면에서 소개하고 있으며, 소수언어부터 다루고 있다. 소수언어 학생들의 이중언어교육에 대하여 매우 반대 하는 주장이 있으며, 특히, 다수언어습득을 촉진시키는 효과에 대하여 극단적으로 반대를 하였다. 한편, 미국 내 이중언어교육에 대해 비판하는 사람들은(Baker & de Kanter, 1981; Porter, 1990; Rossell & Baker, 1996) 학교 교육의 중요한 부분을 학생들의 모국어인 소수언어로 실시하는 것은 영어에 대한 노출을 감소시키기 때문에 이들의 영어습득을 방해한다고 주장하였다. 이것을 **과제집중시간 논쟁**(time-on-task argument) 이라고 한다. 한편 다른 연구자들은 아동들의 언어능력은 한 언어의 습득에 한정되어 있는 것이 아니고 (Lindholm-Leary & Borsato, 2006), 게다가 소수언어 학생들의 모국어의 발달은 L2 발달, 특히 문해능력발달에 유용한 발판이 된다고 주장하였다(Cummins, 2000; Riches & Genesee, 2006). 후자의 관점에서 본다면, 부가적 형태의 이중언어교육은 소수언어 아동들의 L2 발달을 촉진시키거나 또는 나쁜 영향을 주지 않는다는 것을 알 수 있다. 이런 가능성에 대하여 연구 결과에서는 무엇이라고 말하고 있는가?

이중언어교육의 평가에서 두 가지 형태의 결과가 나타났다. 몇몇 경우에 **English-only-programs** 또는 전이 이중언어 프로그램에 참여한 학생들에 비하여 발달성 프로그램과 양방향 이중언어 교육프로그램에서 교육받은 소수언어 학생들에게 이득이 있었다(Lindholm, 2001; Lindholm-Leary & Borsato, 2006; Ramirez, Yuen, & Ramey, 1991; Tomas & Collier, 2002). 발달성 이중언어 프로그램에 참여한 소수언어사용 아동들은, 특히 초등학교 시절 내내 교육 목적으로 모국어를 사용해 온 아동들, 이중언어가 아닌 프로그램에 참여한 학생이나 전이 이중언어 프로그램에 참여한 학생들보다 영어 유창성 수준이 더 높았다. 다른 경우에, 발달성 프로그램과 양방향 이중언어 프로그램에 참여한 소수언어 아동들에게서 이점이나 불이익의 증거가 발견되지 않았다. 이 경우에 소수언어 학생들은 English-only program에 참여한 학생과 동일한 수준의 수행력, 즉, 그 지역이나 주에서 실시한 표준화된 평가결과에서 동등한 수준을 보였다 (Lindholm-Leary & Borsato, 2006).

이중언어교육과 관련되어 흔히 다음과 같은 질문을 할 수 있다: 학교에서 다수언어에 노출되는 양 또는 교육의 양과 그 언어의 유창성 수준과의 관련성은 어떠한가? 학교에서 학생들의 언어노출과 그 언어의 습득과 상관이 있다는 것은 널리 알려져 있다. 그런 관련성이 분명히 있다. 거의 노출이 되지 않은 학생과 많은 노출이 된 학생은 분명히 다르며, 후자가 더 많은 이득이 있다. 그러나 연구에서는 이중언어교육에 관한 현재의 모델에서 제시하고 있는 언어노출의 양으로는 이런 기대를 하기 어렵다고 말하고 있다. 보다 구체적으로 말하자면, 학교에서 영어에 더 많이 노출된 소수언어 아동들이(50/50 이중언어 프로그램에 참석한 아동들) 영어에 덜 노출된 아동들(90/10 프로그램에 참여한 아동들)에 비하여 영어에서 초기에는 이득이 있었다. 그러나 이러한 이득은 미미하였고 일시적이었다. 3학년 말경에 50/50 양방향 프로그램에 참여한 소수언어 학생들은 90/10 프로그램에 참여한 학생들에 비하여 초기에 영어에 훨씬 더 많이 노출되었음에도 불구하고 더 이상 이런 이득이 나타나지 않았다.

이런 형태는 English-only program에 참여한 소수언어 아동과 발달성 이중언어 프로그램과 양방향 몰입프로그램에 참여한 학생 간의 비교에서도 분명하게 나타났다. 전자의 아동들은 흔히 초기에는 영어에 이득이 있었으나 초등 고학년이나 중학교 학년 시기 즈음에는 대개 차이가 없거나, 이중언어 프로그램에 참여한 학생들에게서 이득이 있었다(Lindholm-Leary & Borsato, 2006; Oller & Eilers, 2002). 이런 결과는 다음 장에서 논의하겠지만, L2 몰입프로그램에 참여한 다수언어 아동에게서도 동일하였다. 이 책에서 소개하고 있는 아동인 Luis는 English-only program에 참여하였으며, 부모는 가능한 Luis가 영어를 빨리 습득하기를 원했기 때문에 English-only program에 Luis를 참여시키는 것은 최고의 선택이라고 믿었다. 즉, 이것이 과제집중시간 논쟁에 관한 것이다. 그러나 연구결과에서는 다르게 나타났다. Luis가 이중언어 프로그램에 참여하였더라면, 결국에는 영어를 습득하였을 것이며, 스페인어의 구어언어와 문해기술습득에 더 많은 이점이 있었을 것이다.

이중언어 프로그램에 관한 이러한 결과는 최소한 부분적으로 학교 밖에서 다수언어에 노출된 학생들의 예를 통해서 설명할 수 있다. 영어 위주 지역사회에서 학생들이 영어에 추가로 노출되는 것은 학교 프로그램에서 학생집단 간 노출의 차이를 상쇄시켰다. 또한 이중언어 프로그램에서 영어 노출이 감소된 것은 L1의 기술이 영어로 전이되는 것으로 상쇄되었다. 전이는 문해발달에서 가장 두

르러지게 나타난다. L1의 문해능력이 더 발달한 아동일수록 L2인 영어에서 문해기술 습득이 빠르다. 사실상, 소수언어 학생들이 이중언어 프로그램에서 영어 노출이 감소된 것은 전이로 인해 학교에서 문해기술을 습득하는데 필요한 시간이 줄어드는 것으로 상쇄된다. L1 문해기술의 향상은 전이 이중언어 프로그램과 English-only 프로그램에 참여한 학생보다는 발달성과 양방향 이중언어 프로그램에 참여한 학생들에게서 일어나며, 이중언어 프로그램에 더 오래 참여할수록 나타나는 것 같다. 미국의 이중언어교육에 관한 리뷰에서 Lindholm-Leary와 Borsato(2006)은 발달성 이중언어 프로그램, 양방향 이중언어 프로그램, 그리고 확대된 이중언어 프로그램에 참여한 소수언어 학생들이 L2 only 프로그램에 참여한 학생들보다 다수언어 아동과의 영어성취 차이가 더 적다는 것을 보여 주었다. 또한 과제집중시간 가설과는 다르게, 학교에서 소수언어인 모국어에 더 많이 노출된 아동들이 English-only 프로그램에 참여한 소수언어 아동들을 능가한다는 증거가 있다(Lindholm-Leary & Borsato, 2006). Myers(2009)는 학습장애가 있으면서 양방향 스페인어-영어 이중언어 프로그램에 참여하고 있는 영어학습자(ELLs)가 다양한 영어 표준화된 평가와 비표준화 평가에서 English-only 프로그램에 참여하고 있는 학습장애 ELL 학생과 유사한 수행력을 보인다는 것을 발견하였다. 즉, 학습장애에도 불구하고, 이중언어 프로그램에 참여한 영어학습자는 주요한 언어와 학업수행력 평가에서 단일언어 영어프로그램에 참여한 유사한 학생만큼 수행력을 나타내었다.

이런 결과는 부가적 이중언어 프로그램에 참여한 소수언어 학생이 언제나 영어 문해기술에서 영어 원어민 화자와 같은 수준을 성취한다는 것을 나타내는 것은 아니다. 사실, 그 학생들은 흔히 그렇지 못하며, 이런 차이는 프로그램 자체의 질적인 측면과 같은 다른 요인에서 찾아볼 수 있다. 예를 들면, Lindholm-Leary와 Borsato(2006)은 일관성 있는 이중언어 프로그램에 지속적으로 노출된 소수언어 학생들은 해마다 다르게 이중언어 프로그램에 참여한 소수언어 학생들보다 언어와 학업성취수준이 더 높다는 것을 발견하였다. 또한, 전반적으로 소수언어 학생들은 다수언어 학생들보다도 사회경제적 수준이 낮은 경향이 있으며, 이미 알고 있듯이, 다수언어사용 아동이든 소수언어사용 아동이든 상관없이 사회경제적 수준이 낮은 가정 출신의 아동들은 일반적으로 사회경제적 수준이 높은 가정 출신의 아동들보다도 문해 능력과 학업성취 평가에서 더 낮은 수행력을 보인다.

Samantha와 같이 이중언어 프로그램에서 다수언어(영어)를 사용하는 아동들의 영어발달은 어떠한가? 다수언어인 영어를 말하는 학생들을 위한 두 가지 형태의 이중언어 프로그램이 있다. 1) 앞에서 설명한 것처럼 미국의 양방향 몰입교육프로그램; 2) 다음 장에서 설명할 다른 나라뿐만 아니라 캐나다와 미국의 몰입프로그램. 몰입프로그램은 대개 2년 또는 그 보다 긴 시간 동안 하루에 최소한 50%는 제2언어로 교육을 받는 다수언어사용 학생들이 포함되어 있다. 이런 프로그램의 다양성은 뒤에서 보다 자세하게 설명하고 있다. 여기에서 중요한 것은 두 가지 형태의 이중언어교육에 참여한 다수언어사용 학생들을 대상으로 다수언어에 대한 문해능력과 학업성취 정도를 평가한 결과 읽기와 쓰기에서 영어만 사용하는 다수언어사용 학생들과 동일수준의 수행력을 나타내었다.

요약하면, 소수언어 학생이든, 다수언어 학생이든 간에 이중언어 프로그램의 참여가 다수언어 습득에 해가 되지 않는다는 것이다(Genesee, 2004; Holobow, Genesee, & Lambert, 1991; Lindholm-Leary & Borsato, 2006).

학교에서 소수언어 노출의 양과 그 언어습득 간의 관련성은 무엇인가?

다수언어에 대하여 언급한 형태와 대조적으로 학교에서 노출된 소수언어의 양에 따라 유창성에 차이가 발생한다. 학교에서 소수언어에 보다 더 많이 노출된 소수언어 학생들이 덜 노출된 아동들보다 그 언어의 유창성이 높다(Lindholm-Leary & Borsato, 2006). 보다 넓은 지역에서 상대적으로 소수언어에 노출이 부족한 경우에, 특히 문해와 관련된 언어형태에 관한 한 이것이 맞는 말이다. 이런 결과는 학교에서 소수언어에 더 많이 노출되는 것이 소수언어 학생들에게 더 높은 수준의 이중언어 유창성이 발달될 수 있는 기회를 제공하기 때문에 중요하다. 소수언어 노출을 확대시키는 것은 다수언어발달에 해가 되지 않으며, 모국어 기술을 향상시킨다. 또한 Lindholm과 Aclan(1991)은 소수언어 학생들의 수준 높은 이중언어 유창성은 높은 수준의 학업언어 유창성과 상관이 있다고 하였기 때문에 의미가 있다. 요약하면, 사람들이 생각하는 것과 다르게, 소수아동들의 모국어를 주요 과목 교육언어에 포함시키는 부가적 이중언어 프로그램이 학생들의 이중언어 유창성과 학업발달에 긍정적으로 기여를 한다는 것이 밝혀졌다. 또한 높은 수준의 이중언어 유창성을 가진 소수언어 학생들이 Bialystok (2001)과 Cummins(2000)가 보고한 인지적 이점을 경험하는 것 같다(3장에서 설명하고 있음).

다수언어 학생들

L2를 사용하는 학교 교육은 이민자, 토속언어집단(indigenous language group), 소수언어를 사용하는 아동들을 연상하겠지만, 다수언어를 L1으로 습득하는 아동들이 많이 증가하고 있다. Samantha나 Trevor와 같은 아동들은 제2언어 혹은 제3언어로 교육을 받고 있다. 다수언어를 사용하는 아동들을 위한 L2 교육의 일반적인 형태는 **몰입교육**이다. 몰입교육 프로그램은 프랑스어를 다수언어로 사용하는 캐나다 퀘벡지역의 영어를 사용하는 학생들에게 영어와 함께 프랑스어 습득기회를 주기 위해서 처음으로 개발되었다(Genesee, 2004; Lyster & Genesee, 출간 중). 이 장에서 다수언어 학생들을 위한 이중언어 프로그램 형태에 대하여 논의하고 있는데, 그 이유는 이에 대한 경험적이고 기술적인 광범위한 연구가 이루어져 왔기 때문이다.

몰입교육 프로그램에 참여하는 학생들은 언어과목과 문해교육을 포함한 학교 교육의 전체 또는 많은 부분(대개 최소 50%)을 L2로 교육 받는다. 몰입교육을 뒷받침하는 근거는 중요한 시기에 실질적인 의사소통을 위해 학교에서 그 언어를 사용한다면, 학생들은 가정에서 아동들이 모국어를 배우는 것처럼 언어를 효과적으로 배울 수 있다는 것이다(Genesee, 2004; Lyster, 2007). 다수언어 학생의 경우에 학교 밖에서 모국어에 광범위하게 노출되어 있기 때문에 제2언어

글상자 8.2

몰입교육에 관한 부모들의 질문

다수언어 학생과 소수언어 학생을 위한 L2 교육프로그램 간 가장 큰 차이 중의 하나는 다수언어 학생들의 부모들은 아동들의 학교 교육 언어를 선택할 수 있어서, 자녀들을 이중언어사용자로 양육할 것인지 아닌지 선택을 할 수 있다. 소수언어 아동 부모들의 교육적 선택은 단지 다수언어 교육프로그램에 제한되어 있을 수 있으며, 대개 이들 자녀들의 이중언어는 선택이 아니다. 몰입교육은 다수언어 아동들을 위한 선택이기 때문에, 흔히 부모들은 우리에게 이 프로그램에 대하여 문의를 한다. 다음에 소개하는 이메일은 부모들이 주로 질문하는 내용들이다. 이 장의 정보는 이 질문에 대한 답을 제공하고 있다.

Paradis 박사님께

우리집 근처 학교는 프랑스어 몰입교육 프로그램이 있는 학교인데, 내년에 저의 딸을 그 학교로 보내야 할지 심각하게 고민하고 있습니다. 딸은 유치원에 갈 시기가 되었으며, 이웃의 많은 부모들은 그 학교에 등록을 하는 것은 어리석은 것이라고 말하고 있습니다. 이중언어아동들은 두 언어 모두 발달이 늦나요? 저의 걱정은 딸이 두 언어에서 뛰어난 것이 아니라 두 언어 모두 잘 습득하지 못하는 상태에 처하는 것이 아닌가 하는 것입니다. 제가 염려하는 것을 도와줄 연구 결과가 있을까요?

감사드리며,
한 아이의 어머니로부터

Genesee 박사님께

저는 박사님께 미국의 프랑스어 전체 몰입교육 프로그램(total French immersion programs)과 4학년에서 영어교육을 시작하는 것에 대하여 질문을 하고자 합니다. 저의 아이들은 4학년 2학기가 되기 전에는 영어를 사용하지 않는 교육프로그램에 등록하였습니다. 4학년 2학기가 되면 1주일에 2번 45분간

(다음 쪽에 계속됨)

영어로 교육을 받습니다. 영어교육을 하는 이유는 중학교로 전환을 쉽게 하기 위해서라고 합니다(그 중학교는 단지 부분 몰입교육을 하는 곳입니다). 저의 질문은 다음과 같습니다–박사님께서는 영어교육의 중요성에 대하여 말하고 있는 논문을 알고 계신지요(또는 박사님께서 발표한 논문이 있는지요)? 제가 읽은 연구가 우리 학교에서도 발생할까요–몰입교육에 참여하는 학생들은 당장은 아니지만 마지막에는 그들의 모국어를 매우 잘하게 된다. 또한 학생들은 학업의 대부분을 영어로 해야 하는 중학교로 옮겨가는 것에 매우 민감합니다.

조언에 감사드리며
어느 어머니로부터

몰입교육이 학생들의 모국어 발달을 위험에 빠지게 할 위험이 아주 적다. 1965에 시작한 몰입교육의 형태는 캐나다의 다른 지역, 미국, 그리고 전 세계에서 시행되었다(Christian & Genesee, 2001; Johnson & Swain, 1997). 몰입교육 프로그램에 참여하는 학생들은 또한 모국어로 교육을 받았다. 따라서 이런 프로그램은 부가적 이중언어교육 형태이다. 이중언어교육의 일반적 목표 이외에 나라마다 다양한 언어적 및 문화적 목적이 있다(Christian & Genesee, 2001).

- 이중언어에 대한 국가의 정책을 촉진시키기 위해서(캐나다의 영어사용 아동을 대상으로 한 프랑스어 몰입교육)
- 그 지역의 다수언어를 말하지 못하는 학생들에게 그 나라의 국어사용을 촉진시키기 위해서(에스토니아의 러시아어 사용 아동들을 위한 에스토니아어 몰입교육)
- 중요한 나라 또는 국제어의 유창성을 촉진시키기 위해서(일본의 영어 몰입교육)
- 유산언어의 유창성을 촉진시키기 위해(슬로바키아의 헝가리어 몰입교육)
- 사라질 위험에 처한 토속언어를 촉진시키기 위해〔캐나다의 모호크어(Mohawk) 몰입교육; 하와이의 하와이어 몰입교육〕.

다양한 대안적 형태의 몰입교육 프로그램이 있다. 이들 프로그램은 L2가 집중적으로 학업교육을 위해서 사용되고, 많은 양의 교육이 L2와 모국어로 제공되었을 때, 학년과 연령수준에 따라 다르다. 이런 프로그램은 유치원 또는 1학년 때 시작하는 **초기 몰입교육 프로그램**(early immersion)과 4학년 또는 5학년에 시작하는 지연된(delayed) 혹은 **중기 몰입교육 프로그램**(middle immersion), 그리고 7학년 또는 중학교 1학년 때 시작하는 **후기 몰입교육 프로그램**(late immersion)으로 구별된다. 지연된 또는 늦게 시작하는 프로그램들은 몰입교육 입문(예를 들면 7학년 후기 몰입교육의 경우에 유치원에서 6학년까지)을 선행한 학생들에게 핵심적인 L2 교육을 제공한다. 이것은 학생들이 목표언어에 대한 어떤 선행교육을 받지 않고는 학업을 위한 교육을 시작할 수 없다는 것을 의미한다. 초기, 지연된, 그리고 후기몰입교육 프로그램 모델에 대하여 **그림 8.1**에서 제시하였다. 각 프로그램들은 또한 L2를 사용하는 정도에 차이가 있다. **부분 몰입교육**(partial immersion)에서는 특정한 한 해에 교육의 50%를 L2로 제공하며, 나머지 50%는 아동의 모국어로 실시한다. **전체 몰입교육**(total immersion) 프로그램에서는 1년 또는 그 이상의 기간 동안 모든 교육을 L2로 실시한다.

프로그램의 특성과 목표에서 이러한 차이가 있음에도 불구하고, 이런 프로그램들은 많은 주요한 목적을 공유하고 있다.

1. 학생들의 모국어를 완벽한 원어민 수준의 유창성으로 발달시킨다.
2. L2 언어의 모든 영역에서 상급수준의 유창성을 발달시킨다: 읽기, 쓰기, 말하기, 듣기
3. 학업의 주요 교과목에서 학년에 적절한 수준의 학업성취를 달성한다: 수학, 과학, 역사
4. 학생 자신의 문화를 인정하고 이해하는 것과 함께 목표언어집단의 문화를 인정하고 이해한다.

사실상, 이런 프로그램들은 이중언어능력과 이중문화에 대한 이해를 목적으로 함과 동시에 단일언어 학교 프로그램과 동일한 모국어와 학업적인 목적을 목표로 한다.

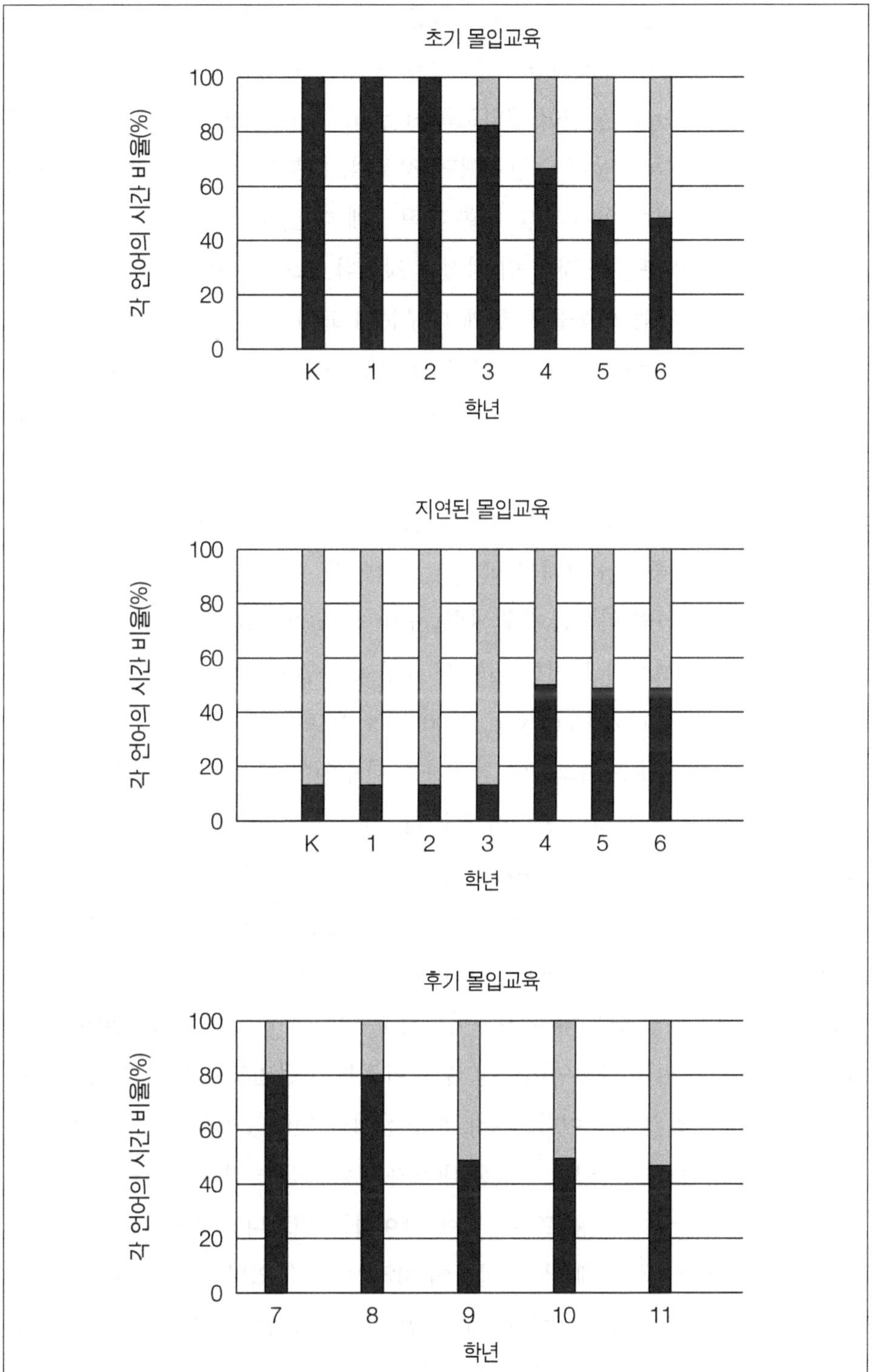

그림 8.1 제2언어 몰입교육 프로그램 모델

소수언어 학생들이 다수언어로 교육을 받는 프로그램과 이런 프로그램들을 구별할 필요가 있다. 몇몇 교육 전문가들은 미국에서 소수언어 학생을 위한 English-only program을 **영어 몰입교육**(English immersion)이라고 부른다. 그러나 이 프로그램들은 앞에서 언급했던 것처럼, 대부분의 프로그램 과정 중에 이런 학생들의 특별한 언어적 및 문화적 욕구에 대한 조절이 거의 없기 때문에 submersion이라고 부르는 것이 더 적절할 것이다. 소수언어사용 아동들은 영어를 모국어로 사용하는 아동들과 함께 대부분의 교과 수업을 받으면서 제2언어 교육으로서 영어를 배우기 위해 다른 교실로 이동할 수 있다. 이런 종류의 submersion 프로그램에 참여하는 아동들은 영어를 습득하기 위해서 모국어와 모국의 문화를 흔히 포기한다. 몰입교육과 직접적으로 비교해 보면, 다수언어사용 학생들을 위한 몰입교육 프로그램에서는 완전한 이중언어 유창성을 획득하기 위해 부가적 이중언어 형태의 교육을 실시한다. 가장 중요한 것은, 몰입교육 교사들이 모든 학년의 학생들에게 과학, 수학 등을 가르칠 때 하루 종일 다수언어를 사용하는 학생들의 특별한 언어적 요구에 부합되도록 교육전략을 변경시킨다(Cloud, Genesee, & Hamayan, 2000; Met, 1998).

몰입교육 형태의 프로그램에 참여하는 다수언어 학생들이 이 책에서 우리가 관심을 가지고 있는 것과 관련이 있는데, 이런 학생 중 몇몇은 언어장애 또는 학습장애를 경험하며, 진단과 부가적인 지원을 위해서 임상가 또는 특수교사에게 의뢰되기 때문이다. 부모, 교사, 임상가들은 몰입교육에 참여하고 있는 언어장애 또는 학습장애가 있는 아동들에 대한 연구 결과뿐 아니라 정상적으로 발달하는 아동의 연구 결과에 대해서는 이해하고 있어야 하는데, 이는 언어장애와 학습장애 위험이 있는 다수언어환경 출신 아동들의 몰입교육 형태의 적합성 정도를 판단할 수 있기 때문이다. 흔히, 학습장애와 언어장애가 있는 다수언어사용 학생들은 이런 프로그램에 적절한 대상자가 아니라는 믿음이 있는데, 이것은 이런 학생들이 모국어 사용 프로그램에 참여하는 것보다 제2언어로 교육을 받는 것이 학업과 언어학습에 더 큰 위험에 처하게 할 수 있다는 가정 하에서 발생한 것이다. 다음 섹션에서 언어, 문해, 학업발달에 있어서 다수언어사용 집단아동이면서 몰입교육 프로그램에 참여하고 있는 정상발달아동과 장애 아동, 두 집단 모두에 대하여 살펴보고 있다.

다수언어 학생들의 몰입교육은 얼마나 효과적인가?

다수언어 학생들을 위한 체계적이고 포괄적인 평가가 캐나다, 일본, 스페인, 미국 그 외 다른 나라에서 이루어져 왔다(Christian & Genesee, 2001; Genesee, 2004; Johnson & Swain, 1997). 그 결과 이중언어로 교육을 받고 있는 다수언어 아동들의 발달에 관해 풍부하고 과학적인 정보가 있는 것이 매우 다행스럽다. 이런 연구 결과에 대한 자세한 논의는 이 책의 범위에서 벗어나는 것이어서(여기에 대한 보다 자세한 것은 Genesee(2004)를 참조하기 바람) 여기서는 몰입교육 평가에서 보고된 가장 일반적인 결과에 대해 개괄적으로 논의할 것이다. 특히, 읽기, 쓰기, 그리고 학업성취를 포함한 학생들의 모국어와 제2언어 결과에 초점을 두고 있다. 또한 사회경제적 수준이 낮고, 소수문화 출신의 아동들과 언어지연 또는 언어장애가 있는 아동들의 몰입교육 효과에 대해서도 알아보고 있다. 그것은 흔히 이런 종류의 학생들은 단지 모국어만 사용하는 프로그램에 참여하는 것보다 몰입교육 참여가 보다 위험이 클 것으로 여기기 때문이다.

일반 학생

몰입교육 프로그램에 참여하고 있는 다수언어 아동들의 언어발달과 학업성취에 관한 광범위한 연구가 이루어졌다. 이에 대한 가장 광범위한 연구는 캐나다에서 영어를 사용하는 학생들의 프랑스어 몰입교육이다(Lambert & Tucker, 1972; Genesee, 1987; Swain & Lapkin, 1982). 캐나다 연구의 일반적인 결과는 대부분이 전 세계에서 다수아동을 대상으로 유사한 프로그램에서 동일하게 실시되었다(Christian & Genesee, 2001; Johnson & Swain, 1997). 이 책의 내용은 주로 캐나다 연구 결과에 근거한 것이다.

모국어의 구어 및 문해발달

연구 결과에서 교육을 위해 오직 다수언어 모국어만으로 교육을 받은 학생들과 비교하였을 때 몰입교육 프로그램에 참여하고 있는 다수언어사용 학생들이 읽기, 쓰기를 포함한 모국어의 모든 영역에서 대개 동일한 수준의 유창성을 발달시킨다고 일관성 있게 보고하고 있다. 몰입교육에 참여하고 있는 다수언어 학생들은 날마다 학교 밖에서, 예를 들면 가정, 지역사회, 텔레비전 등을 통하여 모국어인 다수언어에 노출된다. 전체 몰입교육(total immersion)에 참여하고 있는 학생들이 L2로 문해교육을 받을 때 초기 몇 년 동안은 읽기, 쓰기, 스펠링과 같은 모국어 문해발달에서 뒤쳐질 수 있다. 몰입교육에 참여한 아동들이 모국어로 언어교육을 받고 1년 이후에 대개 모국어 단일언어로 교육을 받은 아동과 동등한 수준이 된다. 예를 들면, 3학년에 처음으로 모국어으로 이루어지는 교육을 받은 학생의 경우 3학년 말이 된다. 이렇게 빠른 따라잡기는 아마도 부분적으로 최소한은 모국어와 L2 간의 전이 때문일 것이다. 대개 초등학교 저학년 이후에 (후기 또는 지연된 몰입교육) 몰입교육을 시작한 다수언어 학생들의 모국어 발달은 지연되지 않는다. 후반기 프로그램에 참여한 학생들은 모든 학년수준에서 나이에 적절한 모국어 발달을 보여 준다.

이러한 결과를 보다 구체적으로 이해하기 위해서, 앞에서 소개한 Samantha의 예를 생각해 볼 수 있다. Samantha는 아리조나의 투산에서 태어나 자랐으며, 영어를 모국어로 사용하는 아동이다. Samantha의 부모들은 집에서 영어를 사용하며, Samantha가 멕시코 휴양지로 가끔씩 여행을 가거나, 멕시코 음식을 파는 동네 식료품점을 갈 때 이외에는 그 지역사회 대부분이 영어를 사용한다. Samantha의 부모들은 Samantha가 모국어 이외에 다른 언어를 배우기 원했기 때문에 지역의 스페인어 몰입교육 프로그램인 Buena Vista Elementary에 등록하였다. 이 학교는 3학년이 될 때까지는 영어로 수업을 하지 않는 초기 전체 몰입교육(early total immersion)을 운영하는 곳이다. Samantha는 유치원부터 초등학교 2학년까지 스페인어로 읽기와 쓰기를 배웠으며(3학년 시기에 영어로 공식적인 문해교육을 받기 전에), 2학년 말까지 수학, 사회, 과학 등과 같은 모든 학교 교과목을 스페인어로 배웠다. 영어는 3학년 때 하루에 1시간 교육을 받는 것으로 시작하였으며, 영어의 양은 점차 늘어서 6학년 때에는 하루 중 절반은 영어로 절반은 스페인어로 교육을 받는다.

애리조나 주 교육 당국은 Buena Vista 학교 당국에 Samantha와 학급 학생들이 3학년 말과 6학년이 되었을 때 영어 표준화 평가도구를 사용하여 이들의 언어, 읽기, 스펠링, 수학, 과학 등을 평가하도록 요청한다. Buena Vista의 부모들은 자녀들의 영어 발달 정도에 대하여 염려를 하기 때문에 학교는 평가 프로그램을 확장하고 유치원 시기부터 각 학년의 말에 학생들의 영어기술을 평가한다. 주 당국의 요구에 따라 표준화 평가도구로 언어와 학업영역을 평가하는 것 이외에도 학교는 지역에서 고안한 평가도구를 사용하여 몰입교육에 참여한 학생들의 영어말하기, 듣기, 쓰기기술을 평가한다. 이런 영역들은 대개 표준화된 평가도구로 알 수 없는 것들이다. 학교는 Buena Vista와 동일한 인구통계학적 특성을 가진 인근 영어를 사용하는 학교에서 후자의 평가도구로 평가를 하여 Buena Vista 몰입교육 프로그램에 참여하고 있는 학생들의 진전 정도를 확인하기 위한 비교 자료로 사용한다. 보다 주의를 기울이기 위해서, 1학년과 2학년 때에 스페인어로 된 표준화된 평가도구를 사용하여 몰입교육 학생들의 수학기술을 평가한다. 학교 당국은 영어로 된 수학 표준화된 평가도구를 사용하는 것은 학생들이 스페인어에서 배운 것들을 과소평가 할 수 있다고 생각한다.

미국과 캐나다 지역의 다른 초기 몰입교육 학교에서 발견했던 것처럼, Buena Vista의 평가 결과는 Samantha와 학급 아이들이 유치원, 1학년, 2학년 시기에 표준화된 평가도구로 실시된 영어 읽기와 스펠링에서 낮은 점수를 받는 경향이 있다는 것을 보여 주고 있다. 이것은 모든 교육언어가 스페인어로 이루어지기 때문에 놀라운 일이 아니다. 그러나 학생들의 영어말하기와 듣기 이해 기술은 그 지역 내 영어로만 교육을 실시하는 학생들과 차이가 없었다. 또한 비록 영어 표준화된 평가에서 수학점수가 낮기는 하였지만, 스페인어를 사용한 표준화된 평가에서는 평균적인 수준이거나 더 높은 수준을 나타내었다. 다행스럽고, 그리고 중요한 점은, 영어로 교육을 받고 1년이 지난 이후인 3학년 경에는 Buena Vista와 영어만 사용하는 학교의 학생들 간에 차이가 없었다는 것이다. Buena Vista 학생들은 초등학교 내내 모든 영어기술에서 영어만을 사용하여 교육을 받은 학생들만큼 잘 수행하였다.

연구 결과들을 살펴보면, 과제집중시간 가설에도 불구하고 모국어로 더 많은 교육을 받은 다수언어 몰입교육에 참여한 학생들이 모국어를 덜 사용하며 교육을 받은 몰입교육 학생들보다 장기적으로는 더 높은 수준의 모국어 유창성에 도달하지 못하였다. 특히, 초기 전체 몰입교육(early total immersion)에 참여한 학생들이 다른 몰입교육 형태에 참여한 학생들보다 모국어에 덜 노출되었음에도 불구하고, 초기 부분(early partial) 또는 **지연된 몰입교육**(delayed immersion)을 받았던 학생들처럼 초등학교를 마칠 즈음에는 모국어 표준화된 평가도구에서 동일한 수준을 나타내었다. 따라서 다수언어 학생들은 모국어 교육의 양과 모국어 발달 간에 직접적인 관련성이 없었다. 우리는 또한 이중언어 프로그램에서 소수언어 학생들의 다수언어에 대한 이러한 형태에 대하여 언급하였다. 영어에 대한 이런 결과는 교차언어적 전이의 보상효과와 학교 밖에서 다수언어에 널리 노출되기 때문인 것으로 보인다.

제2언어발달

연구자들은 또한 몰입교육에 참여하는 다수언어 학생들이 전통적인 L2 교육을 받은 학생들보다 L2의 기능적인 유창성에서 더 높은 수준을 보인다고 일관성 있게 보고하고 있다. 즉, 주로 언어학습에 초점을 두며, 별도의 단기적인 교육에 한정된 교육을 말한다. 이것은 학생들의 읽기, 쓰기, 말하기 및 듣기 이해력 평가결과로 증명이 된다. 비록 통계적으로 직접 비교하는데 어려움이 있기는 하지만, 많은 연구자들은 전반적으로 몰입교육 학생들의 듣기와 읽기 이해력기술이 말하기와 쓰기기술보다 더 발달하였다고 보고하였다. 몰입교육 학생들의 L2의 기능적인 능력은 학업 수행 능력에서 그 증거를 찾을 수 있다. 보다 구체적으로 말하자면, 다수언어사용 학생들에게 프랑스어로 실시한 수학, 과학, 사회 평가 점수와 영어로 실시된 영어를 사용하는 학생들의 점수를 비교하였을 때 두 집단이 동일한 점수를 획득하는 것을 볼 때, L2로 새로운 학업기술과 지식을 완전히 이해할 수 있는 상당한 기능적인 유창성을 습득하였음이 틀림없다.

이와 함께, 연구자들은 몰입교육에 참여한 학생들이 11년 또는 12년 동안 몰입교육에 참여한 이후에도 목표언어에서 원어민 화자 수준의 유창성은 좀처럼 획득하지 못한다고 보고하고 있다(Genesee, 1991; Lyster, 2007). 원어민 화자 수준의 능력은 원어민처럼 말하는 정도의 수준을 의미한다. 몰입교육 학생들은 흔히 대명사, 동사시제, 전치사와 같은 목표언어의 중요한 문법적 측면을 완전하게 습득하지 못한다(Adiv, 1980; Harley & Swain, 1984). 이런 측면 중 몇몇은 6장에서 논의한 소수언어가 L1이면서 다수언어인 L2를 학습하는 아동들의 L2 발달과 유사하다. 교육자들의 주요 어려움은 몰입교육 참여 학생들의 언어 유창성을 확장시키는 방법을 찾아서 이런 격차를 해결하는 것이다(Swain, 1996). Roy Lyster의 균형을 잡아 주는 접근(counterbalanced approach)은 이런 고민에 대한 답을 찾고자 노력한 연구 기반에 근거한 접근법(a research-based approach)이다.

학업 성취

일반적으로 수학, 과학, 사회와 같은 학업영역 성취는 모국어 프로그램에 참여하고 있는 아동들과 동일한 수준을 획득한다. 이것은 몰입교육에 참여한 학생과 동일한 언어의 모국어 화자 또는 L2로 평가받은 L2모국어 화자에 대해서도 사실이다. 평가가 L2로 실시되었고, 그 언어에서 완전한 능력이 습득되지 않은 것을 고려하면, 몰입교육에 참여한 학생들이 모든 교육을 L2로 받았을 때에도 모국어 화자와 언어능력이 동등한 것으로 나타났다. 몰입교육에 참여한 학생들이 교육을 받지 않은 언어로 평가를 받았을 경우에는 학업에서 결함이 있는 것으로 보일 수 있다. 예를 들면, 초기 전체 몰입교육 프로그램에 등록하여 프랑스어(L2)로 수학교육을 받은 학생이 모국어인 영어로 평가를 받았을 때에는 문제해결력에 결함이 있는 것으로 보이나, 모국어인 영어 읽기교육을 받으면 이러한 문제는 사라진다. 또한 학생들이 교육 받은 언어로 평가를 받았을 경우에는 대개 이런 결함이 나타나지 않는다. 몰입교육에 참여한 학생들은 교과 학습에 차이가 있는 것처럼 보일 수 있다. 만약 학생들이 교육을 받지 않은 언어로 질문을 받았을 경우에, 예를 들면, L2인 프랑스어로 교육을 받았으나 모국어인 영어로 과학에 대한 질문을 받았을 때에 알고 있는 것을 충분히 설명하는데 필요한 용어 또는 표현이 부족할 수 있다. 이런 단어찾기의 문제로 인해 발생한 주저함은 단어찾기에 문제가 있는 것처럼 해석될 수 있다. 이중언어는 흔히 각 언어영역의 유창성 정도가 다르다. 이러한 현상은 전형적이며, 쉽게 개선이 된다.

이러한 조건에도 불구하고, 몰입교육에 참여한 초등학생과 중학생 집단 모두 학업수행력이 비교집단 학생과 동등한 것으로 보이며, 이것은 표준화된 평가도구와 정부의 공식적인 평가, 지역에서 실시한 평가결과에서 증명된다. 요약하면, L2로 교육을 받았을 경우, 모국어로 동일한 교과목을 교육받은 아동들과 비교해 볼 때, 새로운 학업기술과 지식습득을 방해한다는 증거는 없다.

지역, 언어, 문화적 상황에 따른 결과

여기서 설명하고 있는 일반적인 학업성취의 형태는 다양한 상황에서 찾아볼 수 있다. 예를 들면, 몰입교육에 참여한 대부분의 학생들은 몬트리올, 토론토, 신시내티, 로스엔젤레스, 에스토니아, 일본, 스페인 등의 지역에 상관없이 더 잘하거나 비슷하다. 실제로 학교 이외에 외부에서 목표언어의 원어민 화자와 접촉하는 몰입교육에 참여하는 학생들은 L2를 학교 밖에서 널리 사용할 기회를 갖게 된다. 또한 이러한 일반적인 형태는 유형론적으로 두 언어가 관련이 있을 때에도 발생한다. 연구자들은 일본어와 영어의 결과에서도 동일한 기본적인 결과를 발견하였다(Bostwick, 2001); 하와이어와 영어(Slaughter, 1997); 히브리어, 프랑스어, 영어(삼중언어의 예; Genesee, 1998); 모호크어(Mohawk)와 영어(Jacobs & Cross, 2001); 에스토니아와 러시아어(Asser, Kolk & Küppar, 2001).

이 부분에 대하여 우리가 리뷰한 논문은 다수언어를 사용할 뿐 아니라 그 지역사회에서 다수인종집단에 속하는 학생들을 중심으로 한 것이다. 예를 들면, 미국의 주류 계층 백인과 캐나다의 백인 학생들이 그들이다. 또한 미국 내 하와이인(Slaughter, 1997), 아프리카계 미국인(Holobow et al, 1991), 프랑스계 미국인 학생들(Caldas & Boundreaux, 1999), 캐나다의 모호크족(Jacobs & Cross, 2001)과 같은 소수민족집단 출신 아동들을 대상으로 제공된 몰입교육 프로그램의 평가도 있다. 비록 언제나 그러한 것은 아니지만(Garnett, 2006; Goldenberg, 2003), 이런 집단 출신의 몇몇 학생들은 주류 계층 학생들과 비교하였을 때 학업성취가 떨어지는 경향이 있으며, 그 결과 이들 학생이 제2언어를 통한 교육의 적절한 대상자가 아닌 것으로 여겨질 수 있다. 몇몇 이런 프로그램에 등록되어 있는 학생들이 소수민족집단의 구성원일 뿐만 아니라 다수언어를 비표준어로 말하기 때문에, 이 두 가지 측면이 흥미롭다. 많은 흑인 미국인들은 흑인영어를 사용하며, 많은 하와이 아동들은 하와이 크래올 영어(Hawaiian Creole English) 또는 피진 영어(Pidgin English)를 사용한다. 사실 이러한 학생들은 유산언어 이외에 제3언어로서 학교에서 표준영어를 배운다.

모든 이런 상황에 대한 연구 결과를 보면, 비표준 영어를 사용하는 학생들이 표준 모국어 발달과 동일한 수준의 유창성을 습득하며, 학업에서도 모국어 프로그램에 등록되어 있는 학생들에 상응하는 수준을 획득한다. 또한 매우 높은 수준으로 L2가 발달한다. 이 프로그램에 등록된 모든 학생들은 학교 밖에서 여러 가지 형태의 영어를 사용하며, 따라서 이런 결과들은 가정에서 소수언어를 사용하는 소수민족 출신의 아동들에게 일반화시킬 수 없다는 것을 다시 한 번 확인할 수 있다.

또한 이런 결과들은 교육적 관점에서도 재확인되고 있는데 이는 다수언어 학생들을 위한 이런 몰입교육형태가 언어 유형론적으로 매우 다르고, L2의 사용 정도가 다른 지역사회에서도 효과적일 수 있으며, 다수민족집단뿐만 아니라 소수집단 출신 아동들에게 효과적일 수 있기 때문이다.

개인차의 요인

이 장에서 학교의 학업 수행력과 언어발달에 영향을 주는 방식이 서로 다른 몰입교육 프로그램에 참여한 학생들의 수행력을 평가한 연구에 대하여 논의하고 있다(Genesee, 2007). 이 연구들에 대하여 보다 자세하게 논의를 하는 이유는 낮은 수준의 학업 수행력과 모국어 능력을 가지고 있거나, 상대적으로 낮은 사회경제적 수준의 가정환경과 같은 특징을 가지고 있는 학생들은 흔히 학교에서 빈약한 학업 수행력과 언어발달을 보일 가능성이 있으며, 사실상, 이런 특징을 가지고 있지 않은 학생들에 비하여 실제로 언어와 학업 수행력이 빈약하기 때문이다.

학업 능력

학업 수행력(또는 지적능력)에 대하여, Genesee(1987)는 캐나다의 프랑스어 몰입교육에 참여하고 있는 초등학교와 중학교 학생들의 영어 수행력에 대하여 체계적으로 연구하였다. 표준화된 지능평가 도구의 점수를 근거로 학생들을 평균 지적능력(IQ 85~115 사이), 평균이하의 지적능력(IQ 85 이하), 평균 이상(IQ 115 이상)으로 분류하였다. 평균이하의 하위 집단에 속한 학생들 중 누구도 임상적인 관점에서 보았을 때 인지적 결함이 있는 것으로 보이지 않았다. 학생들의 수행력은 L1(영어)과 L2(프랑스어), 학업 수행력 측면에서 평가되었다. 몰입교육 프로그램에서 평균보다 낮은 수행력을 보이는 학생들을 L1프로그램에서 평균보다 낮은 수준의 수행력을 보이는 학생들과 비교하였을 때, L1과 학업성취평가 둘 모두에서 동일한 수준의 점수를 나타내었다. 즉, 몰입교육에 참여한 결과를 볼 때 몰입교육에서 평균보다 낮은 수행력을 보이는 학생들이 L1의 발달과 학업성취에서 불이익이 없었다. 양쪽 프로그램에서 평균보다 낮은 수행력을 보이는 학생들은 동일한 평가를 실시한 각각 프로그램에서 평균이나 평균보다 더 높은 수행력을 보이는 또래에 비하여 유의미하게 낮은 점수를 획득하였다. L2의 습득에서 본다면, 몰입교육 프로그램에서 평균보다 낮은 점수를 획득한 학생들이 전통적인 L2 교육을 받으면서 L1프로그램에 참여하고 있는 평균보다 낮은 수행력의 학생들에 비하여 모든 L2 평가에서 유의미하게 높은 점수를 획득하는 것으로 나타났다. 즉, 낮은 수행력의 학생들도 몰입교육의 참여로 L2 유창성 획득에 이득이 있었다.

L2 수행력에 관한 학업능력에서 초등학생과 중학생 간에 흥미로운 차이가 있었다. 특히 초기와 후기 몰입교육 프로그램 양쪽 모두에서 평균보다 낮은 수행력을 보이는 학생들은 동일한 몰입교육에 참여한 평균이거나 평균보다 높은 수행력을 보이는 학생들에 비하여 읽기와 쓰기와 같은 문해와 관련된 프랑스어 발달평가에서 더 낮은 점수를 획득하였다. 이와 유사하게, 두 프로그램에서 평균 정도의 수행력을 보이는 학생들은 평균보다 높은 수행력을 보이는 학생들에 비하여 더 낮은 점수를 얻었다. 그러나 듣기와 말하기 평가에서는 결과가 달랐다. 후기 몰입교육에 참여한 학생들은 L2의 문해능력 평가에서 나타난 것처럼 말하기와 듣기의 평가에서 동일한 계층화가 나타났으나, L2의 말하기와 듣기평가에서는 초기 몰입교육 프로그램에 참여한 하위집단 간에 차이가 없었다. 즉,

중학생들의 학업능력은 L2 습득에서 모든 측면의 유창성 발달에 영향을 주지만, 초등학교 몰입교육 학생들의 말하기와 듣기이해력에는 영향을 덜 끼친다는 것을 의미한다. 비록 이런 결과에 대하여 명확한 설명을 할 수 없을지라도, L2의 습득이 학업과 통합될 때 초등학교 수준보다는 중학교 수준에서 더 많은 인지적인 기능을 요구하는 것으로 해석할 수 있으며, 따라서 나이가 많은 학생들이 별도로 이용할 수 있는 인지기술이 필요하다. 이에 비하여, 초등학교에서 학업교육과 통합되는 L2 기술의 습득은 초기 형성기에 모든 학생들이 소유하고 있는 자연스러운 언어학습능력을 필요로 한다. 어떤 경우에 이러한 결과는 초기 몰입교육이 후기 몰입교육보다 평등주의적 이라고 볼 수 있는데, 전반적인 학업능력 수준이 다른 학생들에게 상대적으로 효과적일 수 있기 때문이다. 대체로 이런 결과를 볼 때, L1 프로그램에 참여하는 학생들과 비교하였을 때 낮은 학업수행력 또는 지적능력이 이중언어교육에 참여하고 있는 다수언어 사용 학생들에게 핸디캡은 아니며, 그와 달리 낮은 수행력을 보이는 학생들이 몰입교육으로 이중언어 유창성에서 실제 이익을 얻을 수 있다는 것을 알 수 있다.

이와 유사한 맥락에서, Maggie Bruck(1985a, 1985b)은 몇몇 학생들을 초기 몰입교육에서 전환시킬지 여부를 결정하기 위해서 학업 수행력의 역할에 대하여 조사하였다. 몰입교육 프로그램에 참여한 학생들의 주요 어려움의 원인이 학업 수행력인지 또는 또 다른 어떤 것인가 하는 것이다. Bruck은 초기 몰입교육에 참여한 학생 중 L1 프로그램으로 전환한 학생과 몰입교육 프로그램에 남아 있는 학생들의 학업, 가족, 사회-정서적인 특성을 비교하였다. 그 결과 예상했던 것처럼, 많은 학업 수행력 평가에서 L1 프로그램으로 전환한 학생들이 몰입교육 프로그램에 남아 있는 학생들보다 낮은 점수를 얻었으나, 전환한 학생들의 학업적 어려움은 낮은 학업 수행력에도 불구하고 몰입교육에 남아 있는 하위집단에 해당하는 학생들에 비해 더 나쁘지 않았다. 전환하는 학생들과 몰입교육에 남아 있는 학생들과의 차이는 학업적 어려움에도 불구하고 전자의 학생들이 후자의 학생들에 비하여 학교 교육(특히 몰입교육)에 보다 부정적인 태도를 보였으며, 행동문제를 더 많이 가지고 있었다. Bruck는 학업적 어려움이 있는 학생들이 더 많은 행동문제를 가지고 있으며, 그 결과 부모들은 학생들이 L1 프로그램에서 보다 잘 적응할 수 있을 것이라는 희망에서 학생들을 몰입교육에서 L1 프로그램으로 전환하는 것이라고 추측하였다.

Bruck의 추수 연구 결과를 보면, L1 프로그램으로 전환한 학생들은 지속적으로 학업에 어려움을 보이며, 여전히 태도와 행동적인 문제를 가지고 있는 것으로 나타났다. 이러한 Bruck의 연구는 몇몇 몰입교육에 참여한 학생들의 빈약한 학업 수행력 그 자체보다는 빈약한 학업능력에 대처하는 능력이 더 심각한 문제라는 것을 보여 주고 있으며, 또한 단지 학업적 능력만으로 몰입교육에서 이득을 볼 수 있는 학생과 그렇지 않을 학생을 구별할 수 없다는 주장을 지지하는 것이다. 즉, 다른 것이 동일한 조건이라면, 낮은 학업 수행력을 가진 학생이 몰입교육에 더 적격일 수 있다.

사회경제적 수준

그 이유에 대해서 완전하게 밝혀지지 않았으나 낮은 사회경제적 가정 출신의 아동들은 흔히 높은 사회경제적 집단 출신의 아동들에 비하여 학업 수행력이 더 낮다. 이런 위험 요인 때문에 미국과 캐나다의 연구자들은 몰입교육에 참여하고 있는 사회경제적 수준이 낮은 학생들의 수행력에 대하여 연구하였다(Genesee, 1987; Holobow et al., 1991). 사회경제적으로 불이익이 있는 학생들은 모국어 프로그램에 참여하고 있는 사회경제적 수준이 낮은 가정 출신의 아동들과 비교하였을 때 모국어에서는 두 집단의 수준이 동일하였다. 이 연구에서 사회 경제적 수준은 부모의 직업수준과 교육수준이며, 아동이 살고 있는 지역사회 수준의 특성에 따라서 평가하였다. 이와 함께, 일반적으로 중산층 가정 출신의 또래 아동들에 비하여 낮은 사회경제적 가정 출신의 아동들이 모국어 문해능력 평가에서 유의미하게 낮은 수행력을 보일 것이라 예측할 수 있다. 또한 모국어 프로그램에서도 낮은 SES 출신 아동들이 이러한 특성을 보였다. 동일한 결과가 수학과 과학 학업 수행력에서도 나타난다. 예를 들면, 몰입교육에 참여하고 있는 낮은 SES 출신의 아동은 L2로 모든 수학교육을 받았을지라도 모국어로 수학교육을 받은 사회경제적 수준이 낮은 학생들과 수행력이 동일하다. 그러나 사회경제적 수준이 높은 가정 출신의 아동들에게서는 이런 현상이 발생하지 않는다.

L2 발달 측면에서 보았을 때, 낮은 SES 출신의 몰입교육 참여 학생들은 교과목으로 L2 교육을 받은 전통적인 L2 프로그램에 참여하고 있는 아동들보다 모든 L2 유창성 평가에서 유의미하게 수행력이 높았다. 특히, 앞에서 언급했던 것처럼, 사회경제적 수준이 낮은 집단 출신의 아동들이 읽기평가에서 유의미하게 낮은 수행력을 보이지만, 말하기와 듣기이해력 평가에서는 중산층 출신의 아동들과 동등한 수행력을 보인다. 앞에서 Cummins와 다른 연구자들의 연구에 대한 논의를 다시 회상해 보면, 사회 상호작용적 의사소통기술은 학업언어 기술보다 더 빠르게, 다른 형태로 습득된다는 것을 알 수 있다. 갓난아기들은 아무런 교육 없이도 학령전기 동안에 사회적 의사소통기술을 습득할 수 있는 능력을 본능적으로 가지고 태어난다. 또한 어린 연령의 학습자들은 교육 없이, 또는 거의 공식적인 교육 없이 상호작용적인 의사소통기술을 습득할 수 있는 어떤 타고난 능력이 있다. 이러한 측면을 볼 때, 낮은 SES 출신의 아동들이 L2 읽기와 쓰기 문해기술에 비하여 말하기와 듣기능력에서는 성공적인 습득을 할 수 있는 이유를 이해할 수 있다.

미국 아동들을 대상으로 한 Caldas와 Boudreaux(1999)의 연구 결과도 유사하였는데, 이 연구에서 L1프로그램에 참여한 유사한 아동들과 비교할 때 낮은 사회경제적 수준이라는 불이익이 몰입교육에 참여한 학생들에게 불리하게 작용하지 않았다. 이 경우에, 학생들은 루이지애나에서 프랑스어 몰입교육에 참여한 영어를 말하는 학생들이었다. 연구자들이 각각 학생들의 사회경제적 수준과 관련된 정보를 얻을 수 없었기 때문에 몰입교육에 참여하고 있는 무료급식을 받고 있는 학생들의 수를 근거로 가난한 학생들의 전체 집단과 모국어로 교육을 받고 있는 가난한 학생 전체 집단을 비교하였다. 그 결과 백인과 흑인 모두 몰입교육에 참여한 학생들이 3학년, 5학년, 7학년 수준의 영어와 수학의 표준화된 성취도 평가에서 동일한 학구의 몰입교육이 아닌 교육을 받고 있는 학생들에 비하여 점수가 더 높은 경향이 있었다.

종합해 보면, 이런 연구 결과들은 낮은 SES 출신의 학생들이 L2몰입교육 프로그램에서 전형적인 모국어와 학업발달을 해 낼 수 있으며, 이와 동시에 이중언어 유창성을 습득할 수 있다는 것을 알 수 있다.

제1언어능력

여기서 소개하는 이슈는 임상적으로 낮은 수준의 L1 능력을 가진 학생들이 L1 프로그램에 있을 때보다 고위험이 될 수 있기 때문에 이들을 이중언어 프로그램에서 배제시킬 것인지의 여부이다. 이런 문제의 중요성에도 불구하고, 몬트리올에서 Bruck이 실시한 연구이외에 이에 대한 체계적인 연구가 거의 없다. 이런 문제를 알아보기 위해서 Bruck(1978, 1982)은 몰입교육과 몰입교육이 아닌 프로그램에 참여하고 있는 3학년 학생들을 대상으로 L1 발달에 있어 언어장애 또는 정상발달의 하위집단을 확인하기 위해서 연구를 실시하였다. Bruck의 언어장애 하위집단은 최근 용어로 언어장애(language impairment)가 있는 것으로 보이는 아동들이다. 집단의 분류는 교사의 판단, 구어 인터뷰, 진단평가 결과를 근거로 하였다. Bruck이 문해능력과 학업성취도 평가를 실시한 결과, 몰입교육에 참여하고 있는 언어장애 학생들은 L1 프로그램에서 유사한 언어장애가 있는 학생들과 동일한 수준의 점수를 보였으며, 두 집단 모두 동일한 프로그램에 참여하고 있는 정상발달 아동들보다 더 낮은 수준을 나타내었다. 이와 함께, 언어장애가 있으면서 몰입교육에 참여하고 있는 학생들은 전통적인 L2 교육을 받고 있는 언어장애가 있거나 또는 언어장애가 없는 두 집단 아동 모두 보다도 L2의 유창성이 유의미하게 더 높았다.

요약하면, 언어장애 임상적 기준에 부합하는 낮은 수준의 L1 능력을 가지고 있으면서 몰입교육 프로그램에 참여하고 있는 학생들은 L1 프로그램에 참여하고 있는 유사한 언어장애가 있는 학생들과 동일한 수준의 L1 능력과 학업성취를 보인다. 이와 함께, 몰입교육 프로그램에 참여하는 것은 언어장애가 있는 학생들에게 이점이 있으며, 전통적인 L2 프로그램에 참여하는 학생들과 비교하였을 때, L2에서 유의미하게 유창성이 높다. 9장에서 언어발달지연 또는 언어장애가 있는 것으로 확인된 아동들을 몰입교육 프로그램에 참여시켜야 할지에 대하여 논의하고 있으며, 10장에서는 L2로 읽기를 배우고 있으나 읽기에 어려움이 있거나 앞으로 읽기장애의 가능성이 있는 아동을 확인하고 지원한 방법에 대하여 논의하고 있다.

요점 및 의의

많은 소수집단과 다수집단 아동들이 학교 입학 시기에 L2 학습을 시작한다. 소수집단 출신 학생들이 다수집단 언어로 교육을 받는 문제가 발생하며, L2를 습득하는 것은 더 넓은 지역사회로 사회적 통합과 경제적 번영을 위해서 필수적이다. 다수집단 아동들에게 이것은 자신들의 모국어에 제2언어 또는 외국어를 추가적으로 습득하는 선택의 문제이다. L2가 그들이 살고 있는 지역사회에서 유용할 수도 있고 그렇지 않을 수도 있으나, 분명히 그들의 시야를 넓혀준다. 다른 언어를 알고 있는 것으로 오는 더 큰 기회를 알고 있기에 다수언어 부모들은 자신의 아이들이 이중언어교육을 받게 한다. 다음은 이 장에서 중요한 요점과 그에 관련된 의의이다.

요점 1

다수언어로 교육을 받는 소수언어 학생들은 L2 습득에서 세 가지 어려움에 처하는데, 그것은 학업적 목적, 또래들이 속한 새로운 사회에 통합되는 문제, 새로운 학업기술과 지식을 습득하는 것이다. 이런 문제를 해결하고 성공하기 위해서는 학업에 필수적이며, 가정과 학교 간 문화 차이에 가교 역할을 하는 문해기술을 포함한 언어기술을 습득해야 한다.

의의

교육자, 임상가, 다른 전문가들은 소수언어 아동들의 언어장애 또는 학습장애에 대하여 결정을 내리기 전에 다음과 같은 요인들을 배제해야 한다: 1) 학업에 필요한 언어기술 습득의 부족, 2) 학교생활을 지배하는 문화적인 기준에 대한 친숙함의 부족, 3) 가정에서 문해 및 문해와 관련된 행동에 있어 사전경험의 부족, 4) 부적절한 영양과 같은 낮은 사회경제적 수준과 관련된 어려움, 5) 결손 또는 해체된 가정환경, 6) 의료적 문제, 7) 일반적인 학년 시기 이후에 L2로 학교 교육을 시작하는 아동의 경우, 사전 학교 교육에 대한 전반적 결함 또는 부적절하고 비효율적인 사전교육.

요점 2

소수언어 학생들이 모국어로 학업과 언어영역에 대한 실질적인 교육을 제공하는 부가적인 이중언어 프로그램에 참여한다면 일반적으로 동일하거나 또는 더 높은 수준의 다수언어 유창성을 발달시킬 수 있으며, 이와 동시에, 모국어의 유창성을 유지하고 확대시킬 수 있다. 즉, 학생들은 모국어와 다수언어에서 이중언어사용자 및 이중문해사용자가 되는 것이다. 모국어의 사용은 다수언어습득에 중요한 발판이 되며, 특히 학업언어 유창성과 문해기술은 더욱 그러하다. L2-only program 또는 전이 이중언어 프로그램(transitional bilingual)에서는 이러한 이점에 도달하지 못하는데, 이는 높은 모국어 유창성 수준에 도달하지 못한 것이 그 원인이다. 그 결과, 모국어에서 다수언어로 긍정적인 전이 효과를 기대하기 어렵다. 주류학생들과 함께 수업을 받는 소수언어 학생들이 적절하게 훈련된 교사들에게 교육을 받지 못하였을 경우에는 학업성취에 제한이 있을 수 있다. 즉, 적절하게 훈련된 교사는 소수언어 학생들의 특별한 언어학습과 문화적 요구에 따라 지도하는 방법을 알고 있는 교사이다.

의의

- 이중언어교육 프로그램의 참여가 다수언어습득을 방해한다고 생각하는 것은 적절하지 않다.
- 부모, 교육자, 임상가들은 소수언어 아동들의 발달과정를 알고 있어야 하며, 학교에서 소수언어 사용으로 인하여 초기 다수언어습득에서 지연이 일어날 수 있거나, 흔히 발생하며, 이러한 현상은 이후에 상쇄된다는 것을 예측하고 있어야 한다. 즉, 소수언어 아동들은 모국어가 주요 의사소통 도구로 사용되는 시기 동안에는 다른 학생들보다 뒤쳐질 수 있으나 대개 다수언어가 확장되기만 하면 빠르게 따라 잡는다. 몰입교육에 참여한 다수언어 학

생들에게도 동일한 이러한 현상이 발생한다.

- 다수언어에 초점을 두는 것이 반드시 소수언어 아동들의 다수언어습득을 촉진시키는 가장 효과적인 전략이라고 할 수 없으며, 그런 전략이 소수언어 발달과 이중언어발달을 저해시킬 수 있다.

요점 3

한 언어의 문해기술 습득과 다른 언어의 문해기술 습득 간에는 유의미한 정적인 상관관계가 있다. 예를 들면, 미국에서 소수언어인 스페인어를 사용하는 아동이 스페인어에서 음운인식능력과 철자-음소에 대한 지식, 즉 스페인어의 초기 문해기술을 이미 습득한 경우에는 모국어에서 그런 기술을 습득하지 못한 학생에 비하여 학교에서 영어읽기를 보다 쉽게 배운다. 또한 읽기학습, 특히 단어해독에 있어 성공적인 예언인자는 첫 번째 언어와 두 번째 언어에서 동일하며, 두 언어에서 이런 기술을 습득하느냐 또는 습득하지 못하느냐가 다른 언어의 읽기습득에 주요한 성공 요인이 된다. 제1언어와 비교하여 볼 때 제2언어 읽기와 쓰기 능력의 습득에서는 분명히 다른 요인이 고려되어야 하지만, 본질적인 것은 동일하다. 이에 대하여 10장에서 보다 자세하게 논의하고 있다.

의의

- 소수언어 아동을 둔 부모들은 학교에서 자녀들의 문해기술 습득을 촉진시키기 위하여 문해기술 습득에 도움이 되는 방법으로 가정에서 언어를 사용해야 한다. 이것은 가정의 언어사용 형태에 있어 문화적 차이와 다른 장벽 때문에 어떤 가족들이 다른 가족들에 비하여 더 어려울 수 있다.
- 가정에서 다수언어를 우선적으로 사용하면서 소수언어를 말하지 않는 경우에 언어습득을 보다 잘 할 수 있다는 전통적인 관점과 달리 학령전기와 학령기에 소수언어로 초기 문해및 문화와 관련된 경험을 하는 것은 아동들의 다수언어습득을 촉진시킬 수 있으며, 소수언어유지에도 도움이 된다. 6장에서 소수언어의 유지가 중요한 이유에 대하여 논의하고 있다.

- 제2언어의 문해기술 습득에 어려움이 있는 학생들은, 특히 학년기 초기, 읽기장애 위험군이 될 수 있으며, 기초적인 문해기술과 관련된 초기 경험을 하지 못하였을 가능성이 있다. 따라서 학교에서는 이러한 기술을 습득할 수 있도록 지원해 주어야 한다. 일반적인 학교 입학 연령시기가 지나서 L2로 학교 교육을 시작하는 소수언어 학생들은 불충분한 사전 문해교육으로 인하여, 또는 사전 문해교육을 받지 못하였기 때문에 L2 읽기와 쓰기학습에서 어려움을 경험할 수 있다.
- 아동에게 하나의 언어만을 습득하게 하는 것이 이중언어학습자들이 구어와 문어학습에서 직면하는 어려움을 해결하는 방법은 아닌 것 같다. 9장에서 언어장애 또는 학습장애를 경험하고 있거나 고위험군 학생들에 대하여, 10장에서는 읽기기술 습득에 어려움을 보이는 학생들을 확인하고 지원하는 것에 대하여 논의하였다.

요점 4

몰입교육에 참여하고 있는 대부분의 다수언어 학생들은 전형적인 모국어 발달과 학업영역에서 더 높은 성취를 한다. 이것은 다양한 소수문화집단 출신의 학생들뿐 아니라 제한된 학업능력 또는 모국어 능력을 가진 학생들, 사회경제적 수준이 낮은 가정 출신 학생들을 포함한 다양한 학생들에게서 발견되었다. L2와 언어유형론적으로 유사하거나, 유사하지 않은 모국어를 사용하는 학생들; 목표언어를 다수가 사용하는 집단에 살고 있거나, 목표언어를 잘 사용하지 않는 지역사회에 살고 있는 학생들. 사회경제적 수준이 낮은 가정 출신의 학생 또는 위험 집단에 속하는 학생들은 흔히 사회경제적 수준이 높은 가정 출신의 학생들보다 수행력 정도가 더 낮은 경향이 있으나, 이것은 단일언어 프로그램에 등록되어 있는 학생들에게도 동일하게 적용된다.

의의

- 이중언어 프로그램에 등록한 몇몇 학생들이 언어, 문해, 학업에서 어려움을

경험하는 것은 이중언어교육이 그 원인이 아니다. 다른 언어로 학습을 하는 것이 대부분의 다수언어사용 학생들에게 언어적, 인지적 또는 사회적으로 어렵지 않다.

- 교육자, 학습 전문가, 그리고 임상가들이 학생들의 실제적인 언어장애 및 학습장애 여부를 진지하게 고려할 때, 각 학생들의 결함을 설명하는 요인으로서 사회경제적 수준, 문화적 및 가족과 관련된 요인 등을 배제시켜야 한다.

요점 5

이중언어 프로그램에서 언어장애가 있거나 학습장애가 있는 다수 및 소수언어 집단 학생들의 언어발달과 문해발달에 대한 체계적인 연구가 거의 없다. 소수언어 학생에 비하여 다수언어 학생들에 대한 연구가 다소 광범위하게 이루어졌으며, 특수교육지원이 필요한 학생을 확인하기 위해 학교 기반 준거(school-based criteria)로 하였을 때, 언어장애 또는 학습장애가 있는 것으로 여겨지는 학생들에 관한 몇몇 증거가 있다(Meyer, 2009; Burck, 1982). 학습장애를 결정하는 준거는 지역이나 연구에 따라 다양하다. 따라서 여기에서 학습장애를 겪고 있는 모든 학생들이, 특히, 중등도(moderate)에서부터 고도(severe)의 학습장애를 보이는 학생들, 이중언어 프로그램에서 어떻게 할 것이라고 확실하게 말하기 어렵다. 그럼에도 불구하고, 지금까지 연구 결과를 볼 때, 학교에서 학습장애로 인하여 어려움을 경험하는 학생들이 대개는 임상적으로 증명되지 않은 특성을 보이기는 하지만 때로 특수교육 지원이 필요한 학생을 확인하는 준거에 들어맞으며, 이중언어/몰입교육 프로그램에 참여하는 학습장애 학생들이 단일언어 프로그램에 등록되어 있는 유사한 학생들에 비해 불이익이 없으며, 상당한 이중언어능력을 습득할 수 있다는 증거들이 있다(Genesee, 2007; Genesee & Lindholm-Leary, 출간 중; Myers, 2009). 즉, 이중언어/몰입교육 프로그램에 참여하고 있는 학습장애 학생들이 다양한 표준화된 수행력 평가결과에서 단일언어 프로그램에 등록되어 있는 유사한 문제가 있는 학생들만큼 수행력을 나타낸다.

언어장애가 있는 L1 소수언어 학생들의 L2 발달에 대해서는 9장에서 논의하고 있다.

의의

- 학업 수행력과 언어발달이 단일언어 프로그램에서 더 향상될 것이라는 가정으로 학습장애가 있거나 학습장애 가능성이 있는 다수 및 소수집단 아동들을 이중언어 프로그램에서 제외시켜야 하는 연역적인 이유가 없다.
- 학업이나 언어발달에 어려움을 겪고 있으면서 이중언어 프로그램에 참여하는 다수 및 소수언어 아동들이 이중언어 또는 이중언어교육으로 인하여 언어장애 또는 학습장애를 가질 것이라는 생각은 잘못된 것이다. 따라서 부모들이 학생들을 적극적으로 지원하고, 학교 또는 지역 학구에서 적절한 지원 서비스를 제공해 준다면, 이런 학생들에게도 이중언어교육이나 몰입교육에 지속적으로 참여할 수 있는 다양한 기회를 주어야 한다. 제2언어로 읽기기술을 습득하는데 어려움이 있거나 그럴 가능성이 있는 학생들을 확인하고 지원하는 방법에 대하여 10장에서 자세하게 소개하고 있다.
- 학습장애가 있거나 학습장애 가능성이 있는 위험군 아동들이 단일언어 프로그램 대신에 이중언어 프로그램에 등록할지를 결정할 때는 많은 요인을 고려해야 한다. 이중언어에 대한 부모의 지원; 학생의 현재와 미래의 삶에서 이중언어의 중요성; 학교, 지역사회, 가족이 아동에게 제공할 수 있는 학습지원의 정도. 학습장애 아동들의 학습잠재력을 완전하게 성취하기 위해서는 다양한 교육 전문가들뿐 아니라 가족과 지역사회의 집중적이고 확장적이며 지속적인 지원이 필요하다.

제 3 부

이중언어와 언어장애

제 9 장

이중언어아동의 언어장애

이 책의 3부에서는 정상적으로 발달하고 있는 이중언어아동의 언어발달과 학업에 관한 많은 연구 결과를 통합하고 논의하고 있는데, 여기에는 동시적 이중언어와 제2언어학습자(L2), 소수언어사용자와 다수언어사용자, 그리고 국제입양아동(IA)을 포함시키고 있다. 이 책 전체와 각 섹션의 마지막에서 다루고 있는 요점과 의의에서 아동들을 위해서 교육적 선택을 하고, 전문가에게 의뢰를 하는데 주요한 역할을 하는 부모와 실제 교육현장에 있는 임상가 및 교사들에게 가장 적절한 연구 결과를 중심으로 서술하고 있다. 3부에서는 정상적으로 언어발달과 읽기발달을 해나가지 못하는 이중언어아동의 특성에 대하여 논의하고 있으며, 이들의 언어와 읽기장애평가, 확인, 그리고 중재와 관련된 문제에 대하여 보다 직접적이고 자세하게 논의하고 있다. 이 장에서는 구어언어에 대하여, 10장에서는 읽기를 중심으로 다루고 있다.

이 장은 두 개의 주요 섹션으로 나누어져 있다. 첫 번째 섹션의 주제는 이중언어아동들의 언어장애특성에 대한 것이다. 즉, 단일언어사용 아동과 이중언어사용 아동들의 언어장애특성이 유사한지 또는 유사하지 않는지에 관한 것이다.

이 섹션은 언어발달지연이 있거나 언어장애가 있는 모든 아동들에 대한 설명으로 시작하여, 언어발달지연이나 언어장애가 있는 이중언어아동들에 대한 설명으로 이어지고 있다. 이 섹션의 마지막은 언어장애가 있는 아동들에게 이중언어교육이 적절한가에 대한 논의로 끝을 맺는다. 이 장의 두 번째 섹션에서는 이중언어아동들에 대한 임상적인 실제와 정책에 대하여 중점을 두고 있다. 이중언어아동들의 평가와 확인을 복잡하게 만들 수 있는 많은 이슈에 대하여 논의하고 있으며, 이와 함께, 이러한 문제를 해결하는 데 도움이 되는 몇몇 전략을 소개하고 있다. 또한 이중언어아동의 중재를 위한 문제와 전략에 대하여 논의를 하면서 두 번째 섹션을 마무리하고 있다.

여기에서 포괄적인 용어인 **이중언어아동**(dual language children)이라는 용어를 사용하고 있으나, 앞 장에서 동시적 이중언어아동과 L2 학습자를 따로 분리하여 살펴보았다. 이 장 전체에서 두 집단의 이중언어아동을 대상으로 한 연구를 소개할 것이며, 때로는 이 두 집단 간의 차이가 주요 논의의 초점이 될 것이다. 아동들을 동시적 이중언어라고 해야 할지 또는 L2 학습자라고 불러야 할지에 대해서 구체적인 명시가 필요할 경우에는 두 집단에 대한 명칭을 분명하게 하였다. 그렇게 할 필요가 없을 경우에는 포괄적인 용어인 **이중언어아동**(dual language children) 또는 단순히 **이중언어아동**(bilingual children)이라는 용어를 사용하였다.

이중언어아동들의 비전형적인 언어발달(atypical language development)을 설명할 때 주로 단순언어장애가 있는 이중언어아동들에 대하여 논의하였다. 그러나 다운증후군이나 자폐범주성장애와 같은 언어발달에 영향을 주는 다른 신경발달성장애(neurodevelopment disorders)가 있는 아동들 또한 이중언어아동이 될 수 있다. 그런 아동을 대상으로 한 연구가 있는 경우에는 그 내용을 포함시켜 이 책에서 논의하였다. 또한 이중언어아동의 평가, 확인, 중재에 관련된 문제에서는 단순언어장애에만 한정하지 않았다. 이 책에서 제시하는 정보는 언어장애 원인이나 언어장애 유형과 상관없이 잠재적인 언어학습의 어려움이 있는 이중언어아동들을 평가하는 전문가들에게 적절하다. 그러나 조음음운장애, 또는 유창성장애가 있는 이중언어아동들에 관한 문제에 대해서는 다루지 않고 있다. 이에 대해 더 많은 정보가 필요한 독자들은 Goldstein(2004)을 참고하기 바란다.

이중언어아동의 언어지연과 언어장애

언어지연과 언어장애의 정의

영유아와 아동이 언어발달단계에서 지연을 보이는 것은 잠재적인 언어발달문제에 대한 전조현상일 수 있다. 영유아는 초기에 언어발달지연을 나타낼 수 있는데, 이러한 초기 언어발달지연이 나타날 수 있는 원인으로는 청각장애와 같은 감각장애, 다운증후군, 유약 X 증후군(fragile X syndrome), 자폐범주성장애와 같은 신경발달적 결함, 또는 단순언어장애 등이 그에 해당되며, 이들 언어장애의 주요 원인은 장애 유형의 명칭으로 알 수 있다(Schwartz, 2009; Rice, Warren, & Betz, 2005). Rice(2007)는 언어장애유형에서 단순언어장애(specific language impairment)와 단순언어지연(specific language delay)을 보다 분명하게 구별해야 한다고 주장하고 있다. 단순언어지연 아동은 발화 시작 시기와 첫 낱말 산출 및 두 낱말 조합시기가 늦고, 임상적으로 다른 분명한 언어장애의 증상을 보이지 않으며, 시간이 지남에 따라 언어발달이 정상적인 발달 수준으로 따라간다. 따라서 많은 이런 아동들은 학교에 입학하기 전이나 학교 입학 후 얼마 지나지 않아 초기에 언어발달지연 없이 정상발달을 해 온 아동들과 동일한 수준이 된다. 이에 비하여 단순언어장애아동들은 언어발달 초기에 지연이 나타나며, 초등학교를 졸업할 시기에 장애가 없는 또래 아동과 어떤 언어영역에서는 거의 유사한 수준까지 도달하지만, 이런 문제는 학령기 시기까지 이어져서 시간이 지나도 완벽하게 해결이 되지 않는다. 단순언어장애아동들은 언어발달 결함에서 나타날 수 있는 것보다 언어지식영역과 처리영역에서 더 심각한 결함을 가지고 있으며, 이런 영역의 결함 특성으로 인하여 정상발달아동과 같은 언어수준에 도달하지 못하는 것 같다. 즉, 모든 단순한 언어발달지연아동이 단순언어장애아동으로 진단받는 것은 아니지만, 단순언어장애아동들은 대개 초기에 언어발달지연을 경험한다. 앞에서 잠깐 언급했던 것처럼, 이중언어아동들도 단순언어장애아동과 단순언어발달지연 아동을 구별해야 할 것이다. 요약하면, 언어발달에 있어 지연과 장애는 다양한 발달장애의 증상이 될 수 있다. 이중언어아동들의 언어평가에서 나타나는 수행력에 대하여 이해하는 것은 이중언어아동 중 언어장애를 보이는 아동의 정확한 진단을 위해서 중요하다.

1장에서, 단일언어 단순언어장애아동에 대한 원인과 대략적인 특성에 대하여 설명하였으며, **글상자 9.1**은 단순언어장애의 주요 특성에 관한 내용을 담고 있다.

단순언어장애의 확인

이 장의 마지막에 표준화된 평가도구에서 아동의 수행력 정도를 해석하는 기준인 **정규분포곡선**, **정상범위**, **퍼센타일**(%ile), **표준편차** 개념에 대하여 설명하고 있다. 어떤 독자들은 이런 개념에 익숙하지 않을 수 있기 때문에 이장의 부록에서 '정규분포곡선과 관련 개념'에 대하여 간단하게 설명을 하였다.

단순언어장애는 제외 준거와 채택 준거의 두 가지를 근거로 진단한다. 제외준거는 청각장애, 자폐범주성장애, 또는 다운증후군과 같은 지적결함이 없어야 한다는 것을 의미한다(Leonard, 1998). 채택 준거는 일반적으로 연령보다 더 낮은 언어 수행력과 비언어성지능에서 85 이상의 지능지수(정상적 지능범위, 85~115, Leonard, 1998)이어야 한다. 지능지수가 75~80 정도를 보여 지능지수를 제외하고는 모든 진단 준거에 부합하는 아동은 '비특정 언어장애(nonspecific language impairment)' 또는 단순히 '언어장애'라고 간주하는데, 그 이유는 비록 아동들의 지능지수가 평균보다 낮기는 하지만 지적장애에 해당되는 범위는 아니기 때문이다(Rice, Tomblin, Hoffman, Richman, & Marquis, 2004; Swisher, Plante, & Lowell, 1994). 연령보다 낮은 언어수행력이라고 하는 것은 어떻게 결정하는가? 이 장의 부록에서 제시하고 있는 것처럼 정규분포곡선을 근거로 판단한다. 연구자들은 일반적으로 평가 배터리에 있는 모든 검사에서 또는 대부분의 검사에서 평균보다 낮은 수행력을 보이거나 표준편차 −1.25 또는 그보다 더 낮

글상자 9.1

단순언어장애의 특성 요약

- 단순언어장애는 대략 인구의 약 7%에서 발생하는 상대적으로 흔히 발생하는 발달장애이다.
- 단순언어장애아동은 흔히 경미한 인지결함을 가지고 있기는 하나, 임상적으로 다른 두드러진 증상이 없음에도 불구하고 지속적으로 언어학습에 문제를 보인다.
- 약 4~7세 연령의 단순언어장애아동들은 언어발달에서 일반적이고도 특별한 언어발달 지연현상을 보인다. 일반적인 언어발달지연 증상은 흔히 약 2세경에 나타나며, 어휘량이 적고, 문장 길이가 짧으며, 담화능력에서 결함을 보인다. 보다 특수한 언어결함의 형태로는 몇몇 형태구문측면에서 보다 심각한 지연을 보이는데, 예를 들면, 과거시제, -ed와 같이 영어에서 늦게 습득되는 문법형태소 습득이 2년 이상 지연될 수 있으며, 결코 완벽하게 습득하지 못할 수도 있다.
- 단순언어장애아동은 음운기억과 같은 언어학습에 중요한 언어처리기술에 심각한 지연/결함을 나타낸다(6장에서 설명하고 있음).
- 단순언어장애아동은 정상발달아동 보다 주의력결핍과잉행동장애(ADHD)와 읽기장애 발생 가능성이 매우 높다. 그러나 이런 장애와 단순언어장애가 관련되어 있는 이유는 아직 완벽하게 밝혀지지 않았다.
- 단순언어장애의 근본적인 원인은 타고난 유전적인 요인에 있다. 단순언어장애에 기인하는 근본적인 결함은 언어적 정신표상능력, 언어학습과 다른 인지적 기능의 기초가 되는 보다 근본적인 지각-인지처리과정의 능력, 또는 둘 모두에 있을 수 있다. 이것은 현재 연구자들 간에 논쟁이 되고 있는 문제이다.

은 표준편차에 해당할 경우에는 단순언어장애라고 진단한다(Leonard, 1998). 임상적 판단으로 언어치료 서비스 대상이 되는 점수는 다양할 수 있으며, 학교 교육당국이나 지역에 따라 때로 −2 표준편차가 될 수도 있다. 주요 요점은 정상범위 보다 일반적으로 낮은 점수 이외에 단순언어장애 진단을 위한 '기대되는 연령보다 낮은 언어발달수준'에 대해 누구나 동의하는 정의가 없으며, 임상가들은 그 지역에서 사용하는 준거를 따른다.

연구자와 임상가 모두에게 단순언어장애 확인을 위해서 중요한 것은 확실한 단순언어장애진단을 내리기 전에—또는 보다 광범위하게 언어학습장애—빈약한 언어평가 수행력에 대해서 설명 가능한 제외요인을 고려하여 배제시켜야 한다. 예를 들면, 이중언어아동의 경우 제외요인 리스트에 언어노출 요인을 포함시킬 수 있다(이 섹션의 '이중언어아동의 평가와 확인 전략'에서 보다 자세하게 다루고 있다). 정의에 의하면 단순언어장애는 일차적으로 언어에 손상을 주는 장애이기 때문에 이중언어아동의 정확한 단순언어장애 확인은 부분적으로 비언어적인 채택 준거에 근거하여 진단을 하는 다른 장애보다 복잡한 경향이 있다. 이 장 전체에서 단순언어장애라는 용어에 비하여 보다 광범위한 범위를 지칭하는 용어인 언어장애(language impairment)라는 용어를 사용하고 있는데 그 이유는 이 책에서 단순언어장애뿐만 아니라 비언어성지능이 85보다 낮은 아동 또는 결과적으로 언어장애를 유발시키는 신경발달성 언어장애아동에 대해서도 논의하고 있기 때문이다. 그러나 단순언어장애 용어 사용이 적절한 경우에는 단순언어장애라는 용어를 사용하고 있다.

언어장애/언어지연이 있는 이중언어아동의 특성은 어떠한가?

미국 내 많은 스페인어-영어 사용 인구, 캐나다의 많은 프랑스어-영어 이중언어인구, 그리고 호주, 서유럽뿐 아니라 전 세계적으로 몰입교육이 매우 광범위하게 확산되어 있음에도 불구하고 놀랍게도 최근까지 언어장애가 있는 이중언어아동에 대한 연구는 거의 이루어지지 않고 있다. 연구 결과의 부족으로 부모, 교육자, 의료 전문가들은 이런 아동들을 판단하는데 필요한 정보를 제대로 얻을 수 없었다. 언어장애가 있는 이중언어아동에 대한 최근 연구의 증가로 이 책의 초판을 저술할 때보다는 더 많은 정보를 얻을 수 있었다. 이 섹션에서 언어장애 또는 언어발달지연이 있는 이중언어아동에 대하여 동시적 이중언어와 L2 두 집단 모두를 포함하여 지금까지 이루어진 연구에 대하여 논의하고 있으며, 이런 아동들의 언어적 특성을 알아보기 위해서 언어장애가 있는 단일언어아동과 정상적으로 발달하고 있는 이중언어아동을 비교하고 있다.

3장에서 제한된 능력 가설에 대하여 논의하였는데, 이것은 인간의 언어능력은 하나의 언어능력을 습득하는 것으로 그 능력이 제한되어 있으며, 두 개의 언어를 습득하는 것은 인간의 언어능력을 초과하는 것이라는 신념에서 나온 것이다. 만약에 제한된 능력 가설이 사실이라면, 이중언어아동들은 언어학습에서 두드러진 지연과 어려움을 보이겠지만, 앞에서 설명했던 것처럼 그런 일은 발생하지 않는다. 앞 장의 주요 요점은 **글상자 9.2**에 제시하였다. 요점은 이중언어습득이 아동들의 언어발달지연을 일으키지 않는다는 것이다. 그러나 여전히 제한된 능력 가설이 언어장애 또는 언어발달지연이 있는 이중언어아동들에게 적용되느냐하는 것에 의문을 가지는데, 그 이유는 이런 아동들이 언어장애가 있으면서 두 언어를 습득하기 때문이다. 일반적으로 부모, 교사, 임상가들이 믿고 있는 것과 다르게 이 섹션에서 논의하고 있는 연구 결과에서 언어장애아동들이 이중언어를 습득하는 것에 불이익이 있을 것이라는 증거는 거의 없다. 따라서 이 연구 또한 제한된 능력 가설에 동의하지 않는다.

동시적 이중언어아동

단순언어장애로 진단받은 동시적 이중언어아동의 언어발달은 어떠할까? 몬트리올에 살고 있는 7세 연령집단의 프랑스어-영어 이중언어아동을 대상으로 이 문제에 대한 답을 연구하였다. 모든 아동들은 다수언어배경의 동시적 이중언어아동들이었으며, 출생부터 가정에서 이중언어에 노출되었다. 이들은 두 언어를 광범위하게 사용하고, 두 언어가 이 사회에서 가치 있는 언어라고 생각하는 지역에서 살고 있는 아동들이었다. 즉, 이 아동들은 부가적 이중언어환경에서 살고 있었으며, 앞에서 소개한 James와 유사한 프로파일을 가지고 있었다. 모든 아동들은 4세경에 단순언어장애 진단을 받았으며, 언어치료 서비스를 받았다. 아동들 모두 두 언어에서 생활연령보다 낮은 언어수행력을 보였으며, 비구어 능력은 정상범위에 해당하였고, 분명한 신경학적인 결함 또는 다른 발달장애를 동반하지 않았다. 아동들의 프랑스어와 영어 문법형태소를 평가하고 이것을 각각의 단일언어 단순언어장애아동과 비교하였다(Paradis, 2007; Paradis, Crago, & Genesee, 2005, 2006; Paradis, Crago, Genesee, & Rice, 2003). 그 결과 이중언어아동들이 양쪽 언어에서 동사 형태소의 사용이 덜 정확하였다. 이것은 프랑스어 단일언어 단순언어장애아동과 영어 단일언어 단순언어장애아동들에게서 나타나는 그런 형태이다. 그러나 중요한 것은 단일언어 단순언어장애아동과 비교할 때 이 아동들이 문법형태소 능력이 더 낮지 않다는 것이었다. 이중언어아동들이 또래 단일언어아동에 비하여 평균발화길이(MLU)는 짧았으나 단순언어장애가 있는 또래 단일언어아동과는 유사한 수준이었다. 또한 단순언어장애가 있는 이중언어아동들은 양쪽 언어의 단순언어장애아동들에게서 나타나는 특성인 초기에 습득하는 문법형태소 산출에서 어려움을 보이지 않았다.

따라서 단일언어아동처럼 단순언어장애가 있는 이중언어아동들도 프랑스어와 영어에서 보다 늦게 습득되는 문법형태소 습득의 지연과 언어발달의 다른 측면에서 전반적인 지연을 보였다. 대부분의 이런 아동들은 양쪽 언어에서 우세를 보이기보다는 한쪽 언어에 우세를 보이며, 몇몇 아동들은 우세언어와 비교하였을 때 비우세언어에서 결함 정도가 더 두드러지는 경향이 있었다. 이런 형태는 일반적으로 발달하고 있는 이중언어아동들에게서도 동일하게 발견된다: 아동들의 언어발달은 흔히 우세언어에서 진전이 더 빠르다(**글상자 9.2**와 4장에서 설명하고 있음). 또한 단순언어장애가 있는 이중언어아동들이 대화상대자의 선호도에 따라 두 언어를 적절하게 사용하며, 화용적인 결함의 증상인 무분별한 부호혼합을 보이지 않았다. 요약하면, 단순언어장애가 있는 프랑스어-영어 이중언어아동들은 단일언어 단순언어장애아동과 유사한 구문형태 유창성과 유사한 구문형태 프로파일을 보였으며, 정상적으로 발달하는 또래 이중언어발달아동과 동일한 전반적인 발달형태를 나타내었다.

단순언어장애 이중언어아동에 대한 이러한 긍정적인 결과는 매우 부가적인 이중언어환경에 있는 아동에게만 해당되는 것은 아니다. Gutiérrez-Clellen과 동료 연구자들이 서부 캘리포니아에 살고 있는 단순언어장애 스페인어-영어 이중언어아동들의 형태구문발달에 대하여 연구한 결과도 이와 동일하였다(Gutiérrez-Clellen, Simon-Cereijido, & Wagner, 2008). 특히 이야기 말하기 과제에서 단순언어장애아동은 영어 단일언어 단순언어장애아동과 유사한 구어 형태소산출 오류와 유사한 정도의 오류를 보였다. 연구자들은 또한 영어 문장에서 주어를 명시하여 사용하는 능력을 조사하였다. 영어가 아닌 스페인어 대화에서 두

글상자 9.2

전형적인 초기 이중언어발달에 대한 요약: 언어발달지연의 문제

- 이중언어아동들은 첫 낱말 산출과 첫 두 낱말 조합시기가 지연되지 않는다.
- 이중언어아동의 초기 어휘는 각 언어에 있어 단일언어 또래 아동보다 어휘수가 적은 경향이 있으나, 두 언어의 각각 어휘를 합하였을 때에는 단일언어아동들의 어휘량 보다 더 많거나 단일언어아동들만큼 어휘발달을 보인다. 따라서 이중언어환경에도 불구하고, 개념-단어 짝(concept-word pairings)을 습득하는데 더 느리지 않다.
- 이중언어아동들의 두 언어에 있어 평균발화길이(MLU)는 흔히 정상발달범위 보다 더 짧은 경향이 있기는 하나 정상발달범위에 들며, 언어발달지연이 있는 이중언어아동은 2세에서 3세 연령의 또래 단일언어아동과 이중언어아동들보다 평균발화길이가 더 짧은 경향이 있었다.
- 이중언어아동들은 단일언어아동과 유사한 발달단계로 다양한 문법형태소와 구문형식을 생산적으로 사용하지만, 몇몇 세부적인 형태의 구문형식을 완벽하게 습득하기까지는 약간의 지연이 나타날 수 있다. 예를 들면, 단일언어아동과 동일한 연령 시기에 자발적인 구어에서 문법형태소를 사용하기 시작하지만 양쪽 언어에서 모든 문법형태소를 90% 이상의 정확도로 사용하기까지 더 많은 시간이 걸릴 수 있다.
- 이중언어아동들의 우세언어 어휘량과 구문형태적인 능력은 단일언어아동과 동등할 수 있다. 비우세언어에서는 때로 단일언어아동보다 더 낮은 언어능력을 보일 수 있다.
- 이중언어아동들의 우세언어는 일반적으로 더 많이 노출이 된 언어이며, 양쪽 언어의 노출은 좀처럼 동일할 수 없다. 한쪽 언어에 50% 또는 그 이상 노출이 된 이중언어아동들은 그 언어의 단일언어아동과 유사한 수준의 언어능력을 보일 수 있다.

명의 대화상대자에게 주어가 알려져 있는 경우에는 문장의 주어가 생략 될 수 있다. 연구자들은 스페인어와 영어에서 이런 차이가 단순언어장애 이중언어아동들을 혼란스럽게 할 수 있으며, 스페인어에서 생략될 수 있는 동일한 상황에서 영어의 주어도 생략될 것이라고 가정하였다. 그러나 연구자들은 이중언어아동들이 문법적인 규칙에서 스페인어에서 영어로 잘못되게 전이하지 않는다는 것을 발견하였다. Gutiérrez-Clellen과 동료 연구자들의 연구는 우리가 한 연구보다(프랑스어-영어 아동보다) 두 살 더 어린 아동들을 대상으로 하였다. 따라서 그들의 연구 결과는 단순언어장애 이중언어아동은 5세 연령의 단일언어 단순언어장애아동과 유사한 유창성을 보일 가능성이 있다는 것을 보여 주고 있다.

Gutiérrez-Clellen, Simon-Cereijido, Erickson Leone(2009)는 언어선택과 부호혼합을 고려하여 이야기 산출과 자발적인 대화 상황에서 5세 스페인어-영어 이중언어아동의 두 언어사용을 연구하였다. 그 연구는 정상적으로 발달하는 아동과 단순언어장애아동 두 집단 모두를 포함시켰다. 연구자들은 단순언어장애아동과 정상발달아동 간 많은 유사점을 발견하였으며, 이것은 단순언어장애가 이중언어발달의 이러한 영역을 방해하지 않는다는 것을 의미한다(5장에서 설명하고 있음). 첫째, 모든 아동들은 흔히 비우세언어에서 더 자주 부호혼합을 하였다. 부호혼합은 공식적인 담화보다는 대화에서 더 자주 일어났으며, 언어영역에 상관없이 스페인어에서 더 많이 발생하였다. 이러한 마지막 결과는 아마도 다수-소수언어의 사회언어학적인 지위에 대한 인식을 반영하는 것으로 보인다. 둘째, 정상발달아동과 단순언어장애아동 모두 전반적으로 부호혼합의 비율이 낮았으나, 부호혼합은 문법적인 규칙을 따르고 있었다. 즉, 단순언어장애 이중언어아동은 부호혼합에서 연령에 적절한 화용과 문법 기술을 보이고 있었다.

3장에서 논의했던 것처럼, 다른 발달장애를 가진 아동들, 예를 들면, 다운증후군이 있는 영어-프랑스어 이중언어아동들은 심각한 지적장애가 있음에도 불구하고 신경발달장애가 있는 아동들의 일반적인 언어적 프로파일과 정신능력 수준에 부합되게 두 언어에서 유창성이 있었다(Kay-Raining Bird, Cleave, Trudeau, Thordardottir, Sutton, & Thorpe, 2005). 따라서 언어손상이 언어에 특정적이든 또는 심각한 인지적 결함의 결과이든 간에 아동들은 두 언어를 학습할 능력을 가지고 있다.

제2언어 학습자

동시적 이중언어발달은 어린 연령부터 두 언어에 광범위하게 노출되기 때문에, 특히 부가적 이중언어환경 아동의 경우에, 성공적인 이중언어습득을 위한 선택인 것으로 여겨질 수 있다. 이에 비하여 L2 학습아동들은 두 언어를 동시에 습득하지 않으며, 두 언어에 노출이 덜 된다. 보다 중요한 것은 L2를 학습하는 L1 소수언어 아동들은 흔히 감가적 이중언어환경에 있다는 것이다. 소수L1/다수L2 단순언어장애아동이 단일언어 단순언어장애아동과 비교하였을 때 L2 발달에서 어떤 독특한 패턴을 보일 수 있는지 또는 정상적으로 발달하는 L2 학습자보다 이중언어습득이 보다 어려 울 수 있는지에 대하여 질문을 하는 것은 타당하다.

앞에서 언급했던 것처럼 언어지연과 언어장애가 있는 단일언어아동은 처음에는 언어학습이 느리며, 오랫동안 지속되는 전반적이고 특정한 언어지연을 보인다. 언어지연과 언어손상이 있는 아동들이 L2를 배울 때에도 동일한 종류의 발달형태가 나타날까? Paradis(2008, 2010a; 2010b)는 두 명의 언어지연/언어장애가 있는 광둥어-중국어 이중언어를 사용하는 소년들과 정상발달 아동들의 언어발달과정을 비교하였다. KVNL은 광둥어에서 언어발달지연이 있었으며, 3세6개월에 영어를 배우기 시작하였다. KVNL은 영어에서 보다 늦게 습득되는 문법형태소 산출에서 영어에 동일하게 노출된 북경어와 광둥어를 사용하는 정상발달 중국 아동들에 비하여 2년 동안 계속적으로 뒤처졌다. 그러나 마침내 영어를 배우기 시작한 세 번째 해에 또래들을 따라 잡았다. 따라서 L1에서 나타난 언어발달지연 프로파일이 L2 발달에서 동일하게 나타나고 있었으며, 중요한 것은 L2의 지연은 L1의 발달이 향상될 때 해결되었다는 것이다. WLLS는 양쪽 언어에서 단순언어장애 준거에 부합하는 언어결함을 보였으며, 4세에 영어학습을 시작하였다. KVNL처럼 WLLS도 정상적으로 발달하는 중국어 사용 아동들보다 뒤쳐졌으며, 그 아동들을 따라잡지 못하였다. Jacobson과 Schwartz(2005)는 또한 스페인어 L1/ 영어 L2 단순언어장애아동들이 4년간 영어에 노출된 이후에도 정상적으로 발달하는 또래 아동들보다 과거시제 -ed와 같이 늦게 발달되는 문법형태소 습득이 뒤쳐진다는 것을 발견하였다. 그러나 3년 정도 영어에 노출된 이후 WLLS의 이런 문법형태소 사용은 동일한 연령의 영어 단일언어 단순언어장애아동과 유사한 정도로 정확하였다. 이러한 결과를 통하여 단순언어장애가 있는 아동들의 습득결과를 예측할 수 있다. 또한 WLLS가 특히 단순언어장애아동들이 습득하기 어려운 문법형태소를 사용하는 정도는 정확도에 있어 정상적으로 발달하는 L2 아동과 매우 유사하다. 예를 들면, 복수 표지 -s. 따라서 WLLS는 영어 단일언어 단순언어장애아동들에게서 일반적으로 나타나는 지연형태를 보였다. KVNL과 WLLS의 발달을 보면, 언어지연 또는 언어장애가 있는 아동의 영어 발달은 영어가 L1 이든 L2이든 간에 유사한 방식으로 이루어진다는 것을 알 수 있다.

KVNL과 WLLS의 연구 결과는 터키어 L1/독일어 L2 아동(Rothweiler, Chilla, & Clahsen, 2009)의 결과와 유사하다. Rothweiler와 동료들은 다수언어인 독일어를 약 3세경에 배우기 시작한 단순언어장애 순차적 이중언어아동 집단을 연구하였다. 그 당시 아동들의 연령은 4~8세에 해당하였으며, 두 집단 아동들은 주어-동사 일치 형태소 사용능력에서 결함이 있었으나, 두 집단 모두 복잡한 구문구조 사용은 매우 정확하였다. 중요한 것은 단순언어장애가 있는 L2 학습자들이 모든 독일어 언어영역평가에서 단순언어장애 단일언어아동과 유사한 수준을 보였다는 것이다. 따라서 Paradis가 연구한 광둥어-영어 아동처럼 이 연구에 참여한 단순언어장애 터키-독일어 이중언어아동들도 제2언어에 어느 정도 노출된 이후에는 단일언어 단순언어장애아동과 유사한 언어발달 프로파일과 유사한 유창성을 습득한다는 것을 알 수 있다.

언어지연 또는 언어장애가 있는 소수 L2 아동들이 이중언어사용자가 되기에 더 많은 어려움이 있을까? 즉, 그 아동들은 단일언어 단순언어장애아동과 정상발달 또래와 비교하였을 때 나타나는 것보다 정상발달 L2 아동과 비교하였을 때 더 많은 지연을 보일까? Paradis와 Sorenson Duncan(2009)은 정상발달 영어 L2 아동과 단순언어장애 영어 L2 아동을 비교한 결과 단순언어장애 L2 아동에게서 특별한 언어지연의 형태가 있음을 발견하였다: 영어 동사 문법형태소와 영어 비단어 반복하기 과제(음운 단기기억 평가)에서 지연을 보임. L1의 언어배경이 다양한 이런 아동들이 6세가 되면, 대략 캐나다의 Edmonton에서 영어에 약 2년 정도 노출이 된다. 예상했던 것처럼, 단순언어장애가 있는 L2 아동들은 양쪽 언어평가에서 문제가 없는 아동들 보다 수행력이 더 낮았다. 그러나 중요한 것은, 정상발달아동과 단순언어장애아동 간 점수 차이가 단일언어 단순언어장애아동과 정상발달아동 간 비교에서 나타난 차이와 동일한 수준이었다. 즉, 정상적으로 발달하고 있는 L2 또래 아동과 비교하였을 때 단순언어장애 L2 아동이 L2 영어발달에서 특별히 많은 지연을 보이지는 않는다(Paradis, 2010a, 2010b를 참조).

단순언어장애가 있는 L2 아동이 이중언어사용자가 되는 것이 매우 어려운가 하는 질문에 대한 대답은 아동들이 소수언어 L1을 지속적으로 발달시키는데 큰 어려움을 보일 것인가 하는 것과 관련이 있다. L2 아동들의 L1 소수언어발달에 대한 부모보고 연구에 따르면, Paradis, Emmerzael, Sorenson Duncan(2010)의 연구 결과 단순언어장애 L2 아동들이 정상발달 또래들에 비하여 L1 손실 가능성이 더 크지 않았다. 단순언어장애아동을 둔 부모와 정상발달아동을 둔 부모 모두 아동들의 L1 능력이 높다고 평가하지 않았다. 단순언어장애아동의 부모들은 일관되게 단순언어장애가 없는 또래 아동을 둔 부모들 보다 자녀들의 언어능력이 빈약하다고 평가하였다. 그러나 L1의 손실과 관련된 질문에서 단순언어장애아동을 둔 부모들이 정상발달 자녀를 둔 부모들에 비하여 L1에서 많은 손실을 겪고 있다고 대답하는 것 같지는 않았다. 이러한 부모보고 결과는 소수언어 아동의 L1 능력을 직접적으로 관찰한 결과와 일치한다. Gutiérrez-Clellen, Restrepo, Simon-Cereijido(2006)은 단순언어장애가 있는 4~7세 연령의 스페인어 L1/영어 L2인 아동들의 스페인어 형태구문능력을 평가하였다. 아동들은 스페인어가 주언어이며, 영어학습은 초기 또는 중기단계였다. 단순언어장애가 있는 영어 L2 아동들의 스페인어 능력은 스페인어를 단일언어로 사용하는 단순언어장애아동과 유사하였다. 따라서 최소한 아동의 발달초기에 다수언어에 노출되는 것이 스페인어 능력을 방해하지 않는다는 것을 알 수 있다.

영어 L2, 독일어 L2 아동들의 연구 결과를 비교하였을 때, 독일어 연구자들은 단순언어장애가 있는 터키어 L1/독일어 L2 아동에게서 보다 혼합된 이중언어결과가 나타났음을 보고하였다. Steenge(2006), Orgassa와 Weerman(2008)은 단순언어장애가 있는 L2 학습자와 단순언어장애 단일언어아동 간에 나타나는 독일어 형태구문의 어떤 차이는 L2 아동들이 독일어에 4년 또는 그 이상 노출이 된 이후에도 지속적으로 나타나고 있음을 보고하였다. 네덜란드 아동들이 경험한 다수언어학습의 이런 어려움은 이민자 지역의 사회적 고립과 같은 환경적인 요인과 관련이 있을 수 있으며, 두 언어를 학습하는데 장기간 능력이 필요한 단순언어장애의 본질적인 장벽과는 보다 덜 관련되어 있는 것으로 나타났다(Paradis, 2010a, 2010b). 이를 보다 분명하게 위해서는 구체적인 연구가 필요하나, 지금까지 연구 결과의 성공적인 부분을 모든 상황에 있는 단순언어장애 이중언어아동들에게 적용시킬 수 없다는 것은 짚고 넘어가야 한다.

언어지연/언어장애가 있는 아동들이 이중언어를 배워야 할까?

경험으로 보았을 때, 단순언어장애든 또는 다른 언어장애든 간에 언어학습에 어려움이 있는 아동들이 이중언어를 배우는 것은 너무 많은 습득의 부담을 갖는 것이라는 신념이 부모와 전문가들에게 광범위하게 퍼져 있다. 교육자와 임상가들은 흔히 언어발달장애 아동의 부모들에게 언어장애 자녀와 하나의 언어만을 사용하고, 자녀가 이중언어발달을 하지 않도록 조언을 한다. 또한 아동들이 제2언어/이중언어 프로그램에 등록하지 않도록 조언을 하며, 이미 그런 프로그램에 등록을 하였을 경우에는 그 프로그램에서 빠지도록 권고를 한다. 이런 종류의 판단은 아동에게 교육기회의 손실, 다른 가족 구성원과 완벽하게 의사소통할 수 있는 능력의 손실, 민족적 정체성의 이동, 그리고 민족 공동체 접근의 제한과 같은 되돌릴 수 없는 심각한 손실을 줄 수 있다. 또한 몇몇 가족들은 한 언어를 선택하여 사용하는 것이 불가능하다. 가족들이 두 언어를 사용하고, 그 누구도 그러한 언어사용을 바꿀 수 없다. 이민자 가족의 경우, 모든 사람들이 다수언어를 배워야 하지만, 이와 동시에 부모들은 그들의 모국어 사용을 포기하지 못할 수 있다. 또한 단순언어장애아동을 둔 가족들은 이미 나이가 많은 형제자매들을 L2 몰입교육 프로그램에 보내고 있을 수 있다. 분명히 아동의 언어환경에서 하나의 언어를 없애는 결정은 가볍게 할 수 없으며, 무지한 상태로 해서는 안 된다. 발달장애 아동이 이중언어학습을 시작할 것인가 또는 지속할 것인가의 여부는 부모나 다른 전문가들이 이메일이나 전화로 가장 빈번하게 하는 질문들이다. 몇몇의 예를 **글상자 9.3**에 제시하였다. 이 책에서는 이 질문에 초점을 둔 섹션을 마련하였으며, 앞 섹션에서 단순언어장애가 있는 이중언어아동들의 언어발달특성에 관한 논문을 요약하여 제시하였다. 이 연구에서 보여 주고 있는 것은 이중언어학습은 분명히 단순언어장애아동들의 능력 범위 안에 있는 일이며, 따라서 하나의 언어를 습득하는 것 대신에 두 언어를 배울 경우에 아동들의 언어학습이 더 어려울 것이라는 근거로 이중언어발달을 중단시킬 이유가 없다. 또한 연구자들은 단순언어장애가 있는 아동들이 제2언어를 습득할 수 있다는 것을 보여 주었다. 단순언어장애가 있는 이중언어아동들이 단일언어 단순언어장애아동과 비교하였을 때 두 언어를 다르게 습득하거나 더 낮은 수준의 유창성을 보이는 것 같지 않으며, 이런 긍정적인 이중언어의 결과는 두 언어 또는 한 언어에 언어치료 서비스 실시에 따른 것이 아니다. 우리가 실시한 연구에 참여한 단순언어장애 프랑스어-영어 이중언어아동들은 대개 프랑스어 한 언어에 언어치료를 받았다. 앞 섹션에서 논의한 캐나다의 영어 L2 아동들은 단지 영어로만 언어치료를 받거나 언어촉진 유치원프로그램에 등록하였다. 8장에서 논의한 연구에서 인지적 또는 언어적 결함이 있는 아동들이 English-only program에 등록한 또래 아동들과 유사한 수준으로 제2언어를 학업적으로 수행할 수 있다는 것을 보았다. 따라서 이중언어학습이 언어지연이나 언어장애아동들에게 위험 요인이라고 생각할 만한 증거는 없으며, 부모들에게 가정에서 하나의 언어만을 사용하게 하거나 몰입교육 프로그램에 참여하고 있는 아동들을 다른 프로그램에 배치하도록 권할 아무런 증거가 없다.

6장에서 L1을 유지하고 발달시키는 것이 소수아동들에게 이점이 있는 이유에 대하여 논의하였다. 그 이유가 언어발달장애 L2 아동에게도 적용된다. L1의 유창성을 유지해야 하는 주요 이유 중 하나는 부모와 아동들이 서로 쉽게 의사소통을 할 수 있다는 것이며, 발달장애 아동들에게는 이것이 중요한 고려사항이기 때문에 여기에서 중점적으로 다룰 것이다. 다운증후군, 유약 X 증후군, 또는 자폐범주성장애 아동들에게 부모들은 일차적인 주양육자들이며 오랜 기간 주요

글상자 9.3

전문가와 부모들이 가장 빈번하게 하는 질문 중에 하나는 이중언어학습이 발달성 구어장애와 언어장애가 있는 아동들에게 적절하느냐는 것이다. 몇몇 사례를 아래에서 소개하고 있다. 이 장에서 소개한 정보를 근거로 볼 때, 두 언어를 학습하는 것이 이런 아동들에게 위험요인이 될 수 없으며, 어떤 아동들에게는 이중언어를 지속적으로 배우는 것이 이득이 된다.

Paradis 박사님께

저는 자폐범주성장애 아동을 중재하고 있는 언어치료사입니다. 이 아동들의 부모는 L1이 영어가 아닙니다. 부모들은 흔히 자녀들에게 영어로 말을 해야 할지 모국어인 L1으로 말을 해야 할지 질문을 합니다. 이 아동들은 3세에서 6세 연령이며 발화가 거의 없습니다. 연구 결과에서 아동들이 L1을 잘하는 것이 도움이 된다는 것을 알기 때문에 제가 아이들에게 어떻게 말을 해야 할지 고심하고 있습니다. 그러나 이 아이들은 발화가 없으며, 제가 할 수 있는 모든 것이 영어이기 때문에 영어로 가르치고 있습니다. 제가 생각하기에 부모가 다른 언어를 가르친다면, 이것은 그들에게 너무 힘든 일이라고 여겨지며, 자폐범주성장애 아동들에게 매우 필요한 반복적인 언어제공이 어렵습니다. 이것과 관련된 어떤 연구가 있는지 궁금합니다.

언어치료사로부터.

Paradis 박사님께

저의 아이는 4세이며 최근에 단순언어장애로 진단을 받았습니다. 아내는 집에서 영어를 사용하지만, 아이의 주언어는 이탈리아어입니다. 저희는 7월에 캐나다로 이사를 할 계획을 하고 있으며, 아이의 언어가 바뀌는 것에 매우 염려를 하고 있습니다. 박사님은 진단을 하는 전문가로서 언어가 바뀌는 것이 바람직한 것인지 알려 주십시오. 주언어가 바뀌는 것을 매우 고려를 해야 하는 것인지, 또는 중단기적으로 예측하였을 때 특별한 손상 없이 이것이 가능한지요? 단순언어장애 이중언어아동들을 위해서 언어치료사가 제공하는 특별한 중재

(다음 쪽에 계속됨)

가 있는지요? 단순언어장애가 있는 아동들의 이중언어발달을 위해서 부모가 할 수 있는 것이 있을까요?

아버지로부터

Paradis 박사님께

제 딸은 2세 6개월이며, 최근 평가에서 언어장애가 있는 것으로 결과가 나왔습니다. 우리는 영어로 언어치료를 시작하였고, 딸은 점차 많은 단어를 사용하여 스스로 말을 하여 말하는 능력이 개선되고 있습니다. 언어평가를 받기 전에 딸을 프랑스어를 사용하는 유치원에 등록하였습니다. 언어평가를 할 때, 언어치료사와 유치원 담당자는 딸아이가 영어만을 사용하는 언어치료를 받아야 한다고 우리를 설득하였으며, 아이를 프랑스어 유치원이 아닌 영어를 사용하는 유치원에 등록시킬 것을 매우 강하게 권고하였습니다. 제가 생각하기에 이중언어접근을 할 경우 제 딸의 초기 구어발달이 더 지연될 것이라는 것에 강력한 실증적인 증거를 제시하지 못하는 것을 볼 때 이런 주장이 비이중언어적인 편견(unbilingual bias)처럼 보입니다. 이 분야에 대해 연구를 하신 박사님께서 저희 부부에게 조언을 주시기 바랍니다.

한 아이의 아버지로부터

Paradis 박사님께

저의 스페인어 유치원은 매우 번창하고 있으며, 유치원 프로그램을 확장하는데 매우 기대를 가지고 있습니다. 저의 경험을 근거로 내년에 우리는 전체 몰입교육(total immersion) 대신에 이중언어방식으로 변경할 계획을 하고 있습니다. 이 지역 대부분의 학생들은 단일언어를 사용하는 가정에서 성장한 단일언어사용 학생들이며, 학생들이 모국어뿐만 아니라 제2언어를 사용하는 것이 이치에 맞습니다. 가을학기 등록을 원하는 부모가 있습니다. 그 부부는 과테말라에서 입양한 3세 아들이 구어언어발달이 지연되어 있다는 진단을 받았으며, 제2언어 노출이 아들에게 이득보다는 언어발달에 해가 더 많을 것이라고 염려를 하고 있습니다. 박사님께 드리는 저의 질문은 "실제로 이 아동은 언어발달이 지연될까요?" "어느 정도 지연이 될까요?"라는 것입니다.

유치원 원장으로부터

한 사회적 상호작용 대상자였다. 이와 동시에, 이런 아동들은 주로 다수언어를 사용하는 교육자, 의료 전문가들과 많은 접촉을 한다. 부모들이 이런 아동과 모국어를 L2로 바꾸어 의사소통하려고 시도한다면, 아동에게 필요한 풍부한 언어적 입력을 제공하는데 어려움이 있거나 아동과 편안하게 의사소통을 하는데 어려움을 겪을 수 있다. 이러한 두 가지 요인 모두 아동의 삶의 질을 위해서 매우 중요한 것이다. 요약하면, 이러한 아동들에게 단일언어가 적절한 선택이라고 말하기 어렵다.

Kremer-Sadlik(2005)는 그 지역의 다수언어가 영어이나 가정에서 소수언어를 사용하는 고기능 자폐범주성장애 아동을 둔 가족 간의 언어사용에 대하여 연구하였다. 그 연구는 부모 인터뷰와 가족 간의 대화를 샘플링하는 것으로 이루어졌다. 아동이 자폐범주성장애로 진단을 받은 이후 모든 가족들은 아동과 오직 영어로만 말하도록 권고를 받았는데, 아이가 두 언어를 배우기에는 어려움이 매우 많을 것이라는 점과 가정에서 사용하는 언어와 언어치료를 받은 언어가 일관성이 있는 것이 아동에게 유리할 것이라는 것 때문이다. 부모들은 자폐범주성장애가 있는 아동이 소수언어인 첫 번째 언어로 가족과 상호작용을 중단한 결과 일어난 일에 대하여 다음과 같이 설명하였다.

- 아동은 더 이상 제1언어로 말하지 않았다.
- 아동은 제1언어를 사용하는 부모 및 형제자매와의 가족 대화에 참여하지 않았다.
- 가족은 제1언어를 사용하는 문화적이고 종교적인 활동에 참여를 잘 하지 않았다.
- 아동은 그의 민족 정체성에 대한 거부감을 나타내었다.

부모들은 무엇보다 아동에게 편안하고 충분하게 영어로 표현할 수 없었기 때문에 언어치료사가 추천한 사회적이고 언어적인 모델링을 못해 주었다고 한다. 또한 Kremer-Sadlik는 부모와 자폐범주성장애 아동 간에 분명한 대화 장벽을 있음을 보고하였다: 계속적으로 모국어를 사용하는 정상발달아동과 있을 때는 장벽이 없었다. **글상자 9.4**는 가정에서 식사시간의 대화상황을 발췌한 것이다.

글상자 9.4

식탁에서 이뤄진 가족 대화

John은 고기능 자폐범주성장애 아동이다: Jay는 그의 형이다. John은 더 이상 북경어로 말하지 않는데, John이 자폐범주성장애로 진단 받은 이후 중국 북경어로 언어적 상호작용을 하지 않기 때문이다. 다음은 Kremer Sadlik(2005, p. 1230)에서 발췌한 것이다.

> John의 부모님, John, 그리고 형인 Jay는 저녁을 먹으면서 뉴스에 나온 눈사태를 보고 있었다. John은 저 눈사태는 폭탄을 설치해서 고의로 발생한 것이라고 말했다. 부부가 John의 말은 옳지 않다고 하자, John은 눈사태에 대해 다른 설명을 해달라고 요구했다. 아버지는 눈사태가 발생하는 이유에 대하여 설명하려고 노력하였으나 영어로 '중력'이라는 단어를 찾을 수 없어서 설명을 멈춰버렸다. 아버지는 Jay에게 중국어로 도움을 요청하였다. 아버지는 계속적으로 설명을 했으나, 그 언어가 뚝뚝 끊어져서 그의 생각이 분명하게 전달되지 못하였다. 마침내 Jay는 아버지의 말을 막고서 중국어로 John의 말이 옳다는 것을 설명했다. 중국어로 대화를 하는 동안에 John은 텔레비전을 보고 있었으며, 그의 형의 답변을 알지 못하였다. 부모들은 그가 옳다는 것을 영어로 알려주기 위해서 John을 돌아보았다.

John: [looking at father] How did they, um, make it go down?
Father: You know, it's heavy so, that–*Jay, chung li chiao se ma?*
(Jay, how do you say gravity in English?)
Jay: Gravity
Father: Gravity! Ok? They pour down. Something look this. You s-[makes gestures] you stand off this one and ...
Jay: That's not how they do it.
John: [Turns his look away from father and looks at the TV]
Jay: That's not how they do it.
Mother: He said
Father: Hu?

(다음 쪽에 계속됨)

Jay:	*Ta sou de duei.*
	(He said it right.)
Father:	*Sha me duei.*
	(What's right?)
Jay:	*Ta sou de duei. Ta mien na bien tai dou dong shin le. Ta men bou tsi tse za, zen gou chi de shih hou, suai le, dou shih.*
	(He said it right. They have too much stuff there. If they dont's blow it up, when people go across there, stuff might...)
Mother:	Oh, so-so they did bomb it, huh?
Jay:	Uh-huh
Mother:	Ok
Father:	[looking at John] So you got it, huh?

Kremer-Sadlik는 가족구성원 중 한 사람이 의료 전문가의 조언을 무시하고 자폐범주성장애 아동과 계속적으로 모국어를 사용하였다는 것을 발견하였다. 그 결과 자폐범주성장애 아동은 이중언어가 유지되었으며, 아동의 발달에 분명한 해가 나타나지도 않았다. 이 연구는 아동 환경에서 하나의 언어를 제거하는 것이 전체 가족에게 광범위하게 영향을 끼친다는 것을 매우 잘 보여 주고 있다.

부모와 전문가들에게 주는 일반적인 조언은 할 수 있는 어떤 방법이든 간에 발달성 언어장애가 있는 아동들에게 이중언어학습을 제공하라는 것이다. 지역사회 또는 가정의 지원으로 이미 이중언어사용자이든, 또는 학교 이중언어교육과정에 있든 상관없이 이런 지원은 아동에게 유용할 수 있다. 그러나 이런 일반적인 조언을 할 때에는 언제나 검증된 내용으로 해야 하고, 각 아동의 상황에 적절하게 해야 한다. 이중언어가 어떤 가족에게는 선택이지만 다른 가족에게는 필수적인 것이다. 예를 들면, 앞에서 소개한 Luis와 Samantha의 상황을 비교해 보면, 두 아동 모두 스페인어-영어 이중언어아동들이다. Luis는 스페인어가 L1이고, 영어가 L2이며, 캘리포니아의 멕시코인들이 많이 사는 스페인어 사용 지역에서 성장하고 있다. Luis의 부모들은 영어보다는 스페인어에 훨씬 더 유창하다. Luis가 부모와 친밀하게 상호작용을 유지하고 그 지역에서 사회적으로 잘 기능하기 위해서는 스페인어를 사용해야 한다. Luis와 같은 아이가 단순언어장애나 다른 발달성장애로 진단받는다면, 오직 영어를 사용하며 그 아이를 양육하는 것은 현실적으로 불가능하며, 앞에서 언급했던 것처럼, 영어만 사용하도록 부모에게 권고할 설득력 있는 이유가 없다.

Luis의 상황과 달리 Samantha는 영어를 L1으로 사용하는 아동이다. Samantha는 애리조나에서 성장하였으며, 부모들은 스페인어 몰입교육학교에 Samantha를 입학시켰다. Samantha가 영어만 사용한다 할지라도 부모나 지역사회 사람들과 언어적인 장벽에 놓이지 않는다. Samantha와 같은 아이가 발달성언어장애로 진단받아도 부모들에게 여전히 몰입교육 프로그램에 등록하도록 권해야 할까? 이 경우 아이가 언어학습에 어려움을 가지고 있다 할지라도 우리는 Samantha 부모의 능력과 이중언어사용자가 되는데 필요한 추가적인 노력을 기꺼이 제공할 수 있는 여부 등과 같은 요인에 따라 권고를 한다. 스페인어 학교에 다니고자 하는 Samantha의 열정; Samantha에게 필요한 특수교육지원과 언어치료 서비스를 제공해 줄 수 있는 학교의 능력. 그러나 결정적으로 Samantha 같은 아동을 둔 부모에게 English-only program에 아동을 보내도록 조언을 한다면, 이 조언은 언어장애가 있는 아동이 두 개의 언어를 학습할 능력이 없다는 개념을 근거로 한 것이 아니라는 것을 강조하고 싶다. 증거들은 그런 개념을 지지하지 않는다.

이중언어아동의 평가와 중재

다문화와 이중언어환경 아동의 평가에서 언어장애와 학습장애의 과잉확인은 잘 알려진 위험요소이다(Cummins, 2000; Donovan & Cross, 2000; Gutiérrez-Clellen et al, 2006). 과잉확인은 이중언어아동이 언어장애 또는 학습장애로 부적절하게 진단받고 불필요한 서비스를 받거나 특수교육학습에 배치되는 것을 의미한다. 과잉확인은 아동의 자아감, 학교 교육에 대한 태도, 미래의 교육기회에 부정적인 영향을 줄 수 있다. 과소확인의 문제도 증가하고 있다는 것은 중요한 문제이다(Crutchley, Conti-Ramsden, & Botting, 1997; Donovan & Cross, 2002; Roseberry-McKibbin, 1995). 이중언어아동의 언어장애나 학습장애를 확인할 때 과소확인의 문제가 발생한다. 그러나 과소확인의 문제는 아동의 빈약한 수행력이 학교에서 또는 다수언어와 관련된 학업활동에서 두 언어를 학습한 결과라고 생각하기 때문에 잘 감지되지 않으며, 진단되지 않는다. 과소확인은 학업수행에 필요한 언어기술을 중재 받지 못하기 때문에 아동에게 부정적인 영향을 줄 수 있다. 이 섹션에서는 이중언어아동들을 잘못 확인하는 이유를 밝히고, 이들의 언어장애를 시기적절하고 정확하게 확인하는 데 도움이 되는 몇 가지 전략을 제시하는데 중점을 두고 있으며, 이중언어아동들을 위한 특별한 중재 접근법에 대해서도 논의하고 있다. 특히 언어치료사와 특수교사를 위한 다문화 및 이중언어아동들의 평가와 중재를 대한 실제적인 정보는 Roseberry-McKibbin (2008)을, 일반 교사를 위한 아동 의뢰와 언어평가에 대한 정보는 Tabors(2008)의 연구 결과를 통하여 도움을 받을 수 있다.

이중언어아동의 평가와 확인의 문제

이 논의는 근본적으로 단일언어아동들을 대상으로 한 표준화된 언어평가도구를 이중언어아동 평가에 사용하는 것과 관련된 문제인식이 증가하고 있는데서 시작되었다. 그러나 몇몇 제기된 요점들은 이중언어아동들에게 비공식적인 언어평가를 실시할 때에도 동일하게 고려해야 한다는 것이다. 단일언어아동을 대상으로 만든 준거참조 평가도구를 이중언어아동들에게 사용하는 것이 편향된 결과를 가져올 수 있다는 것은 널리 알려져 있기는 하나, 즉 이중언어아동들의 언어능력과 언어학습능력을 과소평가할 수 있다—그럼에도 불구하고 이러한 평가도구를 이중언어아동들에게 일반적으로 실시하고 있다(Caesar & Kohler, 2007; Gutiérrez-Clellen et al., 2006; Roseberry-McKibbin, 2008). 이러한 일이 발생하는 일차적인 원인은 이중언어아동들에게 사용할 적절한 평가도구가 없다는 점과 평가도구를 제대로 사용할 전문가가 없다는 것이다. 이러한 실제적인 이유 때문에 미국 내 스페인어-영어 이중언어아동과 캐나다의 프랑스어-영어 이중언어아동과 같은 대규모 집단 아동들을 위해서 이중언어평가도구 개발과 전문가 훈련 프로그램이 시작되었다. 따라서 다문화, 다언어(multilingual) 지역에서 일하고 있는 임상가들이 단일언어아동을 대상으로 표준화된 평가도구를 이중언어아동들에게 사용할 때 제기되는 문제를 이해하는 것은 매우 중요하다.

이 장에서 이중언어아동 중 언어학습에 어려움이 있는 아동을 확인하고 정확한 평가를 하는데 장벽이 되는 몇몇 요인을 중심으로 섹션을 나누어 설명하고 있다.

L2와 단순언어장애아동 간의 공통점

프랑스어와 영어에서 실시한 많은 연구 결과를 볼 때, 불완전하게 L2를 습득한 아동과 단일언어 단순언어장애아동 집단 간에 많은 공통적인 특성이 있음을 알 수 있다. 프랑스어 L2 학습자들과 동일한 연령의 프랑스어 단일언어 단순언어장애아동은 조동사와 직접목적 대명사에서 오류를 보였으나, 전치사나 관사의 사용에는 오류가 적었다. 따라서 프랑스어 L2 학습단계의 초기와 중기시기에 아동이 보이는 형태-구문적인 오류 프로파일은 단순언어장애아동과 유사하였다(Paradis, 2004; Paradis & Crago, 2000, 2004). 이와 유사하게 영어를 L2로 배우며 정상적으로 발달하고 있는 아동의 L2 초기습득 단계가 영어 단일언어 단순언어장애아동의 프로파일과 유사하였다. 예를 들면, 동사형태소 사용의 정확도가 낮고, 복수표지 *-s*와 같은 명목형태소(nominal morphology)를 정확하게 산출하는 점이다(Paradis, 2005; Paradis, Rice, Crago & Marquis, 2008). 단순언어장애아동과 L2를 습득하는 두 아동 집단 간 차이를 보이는 두 가지 특징을 요약해 볼 수 있다. 1) 영어 L2 학습자는 *The bears <u>are</u> resting, the kitty <u>is</u> thirsty*와 같은 문장의 BE 동사 형태소를 과거시제 *-ed*와 같은 굴절형태소보다 더 빨리 습득하였으며, 단순언어장애아동들은 그것들을 동시에 습득하였다. 2) 영어 L2 학습자들은 단순하게 문법형태소를 생략하는 오류를 주로 보이는데 비하여 단일언어 단순언어장애아동들보다 독창적인 오류를 보이는 것 같다. L2 아동과 단순언어장애아동의 형태구문적 프로파일의 유사성에 대한 연구는 히브리어, 독일어, 스웨덴어를 사용하는 아동들을 대상으로 이루어졌다(Armon-Lotem, 2010; de Jong, 2010; Håkansson, 2001). 연구자들이 영어에 비하여 독일어와 히브리어에서 더 많은 것을 발견한 것처럼 보이지만, 그러한 공통점에 대한 당혹스러운 결과 중 하나는 L2 학습자들에게 독특한, 또는 단순언어장애아동들에게 독특한 것으로 여겨지는 언어적인 특성이 거의 없다는 것이다.

Paradis(2005, 2008)는 단순언어장애아동을 확인하기 위해서 개발된 표준화된 형태구문평가도구를 사용하여 영어 L2 아동들의 수행력을 살펴보았다. 영어에 노출된 지 1년이 지난 정상발달아동 24명의 영어 L2능력을 평가한 결과 아동들 중 단지 1명만이 연령에 적절한 점수를 받았다. 3년 이후에도 여전히 아동의 절반 정도가 평가에서 나이에 적절한 점수를 받았다. 따라서 정상적으로 발달하는 L2 아동과 언어장애아동 간 구문형태소의 공통적인 특성이 L2 아동을 단순언어장애로 과잉확인 하는 요인으로 작용할 수 있다. L2와 단순언어장애아동 간의 공통점은 언어처리과정에서도 발견된다. Windsor와 Kohnert(2004)는 그림명명하기 과제에서 처리속도와 정확도가 영어-스페인어 이중언어아동과 영어 단일언어 단순언어장애아동과 유사하였으나, 두 집단 아동은 정상발달 단일언어아동과는 차이가 있었다. 이는 구문형태적인 측면 또는 처리기술을 평가하는 검사로 L2 학습자 중 언어장애아동을 진단하기 어렵다는 것을 의미한다. 또한 많은 검사도구가 이러한 기술을 평가하는 데 사용되는데, 이것은 앞에서 언급했던 것처럼 언어장애가 있는 아동들이 이런 두 가지 영역에서 특별한 지연이나 심각한 결함을 보이기 때문이다.

이중언어 입력 요인

4장에서 논의했던 것처럼 동시적 이중언어아동들이 때로 단일언어아동들 보다 형태구문적인 어떤 측면을 완전히 습득하기까지 더 긴 시간이 필요하며, 어휘발달측면에서도 하나의 언어입력을 받는 단일언어아동과 두 언어로 언어입력을 받는 이중언어아동들은 언어입력의 양이 다르기 때문에 언어입력의 양과 관련된 특징으로 인하여, 단일언어아아동들에 비하여 각각 언어의 어휘량이 더 적은 경향이 있다. 4장을 기억해 보면, 동시적 이중언어아동들은 두 언어 중 하나의 언어에 보다 유창한 언어우세현상을 보인다. 이중언어아동의 우세언어는 대개 더 자주 듣고 사용하는 언어이다. 전형적인 발달형태인 이중언어의 이런 특징은 단일언어아동을 대상으로 한 규준참조 검사를 사용하여 이중언어아동을 평가한 경우에 결과에 영향을 미칠 수 있다. 영유아에서 학령기까지 프랑스어-영어 이중언어아동들을 대상으로 한 연구에서 이 아동들은 때로 표준화된 어휘 및 구문 평가에서 연령수준보다 낮은 수행력을 보였다(Paradis, 2009; 2010c; Thordardottir, Rothenberg, Rivard, & Naves, 2006; Thordardottir, 2008). 그러나 이 연구에서 아동의 우세언어 수행력은 연령에 적절하였다.

보다 구체적으로 살펴보면, Thordardottir(2008)는 4세 이중언어아동이 프랑스어와 같은 이중언어 중 하나의 언어에서 언어입력이 50% 또는 그 이상일 때 프랑스어 표준화된 평가에서 잘못 확인될 위험이 거의 없었다. 이와 유사하게, Paradis(2009, 2010)는 가정에서 영어와 대략 동일한 정도로 프랑스어에 노출된 아동들은 평가에서 양쪽 언어 모두 생활연령만큼 성취를 하는 것으로 나타났다. 이와 달리 영어우세 이중언어아동들과 프랑스어 우세 이중언어아동들은 흔히 우세언어 평가에서만 연령에 적절한 수행을 하는 것으로 나타났다. 미국의 스페인어-영어 동시적 이중언어아동을 대상으로 한 연구를 보면, 언제나 단일언어아동과 동일하게 수행하는 것을 의미하지는 않을지라도, 흔히 더 많이 노출된 언어의 어휘와 문법 평가결과는 정상범위 내에 해당하였다. 요약하면, 출생에서부터 두 언어를 습득하는 아동일지라도 평가에서 단일언어아동들의 언어연령 수준만큼 수행하지 못할 수 있다. 그러나 흔히 평가언어가 아동의 우세언어일 경우에는 단일언어 또래만큼 수행력을 보인다.

독특한 이중언어 프로파일

단일언어아동들과 비교하였을 때 이중언어아동은 흔히 언어영역과 평가과제에서 강점과 약점을 지닌 독특한 프로파일을 보여 준다. 평가 프로토콜은 아동들의 언어능력을 종합적인 관점으로 보기 위해서, 많은 하위 평가영역을 둔 평가 배터리로 구성되어 있다. 6장에서 L2 아동들이 평가에 따라 매우 불균형적인 수행력을 보인다는 것을 살펴보았으며, 이를 **프로파일 효과**(profile effects)라고 한다. L2 아동들이 하나의 평가 또는 하위범주 평가에서 −2 표준편차의 결과를 보일 수 있으나, 다른 평가에서는 정상범주에 해당하는 점수를 얻을 수 있다. 프로파일 효과는 평가가 언어-일반적인 내용(langage-general)을 평가하느냐 또는 언어-특정 능력(language-specific ability)을 평가하느냐에 따른 결과라 할 수 있다. 언어일반적인 능력은 축적된 언어 특정 지식에 전적으로 의존하지 않는 언어-인지-접점 기술(language-cognitive-interface skills) 또는 기초적인 처리 메커니즘(basic processing mechanism)이며, 잠재적으로 이중언어 두 언어에서 서로 공유될 수 있는 능력이다. 이와 달리 언어 특정 능력은, 예를 들면, 하나의 언어에 매우 특정적인 어휘나 형태구문적인 지식이다. 또한 평가에서 이중언어아동에게 요구하는 과제가 그들의 언어적인 지식과 처리능력을 얼마나 잘 보여 줄 수 있느냐에 따라 차이가 나타날 수 있다. Paradis(2010c)는 문법판단과제와 영어 구어문법형태소 산출과제에서 프랑스어-영어 이중언어아동들의 수행력을 비교하였는데, 문법판단과제에서는 아동들이 문장을 적절하게 산출하였는지를 판단해야 한다—동일한 구어형태소에서 오류가 발생했다. 이중언어아동들은 산출과제보다는 문법판단과제에서 단일언어아동과 동일한 연령수준을 보였다. Paradis는 이런 언어산출과 언어지식 간의 차이는 두 가지 요인에 의한 것으로 가정하였다. 이중언어아동들의 메타언어적인 인식능력은 향상되어 있으나—메타언어적인 인식기술은 문법판단과제에서 상대적으로 유리하게 적용될 수 있음—이와 동시에 두 언어체계 간 경쟁이 아동들의 정확한 언어산출을 상대적으로 보다 어렵게 만들 수 있다.

프로파일 효과와 과제 효과 모두 평가 배터리를 구성하고 있는 평가에서 이중언어아동들의 평가수행력이 어떤 독특한 특성을 가지고 있는 것으로 보이게 할 수 있다. 또한 이런 특징들이 이중언어아동들의 우세언어에서도 나타날 수 있으며, L2 언어에 몇 년간 노출된 이후에 제2언어에서도 나타날 수 있다. 언어 특정 능력을 평가하는 검사나 정확한 구어산출을 요구하는 과제가 다른 평가와 과제보다도 이중언어학습 아동들에게 보다 편견이 있을 가능성이 있다.

평가에 있어 문화적인 문제

2장에서 아동양육방식과 사회화방식이 문화에 따라 얼마나 차이가 있는가에 대하여 논의하였다. 표준화된 평가도구는 대개 그 사회의 주류 또는 다수문화에 속하는 아동들을 평가하기 위해서 만들어졌다. 따라서 평가절차와 평가내용 모두 다수아동들에게 익숙할 것이라 가정할 수 있다. 평가도구가 주류문화에 편향되어 있는 것은 그 문화출신이 아닌 아동들에게는 다른 결과가 나타날 수 있다는 것을 의미한다. 여기서 이런 문제를 제기하는 그 이유는 많은 이중언어아동들이 이 문제에 포함되기 때문이다. 그러나 아동들의 읽기와 언어적 사회화 형태에 있어 문화적인 차이는 아동의 언어와 평가가 동일한 경우에도 발생할 수 있다는 것을 염두에 두어야 한다.

문화적이 차이가 어떻게 아동의 평가수행력에 영향을 끼칠까? 첫째, 문화적인 차이는 지시하고 있는 단어나 개념, 설명하고 있는 장면에 대한 아동의 반응에 영향을 줄 수 있는데, 그것은 그런 것에 친숙해지는 경험부족으로 인한 것이다. 예를 들면, 평가항목은 소수언어 아동들에게는 익숙하지 않은 주류문화의 음식, 장난감과 놀이, 일상적으로 반복되는 일과에 대한 지식을 추정하는 것이다. 따라서 소수언어 아동들에게 어휘력 결함이나 다른 언어학습의 문제가 있는 것이 아니라 평가도구의 개발 대상 아동인 다수집단 아동들보다 가정에서 다른 경험을 하며 성장하였기 때문이라 볼 수 있나. 문화적인 차이는 또한 아동이 평가절차의 친숙함이나 성인에게 질문을 받았을 때 반응하는 적절한 방식에도 영향을 미친다. 예를 들면, 많은 문화에서 아동들은 성인과 많은 말을 하지 않으며, 부모들은 자녀들과 책읽기 활동을 많이 하지 않거나, 색깔 이름, 동물 이름, 기타 등을 아이들이 알고 있는지 알아보기 위해서 질문하고 대답하는 형식의 활동을 아동과 함께 하지 않는다. 1장에서 설명한 이뉴잇 아동인 Pauloosie는 책에서 본 이야기에 관한 질문에 답하는 과제를 이용한 평가를 받을 때, 언어기술이 있으나, 단순히 그런 평가과제에 익숙하지 않고 성인에게 말을 할 때 계속적으로 짧게 대답을 하기 때문에 Pauloosie의 언어능력은 과소평가될 수 있다. 몇몇 경우에 주류 출신 아동과의 차이가 직접적으로 문화 때문이 아니라 환경적인 요인이 더 많을 수 있다. 예를 들면, 앞에서 소개한 Faisal과 그의 형제자매들은 피난처에서 시간을 보냈으며, 그 결과 캐나다로 이민을 오기 전에 학교 교육을 받은 경험이 없다. Faisal과 형제자매들은 흔히 평가가 교실 중심의 틀(classroom-based routines), 또는 '학교문화'를 보다 일반적으로 모방하는 형태이기 때문에 대부분의 공식적인 언어평가와 학업성취평가에서 사용하는 절차에 익숙하지 않다.

소수언어 평가의 제한점

단순언어장애아동들이 하나의 언어가 아닌 두 언어에서 발달장애 증상을 보이기 때문에 이중언어아동의 두 언어에 대한 정보를 얻는 것은 효과적인 평가를 위해서 필수적이다. 그러나 이중언어 중 하나의 언어가 소수언어일 때 그 언어를 평가하는데 많은 어려움이 있다.

- 언어치료사는 아동이 사용하는 두 언어에 유창한 이중언어사용자가 아니다.
- 소수언어 아동 나라 출신의 통역사 또는 문화중개인(cultural brokers)을 그 지역에서 찾을 수 없다.
- 아동이 사용하는 언어의 전형적인 발달과정과 비전형적인 발달과정에 대한 정보가 거의 없다.
- 아동은 현재 그 언어를 잃어가고 있는 과정 중이기 때문에 아동의 소수언어 능력 수준이 높지 않을 수 있으며, 그 언어의 단일언어아동을 대상으로 평가도구가 개발되었기 때문에 그 언어를 사용한 공식적 및 비공식적 평가에서 빈약한 수행력을 보일 수 있다.

통역사 또는 문화중개인이 그 평가도구를 유용하게 다룰 수 있을지라도, 특히 다수언어로 된 평가도구를 번역해서 사용하는 것은 문제가 있으며, 다음에 제시하는 것들이 그 이유이다.

- 그 평가도구들은 언어장애가 있는 아동에게 특히 지연된 것으로 보이는 형태구문적인 구조를 평가하지 않을 수 있는데, 언어구조가 언어에 따라 다르기 때문이다(Leonard, 2000).
- 번역이 문화적으로 적절하지 않을 수 있다.

- 규준-참조가 타당하지 않다.
- 아동의 언어학습문제 여부에 상관없이 소수언어의 손실이 평가에서 빈약한 수행력을 일으킬 수 있다. (아동의 소수언어에 맞게 개발된 평가도구를 사용하였을지라도 아동의 언어학습능력은 소수언어의 감소로 인하여 왜곡될 수 있다.)

국제입양아동에 대한 특별한 관심

7장에서 국제입양아동(IA)의 몇몇 언어발달 측면은 이중언어아동과 유사하지만 다른 측면은 그렇지 않다는 것에 대하여 논의하였다. 따라서 국제입양아동들을 평가할 때 앞에서 논의했던 문제를 고려해야 하며, 제기되어야 할 추가적인 문제가 있는지에 대해서도 생각해야 한다. 입력요인에 관한 문제는 이중언어아동뿐만 아니라 국제입양아동들의 관심이기도 하다. 국제입양아동들이 대개 입양된 가족과 지역사회의 언어를 배우기 시작할 때 제1언어 학습이 중단된다 할지라도 여전히 출생에서부터 그 언어를 배우고 있는 단일언어아동들과 동일하게 언어에 노출되었거나 경험한 것은 아니다. 연구 결과에서 국제입양아동들이 다소 빠르게 입양언어에 단일언어사용자가 되는 경향이 있으나, 초기 연령단계에서 단일언어아동과 동등한 유창성을 가지고 있다는 것을 의미하지는 않는다. 국제입양아동들이 영유아기에 입양되었을 경우 5세경의 언어평가에서 정상범위 내에 또는 정상범위보다 높은 수준의 점수를 획득한다. 따라서 이런 아동들의 입양시기와 학교 입학 시기 간 언어평가 결과를 해석할 때 주의가 필요하며, 국제입양아동의 수행력을 해석할 때 아동들의 입양언어 노출 기간을 고려하는 것은 아동들의 언어발달지연과 언어장애의 과잉확인을 피하는데 매우 필요하다.

국제입양아동의 경우 특히 관심을 가져야 할 다른 문제는 입양 전에 경험한 역경이다. 많은 국제입양아동들이 고아원 생활을 하였고, 이런 상황들은 대개 아동발달에 긍정적인 환경이 아니다. 아동들이 받은 양육의 질 또한 다양하다(보다 자세한 내용은 7장에서 설명하고 있음). 몇몇 입양 아동들은 삶의 초기에 언어발달을 포함하여 발달상 위험에 처할 수 있는 경험을 했을 수 있다. 단순언어장애와 같은 발달성 언어장애가 환경적인 요인으로 발생하지는 않지만 고난스러운 환경적 요인들은 언어발달에 부정적인 영향을 줄 수 있다. 따라서 국제입양아동들이 입양 전에 심각한 박탈이나 어려움을 경험했고, 특히 이런 역경이 6개월 이상 지속되었다면, 중재서비스를 고려해야 한다. 그 이유는 중재서비스가 아동들이 입양 전에 겪은 잠재적인 영향을 극복하는 데 도움이 되기 때문이다. 따라서 국제입양아동들의 입양 전 상황을 잘 이해하는 것은 국제입양아동들이 언어학습에 어려움을 보일 것인지의 그 여부를 결정하는 것뿐만 아니라 아동들이 보이는 어려움의 원인을 파악하는데도 중요하다.

이중언어아동의 확인과 평가전략

이 섹션에서는 앞 섹션에서 언급하였던 어떤 문제를 보일 수 있는 이중언어아동들의 평가 전략에 대하여 논의하고 있다. 하나 또는 그 이상의 전략을 사용하는 것은 이중언어아동들의 잘못된 확인을 감소시키는 데 도움을 줄 것이다. 그러나 이런 전략 중 어떤 것도 잘못 확인된 문제를 완벽하게 제거하지는 못한다. 따라서 임상가들은 이중언어아동의 언어장애 평가와 확인을 할 때 매우 신중하게 접근해야 한다.

두 언어에 대한 정보 수집

발달성 언어장애는 이중언어아동의 두 언어 모두에 영향을 끼친다. 따라서 아동들은 한 언어 보다는 두 언어 모두에서 언어장애 증상을 확인하는 것이 아동의 문제를 정확하게 알기 위해서 반드시 필요하다. 이중언어아동들의 두 언어에 대한 정보를 얻는 데는 여러 방법이 있으며, 그 중 어떤 것은 임상가가 두 언어를 말할 필요가 없는 방법들이다.

분명히 이중언어아동의 이중언어에 대한 정보를 얻는데 가장 효과적인 방법은 이 아동들을 위해서 개발된 유용한 평가도구를 사용하는 것이다. 동일한 이중언어를 배우고 있는 많은 아동들이 있는 지역에서 이중언어 프로토콜과 평가매체를 접할 수 있으며, 현재 미국에서 개발 중에 있는 스페인어와 영어 이중언어 평가도구인, The Bilingual English Spanish Assessment(BESA)(Peña, Guti érrez-Clellen, Iglesias, Goldstein, & Bedore, n.d.)가 그 예이다. 그러나 앞에서 언급했던 것처럼, 이중언어화자를 위해 평가도구를 고안하고 표준화하는 과정이 복잡하고 그 실용 가치 때문에 이런 종류의 평가들을 많은 집단에서 이용하기 어려울 것 같다.

이중언어평가도구를 이용할 수 없는 경우에, 각 언어에 사용할 수 있는 평가도구들이(그 언어의 단일언어화자를 대상으로 표준화한 평가도구들) 있으며, 그 평가도구를 효과적으로 사용하기 위한 근거들이 있다. 그 평가도구들을 사용해야 할까? 앞 섹션에서 언급했던 것처럼 단일언어아동들을 대상으로 한 규준참조 평가도구들은 이중언어아동들을 언어장애 또는 언어지연이 있는 것으로 과잉확인할 가능성이 있으며, 이중언어아동의 양쪽 언어 모두를 평가하였을 때에도 이 문제는 발생할 수 있다. 연구자들은 이런 평가도구의 사용과 관련되어 문제를 감소시킬 수 있는 채점절차의 적용에 대하여 조사하였다. Pearson, Fernandez, Oller(1993)는 영아와 유아의 초기 어휘 및 문법발달을 알아보기 위한 부모보고 방식 평가인 MacArthur-Bates Communication Development Inventories™(CDI)(Fenson, Dale, Reznic, Bates, Thal & Pethick, 1994)에 대하여 대안적인 채점절차를 사용하고 그 결과를 보고하였다. 보다 구체적으로 살펴보면, 연구자들은 아동의 이중언어 양쪽 어휘를 합하여서, *mesa*와 *table*과 같은 번역 등가어를 빼고, 양쪽 언어에서 전체 개념적 어휘수를 계산하였다. 이런 대안적인 채점체계를 사용하는 이유는 어휘 체크리스트의 사용목적이 예상되는 속도로 아동이 단어-개념 연관성을 습득하는지 그 여부를 알아보기 위한 것이기 때문이다. 연구자들은 **전체 개념적 어휘**(total conceptual vocabulary) 측면에서 이중언어아동들이 단일언어 또래들과 유사한 발달을 보이고 있음을 발견하였다(Bedore, Peña, García, Cortez, 2005, 개념적 채점 기술에 대한 더 많은 정보를 위해서는 이 연구를 참조하기 바람).

만약에 이중언어아동의 두 언어 중 하나의 언어를 평가할 수 있는 공식적인 평가도구가 없는 경우에 비공식적인 평가를 하는 것이 가능한 하나의 방법이다. 언어장애가 있는 아동의 언어영역 중 특별히 지연된 영역으로 보이는 어떤 형태구문적인 구조를 분석하는 방법인 자발화 샘플 수집은 평가에 매우 유용할 수 있다(Gutiérrez-Clellen et al., 2006; Restrepo, 1998). 그러나 임상가들은 그 언어를 기록하고, 전사하여 분석하기 위해서는 그 언어에 아주 유창해야 한다. 또한 시간적 제약이 이런 접근을 비현실적으로 만들 수 있다(발화샘플을 수집하고 분석하기까지 많은 시간이 필요하기 때문에 이런 시간적 제약으로 인해 발화 샘플 분석이 비현실적이 될 수 있다). 대안적으로, 임상가들은 외국에서 성장하고 있는 아동들의 소수언어 유창성이 연령에 적절해 보이는지 그 여부를 비공식적인 평가로 알아보기 위해서 문화중개자나 통역사와 함께 일을 할 수 있다. 우리가 제안하는 마지막 전략은 아동의 소수언어능력에 대한 정보를 얻기 위해서 구조화된 부모 설문지를 사용하는 것이다. Paradis 등(2010)은 L2로 영어를 배우고 있는 아동들의 제1언어능력에 대해 부모 설문조사를 하는 것이 정상적으로 발달하고 있는 아동과 언어장애가 있는 아동을 구별할 수 있는가에 대하여 연구를 하였다. 설문지는 4개의 섹션으로 구성되어 있었다. 초기 발달단계, 현재 제1언어능력, 좋아하는 행동이나 활동, 가족력. 설문지는 어떤 특별한 소수언어 아동이나 문화집단을 위해서 고안된 것이 아니었으며, 부모가 영어에 능숙하지 않을 경우에는 문화중개자 또는 통역사의 도움으로 실시되었다. 설문지의 점수로는 정상발달아동과 언어장애아동 간 중간 정도로 판별되는 것으로 나타났으나, 민감성(단순언어장애인 아동을 단순언어장애로 확인하는)에 있어서 특히 우수(정상발달인 아동을 정상발달로 확인)하였다. 따라서 이러한 설문지는 민감하게 평가할 수 있는 평가 배터리에 추가시켜서 유용하게 사용할 수 있다.

언어노출에 대한 정보 수집

이중언어아동들은 동시적 이중언어와 순차적 이중언어, 소수언어 및 다수언어의 경험, 가정에서 이중언어를 사용하는 것과 가정과 학교에서 이중언어 중 하나의 언어를 사용하는 것 등과 같은 언어사용형태에 따라 두 언어의 입력 패턴이 매우 다를 수 있다. 양적 및 질적인 언어입력뿐만 아니라 언어학습 시간 또한 아동들의 언어습득 속도에 영향을 끼친다(4장과 6장에서 설명하고 있음). 임상가들은 각 언어에 있어 아동들의 언어능력에 대한 적절한 기대치를 세우기 위해서 과거와 현재의 언어노출 형태에 관한 정보를 얻는 것은 매우 중요하다. 이런 정보를 얻는 가장 일반적인 방법은 부모나 교사 설문지를 이용하는 것이며, 몇몇 출간되어 있는 설문지를 이용할 수 있다(Gutiérrez-Clellen & Kreiter, 2003; Roseberry-McKibbin, 2008; Tabors, 2008). 부모용 설문지는 대개 다음의 주제들을 포함하고 있다: 가정에서 가족 구성원 간의 언어사용, 아동이 읽는 책, 텔레비전, 신문 등의 매체, 또래와의 언어사용, 아동의 언어노출 패턴이 시간 경과에 따라 지속적으로 변화하였는지 그 여부. 몇몇 경우에 아동의 이중언어가 균형잡힌 이중언어인지 또는 우세언어가 있는지 그 여부를 직접적으로 결정하기 위해서 부모에게 아동의 유창성에 대하여 질문을 할 수 있다. 우리의 연구 결과 언어우세에 대한 부모의 판단이 아동의 언어능력을 직접적으로 관찰한 결과와 일반적으로 일치하는 것으로 나타났다(우세언어를 결정하는 직접적인 방법에 대해서는 4장에서 설명하고 있음).

동시적 이중언어아동의 더 많이 노출된 언어(우세언어)를 아는 것은 초기 발달단계를 평가하고 평가에 나타난 결과를 해석하는 방법을 결정하는데 유용할 수 있다. 동시적 이중언어아동들은 최소한 우세언어에서는 정상적 발달단계에 따라 첫 낱말 산출과 두 낱말 조합을 할 가능성이 높다. 나이가 많은 이중언어아동들의 우세언어능력 평가는 아동언어능력의 상한선을 아는데 중요하다. 만약에 비우세언어에서만 언어평가를 실시하였고, 점수가 낮았다면, 이런 평가 결과를 해석하는데 주의를 기울여야 한다.

제2언어로 실시되는 언어평가에서 L2 학습자들이 L2에 노출된 정도, 학교 밖에서 L2에 노출된 양과 L2 언어에 대한 정보는 평가도구가 신뢰성 있는 것인가를 판단하는데 매우 중요하다. 6장에서 L2 아동들이 원어민 화자와 유사한 구어언어 유창성을 획득하는데 약 3~5년 정도 시간이 필요하다는 연구 결과를 살펴보았다. 이 장의 앞 섹션에서 단일언어아동을 대상으로 한 준거-참조적 평가도구를 초기 L2 발달단계 아동들에게 그대로 사용하였을 경우에 L2 아동들이 언어장애로 과잉확인될 위험이 높다는 것을 살펴보았다.

한편, 평가도구에 사용된 언어를 충분히 습득할 기회가 부족한 것은 이중언어아동의 언어장애 존재 유무를 진단할 때 배제해야 할 설득력 있는 요인이 될 수 있다. 또한 언어노출 정도가 많지 않은 것, 선천적인 언어학습능력의 어려움,

이 두 가지 요인 모두로 인하여 이중언어아동들은 L2/비우세언어평가에서 빈약한 수행력을 보일 수 있다. 언어장애의 과잉확인과 과소확인을 피하기 위해서 다음 섹션에서 2단계 중재반응접근(a two-stage-response-to-intervention approach)에 대하여 논의하고 있다.

문화적 배경에 관한 정보 수집

실제적인 이유로 인해 다문화 출신의 이중언어아동들을 위해서 문화적인 편견이 없는 평가와 평가절차를 개발하는 것은 힘들어 보인다. 그러나 임상가들은 정기적으로 만나는 다문화아동들의 문화적으로 다른 자녀양육방식, 언어사회화 관습에 대하여 가능한 많은 정보를 얻어야 하며, 언제나 교차문화적인 시각으로 언어평가 내용과 평가절차를 보아야 한다. Roseberry-McKibbin(2008)은 다문화 출신의 아동 및 가족들과 일하는 임상가들에게 도움을 주기 위해서 미국 내 몇몇 다문화 소수집단의 문화적 가치, 신념, 관습에 대한 자세한 프로파일을 제공하고 있다. 이런 프로파일은 다문화 집단 내의 일반적인 경향을 나타내는 것이며, 공동체에 속해 있는 많은 개인들에게 적용할 수 있는 행동, 가치, 신념이 그 문화집단 모든 구성들에게 필수적으로 적용되지는 않는다는 것을 기억해야 한다.

언어 특정 능력 평가를 넘어선 언어 일반 능력 평가의 강조

이중언어 프로파일효과의 한 측면은 언어-특정 능력을 평가하는 검사가 언어처리 메커니즘, 또는 언어-인지 접점 기술(언어 일반적인 능력)을 평가하는 검사보다도 이중언어아동들에게 보다 편견적일 수 있다는 것이다. 예를 들면, 연구자들은 언어적 및 비언어적 처리능력을 조사하였는데, 이것은 아동들의 언어학습능력을 평가하고, 이중언어아동들의 언어장애 유무를 확인하는 것으로, 특성상 언어 일반적인 측면에 해당한다(Gutiérrez-Clellen & Simon-Cereijido, 2010; Kohnert, Windsor, & Ebert, 2009). 예를 들면, 언어장애를 확인하기 위해서 실제 단어보다 비단어 과제로 평가하는 것은 축척된 어휘 지식에 대한 비중은 낮아지지만, 특히 단순언어장애아동들에게 지연을 보이는 음운단기기억력을 평가하는 것이다. 그러나 비단어 반복과제가 언어에서 자유로운 과제가 아니라는 것을 염두에 두어야 하는데, 비단어반복 과제를 실행하는 있어 아동들의 음운능력과 어휘량이 역할을 하기 때문이다. 비언어적 처리과제를 이용한 단순언어장애아동과 L2 학습자 간의 감별진단에 관한 보다 자세한 사항은 Kohnert 등(2009)을 참조하기 바란다.

인지적 요소는 언어 일반적인 능력을 이용해야 하기 때문에 인지적 요소를 요구하는 언어과제가 이중언어아동들에게 덜 편견적일 수 있다. 예를 들면, 아동이 그림 이야기를 원어민화자에게 적절하게 설명하기 위해서는 목표언어의 문법과 어휘능력(미시구조, microstructure)이 필요하나, 또한 화자와 청자 간의 공유된 지식과 응집성 있는 연속적인 사건(거시구조, macrostructure)의 이해와 같은 인지적 능력이 요구된다. 어휘항목이나 문법규칙과 같은 목표언어의 특정 언어지식과 비교하였을 때 담화(거시구조)와 관련된 인지-언어 접점 기술은 이중언어아동의 두 언어 간 공유될 수 있기 때문에 이중언어발달에서 상대적으로 강점이 될 수 있다(Cardenas-Hagen, Carlson, Pollard-Durodola, 2007; Cummins, 1991, 2000; Paradis & Schneider, 2008). 또한 담화 능력에 있어 거시구조와 미시구조 습득 지연은 언어장애를 나타내는 특징일 수 있다.

요약하면, 임상가들은 언어 특정 능력 평가를 넘어서서 언어 일반 능력 평가에 보다 중점을 두는 것으로 이중언어아동들의 언어학습능력을 보다 잘 이해할 수 있다.

대안적인 규준참조 평가의 사용

단일언어아동들은 분명히 평가에서 이중언어아동들의 수행력을 규준참조하기에 가장 적절한 집단이 아니다. 이중언어아동들을 위한 완전하게 새로운 평가도구의 개발은 이미 앞에서 논의했던 것처럼 인구집단이 보장되지 않은 한 불가능하거나 실제적이지 않다. 개발되어 있는 평가도구로 이중언어아동의 언어수행력을 평가하여 그것을 근거로 규준을 개발하는 것이 보다 실현 가능성이 있다. 사실상, 몇몇 지역학구에서는 연령과 학년에 따라 과거에 정기적으로 실시된 이중언어아동들의 평가결과를 이용하여 지역규준(local norms) 개발에 필요한 데이터를 이미 가지고 있을 수 있다. 일련의 지역규준에 따라 지역 평가 점수를 해석하는 것은 제한점이 있다. 그런 규준은 출간된 표준화된 평가규준을 개발하는 데 사용되는 모든 엄격한 심리 측정 준거에 부합하지 않을 수 있으며, 아동의 언어노출 변인에 민감하지 않을 수 있다. 그럼에도 불구하고 지역규준이 단일언어 아동 규준보다는 더 유익한 정보를 주는 것 같다. John Paradis는 영어 L2 아동들을 대상으로 영어노출 기간, 연령, L1배경에 따라 구성된 표준화 평가도구의 지역규준을 현재 개발하고 있는 중이다. 이런 규준은 공개적으로 온라인에서 이용 가능할 것이다(더 많은 정보는 http://www.ualberta.ca/~JParadis/). 이런 지역규준이 없는 경우에 임상가들은 유사한 배경을 가진 이중언어 또래 아동과 언어장애가 있는 것으로 의심되는 이중언어아동을 비공식적으로 비교해 보면 된다. 아동의 발달이 또래 보다 느린 것인지 또는 또래 아동과 다른 발달 경로를 보이는 것인지를 결정할 때 이중언어아동을 오래 경험한 교사와 다른 전문가와 상담을 하는 것이 유용할 수 있다.

역동적 평가의 사용

역동적 평가는 진단의 기초로서 표준화된 평가도구에서 사용되는 전통적인 절차와 다른 다양한 평가절차를 말한다. 역동적 평가를 사용하는 타당성은 표준화된 평가에서 언어장애의 증상이 아니라 아동의 수행력에 부정적으로 영향을 미칠 수 있는 문화, 언어 또는 경험 등과 같은 문제로 인하여 빈약한 수행력을 보일 수 있다는 것이다. Gutiérrez-Clellen과 Peña(2008)는 이중언어아동의 역동적 평가를 위해서 **평가-교육-재평가**(test-teach-retest)를 채택할 것을 권고하고 있다. 이 접근에서는 표준화된 평가도구를 처음에 사용하고, 점수를 기록한다. 그 후 아동들은 **중재학습 경험**(mediated learning experiences)에 참여하며, 이를 통하여 평가의 원리와 평가에 반응하는 방법을 더 잘 이해할 수 있게 된다. 아동들은 특별한 평가항목에 대답하는 방법을 교육받는 것이 아니라 언어적 지식에 접근하고, 알고 있는 것을 매우 잘 나타낼 수 있는 전략을 교육받으며, 그 결과 평가에서 완전한 잠재력을 수행할 수 있게 된다. 교육단계 이후에 동일한 평가를 실시하고 점수를 매기며, 개선 가능성—즉, 교육의 결과로 나타나는 반응과 변화—또한 관찰하고 기록한다. 아동 수행력의 해석은 재평가와 개선 가능성을 근거로 한다. 다문화 이중언어아동들에게 이러한 역동적 평가를 사용한 연구 결과를 보면, 언어장애가 있는 아동들에 비하여 정상발달아동들이 교육결과로 인한 점수변화와 개선 가능성이 높은 것으로 나타났다(Gutiérrez-Clellen & Peña, 2008).

이중언어아동의 중재 접근

이중언어아동들의 평가와 언어장애가 있는 이중언어아동들의 특성에 대한 연구가 최근에 증가 추세에 있기는 하나 여전히 이중언어아동들의 중재에 관한 연구는 많지 않다. 이 섹션에서 제시하는 것은 이미 이 책의 이중언어학습의 특성에 대하여 제시하였던 정보와 이중언어아동들의 광범위한 사회-정서적, 인지적, 학업적 요구뿐만 아니라 그와 관련된 연구 결과를 근거로 하고 있다.

언어장애 이중언어아동의 중재와 관련되어 가장 빈번하게 논의된 질문 중 하나가 한 언어를 중재해야 하는지 또는 두 언어를 중재해야 하는지의 여부이다. 이 문제는 앞 섹션에서 "언어지연이나 언어장애가 있는 아동이 이중언어를 배워야 할까?"라는 논의를 확대해서 고려해 볼 필요가 있다. 이 책에서 언어장애가 있거나 정상발달하고 있는 이중언어아동들에게 이중언어발달을 지원해야 하는 모든 이유가 중재 실제에도 적용된다. Kohnert, Derr(2004)가 지적한 것처럼, 광범위한 중재목표가 아동의 의사소통 능력에 긍정적인 변화를 가져오고, 아동이 이중언어환경에서 살고 있다면, 단지 하나의 언어를 지원하는 중재는 이런 광범위한 목표에 적절하지 않다. 두 언어로 중재를 제공하는 것이 중요한 이유는 **글상자 9.5**에 제시하였다. 그 이유들은 이 책과 Kohnert와 Kerr(2004), Kohnert, Yim, Nett, Kan, Duran(2005)의 논의를 근거로 하였다. 하나의 언어로 중재를 제공하는 것과 두 언어로 중재를 제공하는 것을 비교한 연구가 제한되어 있으며, 이 문제에 대하여 Thordardottir, Ellis Weismer, Smith(1997)가 직접적인 연구를 하였다. 연구자들은 미국에 살고 있는 영어-아이슬란드어 이중언어아동을 하나의 언어(영어)와 이중언어(영어-아이슬란드어)로 번갈아 중재를 실시하였다. 중재목표는 어휘였다. 이중언어조건에서 단어를 제시하여 아동이 말

글상자 9.5

두 언어로 중재지원을 해야 하는 이유

- 이중언어가 언어손상을 악화시킨다는 증거는 없으며, 따라서 이중언어가 중재효과를 방해할 것이라고 믿을 이유가 없다.
- 소수언어가 L1인 아동이 다수언어 L2를 배우는 경우에 모국어를 유지하는 것은 아동의 사회, 정서적 행복과 가족관계를 위해서 중요하다.
- 양쪽 언어를 지원하는 것은 두 언어의 학업적인 측면과 전반적인 인지발달에 이점이 있다. 보다 구체적으로 설명하자면, L1 발달을 초기에 지원하는 것은 장기적으로 L2 발달과 L2의 학업적 성공에 이점이 있다.
- 두 언어가 상호의존적이라고 하는 것은 하나의 언어에 중재한 어떤 측면이 다른 언어로 이어질 것이라는 것을 의미 한다. 모든 측면의 중재를 두 번 실시할 필요는 없다.
- 이중언어아동의 우세언어는 시간이 지남에 따라 점차 변경될 수 있으며, 흔히 가정에서 주로 사용되던 언어에서 학교 교육언어/다수언어로 이동한다. 우세언어가 이동하는 것을 볼 때 중재를 위해 하나의 언어를 선택하는 것이 타당하다고 보기 어렵다.
- 언어장애 이중언어아동의 언어환경이 이중언어환경에서 단일언어환경으로 갑작스럽게 변화하는 것은 해로울 수 있다. 그것은 교차언어의 상호의존적인 것과 관련된 언어능력을 상실할 수 있거나 부호혼합과 같은 자연스러운 이중언어행동과 관련된 능력을 상실할 수 있기 때문이다. 또한 덜 유창한 언어로 전환이 된다면 부모들은 가정에서 아동들에게 덜 풍부하고 덜 정교한 언어적 입력을 제공할 수 있기 때문이다.

하고 싶어 하는 언어로 토의를 하였으며, 번역을 하고, 토의를 하였다. 그 결과 아동의 영어 어휘습득에서는 이중언어 중재가 단일언어 중재만큼 효과적이었으며, 이중언어 중재의 우수성에 대한 몇몇 증거가 있었다.

이중언어 중재 접근

언어치료사가 이중언어아동의 이중언어발달을 중재하는 데 사용할 수 있는 다른 전략들이 있다. 이런 중재전략 중 몇몇은 언어치료사가 두 언어에 유창해야 실시 가능하지만, 다른 것들은 그렇지 않다. 먼저, 언어치료사가 두 언어를 전문적으로 사용할 수 있을 때 가능한 중재 접근법에 대하여 논의를 하고, 그 후 대안적인 전략들에 대해서 논의를 하고자 한다.

Kohnert와 Derr(2004)는 중재에서 이중언어와 교차언어적 접근법 간에 차이를 두었으며, 효과적이고 전반적인 중재 프로그램을 위해서 두 가지를 결합할 것을 권고하였다. 이중언어접근은 두 언어 간에 공유될 수 있는 언어적 요소와 기술에 초점을 두고 있다. 예를 들면, 1) 언어학습을 위한 인지-처리 과정; 2) 언어학습, 언어의 내용-형식 관련성에 대한 지각, 교차적 언어인식(cross language awareness)을 향상시키기 위한 메타인지적 및 메타언어적인 전략; 3) 두 언어 간 공통되는 언어적 요소들(두 언어 간 공통적으로 존재하는 말소리, 문법 규칙, 어원이 같은 어휘 등). 이에 비하여, 교차언어적 접근은 각 언어에 독특한 특징이며, 학습자들에게 특히 문제가 될 수 있는 음운, 어휘, 문법적인 특성들을 따로 훈련하는데 초점을 둔 접근법이다. 예를 들면, 프랑스어, 스페인어, 이탈리아어와 같은 로맨스어(Romance language)에서 직접목적대명사는 영어와 다른 구문형태적인 규칙을 따르고 있다. 단순언어장애가 있는 프랑스어, 스페인어, 이탈리아어 사용 아동들은 직접목적대명사를 배우는데 어려움이 있지만, 영어를 사용하는 단순언어장애아동들은 그렇지 않다. 프랑스어-영어 이중언어 단순언어장애아동들은 또한 이러한 교차 언어적 대비(cross linguistic contrast)를 나타낼 수 있다: 아동들은 프랑스어에서 흔히 직접목적대명사를 생략하면서도 영어에서는 쉽고 정확하게 사용한다(Paradis, Crago, & Genesee, 2005/2006). 따라서 단순언어장애가 있는 프랑스어-영어 이중언어아동들의 직접목적대명사 중재는 영어에서보다 프랑스어에서 보다 중요한 중재목표가 될 수 있다.

언어치료사가 아동의 이중언어 중 하나를 말할 수 없거나, 그 언어로 전문적인 서비스를 제공할 수 없을 때, 어떻게 해야 할까? Kohnert 등(2005)은 또래 중재전략뿐만 아니라 문화중개자 혹은 통역사, 전문가, 부모와 같은 사람들을 관련지어 팀 접근을 제의하고 있다. 팀 접근은 몇몇 형태를 취할 수 있으나, 모든 접근에는 언어치료사를 포함하고 있으며, 언어치료사는 아동의 모국어를 사용하는 부모를 훈련시켜서 그들이 모국어로 효과적인 중재를 제공할 수 있게 한다. 또한 언어치료사가 아동의 모국어로 적절한 언어중재 목표를 계획하기 위해서 다수언어도 유창하게 말할 수 있는 파트너와 긴밀한 관계를 유지해야 한다.

어떤 전문가들은 부모가 자녀에게 적절하고 효과적인 중재프로그램을 제공할 수 있을지 궁금해 할 수 있다. 음운, 어휘, 구문 중재 결과를 메타분석한 결과를 보면, 훈련받은 부모와 임상가가 제공한 중재결과 간에 차이가 없었다(Law, Garret, & Nye, 2004). 이 메타분석 결과는 이중언어아동을 대상으로 한 것이 아니지만, 중재팀으로서 부모들이 효과적인 파트너가 될 수 있다는 것을 보여 주는 것이다. 중재에서 부모를 이용하는 것과 관련된 다른 문제는 가정에서 문화적으로 결정된 아동의 언어사용 형태에 관한 것이다. 특히 임상가가 부모들에게 제시하는 아동과의 의사소통 행동에 부모들의 참여가 가능한지, 또는 그 참여가 부모에게 편안한지와 관련된 것이다. Kohnert 등(2005)은 이것이 그들의 문화적 규준에 적절할 경우에, 형제자매나 또래가 언어장애아동의 대화상대자로서 적극적으로 참여하도록 할 뿐만 아니라 특히 가족들의 언어사용형태에 맞도록 프로그램을 조절할 것을 권고하였다. 조절(adaptation)은 서로 합의된 계획에 따라, 언제, 어떻게 아동과 말을 할 것인가에 대해 부모와 개방된 대화를 통하여 이루어져야 한다.

Kohnert 등(2005)은 교실상황에서 또래 중재전략의 사용에 대하여도 논의하였다. 이런 전략은 과제읽기와 같은 구조화된 언어활동으로 이루어져 있으며, 개별이 아닌 짝을 이루어 실시된다. 특별히 이중언어아동을 대상으로 이런 중재전략을 사용한 연구는 없지만, Kohnert와 그의 동료들이 아프리카계 미국 아동들을 대상으로 이 전략을 사용한 결과 이 접근이 다른 아동들에게도 효과가 있는 것으로 나타났다.

언어장애 이중언어아동 확인을 위한 중재-반응 접근

이중언어아동 중 언어장애가 있는 아동을 보다 정확하게 확인할 수 있는 전략에 대하여 논의하였으나, 과잉-과소 확인은 지속적인 문제점으로 남아 있다. 특히 L2 언어능력이 매우 낮은 많은 아동들이 있지만, L2의 불충분한 노출과 같은 요인 때문에 그 아동들을 자신 있게 언어장애가 있는 것으로 확증할 수 없다. 이런 아동들은 언어장애 위험군으로 분류하는 것이 더 적절할 수 있다. 이 섹션에서 중재-반응 접근법을 이용하여 언어장애 위험군 L2 아동들을 확인하고 중재하는 절차에 대하여 논의하고 있다. 모든 L2 아동이 '위험군'에 해당하는 것은 아니라고 강조하고 있다. 어떤 L2 아동은 정상적인 언어발달을 하고 있으며, 다른 L2 아동들은 언어발달지연/언어장애로 진단받을 수 있다. 위험군으로 간주되는 아동들은 분명하지 않은 원인으로 L2 수행력이 빈약한 아동들이며, 이런 접근법으로 도움을 받을 가능성이 많다.

10장에서 L2 읽기장애가 있는 아동들을 확인하고 평가하기 위한 절차로 중재반응접근 모델을 제안하였으며, 구어언어장애를 위해 이 모델을 대략적으로 소개하고 있다. 확인과 중재절차가 언어장애와 읽기장애에서 반드시 유사하지 않을지라도 이 2단계 모델의 기저가 되는 근거로 볼 때 양쪽 모두에 장점이 있다. 더욱이 우리가 관여하고 있는 지역의 학구에서 언어치료 서비스를 위해 이 모델을 사용하고 있는 것을 우연히 보았다. 다음은 2단계 모델에 대한 간단한 설명이다. 이 모델에 대한 보다 자세한 내용은 10장에 있다.

단계 I: 의뢰와 언어평가. 위험군으로 분류된 아동은 유치원 또는 학교 교실환경에서 언어 촉진프로그램(language-enriched programming)에 참여한다.

단계 II: 교실의 언어촉진 프로그램에 참여한 후에 위험집단에 속한 이중언어아동들에게 두 번째 평가를 실시한다. 교실 중재에서 빈약한 수행력을 보이는 학생은 그 후 언어치료사와 함께하는 일대일 개별 중재에 의뢰된다.

단계 I

언어평가의 의뢰는 흔히 소아과의사, 유치원 교사, 초등학교 교사와 같은 의료 전문가와 교육 전문가들이 하며, 부모들도 염려가 되어 의뢰를 한다. 이중언어아동들은 앞에서 제시했던 것처럼 아동의 제1언어능력에 대한 정보 수집을 포함한 중재전략과 평가절차를 따라야 한다. 몇몇 경우에 평가에서 아동은 분명한 언어지연/언어장애가 있는 것으로 판명될 수 있으며, 그런 아동은 언어치료사에게서 적절한 언어치료 서비스를 받아야 한다. 또한 L2에서 빈약한 수행력을 보이는 이중언어아동들이 언어장애 위험군으로 분류될 수 있으나, L2를 학습할 기회가 충분하지 않은 것과 같은 배제요인들을 완벽하게 제거하기는 어렵다. 변별을 할 수 있는 일반적인 접근방법은 정규분포곡선의 절단점(cutoff point)을 이용하는 것이다. 예를 들면, 16%ile 이하의 수행력을 보이는 아동들은 위험군으로 간주할 수 있으며, 2%ile에 해당하는 아동들은 보다 확실하게 언어장애가 있는 것으로 간주할 수 있다. 그런 절단점을 아주 광범위하게 사용할지라도 매우 임의적이라는 것을 염두는 두어야 한다. 위험군 아동 중 어떤 아동들은 정상적으로 발달하는 아동일 수 있으나, 다른 아동은 언어장애가 있을 수 있다. 따라서 과소확인의 부정적 결과는 이 단계에 해당하는 아동들에게 염려가 되는 측면이다. 단계 I에서, 위험군에 해당하는 모든 아동들은 교실환경의 언어촉진 프로그램에 참여해야 한다. 이런 아동들에게 언어가 풍부한 프로그램을 제공하는 것은 몇몇 이점이 있다: 1) L2에서 위험군에 해당하는 아동들의 진전은 이들이 특별한 프로그램에 참여하였을 때 보다 쉽게 모니터링 할 수 있다. 2) 언어촉진 프로그램이 아동들의 L2 발달에 도움을 주기 때문에 위험군 L2 아동의 언어장애 여부와 상관없이 언어촉진 프로그램은 그 아동들에게 유익할 수 있다. 3) 그 프로그램이 종료되면, L2에 충분하지 않은 노출은 제외요인으로 쉽게 배제시킬 수 있다.

L2 아동을 위한 언어촉진 프로그램은 어떻게 구성되어 있을까? 유치원이나 초등학교 교실 상황에서 언어촉진 프로그램을 제공하기 위한 다양한 전략들이 있다. 몇몇 전략들은 L2 교육에서 사용되는 교수법이며, 다른 전략들은 언어치료사들이 사용하는 중재전략으로 알려진 것들이다. 이런 전략들은 일차적으로 언어장애가 있는 L2 아동들을 대상으로 하고 있지만, 다수언어에서 언어학습의 도움이 필요한 단일언어아동들에게도 역시 사용 가능하다. L2 교수법으로 알려

진 것이든 언어중재방법으로 알려진 것이든 간에 언어학습장애가 있는 아동들의 언어발달을 촉진시키기 위한 언어촉진 프로그램은 흔히 교사들이 교실에서 언어를 사용하는 방법과 언어를 교실활동에 포함시키는 방법에서 조절이 된다. 몇몇 개별화된 교육 프로그램도 효과가 있을 수 있다. 이에 대한 보다 자세한 사항은 Tabors(2008)와 Roseberry-McKibbin(2008)을 보기 바란다.

단계 II

위험군 아동들이 두 번째 평가를 받고, 단계 I의 중재에 대한 반응을 평가한다. 이와 관련된 연구 결과가 제한되어 있기 때문에 단계 I과 단계 II 간의 정확한 평가 시기 간격에 대해서 우리가 권고할 만한 것은 없지만, 일반적으로 위험군 아동들은 재평가를 받기 전에 학년 내내 교실의 언어촉진 프로그램에 참여한다. 단계 II에서도 이중언어아동들의 적절한 중재전략은 언어촉진 프로그램의 내용과 참여 기간, 그리고 교실에서 교사의 언어입력을 고려하여 신중하게 판단해야 한다. 단계 II에서 언어장애가 있는 것으로 확실하게 확인된 아동들은 다음 중재를 위해서 언어치료에게 의뢰되어야 한다.

이러한 2단계 모델의 장점은 세 가지로 생각해 볼 수 있다. 첫 번째 장점은 위험군 L2 아동의 언어능력을 한 번 이상 평가한다는 것이다. 이것은 시간 경과에 따라 발달하는 아동의 언어능력을 평가할 수 있기 때문에 중요하다. 아동들이 어떤 평가에서 첫 번째와 두 번째 평가시기 모두 생활연령에 비하여 백분위가 낮았으나, 시기 간 성장 곡선으로 볼 때 아동에게 적절한 진전이 나타나고 있다는 것을 알 수 있다. 이에 비하여, 첫 번째 평가시기와 두 번째 평가시기에서 백분위가 낮게 나왔으나, 성장곡선이 다소 평평하게 나타나는 것은 적절한 진전이 없다는 것을 보여 주는 것이다(Hadley & Holt, 2006). 아동의 언어능력을 단지 한 번 평가하는 것으로는 성장에 대한 그런 자세한 정보를 얻기 어렵다. 이 모델의 두 번째 장점은 위험군 아동들에 대해 관찰 요법(wait and see approach) 대신에, 초기에 적절한 부가적인 지원을 시작할 수 있는 것이다. 이것은 과소확인된 아동들에게 이점이 될 수 있다. 세 번째 장점은 정상적으로 발달하고 있으나 위험군으로 분류된 아동이 일반적인 교실환경에서 언어기술을 발달시키는 데 도움이 되는 프로그램에 참여할 수 있는 점이다. 따라서 그 아동들은 과잉확인의 부정적인 결과를 피할 수 있다. 이 접근법의 분명한 장점에도 불구하고, 위험군 이중언어아동들의 확인과 중재 모델 효과에 대한 체계적인 연구 결과가 없다. 우리는 읽기장애의 연구 결과에서 나타난 유사점에 근거하여 조심스럽게 이 모델을 권고하는데, 그 이유는 이것이 지금까지 논의한 문제 사항들을 고려하는 논리적인 접근에 해당하기 때문이다.

실제와 정책을 위한 권고사항의 요약

- 언어지연/언어장애가 있는 이중언어아동들은 언어장애가 있는 단일언어아동과 유사한 발달 형태를 보일 것이라 예측된다. 즉, 일반적 및 특정적 언어지연 프로파일이 전체적으로 유사하다.
- 언어지연 또는 언어장애가 있는 이중언어아동들은 부호혼합과 같은 정상발달 이중언어아동들이 사용하는 형태를 보일 것이라 예측된다.
- 반대되는 강력한 증거가 나타나지 않는 한, 언어장애나 인지결함이 있는 아동들이 이중언어사용자가 되는 능력이 있는 것으로 보인다.
- 발달장애 아동을 둔 부모에게 이중언어 대신에 단일언어로 아동양육을 하도록 권하지 않아야 한다. 단일언어로 아동을 양육하는 것이 아동과 가족들에게 부정적인 결과를 가져올 수 있고, 단일언어 양육이 이런 아동들의 언어발달에 이점이 있다는 과학적인 증거가 없기 때문이다.
- 이중언어아동을 평가하고 결과를 해석할 때 다음과 같은 문제를 고려해야 한다.
    - 정상발달 L2 아동의 언어특성과 동일한 연령의 언어장애 단일언어아동들의 언어특성에서 어느 정도 공통적인 측면이 있다.
    - 이중언어아동들은 두 언어에 동일한 정도로 노출이 되는 것 같지 않다. 이것이 언어평가에서 수행력이 낮은 한 원인이 될 수 있다.
    - 검사의 평가영역이 이중언어아동들에게 상대적으로 강점이냐 또는 약점

이냐에 따라 언어검사 간 수행력에서 매우 불균형적인 프로파일을 보일 수 있다. 일반적으로 검사 내용이 언어 특정 영역을 중점적으로 다룰수록 이중언어아동들은 그 영역에서 낮은 수행력을 보일 가능성이 있다.

- ○ 이중언어아동들은 문화적인 차이로 인하여 평가에서 완전한 능력을 다 보여 주지 못할 수 있다. 이것은 아동들이 평가도구의 평가내용과 평가절차에 익숙하지 않기 때문이다. 특히, 이중언어아동들은 성인과 언어를 사용하는 방법에서 주류문화 출신 아동들과 다르게 이해할 수 있다.
- ○ 이중언어아동의 두 언어 모두를 평가하는 것은 언어장애의 정확한 확인을 위해서 중요하다. 그러나 아동들의 소수언어능력에 대한 신뢰성 있는 정보를 얻기에 많은 어려움이 있다.
- ○ 다수언어로 번역된 평가도구를 사용하는 것은 많은 이유 때문에 문제가 되며, 피해야 한다.

- 다음의 전략들은 이중언어아동들의 평가와 관련된 문제를 다루는 데 도움이 될 수 있다.
  - ○ 아동의 양쪽 언어에 대한 과거와 현재의 발달 정보를 얻는다. 문화중개자 또는 통역사를 이용한 소수언어 샘플링과 비공적인 관찰, 부모설문지는 유용한 정보를 제공해 줄 수 있다.
  - ○ 아동의 언어발달을 제대로 예측하기 위해서는 아동의 양쪽 언어 노출 형태에 관한 정보를 얻어야 한다. 이런 정보는 설문지를 통해서 수집할 수 있다.
  - ○ 가정의 언어사용 형태와 같은 문화적 차이에 관한 정보를 얻는다. 문화중개자나 민족언어공동체의 구성원들이 이 부분을 도와줄 수 있다.
  - ○ 언어처리와 인지-언어적 기술과 같은 보다 언어-일반적인 기술을 평가하는 검사결과에 강조점을 두며, 그 다음 언어 특정 지식을 평가하는 검사를 한다.
  - ○ 단일언어아동을 대상으로 한 준거참조적인 평가 대신에, 또는 이에 덧붙여서, 대안적인 규준참조적 평가를 고려해 본다. 이중언어아동과 또래아동을 가능한 많이 비교하여 본다.

- ○ 정적인 평가 대신에 역동적 평가를 한다.
- 이중언어아동의 두 언어 모두를 중재 한다. 언어치료사가 두 언어를 말하지 못해도 가능할 수 있다.
- 가능하다면 언제든지, 언어장애 위험군 이중언어아동들에게 중재-반응 접근법을 사용한다.

부록

정규분포곡선과 관련 개념

이 장에서 **정규분포곡선**, **정상범위**, **백분위**(percentile), **표준편차**와 같은 표준화된 평가도구에서 아동의 수행력 결과를 해석하는데 중요한 개념에 대하여 언급하였다. 몇몇 독자들은 이런 개념에 익숙하지 않기 때문에 여기에서 간단하고 설명하고자 한다. 미국 내 영어를 주로 사용하는 지역에 살고 있는 모든 유치원생들이 어휘, 문법 등의 하위 평가영역으로 구성된 종합적인 구어언어발달 검사를 받았다고 생각해 보자. 아마도 이 아동들의 점수분포는 **그림 9.1**과 같이, 정규분포곡선, 혹은 종모양의 곡선을 따르고 있을 것이다. 이 그림의 수평축 또는 x축은 점수수준을 나타내는 것인데, 곡선의 오른쪽 편은 높은 점수를 받은 아동을 나타내며, 왼쪽 편은 낮은 점수를 받은 아동을 나타낸다. 평균점수를 받은 아동들은 이 곡선의 중앙부에 표시된다. 평가에서 낮은 점수를 받은 아동, 평균점수를 받은 아동, 높은 점수를 받은 아동의 각각 수가 곡선의 높이로 표시 된다. 곡선이 높을수록 그 점수의 빈도가 많다. 곡선 아래의 면적이 넓을수록 그 범위에 해당하는 점수를 얻은 아동이 많다. 일반적으로 대부분의 아동들은 중간 또는 평균 범위에 해당하는 점수를 획득하며, 따라서 그 부분의 곡선이 가장 높다. 오른쪽과 왼쪽 곡선의 하락에서 보여 주는 것처럼 매우 높거나 매우 낮은 점수를 획득한 아동 수는 적다.

평가에서 평균점수는 수평축의 중앙 근처의 점수이다. 평가에서 각 아동의 수행력은 흔히 아동의 점수가 **규준 샘플**인 큰 집단의 평균보다 위 또는 아래, 즉 평균과 얼마나 가까운가하는 것으로 설명한다. 이런 방법으로 설명할 때, 흔히 아동 점수의 위치는 표준편차로 나타낸다. 표준편차는 그 집단의 평균에서 떨어져 있는 평균 거리이다. 양의(+) 표준편차는 그 점수가 평균보다 위에 있다는 것이며, 음의(−) 표준편차는 점수가 평균보다 아래에 있다는 것을 나타낸다.

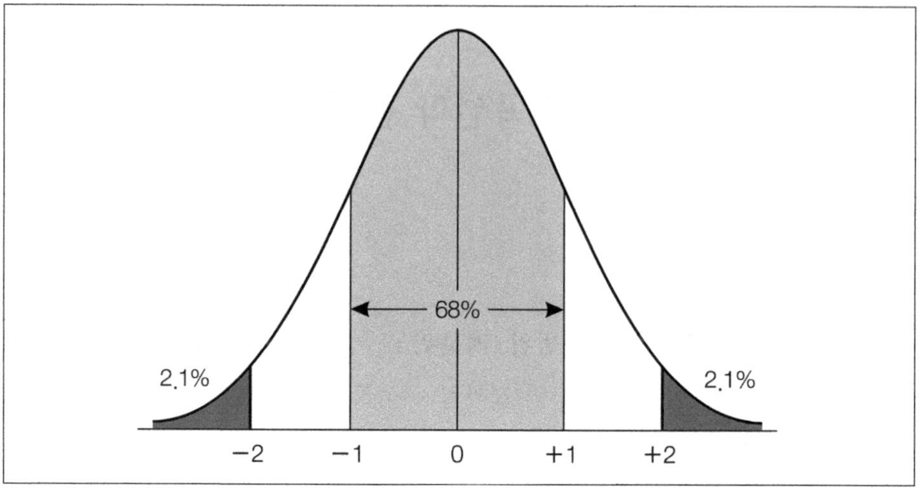

그림 9.1 정규분포곡선

−1에서 +1 표준편차 사이의 거리는 정상 또는 평균 범위에 해당하며, 평가를 받은 전체 아동의 대략 68%가 여기에 해당한다. 정상 범위는 **그림 9.1**에서 중앙에 흐리게 표시된 부분이다. 나머지 아동의 32%는 곡선의 오른쪽 편과 왼쪽 편에 나누어진다. 따라서 큰 집단에서 아동 점수의 약 16%는 평균에서 1 표준편차 이하에 해당된다.

평가에서 개인의 점수를 잘 이해할 수 있도록 점수분포를 설명하는 다른 방법이 퍼센타일(%ile)이다. 50%ile 점수는 평균에 해당하며, 아동 중 50%는 평균보다 위의 점수를 받았고 아동 중 다른 50%는 평균보다 낮은 점수를 받은 것을 나타낸다. 정규분포곡선에서 보았을 때, 곡선의 정점(맨 꼭대기)에 해당한다. 16%ile에서 84%ile까지의 범위는 표준편차 −1에서 +1 범위와 동일한 범위에 해당한다.

만약 한 아동의 점수가 평균에서 −2 표준편차, 또는 2%ile이라고 한다면, 아동의 점수는 매우 낮고, 표집 샘플 대상 아동 중 매우 소수의 아동이 해당되는 점수라는 것을 의미 한다. 특히 이 아동은 표집 대상 아동 중 단지 2%보다 점수가 높으며, 전체의 98%보다 점수가 낮다. 종합적인 언어평가에서 그런 낮은 점수는 이 아동이 발달성 언어장애가 있다는 것을 나타내는 것일 수 있으나, 아동이 잠을 충분히 자지 못하고 평가를 받았다거나, 평가에서 잘 수행할 만큼 그 언어에 충분히 노출이 되지 않은 경우와 같은 환경적인 요인의 결과로도 발생 가능하다. 이중언어아동의 평가결과를 해석할 때에는 대안적인 설명을 고려하는 것이 중요하다. 표준편차 또는 퍼센타일과 같은 규준비교 방법은 규준집단 아동과 비교 대상 아동이 그 집단의 모든 특성을 가지고 있을 때에는 매우 적절한 방법이다. 단일언어아동의 규준 샘플로 이중언어아동을 비교할 경우에는 분명히 불일치가 있다.

제 10 장

이중언어아동의 읽기장애

미국 내 학령기 인구의 약 20%가 읽기장애인 것으로 추정된다. 학교에서 학생들의 학업성취와 졸업 후 삶의 기회에 있어서 빈약한 읽기능력에 따른 차후 영향을 고려해 보면, 이런 통계수치는 놀라운 것이다. 난독증 분야에서 매우 뛰어난 두 연구자인 Sally와 Bennett Shaywitz가 "아마도 읽기장애가 아동들이 보이는 가장 일반적인 신경행동적인 장애"(Sally & Bennett Shaywitz, 2005, p. 514)라고 말한 것은 놀랍지 않다. 이것은 학교 교육과 이후 삶의 성공에서 읽기가 매우 중요하기 때문이다. 이 장은 두 개의 주요 섹션으로 구성되어 있는데, 하나는 제1언어뿐만 아니라 L2의 읽기습득과 읽기장애에 대하여 논의하고 있으며, 다른 하나의 섹션은 읽기장애 위험군 아동 또는 읽기장애가 있는 L2 학생들의 확인과 중재에 사용될 수 있는 정보에 대하여 논의하고 있다.

읽기습득과 읽기장애

이 장의 일차적 목적은 정상적으로 발달하는 아동과 읽기 위험군 아동 또는 읽기장애가 있는 아동들의 읽기학습에 대하여 논의하는 것이다. 이 책에서는 동시적 이중언어아동이 아닌 L2 아동을 중점적으로 다루고 있는데, 미국에서 이루어진 연구에서 이런 학습자들을 차별하지 않았겠지만, 실제로 L2 읽기습득과 장애 관한 모든 연구는 L2 학습자를 근거로 하고 있기 때문이다. L2 학습자의 사례에도 읽기장애 자체가 있는 아동에 대한 연구는 거의 없다. 대부분의 L2 학습자에 대한 연구는 L2 읽기습득에 있어 개별적인 변인과 L2 발달에 영향을 주는 요인들(교육적, 학생관련, 언어적)에 관한 것이다. 그러나 미국 내에서 고투하고 있는 L2 학습자들에 대한 연구가 증가하고 있다(Mathes, Pollard-Durodola, Cardenas-Hagan, Linan-Thompson, & Vaughn, 2007). 정상적으로 발달하는 L2 학습자들의 연구 결과는 L2 읽기습득의 정상적인 형태의 변인과 L2의 읽기습득에 영향을 줄 수 있는 요인들을 더 잘 이해하는 데 도움을 주기 때문에 읽기장애를 이해하는데 유용하다. 또한 L2의 읽기장애 확인에서 제외요인을 고려하기 위해서도 중요하다. 이 책에서는 읽기장애를 정의한 이후에, L1으로 읽기를 배우고 있는 아동들의 읽기습득과 읽기장애에 관하여 논의하고 있다. L1 아동에 대하여 이런 논의를 하는 목적은 L1에 관한 연구를 참조하는 것으로, L2 학습자들에 대한 이해를 넓히고, L2 아동의 읽기에 대한 이해부족을 채울 수 있을지 그 여부를 알아보기 위해서이다. 다음의 질문은 앞으로 이 장에서 소개하고 있는 내용들이다.

1. 읽기장애란 무엇인가?
2. 연구 결과 L1 학생들의 읽기습득과 읽기장애는 어떠하였는가?
3. L1의 읽기습득과 읽기장애는 L2의 읽기습득과 읽기장애와 동일한가?
4. L1과 L2 간 읽기습득과 읽기장애는 유의미한 차이가 있는가?

읽기장애는 무엇인가?

읽기장애는 정상적인 지적능력, 시각 및 청력, 적절한 교육기회, 심리적인 문제가 없음에도 불구하고 읽기를 배우는데 큰 어려움을 보이는 두드러진 학습장애이다. 이 책에서 관심은 후천적 읽기장애가 아닌 발달성 읽기장애이다. 즉, 읽기장애의 원인이 신경언어적, 지각운동적, 사회적 또는 교육적 부적절성 등이 원인이 아닌 읽기장애에 관심을 두고 있다. 읽기장애는 주로 단어해독 문제(word decoding difficulties), 즉 난독증(dyslexia)으로 정의한다. 또한 1장에서 논의했던 것처럼, 읽기장애에서 읽기이해에 대하여 논의하고 있다. 읽기이해와 관련된 언어장애를 포함하여 논의를 확대시키는 것은 문어이해가 어려운 학생들은 낱말 해독의 문제라기보다는 언어와 관련된 어려움도 가지고 있는 것으로 여겨지기 때문이다. 언어와 읽기장애가 겹치는 정도, 공통적인 특성, 그리고 확인과 중재를 위해서 이것이 의미하는 것이 무엇인지에 대하여 논의하고 있다. **글상자 10.1**은 읽기장애의 일반적인 행동적 특성에 관한 것이다.

미국(Miles, 2004; Shaywitz, 2003), 그리고 다른 나라(Roongpraiwan, Ruanqdaraganon, Visudhiphan, Santikul, 2002, 태국) 학령기 아동의 5~20%가 읽기장애인 것으로 추정된다. 읽기장애 출현율이 매우 다양한데, 부분적으로는 출현율을 계산하는 방식의 차이와 읽기장애 분류 기준의 차이 때문이다. 읽기장애의 낮은 출현율은 대개 특수교육 서비스를 받는 아동 수를 근거로 산출한 것인 반면에 출현율이 높은 것은 전체 교실에 있는 학생들, 학교 전체 학생, 또는 학구에 있는 전 학생들을 대상으로 임의 추출된 학생들을 대상으로 한 결과이다. 읽기장애가 여학생보다는 남학생들에게서 보다 많이 발생한다는 것이 널리 알려져 있지만, 이런 통계치는 평가방법에 따라 너무나 차이가 있다. 예를 들면, 코네티컷 종단연구(Shaywitz et al, 1999) 결과를 보면, 학구에 있는 모든 학생들을 대상으로 개별적으로 평가하였을 경우에는 남학생과 여학생의 난독증 발생률이 유사하지만, 학교에서 난독증이 있는 것으로 확인된 학생들은 남학생이 4~5배 많았다. 교사들은 남학생들을 임상평가와 지원서비스에 더 많이 의뢰하는 경향이 있는데, 여학생들은 적절하게 행동하는 것처럼 보이지만 남학생들은

글상자 10.1

읽기장애의 일반적인 증상

- 알파벳 철자이름과 소리에 대한 빈약한 지식
- 읽을 때 소리를 철자로 연결시키고, 쓰기를 할 때 철자를 소리로 연결시키는 어려움
- 단어 읽기학습에서 진전이 느림
- 단어, 문장, 텍스트를 느리고 힘들게 읽음
- 흔하게 사용되는 것과 흔하게 사용되지 않는 단어, 문장, 길이가 긴 텍스트를 읽을 때 유창성이 낮음
- 단어 또는 텍스트의 의미를 이해하기 위해서 그림을 포함한 상황에 의존함
- 새로운 단어를 읽고 이해하는 방법을 알아내는 전략이 부족함
- 읽은 것을 해석적으로 뿐만 아니라 문자 그대로 잘 이해하지 못함—즉, 원인과 결과가 무엇이며, 읽은 것이 무엇을 의미하는지를 이해하지 못함
- 읽은 것을 자신의 경험과 관련시키는 것을 잘하지 못함
- 스펠링 및 쓰기와 관련된 문제를 보임

보다 파괴적이고 산만한 행동을 하는 경향이 있기 때문이다. 소년들의 파괴적인 행동은 흔히 읽기장애로 오해를 받는다. 학령기 아동의 읽기장애 결과를 보면, 임의 추출된 학생들을 대상으로 한 읽기장애 발생률이 20% 또는 그 이상으로 나타나는 것은 놀라운 것이다. 학생들의 읽기기술뿐만 아니라 학업수행력과 지적발달도 염려가 되는데, 이러한 것들이 학교에서 학생들이 학업을 위한 도구로서 읽기를 얼마나 잘 사용할 수 있느냐와 밀접하게 연결되어 있기 때문이다.

출현율은 실제적인 평가나 아동이 장애가 있는 것으로 분류하는 데 사용되는 준거에 따라서 다를 수 있다. 예를 들면, 읽기 정확도와 읽기이해 평가에서 장애 발생률이 다르게 나타날 수 있다. 또한 읽기장애를 진단하기 위해 다른 진단 준거를 사용하는 것으로도 차이가 나타날 수 있다(Bishop & Snowing, 2004). 가장 일반적인 방법 중 하나는 학생의 읽기능력과 지적능력 간의 차이를

근거로 하는 것이다(APA, 1994). 이런 방법을 사용할 때, 학생들의 읽기점수가 지적능력보다 유의미하게 낮은 경우에 장애가 있는 것으로 간주하는데, 학생들의 지적능력은 연령대비 정상범위에 해당한다. 이런 접근법은 장애가 있는 것으로 진단된 학생들이 읽기에 특정적으로 장애를 가지고 있고, 지적능력은 정상적이라는 것을 분명하게 하기 위한 것이다. 이런 접근법에는 문제가 있다. 문제점 중에 가장 주요한 것은 지능검사로 평가된 아동의 전반적인 지적능력은 빈약한 읽기능력으로 인해 고학년에서 낮게 나올 수 있으며, 기대되는 읽기수준을 추정하는 근거로 지적능력을 사용하는 것이 문제가 될 수 있다. 이 방법의 심각한 부작용은 학생들이 읽기 수행력과 지적능력 간에 심각하고 지속적인 차이가 보일 때까지, 최소한 3학년 이후까지 중재가 지연될 수 있다는 것이다. 그러나 조기 확인과 중재를 할 경우 저학년 시기에 읽기장애로 고투하고 있는 많은 학생들의 장기적인 읽기문제를 감소시킬 수 있다는 증거가 있다(Scanlon, Gelzheiser, Vellutino, Schatschneider, & Sweeney, 2008). 따라서 중재를 지연시키는 읽기장애의 확인 방법은 흔히 초기 부가적인 지원이 필요한 학생들의 관심을 끌지 못한다.

보다 최근에 읽기장애는 정상적인 지능 범위이면서 읽기평가 수행력에서 유의미하게 학년 또는 연령기준 아래로 떨어지는 것으로 조작적인 정의를 하고 있다. 때로 '정상보다 아래'는 연령이나 학령기준에서 또래집단 보다 −1 표준편차 또는 그 이하에 해당하는 것이며, 퍼센타일을 사용하기도 한다. Lesaux 등(2008)이 미국의 영어 학습자를 대상으로 한 연구에서 읽기장애를 확인하기 위한 가장 일반적인 준거는 표준화된 검사에서 25%ile이하의 점수이다. 이런 모든 차이로 인하여 읽기장애의 발생률이 다르게 나타날 수 있다(아동평가에서 표준편차, 퍼센타일에 대한 개념은 9장과 용어해설에서 설명하고 있음).

비록 미국 내 스페인어를 사용하는 4학년 영어학습자 3명 중 2명이 학교에서 학업을 수행하기에 충분한 수준으로 영어를 읽지 못한다는 연구 결과가 있기는 하나(August & Hakuta, 1998; Sanchez, Bledsoe. Sumabat, & Ye, 2004), L2 아동들의 읽기장애 출현율에 대한 통계자료는 없다. National Literacy Panel이 리뷰한 많은 연구 결과를 보면, 미국 내 영어학습자들은 흔히 원어민과 동등한 단어 읽기수준은 습득할 수 있으나, 읽기이해 평가에서는 유의미하게 낮은 수준을 보이는 경향이 있었다(Lesaux et al., 2008; Snow, 2008). 독일의 연구에서도 유사한 결과를 보고하고 있다(Aarts & Verhoeven, 1999).

이런 통계자료에도 불구하고, L2 또는 동시적 이중언어 학생들이 단일언어 학령기 아동에 비하여 읽기장애 비율이 높다고 믿을 근거는 없다. 미국 내 많은 L2 아동들이 학업을 성공적으로 수행하기에 적절한 읽기 유창성 수준에 도달하지 못하는 것은 임상적으로 정의할 때 읽기장애를 넘어서는 다양한 요인들 때문인 것으로 보인다. 예를 들면, 학교 교육의 중단이나 부적절한 학교 교육, 가난. 캐나다에서 이루어진 연구 결과를 볼 때 단지 L2의 언어적 지위가 읽기장애 발생의 위험 요인은 아닌 것으로 보이며, 그 연구에서는 L2 이민자 아동들에게서는 읽기장애 발생률이 높지 않았다. 사실상, 캐나다의 이민자 L2 학습자들은 중등학교 읽기평가에서 원어민 또래 아동들과 수행력이 동등하거나 더 우수하였으며, 중등학교 졸업비율이 동일하거나 더 높았다(Garnett, 2006; OECD, 2006). 이런 미국과 캐나다의 차이는 적어도 일부는 이민정책의 차이로 설명할 수 있다. 미국에 비하여 캐나다의 이민정책은 이민자 가족의 부모가 상대적으로 교육수준이 높고, 중산층을 선호하기 때문인 것으로 보인다. 이런 결과들은 단지 L2 또는 이중언어가 읽기 수행력의 위험 요인이 아니라는 결론을 강하게 보여 주는 것이다. 8장에서 본 것처럼, 이중언어 학교 프로그램에 참여하고 있는 소수언어와 다수언어 아동 두 집단 모두 다양한 읽기평가에서 단일언어 프로그램에 참여하고 있는 또래 아동들만큼 점수를 획득하였으며, 이중언어 자체가 몇몇 L2 학습자 집단의 높은 읽기장애 발생률을 설명하기에 충분하지 않다. 모든 이런 증거에도 불구하고, 이중언어 프로그램에 참여하여, L2 읽기학습에 분투하고 있는 다수언어 아동을 둔 부모들은 흔히 자녀들이 L1으로 배운다면 더 잘 해 낼 수 있다고 믿고 있다. **글상자 10.2**는 어머니가 이런 염려에 대하여 말하고 있는 내용이다.

이 장에서, 앞으로 읽기장애 확인을 위한 분명한 진단기준과 관련된 불확실성을 설명하기 위해서 읽기장애 위험군 아동과 읽기장애 아동 두 집단 모두를 언급하고 있다. 확실한 확인을 하기 전에 읽기장애 위험군 학생을 고려하는 것

글상자 10.2

읽기장애가 있는 아동을 위한 제2언어/이중언어교육

부모들은 읽기에 어려움을 보이는 학생들이 프랑스어 몰입교육과 같은 이중언어교육 또는 제2언어 프로그램에 계속적으로 참여해야 할지 자주 질문을 한다. 8장에서 논의했던 연구 결과를 보면, 제2언어/이중언어 프로그램이 읽기에 어려움이 있는 아동들에게 부정적인 결과를 주지 않았다 이 장에서 논의하는 연구에서도 읽기의 많은 측면이 하나의 언어에서 다른 언어로 쉽게 전이되며, 따라서 두 언어로 읽기를 배우는 것이 읽기의 모든 측면을 두 번 배우는 것이 아니다. 두 번째 편지로 소개하고 있는 남자 아동을 포함한 많은 아동들이 파닉스(phonics)와 철자-말소리의 대응에서 가장 큰 어려움을 보이며, 읽기와 쓰기학습의 이런 측면은 하나의 언어에서 다른 언어로 가장 일관성 있게 전이가 일어나는 부분이다. 이런 기술은 언어학습에 영향을 주는 음운인식능력, 음운기억과 관련된 기초 능력을 근거로 하기 때문에 이런 기술에서 많은 전이가 일어난다는 것이 일반적으로 받아들여지고 있다. 즉, 교육언어가 바뀌는 것으로 아동의 기본적인 음운처리 능력을 변화시키지 않는다. 그러나 학교에서 아동의 읽기장애를 지원 가능한 정도, 아동이 기꺼이 계속적으로 몰입교육 프로그램에 참여하고 싶어 하는 의지, 그 지역사회 내에서 이중언어의 중요성, 미래의 기회를 위해 이중언어의 중요성, 그리고 아동이 성공적으로 수행할 수 있도록 부모들이 추가적인 노력을 해 줄 수 있는지의 여부 등과 같은 각 아동의 개별적인 측면도 고려해야 하다.

Genesee 박사님께

저희 아들은 유치원과 초등학교 1학년 때 프랑스어 몰입교육에 참여하였습니다. 우리는 최근에 아들이 읽기와 쓰기에 문제가 있다는 것을 알았습니다. 아들은 1학년 때 매우 힘들어 했으나, 열심히 하려는 동기와 추가적인 도움의 결과로 학기말에 프랑스어 읽기와 쓰기에서 많은 진전이 있었습니다. 우리는 아들을 계속적으로 프랑스어 몰입교육에 참여시켜야 할지, 혹은 계속적으로 몰입교육에 참여시키면 읽기와 쓰기기술을 습득하는데 더 많은 지연이 있을 위

(다음 쪽에 계속됨)

> 험성이 있는 것은 아닌지 고민을 하고 있습니다. 저희에게 도움을 줄 수 있는 조언이나 논문을 추천해 줄 수 있을까요?
>
> 감사드리며,
> 어느 어머니로부터
>
> Genesee 박사님께
>
> 9살인 저희 아들은 읽기, 쓰기에 영향을 주는 학습장애가 있습니다. 우리의 제1언어는 영어이며, 프랑스어 학교에 다니고 있습니다. 아들은 영어와 프랑스어로 심리교육 평가를 받았습니다. 평가 결과 두 언어 모두에서 결과는 동일하였습니다: 읽기와 쓰기기술 습득에 어려움이 있으며, 특히, 파닉스와 소리-상징의 연결에 어려움이 있음. 양쪽 평가에서 아들의 지적능력은 높았으며, 교육위원회에서는 학습장애로 판정을 내렸습니다. 아들의 프랑스어와 영어 구어언어이해력은 또래 아동 평균 수준보다 높습니다. 우리는 프랑스어권과 영어권이 혼합된 캐나다 중앙의 작은 도시에 살고 있습니다. 아들이 다니는 학교의 대부분 아이들은 제1언어가 영어입니다. 우리는 제2언어를 배우는 것이 아들의 학습에 얼마나 많은 영향을 줄지 모르겠습니다. 아들이 다니는 학교에서는 아들에게 도움을 주기 위해서 보조기술 등을 지원하며 노력을 하고 있습니다. 우리는 아들이 영어를 사용하는 학교로 전학을 가면 학습에 보다 진전이 있지 않을까 하는 생각을 떨쳐버릴 수가 없습니다. 저희들에게 이에 관해 정보를 주시기를 부탁드립니다.
>
> 감사드리며,
> 한 아버지로부터

으로 학생들의 문제가 확고해져서 학업성취에 영향을 주기 전에 추가적인 읽기 학습으로 도움을 받을 수 있는 L2 학생을 확인할 수 있다. 학생들이 분명한 장애 증상을 보일 때까지 기다리는 것은 추가적인 지원을 늦추는 결과를 가져오며, 따라서 이들을 전반적인 교육적 위험에 처하게 할 수 있다.

연구 결과 L1학생들의 읽기습득과 읽기장애는 어떠하였는가?

L2 학습자들의 읽기습득과 읽기장애를 보다 폭넓은 범위에 두고 알아보기 위해서 장애가 없는 L1학생들의 읽기습득에 대하여 논의하고 있다. L1에 대해 보다 광범위하고 깊이 있는 연구 기반이 있으며, 그 결과 L2 보다는 L1 아동의 읽기습득과 읽기장애에 대한 이해를 쉽게 할 수 있다. L2 아동에 대한 읽기습득과 읽기장애에 관한 이해는 여전히 발달하는 과정 중에 있다. L1과 L2 읽기습득과 읽기장애가 실질적인 공통점이 있다는 증거가 있다면, L1 연구 결과는 L2 습득에 대한 이해의 틈을 채우는 데 사용될 수 있을 것이다. 이 주제는 다음 섹션에서 논의하고 있다. 최적의 전략은 아니지만, 읽기장애가 있는 학생의 판단과 지원을 하기 위해서 L2 학생들에 대한 연구가 다 이루어질 때까지 기다릴 수 없다. 물론, L1 아동에 대한 최근 연구를 근거로 L2 아동에게 적용하는 것은 두 집단 차이에 대하여 신중하고 민감하게 주의를 기울이며 이루어져야 한다.

L1 아동의 읽기습득에 대한 광범위하고 확장적인 연구 결과는 복잡하고, 위계적이며, 발달적인 습득과정을 보여 주고 있다. 이것은 정확하게 무엇을 의미하는 것일까? 무엇보다, 읽기습득은 복잡한 과정이며, 몇몇 상호 관련된 기술과 다양한 종류의 지식의 사용과 관련되어 있다. 이것은 특히 읽기 자료의 길이가 길 때 그러하다. 다음의 내용과 같이 치과의사를 찾아간 이야기를 읽어야 하는 학생의 예를 들어 보자(Cloud, Genesee, & Hamayan, 2009).

> 제이슨이 이가 아파서 아버지는 치과의사에게 제이슨을 데리고 갔다. 두 사람이 치과에 도착했을 때 치과의사는 다른 손님을 진료 중이어서 바빴다. 치과의사 보조는 치과의사가 다른 환자를 치료하는 동안 제이슨에게 칼라로 된 책을 주었다. 제이슨이 대기실에서 칼라 책을 가지고 놀면서 몇 분이 지나자 치과 의사는 치료를 하기 위해서 제이슨을 불렀다.

이 이야기를 이해하기 위해서 학생은 치과의사, 치통, 환자, 대기실과 같은 이 이야기를 말하는 데 사용된 주요 단어들을 알고 있어야 하는데, 그 단어들은 치과 이외의 상황에서는 잘 사용하지 않는 단어들이다. 그리고 학생은 이 단어들의 글자를 해독해서(글자 단어를 구성하고 있는 소리와 철자를 연결시키기) 그 단어의 의미를 기억에서 찾는다. 학생은 텍스트에서 사건의 순서에 따라 문장을 구성하고, 내용의 응집성을 위해서 영어에서 형용사, 동사시제, 대명사가 어떻게 사용되는지 알고 있어야 한다. 또한 그에 못지않게 읽기를 하려는 동기가 있어야 하며, 배경지식이 매우 중요하다: 치과의사가 무엇이며, 치과의사는 무엇을 하며, 아이들은 왜 치과에 가는지 등. 이런 이야기를 읽고 이해하는데 필요한 몇몇 지식과 기술은 글자 단어를 해독하는 방법을 아는 것과 같이 읽기에 특정적으로 있는 것이다. 어떤 지식과 기술은 동사시제나 대명사, *than*, *after*와 같은 연결 장치를 이용하여 이야기에서 시간순서를 나타내는 것과 같이 보다 일반적인 언어와 관련된 것이다. 몇몇은 **일반적 또는 세상사 지식**(world knowledge)과 관련되어 있어서 언어와 관련된 것이라 보기 어려운 것이다. **그림 10.1**은 읽기습득과 기술 그리고 읽기발달단계와 관련된 지식을 도식으로 나타낸 것이다.

비록 동기와 배경지식과 같은 읽기습득의 어떤 요소들이 읽기습득의 모든 단계에서 중요하기는 하나, 음운인식능력, 파닉스(말소리를 철자로 연결하는 학습), 문자해독과 같은 기술들은 고차원적이고 보다 복잡한 읽기기술, 특히 읽기이해를 위한 구성요소들이다. 즉, 글자해독과 같은 읽기기술들은 다른 요소(읽기이해)보다 먼저 습득되어야 하며, 이러한 기술들이 높은 수준으로 습득되어서 인지적인 자원이 읽기이해와 같은 고차원적인 읽기기술에 집중적으로 사용될 수 있도록 해 준다. 이런 이유 때문에 읽기습득은 특성상 위계적이며, 발달적이라 볼 수 있는데, 이른바 단어수준의 읽기와 관련된 **작은 단위의 기술**(small unit skills)이 읽기이해와 같은 **큰 단위 기술**(large unit skills) 습득에 앞서 발달이 이루어진다. 읽기장애의 시각에서 보면, 단어수준의 읽기기술 습득에 어려움이 있는 학생들은 텍스트를 유창하게 읽고 이해하는 수준의 기술을 습득하기 어렵다.

광범위한 연구 결과 철자의 이름과 소리에 대한 지식 그리고 **음운인식능력**이 단어해독 학습에 중요하다는 것이 확인되었다. 음운인식은 개별적으로 조작할 수 있는 소리(음절, 음소, 또는 다른 소리의 단위)로 구성되어 있는 말소리 구조에 대한 지식이다. 즉, 말소리들은 추가, 삭제, 혹은 도치될 수 있다. **음소인식**

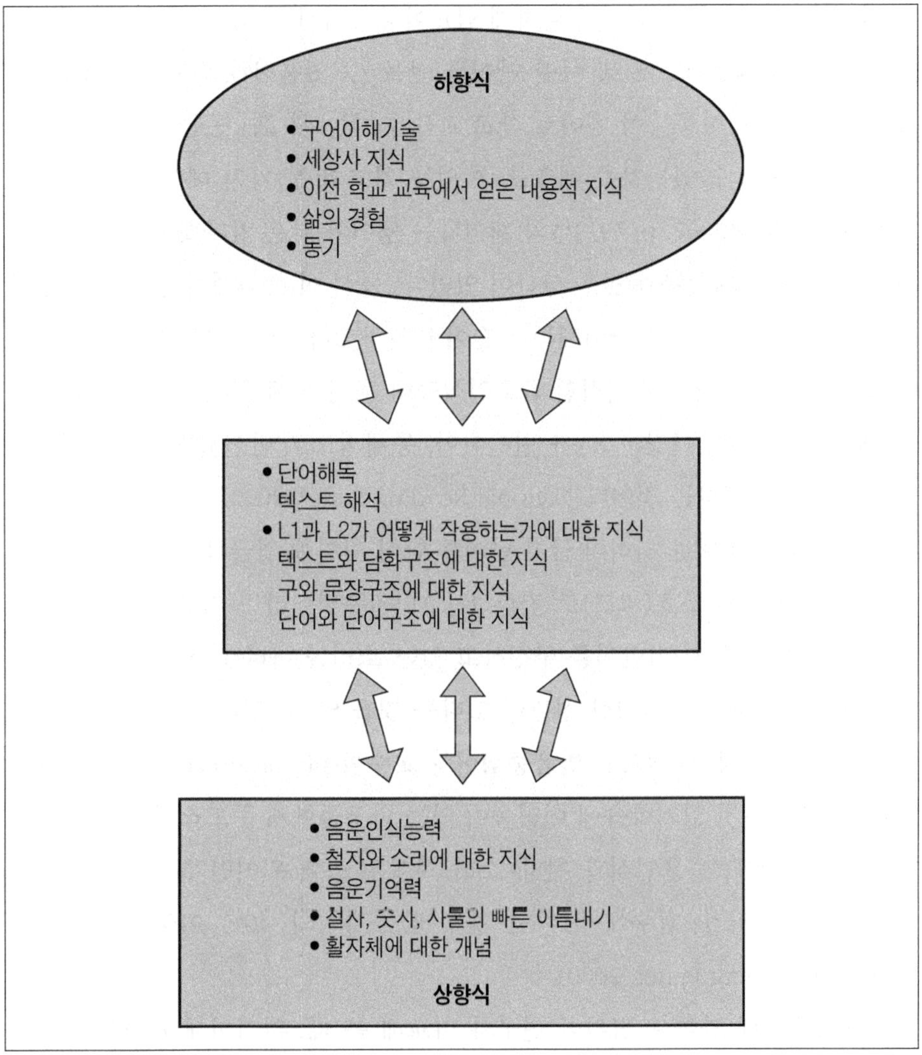

그림 10.1 읽기습득의 도식

출처: Birch, 1998; National Early Literacy Panel, 2009

(phonemic awareness, PA)은 특히 각각의 말소리가 어떻게 단어를 구성하고 있느냐에 대한 지식이다. 예를 들면, 음소 /c/, /a/, /t/가 단어 'cat'를 이루고 있다. 음운인식능력은 많은 방법으로 평가할 수 있다. 예를 들면, 아동에게 단어에 있는 음소 중 하나를 삭제하고, 남아 있는 것을 말하도록 하거나('stop'에서 /s/

를 삭제하고 남아 있는 단어를 말하게 함), 아동들에게 각 음소로 단어를 만들도록 요구한다(/b/, /a/, /t/로 어떤 단어를 만들 수 있을까?). National Reading Panel에 따르면, 아동들이 영어로 학교 교육을 받는 첫 2년 동안 이들이 얼마나 읽기를 잘 배울 수 있는가를 예측할 수 있는 최고의 두 가지 예언 인자는 PA와 철자지식이었다(2007, p. 7). PA의 개인차는 영어와 같은 알파벳 언어의 단어해독 능력에 관한 개인차와 높은 상관이 있었다. 특히 이 논의에서 중요한 점은 난독증이 있는 L1학생들은 단어해독 기술이 빈약하였다. 또한 난독증이 있는 아동들의 단어해독 능력은 체계적인 음운인식능력 훈련을 제공하는 것으로 눈에 띄게 개선이 되는데, 이것은 PA가 원인이며, 통계적으로 단어읽기능력과 관련이 없다는 것을 증명하는 것이다(National Reading Panel, 2000).

철자 소리에 대한 지식이 글자 단어를 단어 의미에 접근하기 위해서 사용될 수 있는 구어적인 부호(코드)로 전환하는 데 필수적이라는 것을 볼 때, 알파벳 철자 소리에 대한 지식(단어를 구성하고 있는 소리를 나타내는 방법)은 단어해독능력의 개인차와 유의미한 상관이 있다는 것을 알 수 있다. 음운인식 훈련에서 밝혀진 것처럼, 체계적인 **발음중심어학 교수법**(phonics instruction)이 유치원에서 6학년까지 읽기학습에 어려움이 있는 학생들에게 두드러진 개선을 가져왔다. 이와 함께, 음운인식과 철자-소리 지식은 영어 원어민 화자를 대상으로 한 단어 읽기평가 점수에서 어떤 경우에는 차이의 40% 이상을 차지한다 (National Reading Panel, 2000).

단어해독에 관한 광범위한 연구와 비교해 볼 때, 읽기이해에 관한 연구는 걸음마 단계에 있다. 그 결과 정확하고 유창한 읽기이해의 기저는 무엇이며, 반대로, 읽기이해에 결함이 있는 학생들을 위해서 어떤 문제를 제기해야 할 것인지에 대해서 여전히 이해를 해 가고 있는 중이다. 현재의 증거는 L1 읽기이해의 개인차 상황이 L1해독 보다 더 복잡하다는 것이다. 특히, 읽기이해에서 개인차와 관련된 요인이 발달단계에 따라 다를 수 있다(Johnston, Barnes, & Desrochers, 2008). 예를 들면, Storch와 Whitehurst(2002)는 저학년에서 읽기 유창성의 가장 중요한 예언인자는 단어와 관련된 읽기기술(음운인식 능력, 철자지식)이었으나, 구어언어기술(어휘, 담화 회상능력, 구문능력)은 3학년과 4

학년의 읽기이해의 주요 예언인자였다. 초등학교 고학년 학생들(5년과 그 이후 학년)의 읽기이해에 관한 연구에서는 추론능력, 이해 모니터링, 이야기 구조에 대한 민감성과 같은 고차원적인 기술이 높은 수준의 텍스트를 이해하는데 중요한 역할을 하였다(Muter, Hulme, Snowling, & Stevenson, 2004; Oakhill, Cain, & Bryant, 2003). 학년에 따라 읽기이해에 관련된 요인이 다르다는 것은 학년에 따라 다른 읽기의 요구 차이를 반영해야 한다는 것을 의미하는데, 저학년의 경우에는 문자 그대로의 의미에 보다 중점을 두며, 고학년은 해석과 추론에 중점을 둔다.

특히, 읽기장애와 관련된 논의에서 읽기이해의 결함이 있는 읽기장애 학생들의 위험 프로파일은 각각 다를 수 있다는 증거가 나타나고 있다. 특히 읽기이해 장애가 있는 몇몇 학생들은 빈약한 단어 해독기술을 가지고 있으며, 빈약한 단어해독 기술이 읽기이해 문제를 일으키는 것으로 보인다. 보다 구체적으로 살펴보면, 해독을 잘하지 못하는 학생들은 너무 많은 인지적 자원을 낱말 해독에 소모하기 때문에 문장과 길이가 긴 텍스트를 읽고 이해하는데 필요한 부가적인 인지적 자원이 남아 있지 않게 되며, 그 결과 읽기이해를 제대로 하지 못한다. 그러나 읽기이해의 문제는 있으나 낱말 해독에는 문제가 없는 학생들도 있다. 이런 학생들은 '읽기이해 부진 학생(poor comprehenders)'이라고 한다(Bishop & Snowing, 2004; Catts, Adlof, Hogan, & Ellis Weismer, 2005). 5~10%의 아동들이 이러한 읽기문제를 가지고 있는 것으로 추정된다(Catts et al., 2005; Nation, 2005). 이해를 잘하지 못하는 아동들의 어려움이 정확하게 무엇인지는 아직 잘 알려지지 않았지만, 읽기이해의 문제는 언어의 의미 및 구문영역을 포함한 언어의 결함 때문인 것으로 보인다. 비록 임상적으로 언어장애 진단기준에 해당하지 않을 만큼 심각하지 않거나, 언어장애가 있지만 발견되지 않고, 중재를 받지 않았을지라도, 이런 아동들은 언어장애를 가지고 있을 가능성이 있으며, 이 경우 이들의 읽기이해의 결함은 언어장애가 원인이다(Bishop & Snowling, 2004; Catts et al., 2005). 앞에서 치과의사 이야기 예에서 언급했던 것처럼, 이런 이야기들은 언어장애아동들에게 제한되어 있는 어휘, 형태구문적 기술을 요구하기 때문에 언어장애아동의 텍스트 이해를 어렵게 만든다는 것은 쉽게 상상할 수 있다.

얼마나 빈번하게 언어장애와 읽기장애가 동시에 발생하는가에 대해 의문이 생긴다. 만약에 겹치는 비율이 높다는 증거가 있다면 이것은 읽기장애와 언어장애가 동일한 기저를 가진 다른 증상이라는 것을 의미하기 때문에 이론적인 문제뿐만 아니라 임상적으로도 중요하다. 이와 달리 겹치는 비율이 낮다면, 언어장애와 읽기장애가 다른 결함이라는 것을 의미한다. 500명 이상의 영어 단일언어 아동을 대상으로 유치원에서 8학년까지 대규모 종단연구를 실시한 결과 유치원 시기에 단순언어장애 진단 기준에 부합한 아동 중 약 20%가 2학년, 4학년, 8학년 시기에 연속적으로 실시한 평가에서 읽기장애의 진단기준에 부합하였다 (Catts et al., 2005). 다른 측면에서 볼 때, 대규모 샘플 아동 중 2학년, 4학년, 8학년에 연속적으로 읽기장애 진단기준에 부합하는 아동의 약 15%는 유치원시기에 단순언어장애 진단기준에 부합한 아동들이라는 것이다. 양쪽 측면에서 추정을 해 본 결과, 언어장애와 읽기장애 간 어느 정도 겹치는 부분이 있으나, 완전히 두 장애가 겹친다는 것을 의미하는 것은 아니다. 따라서 이 연구에서 언어장애 진단기준에 부합하는 아동 중 몇몇은 난독증 진단기준에도 부합하였으나 대부분의 아동들은 그런 겹치는 공통점을 보이지 않았다. 겹치는 정도에 대한 이런 추정치는 과소평가되었을 가능성이 있는데, 그것은 Catts 등의 연구자들이 읽기장애 진단을 위해 사용한 준거에 순수한 난독증을 평가하는 과제인 단어와 비단어(가짜단어) 읽기 평가 수행력을 포함하고 있었기 때문이다. 겹치는 정도가 큰 경우는 읽기이해를 요구하는 평가도구를 사용하였을 가능성이 있으며, 따라서 이런 종류의 몇몇 언어기술은 단순언어장애가 원인임을 보여 주는 것이다. 읽기장애와 단순언어장애가 있는 아동 간 공통적으로 겹치는 정도는 연구마다 다르며, 이런 차이는 연구에 사용한 준거의 방법론적인 차이 때문인 것으로 보이나, 중요한 것은 일반적으로 어떤 공통적으로 겹치는 부분이 있다는 것이다. Catts 등의 연구자들은 읽기장애와 언어장애는 어떤 공통점이 있는 별개의 장애(또는 동반질환)라고 결론 내렸다. Bishop과 Snowling(2004)은 두 장애가 다르다고 주장하고 있다.

이것은 현재 연구자들 사이에 흥미 있는 논쟁거리이며, 언어장애와 읽기장애의 관련성에 관한 정확한 합일점을 찾지 못했다. 언어장애와 읽기장애가 다른 장애인가에 대한 정확한 여부는 추수 연구가 필요하다. 한편, 이런 연구들은 읽기이해와 관련이 있는 읽기장애 아동을 확인할 때 이들의 강점과 약점을 확실하기 알아보기 위해서 단어해독 기술뿐 아니라 언어기술을 평가하는 것이 중요하다는 것을 보여 주고 있다. 난독증이 있거나 난독증이 없는 아동들의 빈약한 읽기이해력은 특별히 약점을 보이는 부분에 중점을 둔 중재전략을 사용하는 것으로 이익을 얻을 수 있다.

L2의 읽기습득과 읽기장애는 L1의 읽기장애와 읽기습득과 동일한가?

이 장은 대규모로 이루어진 세 개의 읽기습득 연구를 체계적으로 리뷰하여 그 결과를 근거로 하고 있다. 하나는 영어로 읽기를 배우는 원어민 영어화자에 중점을 두었으며(National Reading Panel, 2000), 두 개 연구는 L2 학습자들의 읽기에 중점을 두었는데, 여기서 전부는 아니지만 대부분의 아동들은 소수언어배경 출신이며, 미국에 살고 있는 아동들이었다(August & Shanahan, 2006; Genesse, Lindholm-Leary, Saunders, & Christian, 2006). 또한 Genesee와 Jared(2008)가 연구한 캐나다 프랑스어 몰입교육 프로그램에 참여하고 있는 영어를 다수언어로 사용하는 학생들의 L2 읽기발달에 관한 연구 리뷰도 근거로 하고 있다. 이 리뷰는 다른 것에 비하여 규모 면에서 매우 작은데, 리뷰할 수 있는 논문이 거의 없었기 때문이다. 독자들이 보다 자세한 내용을 알고 싶으면 이 논문들의 원문을 보기 바란다.

결과를 종합해 보면, 최근의 다른 논문(Erdos, Genesee, Savage, & Haigh, 출간 중)에서 나타난 증거와 이런 논문의 결과를 볼 때 L2의 읽기학습은 어떤 근본적이고 중요한 측면에서 L1의 읽기습득과 유사하다. L1과 L2의 읽기습득이 유사하게 보이는 주요 측면은 다음과 같다. 첫째, 앞 섹션에서 논의했던 것처럼, L1 아동의 단어해독 능력의 예언인자는 L2 아동들의 단어해독능력의 주요 예언인자이기도 하다. 보다 구체적으로 말하자면, 영어의 음운인식능력과 철자-소리 관계에 대한 지식은 제1언어로 영어를 배우는 아동들만큼이나 제2언어로 영어를 배우는 아동들의 낱말해독기술의 주요 예측요인이다. 이것은 Pauloosie, Bonnie, Luis, Faisal과 같은 소수아동들이나(Riches & Genesee, 2006; Lesaux et al., 2008), Samantha와 Trevor(Erdos et al., 출간 중; Genesee & Jared, 2008)와 같은 다수언어사용 아동들에게도 그대로 적용된다. 또한 이런 예언인자는 언어 내적으로 뿐 아니라 교차 언어적으로도 유의미하다는 것이 중요하다. 즉, L2 학습자의 L1에 있어 음운인식능력과 철자-소리에 대한 지식의 개인차는 L2 낱말해독능력의 개인차와 상관이 있다. 예를 들면, 제2언어로 영어읽기를 배우는 스페인어가 모국어인 학생 집단에서 스페인어에서 상대적으로 좋은 음운인식능력과 철자-소리 관계에 관한 지식을 가지고 있는 학생이 스페인어에서 상대적으로 빈약한 음운인식능력과 철자-소리 관계에 관한 지식을 가지고 있는 학생들보다 영어 낱말해독기술이 더 나을 것이라는 것을 의미한다. 언어와 문해기술에서 교차 언어적 관련성은 6장에서 논의하였던 Cummins가 주장한 L1과 L2 간 상호의존적이며 공통 기저 능력 모델의 주요 요소이다. 이것이 읽기장애 위험군 L2 학습자의 초기 평가에서 중요한 의미를 가지고 있다 본다.

L1과 L2의 읽기습득이 유사하다는 것은 읽기이해 연구에서도 찾아볼 수 있다. 이들 연구 결과를 보면, 양쪽 언어가 다양한 개인차와 상황적 요인에 의해서 영향을 받을 수 있는 경우 일반적으로 L1과 L2 읽기이해 간 유사점이 있다는 것을 발견하였다. L2와 L1 읽기이해에 중요한 특별한 요인들을 보다 구체적으로 연구한 결과에서도 이런 유사점이 나타났다. L1의 읽기이해 발달에 영향을 끼치는 많은 동일한 언어 및 비언어 관련 요인들이 L2 읽기이해 발달에도 영향을 끼친다는 증거가 있다. 보다 구체적으로 살펴보면, L2 읽기이해에 영향을 주는 언어 관련 요인들은 L2의 단어해독기술, 어휘, 구어 유창성, 듣기 이해력이다(Lesaux et al., 2008; Riches & Genesee, 2006). 읽기이해에 영향을 주는 언어 관련 기술들의 구체적인 측면과 이들이 어떻게 읽기이해에 영향을 주는가하는 것은 여전히 경험적 연구의 문제이다. L1과 L2 읽기이해에 영향을 주는 비언어적 특성과 관련된 요인들은 다음과 같다. 동기, 배경지식, 사회경제적 수준, 텍스트 장르에 대한 지식, 읽기교육의 특성과 질. 이러한 후자의 요인들이 L2 학생

들의 읽기 수행력을 부진하게 만들지라도 임상적으로 읽기장애의 증상이 아니기 때문에 읽기이해 또는 단어-관련 읽기의 어려움이 있는 L2 학습자들을 확인할 때 제외요인으로 고려해야 한다.

읽기장애가 있거나 읽기장애 위험군 L1과 L2 아동들은 유사한 약점을 가지고 있다. 여기에서 중요한 것은 읽기장애 L2 아동을 직접적으로 대상으로 한 연구가 거의 없다는 것이다. 그 결과, 대부분 장애가 있는 학생들에게 나타날 가능성이 있는 읽기이해의 개인차에 대한 결과로부터 단지 추론을 할 수 있을 뿐이다. 이런 연구는 해독학습에 어려움을 겪는 소수-다수언어 L2 학습자들이 음운인식능력과 철자-소리와 관련된 지식에 약점이 있다는 것을 보여 주고 있다(Erdos et al., 2010; Lesaux et al., 2008). 빈약한 읽기이해력기술을 가진 소수와 다수언어 L2 학생들은 흔히 빈약한 해독기술과 듣기이해력, 어휘, 구문형태와 관련된 빈약한 구어언어기술을 가지고 있다. Erdos, Genesee, Savage, Haigh(2010)는 읽기와 언어장애는 다르지만 몇몇 L2 아동들은 두 영역에서 위험군에 해당한다는 것을 확인하였다. 비록 이것에 대한 정확한 관련성은 이 연구에서 이루어지지 않았지만, 이런 결과들은 읽기장애가 있는 어떤 L2 아동들은 언어와 읽기장애 두 가지 모두를 다루는 중재를 받을 필요가 있으며, 두 장애 간에 공통점이 나타나는 것은 L1 연구 결과와 아주 유사하다는 것을 보여 주고 있다.

마지막으로, L1과 L2 읽기습득이 어떤 기본적인 측면에서 동일하다는 증거가 Erdos 등(출간 중)의 최근 연구에서 나타났다. 연구자들은 L1 아동에게 적용한 동일한 방법으로 읽기에 관한 단순 관점 모델(Simple View of Reading, SVR)을 L2 아동에게 적용하였다(Gough & Tunmer, 1986). SVR은 초기 이론 중 하나이며, 읽기이해를 설명하기 위해서 가장 많이 사용하는 이론이다. 이 이론은 일관성 있는 체계로 읽기의 단어수준과 언어수준 요소를 통합하고 있다. 매우 간단하게 설명하자면, SVR에 의하면, 읽기이해(RC)는 해독산출(the production of decoding)(D)과 듣기이해력(LC)을 더한 해독능력에 관한 것이다. 즉, RC = D + (D × LC). Erdos와 그의 동료들은 SVR 또한 L2의 읽기이해력에 적용이 된다는 것을 발견하였다. 실제로 연구자들은 프랑스어로 읽기를 배우고 있는 영어가

L1인 대규모 아동 집단의 프랑스어 읽기 이해력 점수의 차이가 60%에 달할 수 있다는 것을 발견하였다.

요약하면, 어떤 중요하고 근본적인 측면에서 L1과 L2의 읽기장애와 읽기습득이 유사하다는 상당한 증거가 있다. 비록 L2에 대한 읽기습득과 장애에 대해서 여전히 이해하는 과정 중에 있지만, 현재까지의 증거들로 볼 때 L1에 대해서 우리가 알고 있는 많은 것을 L2 읽기에도 적용할 수 있다는 것을 알 수 있다. 이와 유사하게, L1의 읽기장애에 대하여 우리가 알고 있는 많은 것을 또한 L2 아동들에게 적용시킬 수 있을 것 같다. 이와 동시에 중요한 차이도 있는데, 그것이 다음 섹션의 주제이다.

L1 읽기습득과 L2 읽기습득은 어떤 측면에서 차이가 있는가?

정상발달 아동과 장애가 있는 아동들 두 집단에서 L1과 L2 습득 간 유사점이 있음에도 불구하고 L2 읽기습득과 L1 읽기습득은 중요한 측면에서 차이가 있다는 증거가 있다. 두 집단에서 차이를 보이는 세 가지 중요한 측면은 다음과 같다: 1) L2로 읽기를 배우는 학생들은 사회경제적 배경이 다르다, 2) 그 학생들은 다른 언어를 알고 사용한다, 3) 그 학생들은 여전히 L2를 배우고 있는 중이다. 이 세 가지 요인 모두가 L2 학생들이 읽기를 배우는 속도, 읽기 유창성, 읽은 내용의 정확성에 영향을 줄 수 있으며, 이런 요인들은 앞에서 언급했던 것처럼, 평가의 수행력 결과에 따라 읽기장애 증상으로 해석될 수 있다.

사회경제적 배경 측면에서 볼 때, 학생들의 읽기와 문어의 이해는 단어, 문장, 텍스트, 등 무엇이든 간에 배경지식 또는 Moll이 '**지식의 축적**(funds of knowledge)'(Gonzalez, Moll, & Amanti, 2005)이라고 한 것의 영향을 받을 수 있다. 읽은 내용의 친숙한 정도에 따라 다르겠지만, 소수언어 출신 아동들은 작가가 의도한 영어 문어 형태를 해석하는 것이 다소 어렵다는 것을 알게 될 것이다. 앞에서 언급했던 치과의사 이야기로 돌아가서, Faisal의 사례를 들어 생각해보면, Facial은 최근에 소말리아에서 캐나다로 이민 온 모국어가 영어가 아닌 아동이며, Edmonton에서 영어로 교육을 받고 있다. 전부는 아니지만 미국에 살고 있는 대부분의 다수언어 아동들이 치과의사가 무엇인지 알고 있으며, 치과를 가 본 경험이 있다. 그러나 많은 소수언어 아동들은, 특히 Faisal처럼 최근에 이민 온 아동들은, 그렇지 않다. 따라서 아동들이 치과의사 이야기를 해석할 때 사용할 수 있는 미리 준비된 도식이 없다. 이야기를 해석하는데 필요한 문화적으로 적절한 도식이 없는 Faisal은 읽은 것을 과거 고국에서에서 경험한 것과 관련시키려고 노력할 것이다. 과거의 개인적 경험에서 적절한 참조의 틀을 찾지 못한 Faisal은 단지 읽고 있는 것 자체로 그 내용을 해석해야 한다. 그 결과 시작단계에서의 실패를 보이고 주저하면서 무감각하게 천천히 이야기를 읽을 것이다. 이야기를 읽은 이후에 질문을 받았을 때, Faisal은 읽은 내용에 대해서 빈약하고 부정확하게 이해했을 가능성이 크다. 학교의 교육매체와 교육적인 접근은 다수언어 아동의 문화적 배경을 근거로 하고 있어서, 대개 다수언어 아동들이 배우고 읽은 내용을 이해하고 말하는 것이 상대적으로 쉽다. 그러나 언제나 그런 것은 아니다. 예를 들면, 비표준 영어를 사용하고 주류 계층 학생들과 매우 다른 문화적 경험을 한 흑인 학생들은 주류 학교에서 사용하는 교육 자료를 이해하는데 어려움이 있을 수 있다. 즉, 그 학생들은 주류 계층 학생들을 대상으로 교육매체를 개발한 사람들이 생각하는 것과 다른 지식 축척이 되어 있을 수 있다. 이런 종류의 문화적 배경 차이로 인하여 소수언어 L2 학생들은 읽기장애를 선별하기 위해 사용되는 표준화된 읽기평가에서 수행을 잘하기 어렵다.

또한 L2 읽기습득은 L1 읽기습득과 다른데, L2 학생들이 L2 읽기를 배울 때 흔히 L1지식에 의존하기 때문이다(August & Shanahan, 2006; Riches & Genesee, 2006). 사실, L2 학습자들은 L1을 L2 읽기학습을 위한 발판으로 사용한다(Riches & Genesee, 2006). L2 읽기학습을 위해서 L1을 발판으로 사용하는 것은 L2 학습자들이 완전하게 L2를 습득하지 못한 시기인 읽기습득의 초기 단계에서 가장 유용하다. 그러나 L2 학생들이 어려운 텍스트를 읽어야 할 때에는 그 이후 시기에도 유용할 수 있다. 이 단계에서 아동들은 익숙하지 않은 단어를 이해하거나 읽고 있는 내용의 이해를 모니터링하기 위해서 전략을 전이하는 것 같다(Riches & Genesee, 2006). 이런 종류의 교차언어적 영향을 흔히 **전이**(transfer)라고 한다. 이 장에서 편의를 위해서 이 용어를 사용하고 있는데, 6장에서 논의했던 구어언어의 전이와 유사하기 때문이다. 그러나 전이가 이런 영향력이 작용하는 실제적인 인지적 메커니즘인지 그 여부에 대해서는 많은 논쟁이 있다(Genesee & Geva, 2006; Snow, 2008). L1과 L2가 유사할수록(예를 들면, 북경어와 영어에 비하여 영어와 스페인어가 더 유사한 언어임) 전이가 더 잘 일어난다. 예를 들면, 스페인어-영어 이중언어아동인 Gabriela는 단어 'have'를 'av-ey'로 읽는다. 그 이유는 *h*가 스페인어에서 묵음이고, 모든 모음이 발음되기 때문이다. 즉, Gabriela는 영어 단어 'jump'를 'humper'로 발음할 가능성이 있는데, *j*는 스페인어에서 'h'로 발음되기 때문이다. 알파벳 철자 소리에 대한 지식이 L1에서 L2로 전이될 뿐만 아니라, L2 학습자들은 의미를 이해하기 위해서 동일한 소리를 내는 단어를 찾는다. 즉, 새로운 단어의 의미를 이해하기 위해서 어원이 같은 말을 찾는 것이다(Langer, Bartolome, Vasquiz, & Lucas, 1990). 두 언어가 지리적으로, 역사적으로 얼마나 밀접하게 관련이 되어 있는가에 따라 두 언어에서 어원이 같은 어휘의 수와 차용어의 수가 결정된다. 영어와 북경어는 쓰기 체계가 다르고, 매우 최근에 북경어에서 영어 어휘를 차용한 것을 제외하고는 두 언어는 공유하는 어휘가 없다. Bonneie는 영어 읽기를 배울 때 L1에서 이런 종류의 전이를 잘 사용하지 않을 것이다.

학생들이 L2에서 적절한 반응을 산출하는 특별한 기술과 전략을 L1에서 L2로 전이할 때 L1의 영향은 눈에 보이지 않는다. 우리는 단순히 그들이 '제대로 했다'고 생각한다. L2에서 눈에 띄는 오류를 일으키는 것은 L1으로부터의 전이이다. 우리가 알 수 있는 대부분의 전이 효과는 목표언어의 오류와 관련되어 있기 때문에, 흔히 L2 학습자들이 L1과 L2를 따로 유지하고 있어야 한다고 생각한다. 어떤 경우에 이런 가정 하에서 L2 학습자들이 L1을 사용하는 것 때문에 학교에서 벌을 받을 지도 모른다. 그러나 전이오류를 무능력의 증상으로 해석하기보다는 L1에게서 해당하는 지식과 기술을 가져와서 L2의 틈을 채우려 하는 학생들의 적극적인 시도로 해석하는 것이 보다 적절하다; 일종의 언어적 boot-strapping(Genesee et al., 2006). 예를 들면, Gabriela가 'jumper'를 'humper'로 잘못 발음할 때, Gabriela는 음운인식능력을 가지고 있으며, 소리가 철자로 연결하는 체계적인 방법으로 알고 있다는 것을 증명하는 것이다. Gabriela는 단순히 영어에 적절한 철자-소리 대응을 습득한 것이 아니다. 전이오류를 L2 학습자의 읽기 결함으로 해석하는 것은 L2 학습자들의 읽기장애를 과잉으로 추정하는 원인이 될 수 있다. L2 학습자들이 L2 읽기에서 L1의 지식을 전이하는 과정에서 발생하는 것은 L2 읽기장애를 확인할 때 제외요인으로 고려해야 한다. 이런 종류의 전이로 인한 오류는 장애의 증상이 아니다.

마지막으로, L2 학습자들은 구어언어의 중요한 측면을 습득하는 중이며, 특히, 여전히 학업언어와 읽기이해에 도움이 되는 상급수준의 형태구문과 담화기술을 배우는 중이기 때문에 분명히 L1으로 읽기를 배우는 학생과 다르다. National Literacy Panel(2006)이 리뷰한 연구 결과를 보면, 읽기교육의 효과는 낱말해독을 평가하였을 때보다 읽기이해를 평가하였을 때 덜 두드러지고, 의미가 덜한 것 같았으며, 읽기이해 교육의 효과는 원어민 영어화자의 연구에서 보다 영어학습자의 연구에서 덜 두드러진 것으로 나타났다(August & Shanahan, 2008). 학생들의 L2 구어언어능력이 L2 학습자의 읽기교육 효과를 제한시키기 때문이다. 당연히 그들이 L2 학습자이기 때문에 제2언어로 읽기이해기술을 습득하는 것은 학습자의 구어언어능력 수준에 달려 있다는 것은 일리가 있다. 심지어 원어민 영어 읽기이해능력도 학업적 목적의 구어영어의 정교한 수준에 달려 있다. 그러나 분명히 L2 학습자와 동일한 정도는 아니다. 이것은 L2 학습자를 위한 효과적인 읽기교육은 포괄적이어야 하며, 구어 학업 언어기술에 대한 체계적이고 지속적인 교육이 포함되어야 한다는 것을 의미한다. 또한 L2 학생들이 왜 읽기 학습에 어려움을 가지는가 하는 그 이유를 이해할 때 L2 학습자들의 L2구어언어 기술을 고려해야 한다는 것을 의미 한다. L2의 불완전한 습득과 관련된 문제는 읽기장애를 판단할 때 배제요인이 된다.

확인과 중재

앞 섹션에서 언급한 것처럼, 읽기장애가 있는 L2 학습자의 확인은 복잡하며, 부분적으로는 장애의 복잡성 때문이며, 또 어느 정도는 이것이 하나의 과정이기 때문이다. 학생들의 읽기 장애 여부의 확인은 어떤 특정 시기에 실시된 하나의 평가결과를 근거로 해서는 안 된다는 것을 의미한다. 학생의 빈약한 읽기 수행력이 실제 기저의 손상에 의한 것인지를 확신하기 위해서는 역동적 평가과정이 필요하며, 읽기 전문가의 관심이 필요하다. 이전의 부적절한 읽기교육, 또는 시각적인 문제와 같은 다른 문제로 인한 읽기결함으로 힘들어 하고 있는 L2 학습자들은 읽기 전문가의 관심이 필요치 않다. 그들의 읽기문제는 대부분 교실에서의 적절한 교육, 그리고 다른 전문가들의 도움으로 해결될 수 있다. 이런 복잡함을 고려하여, 우리는 읽기장애가 있는 L2 아동을 확인하거나 읽기장애 위험군 아동을 확인하기 위한 권고사항과 가이드라인을 제공하고 있는데, 이것은 어려움이 있는 모든 L2 아동들의 읽기 실패를 방지하기 위한 폭넓은 접근의 일부에 해당한다. 이런 접근법이 성공하기 위해서는 초기 확인과 중재가 중요하다. L2 학습자들이 흔히 초기에 읽기장애로 진단을 받지 않으며, 그 결과 몇 년 동안 적절한 부가적인 지원을 받지 못하기 때문에 초기 확인과 중재는 표준화된 확인 절차(standard identification approach)의 큰 약점이다. 이 책에서 추천하는 접근법은 읽기에 어려움이 있는 모든 학생들에게 보충수업 중재, 즉, Tier 2 instruction으로 부가적인 지원을 제공하며〔미국 내 ELL를 위한 보다 자세한 중재에 대해서는 Mathes 등(2007)을 참조한다〕, 학교 교육에서도 초기에 지원을 하는 것이다. 보충수업 중재에서 빈약한 반응을 하는 읽기문제를 보이는 L2 아동들은 읽기장애 위험군으로 보다 확실하게 확인할 수 있는데, L2를 배우거나 읽을 기회가 없어서 문제를 보이는 것이 아니라는 것을 보여 주기 때문이다. 다음 단계는 후속 조치를 위해서 읽기 전문가에게 아동을 의뢰한다. 확인과 중재를 위해서 다음 2 단계 과정을 추천한다.

단계 I: L2 읽기에 어려움이 있는 모든 학생들을 확인하여 기초적인 읽기기술 습득을 위해 보충수업 교육을 제공한다.

단계 II: 교실에서 빈약한 중재반응(RTI)을 보이는 단계 I의 L2 학생을 확인하여 적절할 경우에 추후 평가와 지원을 위해서 읽기 전문가 또는 특수교육 전문가에게 의뢰한다.

이런 접근법을 추천하는 몇 가지 이유가 있다. 첫째, 앞에서 언급했던 것처럼, 비록 읽기장애가 다루기 어렵고, 그 결과 집중적이고 확장적이며, 전문적인 중재가 필요하지만, 읽기장애 학생들의 어려움은 읽기를 어려워하는 사람들과 근본적으로 다르지 않다. 동일한 종류의 초기 중재가 읽기학습에 어려움을 보이는 모든 L2 학생들에게 도움을 줄 수 있다는 것을 의미하며, 이와 함께 특별한 읽기장애가 있는 L2 학생들은 전문가들이 지원하는 보다 광범위한 지원이 필요하다(Denton & Mathes, 2003).

두 번째, 말 그대로 L2 학생들은 여전이 L2를 습득하는 과정 중에 있기 때문에, 읽기장애와 관련된 것인지 L2를 배울 기회가 부족한 문제인지를 구분하기 어려우며, 특히, L2 학습자가 처음으로 L2로 학교 교육을 받았을 경우에는 더욱 그러하다. 이와 유사하게, 앞에서 소개한 Faisal, Luis와 같은 많은 소수언어 L2 학습자들이 적절한 문해교육을 받지 못했거나 문해교육이 중단되었거나 또는 그 전에 문해교육을 받아본 경험이 없는 경우에 현재 이들이 보이는 읽기문제가 부적절한 교육의 영향인지 혹은 기본적인 장애를 반영하는 것인지 알기 어렵다. 다른 연구자들이 추천한 것처럼(Vaughn et al., 2009), 여기서 소개하는 예방을 위한 접근은 그 원인과 상관없이 읽기에 어려움을 보이는 모든 사람들을 위하여 RTI 요소를 포함하고 있다.

세 번째, 읽기장애학생을 포함하여 L2 읽기에 어려움이 있는 L2 학습자들에게 체계적인 조기 교실 중재가 도움이 된다는 증거가 증가하고 있다. 이 중재는 읽기습득에 중요한 기초적인 기술에 중점을 두고 있다(Gersten & Geva, 2003; Lesaux & Siegel, 2003; Mathes et al., 2007; Vaughn, Linan-Thompson, Polla-Durodola, Mathes, & Cardenas-Hagan, 2006). 읽기장애를 확인하기 위해서 표준적인 접근법(standard approach)을 사용할 때, 흔히 학생들의 읽기문제의 심각성이 보다 분명해질 때인 고학년 이전까지는 학생들에게 추가적인 중재를 제공하지 않는다. 흔히 교육자들은 학생들이 보이는 읽기의 어려움은 학교 교육을 더 많이 받게 되고, L2 유창성이 증가하면 해결될 것이라는 가정 하에 관찰요법(wait and see approach)을 택하는데, 9장에서 이러한 과소확인의 문제에 대하여 논의하고 있다. 비록 이것이 몇몇 L2 학생들에게는 사실이라 할지라도, 많은

L2 학생들, 특히 읽기장애가 있는 학생들에게는 그렇지 않다. 예방적 교실 중심 접근법(preventive classroom-based approach)을 사용할 경우, 중재를 초기에 시작할 수 있기 때문에 중재가 지연되는 문제는 피할 수 있거나 최소화할 수 있다(Al Otaiba et al., 2009).

마지막으로, 이 책에서 추천하는 예방적 접근법은 교실에서 교육을 실시하는 상황에서 실시할 수 있으며, 현재 읽기장애가 있는 학생을 확인하기 위한 가장 유망한 방법으로 여겨지는 것을 근거로 하고 있다: RTI. 이 접근법의 이점은 특별한 읽기장애가 있는 L2 학생을 확인을 하는 것과 함께 읽기에 문제를 보이는 모든 학생들에게 도움을 줄 수 있다는 것이다. 다음 섹션에서 여기에 대하여 설명하고 있다. 즉, 읽기장애가 있는 L2 학생의 확인과 중재를 위한 예방적인 2단계 접근법은 많은 목표를 동시에 달성한다. 이 절차법의 각 단계를 간단하게 설명하자면 다음과 같다.

단계 I

이 단계의 중요한 특징은 가능한 빨리 읽기장애 선별을 실시하는 것이다. Trevor와 Bonnie와 같은 L2 학습자들에게 이 절차는 유치원 시기나 약 5세경, 일반적으로 미국에서 학교입학 시기에 시작할 수 있다. 일반적인 학교입학 연령을 지나서 이민 온 Faisal의 형이나 누나와 같은 L2 학습자들이 L2로 공식적인 읽기 교육을 시작하는 시기는 대개 고학년이다. 단계 I의 부분인 선별절차는 이런 학생들에게는 보다 이후에 실시하여야 하지만, 그럼에도 불구하고, L2로 학교 교육을 시작한 이후 가능한 빨리 시작하는 것이 좋다. 저학년에 실시하는 선별절차는 단어수준 기술에 중점을 두고 있으며, 고학년의 선별은 학생들이 전반적인 교육의 한 영역으로서 텍스트를 읽어야 하기 때문에 단어기술뿐만 아니라 읽기이해를 포함시키고 있다. 해독의 문제가 있든 없든 간에, 읽기이해 평가에 고학년 학습자들을 포함시키는 것으로, 읽기문제에 읽기이해력을 동반하고 있는 이들 학년 L2 학습자들을 확인하는 절차를 시작할 수 있다.

많은 학교는 학년에 상관없이 새로운 학생들에게 평가를 실시하며, 교사들은 보다 다양하고 차별화된 읽기교육을 위해서 새로운 학생들에게 비공적인 평가를 실시한다. 이런 평가활동은 읽기에 어려움이 있는 학생들의 확인을 위해 근거가 될 수 있다. '읽기에 어려움을 보이는 학생'의 정의는 다양하게 할 수 있으나, 많은 연구자들은 L2 읽기습득을 평가하는 표준화된 검사에서 25%ile 이하의 수행력을 보이는 아동으로 정의하고 있다(Lesaux & Siegel, 2003). 학교 또는 학구는 읽기장애 학생을 확인하기 위해서 그들 자신들의 기준을 사용할 수 있는데, 그 경우 이 기준을 사용해야 한다. 이 단계의 목적은 읽기 수행력이 학년 기대 수준보다 유의미하게 낮고, 보충적인 읽기지원이 도움이 되는 학생들을 확인하는 것이다. 따라서 지역에 따른 준거 점수의 차이는 그렇게 문제가 되지 않는다. 초기 읽기 수행력에 관한 연구 결과에 따르면, 이 단계의 평가는 음운인식능력, 파닉스, 철자-낱자 지식(letter-name knowledge)을 포함한 기초적인 기술에 중점을 두어야 하며, 나이 많은 L2 학생의 경우 읽기이해를 포함시켜야 한다.

가장 효과적인 보충수업은 어떻게 구성되어야 하는가에 관한 연구는 현재 진행 중에 있다. 따라서 그런 교육에 대한 우리의 이해 정도는 현재 이해하는 과정 중에 있다. **글상자 10.3**의 내용은 많은 연구에서 중요하다고 강조한 특징들이다(L2 읽기장애의 효과적인 중재에 관한 자세한 내용은 다음의 연구자들의 논문을 참조하기 바란다; Gerstern & Geva, 2003; Mathes et al., 2005; Vaughn et al., 2006).

읽기에 어려움이 있는 학생들에게 보충 읽기교육이 효과적이 되기 위해서는 상당한 시간이 필요한 것 같다(Mathes et al, 2007). 필요하고, 가능하다면, 한 학년 이상의 기간 동안 그 학년 내내 날마다 시간을 배분하여 교육을 실시해야 한다(Vaughn et al., 2008). 이용할 수 있는 자원에 따라 보충수업 방식은 학교마다 차이가 있을 것이다. 어떤 학구에서는 보충교육을 도와주거나, 교사의 업무를 도와줄 보조교사와 같은 추가적 인원을 제공하여 보충교육을 할 수 있게 한다. 그렇지 않을 경우, 교실 선생님은 학생들을 위해서 개별화 교육에 맞춰서 보충교육 계획을 세울 수 있다. 모든 학생들에게 동일하게 교육 시간을 배정할 필요는 없을 것 같다. 문제가 덜 심각한 학생들과 보다 수준이 높은 L2 학습자들은 시간이 덜 필요할 수 있다.

글상자 10. 3

효과적인 읽기중재의 특징

- 명백하고, 체계적이어야 하며, 기초기술에 중점을 둔 교육을 제공해야 한다: 철자-소리 지식, 음운인식능력, 해독.
- 포괄적이어야 하며, 읽기이해력과 학업언어기술의 발달을 위해서 어휘, 듣기 이해, 언어발달을 보충교육에 포함시켜야 한다.
- 소규모로(3~5명), 되도록 동질집단을 구성하여 제공해야 한다.
- 학생들의 참여와 언어사용을 촉진하는 상호작용 중심의 교육을 제공한다(협력학습, 또래 쌍).
- 날마다, 상당한 시간 동안, 한 학년 또는 그 이상의 기간에 걸쳐 확장하여 제공해야 한다.
- L2 학습자들에게 효과적이고 적절한 적응을 포함 시킨다: 의미형성(meaning making)을 지원하기 위해서 시각적인 것과 제스처를 사용; 예습과 복습을 통한 비계설정(scaffolding); 습득을 촉진시키고, 연습 기회를 제공하기 위해서 규칙적으로 반복.
- 가능하다면, 모국어와 관련된 지식과 기술을 포함한 학생들이 이미 가지고 있는 지식과 기술을 기반으로 한다.
- 학생들이 변화할 때 교육을 각 학생들의 개별 요구에 맞추기 위해서 목표기술의 습득에 있어 각 학생들의 진전 정도를 정기적으로 모니터링 해야 한다.

단계 I 시기는 교사들의 지원과 참여가 보충교육을 실시하고 지속시키는데 중요하기 때문에 교사들의 역할이 중요하다. 어떤 경우에, 교사들이 보충교육을 제공할 수 있다. 다른 경우에 교사들은 그 프로그램을 제공하는 다른 교사와 협력할 것이다. L2 학생들이 어떤 학년 수준에서든 L2로 학교 교육을 시작할 수 있기 때문에, L2 학습자가 있는 모든 학교의 교사들은 L2 학생들의 읽기장애 선별 절차를 할 준비가 되어 있어야 하며, 가능하다면, 보충교육을 제공할 준비가 되어 있어야 한다. 이 장의 시작에서 언급했던 것처럼, 학령기 아동의 읽기 장애 발생률이 20%에 달하는 것으로 추정된다. 이것은 학령기 아동의 큰 수에 해당하는 심각한 결과이며, 따라서 L2의 읽기발달과 관련되어 있는 모든 교사들의 집단적 자원이 필요하다.

단계 II

단계 I의 보충교육에서 큰 변화를 보이지 않은 학생들은 추후 평가를 위해서 읽기 전문가 또는 특수교육 전문가에게 의뢰한다. 현재 단순하게 읽기를 어려워하는 학생과 읽기장애 위험군 학생들을 구별하기 위한 중재반응접근에서 적절한 진전이 이루어지고 있음을 어떻게 규정할 것인가 대한 합일점을 찾지 못했다. 미국에서 영어를 배우는 1학년을 대상으로 실시한 연구 결과에서는 중재반응접근에서 학생들의 L2 구어 읽기 유창성의 변화과정을 모니터링 하는 것으로 전형적으로 발달하는 L2 아동과 읽기장애 또는 학습장애 아동을 구별할 수 있다고 한다(Al Otaiba et al., 2009; Vaughn, Linan-Thompson, & Hickman-Davis, 2003). 유창성은 1분간 유창하게 읽은 단어 수로 평가하며, 유창성에서 진전은 중재 기간 내내 주 단위로 1분간 유창하게 읽은 추가적 단어의 수로 평가한다. 이 연구에서는 저학년 L2 학습자들이 중재에 적절하게 반응하는 것은 중재를 받는 기간(주) 동안에 분당 정확하게 읽은 단어의 수가 증가하는 것이라고 설명하고 있다. 우리는 고학년에서 이루어진 유사한 중재반응 연구는 없는 것으로 알고 있다. 적절한 중재반응에 대한 확정적인 준거가 없기 때문에 각 학교나 지역 학구는 학교 교육으로 기대되는 학년수준까지 따라갈 수 있는 학생과 학교 교육으로는 따라 갈 수 없어서 읽기 전문가 또는 학습장애 전문가의 도움이 필요한 학생들을 가려내기 위한 준거를 만들기 위해 자신들의 현장연구를 수행해야 할 것이다.

중재에 반응이 없는 것 자체로 학생이 읽기장애가 있는 것으로 판단하는 것은 아니다. 비록 단계 I이 L2 학생들의 빈약한 읽기 수행력에 대한 설명으로서 부적절한 교육과 불충분한 기회를 배제시키는 역할을 하지만 여전히 이런 어려움을 설명할 수 있는 부가적인 배제요인을 반드시 제외시켜야 한다(**글상자 10.4**에서 설명하고 있음). 이런 배제요인에 대한 정보를 수집하는 것은 단계 I

글상자 10.4

읽기장애에서 확인해야 할 배제요인

- 이전의 교육, 특히 읽기교육
- 학교 밖의 문해 활동 참여
- 시각 또는 청각적인 문제
- 신경인지적인 문제
- 영양실조와 같은 건강 또는 의료적인 조건
- 주의력결핍과잉행동장애, 또는 자폐범주성장애와 같은 인지 또는 사회-정서적 문제
- 가족, 또는 가족과 관련된 상황
- 사회경제적 요인

시기에 시작할 수 있다. 이런 정보 중 청각과 시각 손상과 같은 몇몇은 많은 학교에서 일상 학교생활에서 수집할 수 있다. 의료기록, 이전의 교육경험, 이민 상황과 같은 다른 배제요인에 관한 정보는 학생들이 학교입학을 위해 등록할 때 수집할 수 있다. 이런 경우에 학교기록을 찾아보면 된다. 특히 가족과 사회경제적 문제와 같은 읽기장애 확인을 위한 몇몇 배제요인에 대한 정보는 필수적으로 수집해야 한다. 학생의 읽기문제가 하나 또는 그 이상 이러한 요인으로 설명되는 학생들은 읽기장애로 간주해서는 안 된다. 그 학생들의 읽기문제는 읽기장애 전문가나 학습장애 전문가들을 필요로 하는 것이 아니기 때문이다. 그럼에도 불구하고 몇몇 경우에 이런 학생들이 도움을 위해서 전문가에게 의뢰되는 것이 적절하다. 실제로 몇몇 지역에서는 법적으로 이러한 학생들을 적절한 전문가들에게 의뢰하도록 되어 있다. 교육자와 학교 교사들은 지역과 주정부의 가이드라인과 법령을 잘 알고 있어야 한다. 또한 읽기장애의 공식적인 준거에 부합하지 않아서 특수교육 서비스를 받지 못하는 L2 학습자들도 교실에서 지속적으로 개별화된 읽기교육 지원을 받아야 한다. 여기에서 요점은 이런 요인으로 L2 학생들의 읽기장애를 합리적으로 설명할 수 있는 경우에 이들은 읽

기장애의 임상적 준거에 부합하지 않는 것이며, 따라서 읽기장애 전문가나 학습장애 전문가들의 서비스가 필요하지 않다. 또한 임상적으로 읽기장애가 있는 것으로 확인된 아동들도 장애의 심각성 정도가 다양하며, 어떤 아동은 다른 아동에 비하여 문제 정도가 보다 심각하다. **글상자 10.2**는 어떤 아버지로부터 받은 이와 관련된 내용의 이메일이다.

배제요인으로 읽기문제를 적절하게 설명하기 어려운 L2 학습자들은 읽기장애 준거에 부합하는 경우며, 지속적으로 읽기장애 전문가나 특수교육 전문가들의 서비스를 받아야 한다. 다음의 가이드라인은 읽기장애 전문가나 다른 학습장애 전문가들이 읽기장애로 인해 개별화된 중재가 필요한 L2 학습자의 특정한 강점과 약점을 확인하는 데 도움을 주기 위한 것이다. 연구 결과 학생들의 개별적인 요구에 중점을 둔 중재가 읽기장애 학생들의 읽기문제 중재에 가장 효과적이었다(Healy, Vanderwood, & Edelson, 2005). 이런 가이드라인은 L1과 L2 아동들의 읽기장애와 읽기습득에 관한 연구 결과를 반영한 것이며, 우리가 직접적으로 연구를 실시한 것은 아니다. 따라서 L2 읽기장애 학생들에게 보다 효과적으로 제공하기 위해서 임상적으로 적절하게 수정하여 사용하여야 할 것이다.

L1에서 읽기기술의 평가

가능하다면 L2뿐만 아니라 학생들의 L1도 조사해야 하는 두 가지 중요한 이유가 있다. 이중언어 학생들의 언어에 대한 지식과 기술은 두 언어가 서로 영향을 주고받는다(Oller, Pearson, & Cobo-Lewis, 2007). 따라서 학생들이 두 언어에서 알고 있는 것과 할 수 있는 것을 주의 깊게 관찰하는 것으로 다수언어로만 평가하였을 경우에는 알 수 없었던 전반적인 언어능력을 알 수 있다. 또한 6장과 8장에서 언급했던 것처럼, 다수언어 L2 학습자들(Erdos et al, 2009; Genesee & Jared, 2008)에 관한 연구와 소수언어 L2 학습자에 관한 연구(August & Shanahan, 2006; Durgunoglu, 2002; Genesee et al., 2006; Gerber& Durgunoglu, 2004)의 양쪽 모두의 결과를 보면, 읽기습득과 관련된 어떤 지식과 기술에서 긍정적인 교차언어적 상호관련성이 있다는 증거가 있다. 보다 구체적으로 말하자면, 다음에서 설명하고 있는 언어와 문해영역에서 L1과 L2 간 유의미하고 긍정

적인 관련이 있다: 단어해독, 음운인식능력, 고차적인 어휘지식, 읽기이해력, 읽기이해 전략의 사용. L2 학습자의 L1에 관한 지식과 기술을 평가한 결과를 통하여 L2의 이러한 영역에서 성취 가능한 수준의 예측 요인으로 사용할 수 있다. 이 책에서는 교사들이 영향을 줄 수 있는 예측 요인에 중점을 두고 있다. **빠른 이름대기**(rapid automatized naming)와 같은 읽기습득을 예측할 수 있는 다른 요인도 있으나, 이것은 교육을 통하여 쉽게 다뤄지기 어렵기 때문에 자세하게 설명하지 않았다. 교차언어적 영향은 단어수준의 기술에서 가장 일관성 있고 유의미하게 언급되고 있다. Bonnie와 같이 이미 L1에서 음운인식기술을 습득한 소수언어 L2 아동은 L2에서 상대적으로 빠르고 쉽게 음운인식기술을 습득하는 것 같다. 음운인식기술은 북경어에서 영어로 전이가 되는 것과 같이 한 언어로부터 전이가 되는데, 이것은 글자 단어가 아닌 구어 단어 수준에서 조작되기 때문이다. 다른 예를 들자면, Samantha와 같이 영어에서 해독기술을 습득한 다수언어 학생들은 L1에서 이런 기술을 습득하지 않은 학생들에 비하여 상대적으로 빠르고 쉽게 L2에서 해독기술을 습득하는 것 같다.

이런 교차언어적인 영향의 결과로 L2 학생들의 유창성이 최소이거나 아직 발달중이라 할지라도 이들의 읽기 어려움이 읽기장애와 관련이 있는지의 여부를 간접적으로 판단할 수 있다. 이것은 L1의 해독능력과 기초적 읽기기술(음운인식능력)을 조사하는 것으로 가능하다(Erdos et al., 출간 중). L1에서 읽기와 관련된 기술(해독기술) 또는 읽기 준비 기술(알파벳 지식)을 습득한 학생들은 읽기장애가 없다. 그렇지 않으면 L1에서 이런 기술을 습득할 수 없다. L1에서 어떤 문해기술을 가지고 있다는 증거는 L2의 문해기술 습득을 잘 증명해 준다. 이런 학생들은 읽기장애를 가지고 있는 것 같지 않으며, 아마도 교실에서 선생님의 개별화된 교육으로 효과가 있을 것이다.

L1에서 읽기 관련 기술이 없는 L2 아동의 경우 읽기장애의 증상일 수 있다는 것을 명심해야 한다; 예를 들면, L1에서 읽기 관련 기술을 습득하기에 적절한 기회를 갖지 못하였거나, L1의 손실. 후자의 가능성을 볼 때, 많은 소수언어 L2 학생들이 다수언어에 노출되고 다수언어능력이 증가할 때, L1의 능력을 잃어버리기 시작한다. 소수언어 학생들의 L1 평가 수행력을 해석할 때, 이런 측면을 반

드시 고려해야 한다. 다른 배제요인이 적용되지 않는다면, L1에서 기초적 읽기 기술을 습득한 증거가 없는 학생들은 읽기장애 전문가가 지속적으로 추가적인 읽기교육 지원을 해야 한다. 교육자들이 평가할 수 있는 L1 읽기관련 기술은 3장의 Cloud et al., (2009)을 참고하기 바란다.

학습자의 L2 유창성 범위 내에서 평가

L2 학습자의 읽기 유창성과 정확성은 학생들의 L2의 능력 정도에 달려 있다. 특히 읽기이해력 측면은 더욱 그러하나. 읽기평가는 구어언어능력이 아닌 읽기능력을 평가한다. 따라서 읽기장애가 있거나 읽기 위험군 학생들의 약점과 강점을 확신하기 위해서 실시하는 평가는 언제나 학생들의 구어언어능력의 범위 안에서 이루어져야 하며, L2 아동의 현재 구어언어능력수준을 고려하여 읽기평가 결과를 해석하여야 한다. 학생들의 학년 수준에 적절한 읽기 평가가 반드시 학생들의 읽기기술을 평가하는데 가장 적절한 수준은 아니다. Facial의 형이나 누나처럼 정상적으로 학교에 입학하는 시기보다 늦게 입학하여 영어로 학교 교육을 받기 시작한 L2 학생들은 그 학년 수준에서 기대되는 구어언어기술뿐만 아니라 문해기술과 학업지식이 전반적으로 부족할 수 있다. 따라서 그 학생들에게 학년 수준에 맞춰서 읽기평가를 하는 것은 적절하지 않을 수 있다. 각 학생들에게 적절한 평가 수준을 확인하기 위해서 반드시 한 단계 또는 그보다 더 낮은 단계를 평가해야 한다. 이 단계의 평가는 학생들이 어느 학년 수준인가를 알기 위한 것이 아니라 학생들이 알고 있는 것과 할 수 있는 것, 그리고 반대로 아직 습득하지 못한 것과 읽기 전문가들의 도움으로 배워야 할 것이 무엇인지 확인하기 위한 것이라는 것을 꼭 염두에 두어야 한다.

L2 학습자들의 현재 구어언어능력 수준을 평가해야 한다. 교사들이 교실에서 L2 학생들을 관찰하고 상호작용할 기회가 있다면, 교사들이 관찰을 하는 것으로 L2 학생들의 구어 유창성을 확인하기에 충분하다. 또한 학생들의 영어 표현 및 수용어휘력, 구어언어기술을 평가할 수 있는 많은 평가도구들이 있다. Peabody Picture Vocabulary Test(Dunn & Dunn, 2007), One-Word Expressive Vocabulary Test(Brownwell, 2000)가 그러한 평가도구들이며, 이 평가도

구로 수용어휘와 표현어휘능력을 평가할 수 있다. 평가도구들은, 가장 대표적으로는 스페인어, 그리고 다른 언어에도 있으나, 모든 언어에 준비되어 있는 것은 아니다. L2 학습자의 언어 유창성이 매우 고급수준이라는 것을 확실하게 알 수 없는 경우, 이들의 수행력을 해석하기 위해 영어 원어민 화자를 대상으로 한 표준화된 평가도구의 준거를 사용할 수 없다. 그럼에도 불구하고 그런 평가가 유용할 수 있는데, 평가도구를 통하여 학생들의 전반적인 구어언어 유창성 수준을 알 수 있고, 결과적으로 읽기평가의 적절성을 판단하는 데 사용할 수 있기 때문이다. 표준화된 평가도구를 통한 이중언어아동들의 구어언어평가에 관한 더 많은 정보는 9장을 참고하기 바란다.

해독기술 평가

L2 학습자의 강점과 약점을 파악하기 위해서는 음운인식능력, 파닉스(철자와 소리의 대응)에 관한 기초기술, 해독능력, 알파벳 지식을 평가하는 것이 좋다. 여기에는 두 가지 이유가 있다. 첫째, 연구 결과 L2 학습들이 상대적으로 이런 기술을 잘 습득하는 것으로 나타났으며, L2 구어 언어 유창성이 높지 않아도 그러하였다(Snow, 2008). 따라서 이런 기술로 시작하는 것은 일반적인 L2능력에 대해 입증된 결과 없이도 읽기능력의 중요한 요소를 평가할 수 있게 해 준다. 앞에서 언급했던 것처럼, 또한 이런 기술들은 언어 간 전이가 되기 때문에 L2능력이 제한되어 있는 L2 학습자들도 L1의 전이로 이런 기술을 습득하였는지 그 여부를 알 수 있다. 읽기이해력 또한 전이가 가능하지만, 이에 대한 증거는 보다 덜 확고하며 덜 분명하다. 둘째 이런 기술은 높은 수준의 읽기능력을 획득하는데 매우 중요하다. 따라서 읽기장애 학생의 해독과 관련된 구체적인 기초기술을 자세하게 이해하는 것은 적절한 중재계획을 수립하는 데 필수적이다.

읽기이해력의 평가

또한 나이 든 L2 학습자들의 경우에, 읽기이해력을 자세하게 평가해야 한다. 저학년이 지난 L2 학습자들은 학업의 성공을 위해서 학업과 관련된 텍스트를 효과적이고 정확하게 읽고 이해할 수 있어야 한다. 앞에서 언급했던 것처럼, 난독증을 동반하지 않은 읽기이해의 문제에 대한 연구 결과들이 증가하고 있다. 읽기

이해 평가에서 유의미하게 낮은 수행력을 보이는 학생들의 기본적인 문제 특성을 판단하는 것은 중요하다. 만약 학생들의 이해 문제가 단어해독과 관련되어 있다면(난독증), 읽기이해력의 문제가 언어장애와 관련되어 있는 학생들과는 다른 중재를 해야 한다. 이것도 학생들의 읽기이해력 문제가 언어와 관련되었을 수 있으나, 언어장애 학생들과는 다른 것이다. 따라서 두드러진 읽기이해 문제가 있는 L2 학생들의 평가는 세 가지 가능한 원인을 고려해 보아야 한다: 부적절한 해독기술, 언어장애나 부적절한 어휘 기술과 지식, 그리고 빈약한 이해 모니터링 기술 등과 같은 다른 언어와 관련된 문제. 이해력 문제가 난독증 혹은 언어장애와 관련된 것이 아니라 보다 전반적인 문제와 관련되어 있을 가능성이 있는 학생들은 교실에서 개별화된 보충교육을 통하여 효과적으로 지원을 받을 수 있다. 특히, 그 학생들은 구어 학업 언어기술을 습득하는데 추가적인 지원이 필요할 것이다. 이런 학생들이 지속으로 읽기장애/학습장애 전문가들의 지원을 받느냐 하는 것은 학교정책 또는 특수교육 전문가를 구할 수 있는가의 문제이다.

해독능력에서처럼, 학습자의 L2 구어언어능력을 고려하여 읽기이해력기술을 평가하는 것은 중요하다. 또한, 학생들에게 익숙한 내용을 포함하고 있는 평가방법을 사용해야 한다. L2 학생에게 익숙하지 않은 내용을 포함한 검사는 읽기이해력뿐만 아니라 텍스트 내용의 지식을 평가하는 것이다. 표준화된 평가도구를 사용할 경우에, 학생들의 구어언어기술이 중간 또는 고급 수준이 아니라면, 평가준거를 사용하는 것이 적절하지 않다. 이 단계 읽기이해력 검사의 목적은 중재계획 측면에서 L2 학습자의 강점과 약점을 알아보기 위한 것이다.

효과적인 중재

장애가 있는 L2 학습자들의 다른 많은 측면과 마찬가지로, 효과적인 중재를 실시하기 위한 연구 기반은 여전히 빈약하며, 현재 증가하고 있는 추세이다(Mathes et al., 2007; Rivera, Moughamian, Lesaux, & Francis, 2009). 몇몇 연구에서, 읽기장애나 읽기에 어려움이 있는 L1 원어민 화자에게 좋은 중재가 L2에서 읽기 어려움이 있는 학생들에게도 효과적인 것으로 나타났다(Denton,

Fletcher, Anthony, & Francis, 2006). 연구들을 종합해 보면, 읽기장애 L2 학생들의 중재에서 다음에서 소개하고 있는 특징이 중요하였다(Rivera et al., 2009). 효과적은 중재는 다음과 같다.

- 효과를 최대화할 수 있는 교육언어를 사용한다(**글상자 10.5**에서 설명하고 있음)
- 각 학생의 강점과 약점을 고려하여 차별화한다.
- 특히 각 학생의 L2 구어언어발달 수준에 적합하도록 조절한다.
- 날마다 또는 최소한 1주일에 3세션 이상 집중적으로 지원하는 것이 좋다.
- 평가에서 더 이상 중재가 필요하지 않다는 결과가 나올 때까지 지속적으로 지원을 한다(대부분의 경우에 L2 학생들은 장기간 지원이 필요할 것이다).
- 각 개별 학생들의 특수한 요구 측면을 분명하게 한다.
- 가능하다면 일대일 개별적 또는 소집단으로 중재를 제공하며, 소집단은 아동들의 요구와 수준이 유사한 아동들로 구성한다.
- 교사나 또래들의 피드백이 포함된 많은 유도 연습(guided practice)을 제공하도록 구성한다.
- 대화와 협력학습에 대비하여 상호작용한다.
- 포괄적으로 제공 한다. 즉, 언어학습장애가 있는 경우에는 언어중재와 함께 진전에 필요한 기술/지식에 중점을 둔다(9장에서 설명하고 있음).
- 필요한 경우에, 중재에 적응하고 진전 정도를 모니터링하기 위해서 정기적이고 개별화된 평가를 한다.

실제와 정책을 위한 조언

- 이중언어와 L2 습득이 읽기장애의 위험요인이 아니다. 따라서 단일언어 학생들에 비하여 이중언어 학생들이 읽기장애 고위험군이 되거나 더 높은 읽기장애 발생률을 보인다는 근거는 없다.

글상자 10.5

읽기 장애를 위한 중재 언어

9장에서 구어언어장애 중재에서 두 언어 모두를 지원하는 것이 이중언어아동들에게 왜 최선인지에 대하여 설명하였다. 읽기장애 중재에 관한 권고도 동일할까? 다음은 특수교사가 보낸 편지이며, 언어중재에 대하여 대개의 전문가들이 하는 전형적인 질문이다 이 경우에 교사는 아동의 주언어인 영어로 중재할 것을 결정하였다. 이 장에서 언급했던 것처럼, 이중언어에서 파닉스, 음운인식, 단어해독기술은 한 언어에서 다른 언어로 상당한 전이가 일어난다. 읽기이해에도 전이가 일어난다는 증거가 있다. 따라서 영어로 중재를 하는 것이 아동의 프랑스어 읽기기술발달에 도움이 될 것이라는 것은 신뢰성 있는 말이다. 그러나 프랑스어와 영어의 양쪽 언어로 중재를 하는 것이 아동에게 이익이 되는 다른 이유가 있다. 이 아동은 실제로 프랑스어로 공식적인 읽기와 쓰기교육을 받았고, 이것이 학교 교육에 즉각적인 효과를 가져올 수 있는 도움을 제공할 것이기 때문에 프랑스어로 부가적인 지원을 제공하는 것이 바람직하다. 영어에 비하여 프랑스어 철자-소리 체계가 규칙적이며, 프랑스에 중점을 두는 것으로 영어의 많은 불규칙적인 소리-철자 체계 중 몇몇은 피할 수 있기 때문에, 이런 과정은 최선이 될 수 있다. 또한 교차언어적 전이를 촉진시키기 위해서 영어와 동일하거나 유사한 프랑스어 소리-철자, 스펠링-소리 대응에 중점을 두는 것도 바람직하다.

Genesee 박사님께

박사님께 드리는 임상적인 질문에 기꺼이 답해 주시기를 바라면서 문의를 드립니다. 저는 11세의 ADHD아동을 평가하였습니다. 아동의 가족은 이중언어 사용자들이며, 부모의 보고에 따르면, 아동은 영어가 우세언어이나, 유치원 이후에 프랑스어 학교에 다니고 있다고 합니다. 아동은 학교에 다니는 것을 매우 힘들어하며, 저는 그 아동이 심각한 쓰기장애가 있는 것으로 진단하였습니다. 모든 사람들이 영어가 아동의 우세언어라고 보고하였기 때문에 아동을 영어로 평가였습니다. 저는 영어로 중재를 제공하는 것이 합당한지에 대해서 고민을 하고 있습니다. 그 아동에게 많은 시간 동안 문자소-음소 대응, 음절읽기, 음운

(다음 쪽에 계속됨)

> 인식 등을 지도하였으며, 아동이 공식적으로 읽기/쓰기 교육을 받은 프랑스어로 얼마나 많은 전이를 기대할 수 있을지 모르겠습니다. 박사님께서는 제가 어느 언어로 치료를 제공해야 할지 조언을 해 주실 수 있을는지요? 비우세언어는 대개 우세언어에서 습득된 기술을 바탕으로 저절로 좋아지기 때문에, 저는 언제나 우세언어를 선택하는 경향이 있습니다. 그러나 소리 대응이 다르기 때문에 문어에서도 이것을 그대로 적용해도 되는지 확신이 서지 않습니다. 하지만, 아동이 단어를 음절/음소로 분리하는 방법을 배우면 프랑스어에서도 그렇게 하는 방법을 이해할 수 있는 것이 타당해 보입니다.
>
> 어느 특수교사로부터

- 읽기에 어려움이 있는 이중언어 학생들은 단일언어 학생들과 동일한 영역에서 어려움을 보일 것이라 예상된다. 단일언어 학생들은 문법, 의미와 같은 읽기이해와 관련된 큰 단위의 기술 습득, 또는 단어해독과 관련된 작은 단위의 기술을 습득하는 어려움 때문에 읽기에 어려움을 겪을 수 있다. 작은 단위의 기술은 특히 중요한데, 이것이 읽기이해와 관련된 기술을 습득하는 데 필수적이며, 흔히 L1이나 L2의 읽기장애와 관련이 있기 때문이다.
- 소리-철자 지식과 음운인식능력의 평가는 아동의 읽기장애 위험을 매우 정확하게 예측할 수 있다. 이중언어 학생의 경우, 이런 기술에서 상당한 교차언어적 전이가 발생하기 때문에 L1 또는 L2에서 예측 가능하다.
  - 초급 L2 학습자의 소리-철자 대응지식과 L1의 음운인식능력은 개별화된 지원을 받을 필요가 있는 고위험군 L2 학생을 조기에 확인하는데 유용하다.
- 소수언어 아동들이 단어읽기 어려움(난독증) 없이도 심각한 읽기문제를 가질 수 있다는 것을 인식해야 한다. 이런 아동 중 몇몇은 근본적인 언어장애가 있거나 그 언어의 문법이나 의미체계를 완벽하게 습득하지 못한 것과 같은 다른 문제를 가지고 있을 수 있다.
- 읽기장애의 임상적인 확인을 하기 위해서는, 부적절한 읽기경험, 읽기교육

을 경험하지 못한 것, 목표언어를 습득할 기회의 부족, 사회경제적 요인, 시각 또는 감각 운동적 문제, 심각한 지적장애, 외상 등과 같은 배제요인의 영향을 제외시켜야 한다.

- 이중언어아동이 L1에서 추적할 수 있는 L2의 읽기오류를 나타낼 경우에, 이것이 장애의 증상이라기보다 L1 bootstrapping 현상이다. 왜냐하면, 학생들은 새로운 언어로 진입하기 위해서 그들이 가진 모든 언어적 자원을 동원하기 때문이다.
- 읽기에 어려움이 있는 아동들을 위한 조기 개별화된 교실 중심 지원이 효과적이기 위해서는 다음과 같은 점을 염두에 두어야 한다.
  - 분명하고, 집중적이며, 체계적이어야 한다.
  - 개별 학생의 읽기와 관련된 약점에 중점을 두어야 한다.
  - 장기간 자주, 정기적으로 지원을 제공해야 한다.
  - 일대일 개별, 또는 적극적인 학생들의 참여를 유도하고 많은 기회를 제공하는 소집단 중재를 실시한다.
  - 제스처의 사용, 시각적인 지원, 대기 시간 늘리기(increase wait time), 반복하기(repetition), 중복(redundancy)과 같은 L2 학습자들에게 효과적인 적응을 포함시킨다.
- 교실 중재에서 빈약한 반응을 보이는 L2 학생은 학습장애 전문가에게 의뢰한다. 다음은 읽기장애 전문가 또는 다른 학습 전문가들이 읽기장애로 인해 개별화된 중재가 필요한 L2 학습자들의 특별한 강점과 약점을 확인하는 데 도움을 줄 수 있는 가이드라인이다.
  - L1의 읽기기술을 조사한다.
  - 학습자의 L2 유창성 범위 내에서 평가를 실시한다.
  - 해독기술과 해독기술에 기초가 되는 작은 단위의 기술을 평가 한다. 즉, 음운인식능력, 철자-소리 지식.
  - 읽기이해력 기술과 복잡한 구어언어이해력, 양적 및 질적 측면의 어휘능력, 이해력을 모니터링 하는 능력 등과 같은 이해와 관련된 큰 단위 기술을 평가한다.

- 현재 연구가 제한되어 있기는 하지만, 연구 결과를 볼 때 효과적인 임상적인 중재를 위해서는 다음과 같은 점을 염두에 두어야 한다.
  - ○ 각 학생의 강점과 약점을 고려하여 차별화한다.
  - ○ 특히 각 학생의 L2구어언어발달 수준에 적합하도록 조절한다.
  - ○ 날마다 또는 최소한 1주일에 3세션 이상 집중적으로 지원하는 것이 좋다.
  - ○ 평가에서 더 이상 중재가 필요하지 않다는 결과가 나올 때까지 지속적으로 지원을 한다(대부분의 경우에 L2 학생들은 장기간 지원이 필요할 것이다).
  - ○ 각 학생들의 특수한 요구 측면을 분명하게 한다.
  - ○ 가능하다면 일대일 개별적 또는 소집단으로 중재를 제공하며, 소집단은 아동들의 요구와 수준이 유사한 아동들로 구성되어 있다.
  - ○ 교사나 또래들의 피드백과 함께 많은 유도 연습(guided practice)을 제공하면서 상호작용한다.

용어 해설

가족이중언어(family bilingualism) 직계가족이 이중언어사용자인 상황을 의미하나(부모가 자녀들에게 이중언어로 말한다), 부모의 두 언어 중 하나의 언어는 그 지역사회에서 사용하지 않는 언어이다. 한쪽 부모가 하나의 언어를 사용하는(one parent-one language) 가정에서 성장하고 있는 많은 아동들은 가족이중언어를 경험한다.

감가적 이중언어환경(subtractive bilingualism environment) 제2언어습득의 결과로 모국어의 부진, 감소, 또는 손실과 관련된 언어학습환경(가족, 지역사회, 학교를 포함하여)을 말한다. 이런 환경의 이중언어아동들은 대개 모국어와 가족과 관련된 문화적 정체성을 잃는다. 이런 과정을 감가적 이중언어환경이라고 하며, 이민자, 난민, 혹은 토착민 집단과 같은 소수민족언어집단 출신의 아동들이 다수집단 언어를 습득할 때 발생한다. 결국, 감가적 이중언어는 흔히 다수언어의 단일언어가 유창해지는 결과를 가져온다.

공통 기저 능력 가설(common underlying proficiency hypothesis) 상호 의존 가설의 설명을 보기 바란다.

교차언어적 영향(cross-linguistic influence) 언어발달기 이중언어아동들의 두 언어 간 상호작용이다. 이런 상호작용은 다른 언어의 문법적 특성이 한 언어의 구문구조에 영향을 준다. 교차언어적 영향은 단일언어체계(unitary language system)와 다르다. 그 이유는 교차언어적인 구조에서는 두 언어 간 광범위한 혼합이 발생하는 것이 아니라, 혼합의 범위가 제한적이다. 교차언어적 영향을 받은 구조가 흔히 나타나는 것이 아니며, 많은 연구 결과를 보면, 교차언어적 영향은 이중언어아동들의 언어에서 영원히 나타나는 것이 아니라 전형적인 발달과정의 부분으로서 발생하였다. 이 개념 cross-linguistic transfer 또는 cross-linguistic interference라고 한다.

국제입양아동(internationally adopted [IA] children) 국제입양아동은 다른 나라에 살고 있는 가족에게 입양된 아동들이다. 일반적으로 아동들이 입양 될 때 입양한 가족은 그 언어를 사용하지 않기 때문에 제1언어를 듣거나 학습하는 것이 중단된다. 국제입양아동들을 다른 이중언어아동들과 따로 분리하는 것은 일반적으로 국제입양아동들이 유아기 동안에 기능적인 단일언어사용자가 되는 전이 이중언어아동이기(transitional bilingual) 때문이다. 다른 이중언어아동과 마찬가지로 국제입양아동들은 생애 초기에 하나 이상의 언어에 노출되며, 이중언어 중 한 언어에 노출되는 시기가 늦다.

굴절 형태소(inflectional morphology) 문법형태소, 형태구문을 보기 바란다.

규준샘플(norming sample) 한 평가에서 점수 분포를 이루고 있는 각 개인들의 집단이며, 이 집단이 얻은 점수로 정규분포곡선이 결정된다. 동일한 평가에서 받은 각 아동의 점수는 규준샘플 집단과 비교하여 해석할 수 있다.

기능어(functional words) 문법형태소와 형태구문의 설명을 보기 바란다.

난독증(dyslexia) 읽기장애를 찾아서 보기 바란다.

다수민족언어집단(majority ethnolinguistic community) 그 지역사회 구성원 대부분이 사용하는 언어를 말하는 사람들의 공동체이며, 그 지역 대부분의 사람들이 속한 인종, 민족 집단이다. 그 지역사회는 나라만큼 큰 단위일 수도 있고, 나라 안의 주 혹은 지방이거나 매우 작은 단위의 지역일 수 있다. 다수언어는 대개 그 지역의 공식적인 언어이고, 다수문화는 그 지역의 문화로 인식되며, 다른 경우에, 그 지역사회에서 비공식적으로 높은 지위의 언어와 문화로 간주된다. 다수언어는 대부분의 신문과 매체, 법정, 지역사회의 정치단체에서 사용되는 언어이다. 예를 들면 미국의 백인; 캐나다의 영국계 캐나다인; 독일의 원어민 독일 화자들. 또한 다수집단이라는 용어를 사용하기도 한다.

다수언어(majority language) 다수민족언어집단(majority ethnolinguistic community)이 사용하는 언어이다.

다수언어 학생(majority langage students) 다수언어를 사용하거나, 다수민족집단(미국 내 주류 사회문화적 배경 출신의 영어를 사용하는 학생 또는 캐나다의 영어를 사용하는 학생)에 속한 K-12 학생이다.

다수집단(majority group) 다수민족언어집단(majority ethnolinguistic community)의 설명을 보기 바란다.

다운증후군(Down Syndrome) 21번 염색체가 2개이며, 비정상적인 염색체로 인한 신경발달성 장애이다. 다운증후군아동은 특징적인 외모와 중도에서 고도의 지적능력 결함을 가지고 있으며 언어발달에도 결함이 있다.

단순언어장애(SLI, specific language impairment) 아동들의 언어산출 시기가 늦고 언어발달의 문제가 오래도록 지속되는 학령전기와 학령기 아동에게 나타나는 발달적 언어장애이다. 언어장애에도 불구하고, 단순언어장애아동들의 비구어 언어능력은 정상범위이거나 그 보다 더 높으며, 청각장애나 자폐범주성장애, 임상적으로 분명한 운동적 결함, 또는 신경학적 결함이 없다. 이들 아동들의 주요 장애는 다른 영역에서의 장애나 결함의 결과라기보다는 언어 그 자체가 문제이다. 언어장애(language impairment)는 지적장애, 자폐범주성장애, 청각장애와 같은 결함/장애의 결과로 나타나는 언어학습의 어려움을 포함하는 보다 일반적인 용어이다.

단일언어체계가설(Unitary Language System Hypothesis) 초기 동시적 이중언어발달에 대한 이론이며, 이 이론에서는 영아들이 이중언어에 노출될 때, 처음에는 두 개의 별도로 분화된 언어적 표상을 형성하지 않는다. 그 대신에 아동들은 이중언어입력을 혼합하여 단일체계(single system)를 형성하는데, 그 단일체계는 분화 과정을 거쳐야 한다. 약 3세경에 발생하는 것으로 추정되는 분화과정 이후에 아동은 이중언어자가 된다. 이 가설은 이중언어체계가설(dual language system hypothesis)과 대조를 이룬다.

동시적 이중언어(simultaneous bilingual children) 출생부터 두 언어를 배우거나, 3세 이전에 두 개의 언어를 배우기 시작한 아동을 말한다. 사실 동시적 이중언어는 두 개의 제1언어를 갖는 것이다. 동시적 이중언어아동들은 주로 가정에서 부모와 형제자매, 보모, 유아원에서, 또는 조부모나 친척들로부터 이중언어에 노출된다. 3세 연령에 대한 확정적인 구분은 없지만 이 연령이 동시적 이중언어와 제2언어 습득자를 구분하는 가장 일반적인 연령으로 받아들여지고 있다.

메타언어인식(metalinguistic awareness) 메타언어인식은 소리, 단어, 문법적인 구조를 포함한 언어의 요소를 조작하는 능력과 그것을 의식적으로 자각하는 능력이다(단어의 말소리 수를 세는 능력, 단어에 소리를 덧붙이기와 없애기, 그 외 단어의 소리를 조작하는 능력; 단어와 단어의 그 특징을 확인하는 능력). 어떤 메타언어기술은, 특히 음운인식능력은 읽기 및 쓰기 능력과 매우 상관이 높다.

몰입 프로그램(Immersion programs) K-12 이중언어 프로그램은 다수민족언어집단 출신 학생들을 위한 이중언어 프로그램이며, 여기에서는 한 학년 혹은 그 이상의 학년 동안 교과과정 중 최소한 50%가 제2언어 또는 외국어로 이루어진다. 제2언어로 교육을 시작하는 시기는 저학년(유치원 또는 1학년)에서부터 초등학교 중등학년 시기(약 4학년 정도), 초기 고등학교 시기(7, 8학년)까지 다양하다. 몰입교육 기간은 1년에서 몇 년까지 다양할 수 있다. 이런 종류의 프로그램을 '제2언어' 또는 '외국어' 몰입 프로그램이라고도 한다.

문법형태소(grammatical morphology) 형태소는 과거시제, 현제시제와 같은 문법적인 기능을 표시하며, 명사, 동사, 형용사와 같은 내용 형태소와 차이가 있다. 문법형태소에는 활용이 될 수 있는 의존형태소(복수 표지 -s, 과거시제 -ed)가 있으며, 단어에 붙거나 관사(the, a), 또는 조동사(she is eating에서 is)처럼 단어와 독립적으로 사용된다. 형태구문에 있는 설명을 보기 바란다.

반푼이중언어(semilingualism) 제1언어능력은 두드러지게 감소하고, 제2언어능력은 아직 유창한 수준에 도달하지 못한 상태에 있는 제2언어 학습자의 언어적 지식 상태를 말한다. 이런 학생들에게 때로 반푼이중언어라는 꼬리표를 붙이는데, 이는 두 언어 모두에서 적당한 언어능력을 갖지 못했다는 것을 의미한다. 반푼이중언어의 존재는 개념적, 경험적 양 쪽 분야 모두에서 어려운 문제이며, 특히 제2언어를 학습하는 아동들에게 이런 꼬리표는 논란이 되고 있다.

발달적 오류(developmental errors) 중간언어 기간 동안에 형태소의 대치, 생략, 잘못된 단어순서, 또는 제2언어 학습자가 산출하는 다른 오류를 말한다. 발달적 오류는 제1언어의 언어적 배경에 상관없이 모든 언어학습자들에게 전형적으로 나타난다. 즉, 이런 오류의 원인은 제2언어 학습자들의 제1언어에서 추적할 수 없는 것이다. 또한 전이오류의 설명을 참고하기 바란다.

발달적 이중언어 프로그램(developmental bilingual programs) 소수언어 학생들을 위한 이중언어 프로그램의 목적은 완전한 이중언어 유창성과 교과목에서 학년에 적절한 수준을 목표로 한다. 초등학교 학년 내내, 때로는 중등학교 학년까지 다수언어인 제2언어와 학생들의 모국어 모두를 학업 교과목과 문해를 가르치기 위해서 사용한다.

발음중심 어학 교수법(phonics instruction) 각 단어를 읽고 쓰는 방법을 가르치는 교육방법이다. 여기에서는 구어 낱말을 철자 또는 철자군(group of letters)과 연결하는 방법을 가르치며(말소리 /k/는 영어 철자에서 *c*, *k*, *ck*, *ch*로 표현될 수 있다), 새로운 또는 모르는 단어를 적절하게 발음하기 위해서 학습자들이 철자를 혼합하도록 지도한다.

발화 간 부호혼합(interutterance code-mixing) 부호혼합에서 자세하게 설명하고 있다.

발화 내 부호혼합(intrautrteracne code-mixing) 부호혼합에서 자세하게 설명하고 있다.

빠른 이름대기(rapid automatized naming)[또는 **음운재부호화**(phonological recoding)라고 한다] 사물 그림, 색깔 있는 천 조각, 또는 숫자 목록과 같은 사물에 이름을 붙이는 능력이다. 대개 정해진 시간 안에 그림, 숫자, 색깔의 이름을 빠르게 말하도록 하는 것으로 평가 한다. 예를 들면, 30초 동안에 얼마나 많은 사물의 이름을 말할 수 있는가 하는 것이다.

백인문화(Angle-Western culture) 영어를 사용하는 문화에서 유래된, 또는 광범위한 서구 문화의 가치와 전통을 근거로 한 문화이다. 예를 들면, 캐나다, 미국, 호주, 뉴질랜드는 분명한 주류 문화를 가지고 있으나 서로 유사한 가치와 신념을 공유하고 있는데, 그 나라들은 영국이나 다른 서구 문화 전통과 관련된 공통적인 역사적 유대관계를 형성하고 있기 때문이다.

번역 등가어(translation equivalents) 이중언어화자의 두 언어에 실제로 동일한 뜻을 가진 각각의 어휘가 있는 것을 말한다(스페인어에서 *zapatos*는 영어의 *shoes*와 동일한 의미의 단어이다).

부가적 이중언어환경(additive bilingual environment) 추가적으로 언어를 습득하는 동시에 아동들의 모국어 습득을 촉진시키는 언어학습환경(가족, 지역사회, 학교환경)이다. 부가적 이중언어환경에서는 제2언어의 습득으로 인한 모국어의 발달과 유지에 문제가 발생하지 않는다. 이런 환경에서는 대개 이중문화 정체성을 포용한다. 이것이 하나 이상의 언어를 배우는 다수민족언어집단 출신 아동의 언어학습환경 특성이다. 이 환경에서는 대개 높은 수준의 이중언어 유창성을 발달시키며, 'additive bilingualism'이라고도 한다.

부분 몰입교육(partial immersion) 다수언어 학생들을 위한 교육프로그램이며, 이 프로그램에서는 학업의 50%는 학생들의 모국어로, 나머지 50%는 제2언어로 실시한다. 이 프로그램은 흔히 유치원이나 초등학교 1학년에 시작되어 초등학교가 끝날 때까지 지속적으로 이어진다.

부호혼합(code-mixing) 동일한 발화에서 이중언어의 두 개 또는 그 이상의 언어요소를 사용하는 것을 말한다. 음운, 어휘, 형태구문적인 측면에서 두 언어의 요소를 혼합하여 사용할 수 있다. 한 문장 또는 한 발화에서 일어나는 혼합을 **발화 내 부호-혼합**(intrautterance code-mixing)이라고 한다. 동일한 대화상에서 하나의 언어에서 다른 언어로 전환하는 혼합은 **발화 간 부호혼합**(interutterace code-mixing)이라고 한다. 각각의 예시는 5장에서 제시하였다. 부호혼합은 이중언어아동과 성인 모두에게서 일반적으로 발생하는 언어사용 형태이며, 문법적, 사회문화적으로 통제를 받는다. 즉, 임의적으로 발생하는 것이 아니다. *code-switching*이라고도 한다.

비구어 기간(nonverbal period) 비구어 기간은 제2언어를 배우는 화자가 제2언어 습득 초기에 겪는 단계를 의미하며, 이 시기에 아동들은 제2언어를 거의 말하지 못하거나, 말하지 못한다. 아동들은 학교 교육 환경, 또는 유치원 환경에서 제2언어 대한 수용언어 지식을 쌓아가며, 주로 비구어 제스처로 의사소통을 하고, 그 언어로 단어를 말하지 못하거나 거의 말하지 못한다. 비구어 기간은 몇 주에서 몇 달간 지속될 수 있다. 일반적으로 나이 든 아동들에 비해 어린 아동 일수록 비구어 단계에 머무는 기간이 길다.

비우세 언어(nondomiant language) 비우세 언어는 이중언어아동과 성인의 두 언어 중에서 다른 하나의 언어에 비하여 덜 유창한 언어를 말한다. 아동들의 비우세 언어는 우세언어에 비하여 어휘량이 더 적고, 덜 유창하며, 구문능력이 덜 발달되어 있다. 또한 비우세 언어를 사용하려고 할 때 더 많은 부호혼합을 한다. 그 이유는 덜 발달된 비우세 언어의 유창성 차이를 채우기 위해서 우세언어의 기술들을 사용하기 때문이다. 언어우세는 흔히 각 언어에 노출된 정도와 관련이 있으며, 비우세언어는 일반적으로 아동이 덜 노출된 언어이다. 언어장애가 있는 것으로 보이는 이중언어아동의 최고 언어능력 수준을 알아보기 위해서 우세언어에서 평가를 해 보는 것은 중요하다.

상호 의존 가설/공통 기저 능력 가설(interdependence hypothesis/ common underlying proficiency hypothesis) 두 개의 개념은 매우 밀접한 관련이 있으며, 제2언어 학습자들의 제1언어와 제2언어 간 관계를 나타내는 개념이다. 이중언어 두 언어 간 기초적인 요소가 공유될 수 있는 언어구조, 언어학습기술, 문해기술들이 있기 때문에, 즉 공통 기저 능력, 두 언어 간 발달에서 상호 의존이 예상된다. 그런 상호 의존은 이중언어 학생들에게 촉진제 역할을 할 수 있다. 또한 이중언어 bootstrapping에 관한 설명을 보기 바란다.

생략오류/수행오류(errors of ommission/commission) 제2언어 학습자의 중간언어에서 나타나는 두 종류의 오류를 말하는 용어이다. 생략오류는 문법형태소와 같은 중요한 요소를 생략하는 것을 의미한다(*Robin is going there* 대신에 *Robin Ø going* *there* 사용). 수행오류는 문법형태소를 추가하는 것인데, 잘못된 문법형태소를 사용하거나(예를 들면, *Robin is going there* 대신에 *Robin am going there* 사용), 적절한 문법형태소를 잘못 발음한다. 영어 제2언어습득에서 생략오류가 더 일반적으로 발생한다.

소수민족언어공동체(minority ethnolinguistic community) 소수민족언어공동체는 소수언어를 사용하는 사람들이 구성원이이며, 소수문화에 속하는 집단이다. 언어와 문화는 인구통계학적으로 소수이거나, 사회적, 경제적, 정치적 영향력에서 상대적으로 낮은 소수 계층에 해당 한다. 예를 들면, 미국에 살고 있는 히스패닉 배경의 스페인어 사용 화자들, 캐나다의 광둥어 사용 화자들과 이뉴잇어 사용 화자들, 미국의 나바호족 화자들, 네덜란드와 독일의 터키어 사용 화자들이다.

소수언어(minority language) 소수민족공동체 구성원이 사용하는 언어이다.

소수언어 학생(minority language students) 소수언어를 사용하거나, 소수민족집단(미국 내 중앙아메리카 혹은 남아메리카 사회문화적 배경 출신의 스페인어 사용 학생들 또는 중국 사회문화적 배경을 가진 중국어 사용 캐나다 학생들)에 속한 K-12 학생이다.

소수집단(minority group) 소수민족공동체에 관한 설명을 보기 바란다.

순차적 이중언어(sequential bilingual children) 제2언어 학습자에 대한 설명을 보기 바란다.

양방향 이중언어/몰입교육 프로그램(two-way bilingual/immersion programs) 미국의 이중언어 프로그램이며 이 프로그램에 참여하는 학생들의 절반은 소수언어집단(스페인어) 출신이고 나머지 절반은 다수언어집단(영어) 출신 학생들이다. 초등학교 시기 내내, 때로 고등학교 학년 시기까지 문해와 학업 교과목 교육을 위해서 소수언어와 영어 모두를 사용한다. 이런 프로그램은 완전한 이중언어 유창성과 학업 교과목에서 학년수준의 달성을 목적으로 한다. 양방향 이중언어 프로그램의 가장 일반적인 형태는 90/10과 50/50 모델이라고 부르는데, 소수언어로 90% 또는 50%로 교육을 실시하고 나머지는 영어로 교육을 실시하기 때문이다.

어휘 채우기 가설(lexical gap hypothesis) 아동과 성인이 그 언어에 적절한 어휘를 쉽게 찾을 수 없거나 모를 때 한 언어의 어휘를 다른 어휘의 문장에 혼합하여 사용한다는 이론이다. 예를 들면, 스페인어 사용 화자가 "I lost my wallet"이라는 말을 하고 싶은데, 영어로 *wallet*이라는 단어가 기억나지 않거나 모를 때, 그는 영어 문장에 스페인어 단어인 *cartera*를 넣는다.

언어교차(language crossing) 영국의 다민족 학교에서 청소년들의 언어사용을 설명하기 위해서 사용한 용어이다. 이 학교 청소년들은 각각 다른 모국어에서 어떤 구와 표현을 차용하여 그들 자신의 모국어와 통합하여 사용하였다. 이런 종류의 의도적인 언어혼합은 청소년들 간의 사회적 유대감을 형성하고 표현하는 데 사용되었다.

언어사회화(language socialization) 언어사회화는 아동이 언어를 통하여 그들의 문화로 사회화되는 과정이며, 결과적으로, 아동들이 배우고 있는 언어의 사용방식과 대화 상대자에 관해 아동을 사회화시키는 문화 정형화(cultural patterning)과정이다.

언어장애(language impairment) 단순언어장애에서 설명하고 있다.

언어적성(language aptitude) 한 사람이 언어학습을 위해 가지고 있는 능력 또는 잠재력이다. 언어적성은 일반적인 지적능력과 구별되며, 친숙하지 않은 말소리를 음성단위와 명사, 동사, 형용사와 같은 구어의 한 부분으로 빠르고 정확하게 해독하는 능력과 같은 기술이 포함된다. 음운기억도 언어적성과 관련이 있다. 언어적성은 개성, 사회적 또는 태도적인 요인보다 제2언어의 성공적인 습득을 보다 잘 예측해 주며, 후천적으로 학습되는 기술이 아니라 타고난 능력인 것으로 보인다.

엄마 말투(child-direct talk) 아직 언어를 완전히 습득하지 못한 아동에게 성인이 하는 말이다. 어떤 문화에서는 성인이 아동의 활동에 참여하고, 그 활동에 대하여 아동에게 직접적으로 말을 할 것이다. 엄마 말투에는 어휘, 구문의 단순화와 같이 언어를 변경시키는 것을 포함하는데, 성인들은 일반적으로 나이든 아동들이나 다른 성인에게 사용하는 방법과 다르게 낱말을 사용한다. 이런 종류의 말은 북미 중산층 문화에서 전형적인 것이며, child-directed speech or language, 또는 motherese라고도 한다.

연계 질문(contingent query) 누군가가 질문을 하는 상황인데, 그 상황은 직접적 또는 우발적인 반응을 유도하는 대화상황이다. 이것은 어떤 문화(백인, 중산층 미국 문화)의 아동과 성인 간 대화 상황에서 일반적으로 발생하는 형태이다.

영어 학습자(English language learners, ELLs) 사회적 통합과 교육적 목적으로 미국 내 다수언어인 영어를 배우고 있는 소수언어 학생들(미국에 살면서 교육을 받고 있는 스페인어 사용 아동, 한국어 사용 아동, 베트남어 사용아동)이다. 이전에는 이런 아동들을 제한된 영어 사용자(Limited English Proficient, LEP)라고 불렀다. 이 용어는 여전히 주와 연방 정부 법에서 사용하고 있으나 교육자들과 연구자들은 '제한된(limited)'이라는 용어의 경멸적인 의미 때문에 잘 사용하지 않는다. 유사한 용어로서 ESL(English as a Second Language Learner), EAL(English Additional

Language Learner), 또는 단순하게 EL(English Learner)이라는 용어를 사용하며, 캐나다에서는 ELL이라는 용어를 사용한다.

우세언어(dominance/dominant language) 이중언어사용자들이 다른 언어에 비하여 한 언어에서 문법적인 유창성이 높고, 어휘가 더 많으며, 유창성이 더 좋은 것을 의미한다. 흔히 우세언어는 다른 언어보다 더 자주 사용되는 언어이다. 모두가 그런 것은 아니지만, 대개 이중언어아동과 성인은 두 언어 중 우세언어가 있다. 우세언어는 일생 동안 바뀌며, 하나의 언어가 다른 언어에 비하여 매우 우세하거나 약간 우세할 수 있다. 이중언어아동의 우세언어는 언어선택(비우세 언어보다 우세언어 사용을 선택), 언어발달속도(이중언어아동의 우세언어 능력은 그 언어를 사용하는 단일언어아동의 언어능력과 유사하다)에 영향을 미칠 수 있다.

운율(prosody) 음도와 강세에서 쉼과 변화를 포함한 말소리의 음조 곡선(intonation contour)이다.

유산언어(heritage language) 소수민족집단 구성원이 사용하는 언어 혹은 그 집단과 관련된 언어이다. 이 용어는 흔히 이민자, 난민(망명자), 그 자녀들이 사용하는 언어를 설명할 때 사용되며, 그들이 현재 살고 있는 지역의 집단 구성원들은 더 이상 사용하지 않는 언어를 말한다. 예를 들면, 이탈리아가 아닌 다른 나라에 살고 있는 이탈리아 출신 성인과 아이들의 이탈리아어; 미국에 이민 온 멕시코 계 미국 아이들의 스페인어; 독일 또는 네덜란드에 살고 있는 터키 출신 아이들의 터키어.

음성적 요소(phonetic segments) 한 언어의 음성/음소 목록을 이루고 있는 개별 말소리 즉, 음(phone)이다. 예를 들면, [b], [p], [g], [I], [u]는 모두 영어 음성/음소 목록에 있는 분절음이다. 전 세계에는 로마자로 쓸 수 있는 것보다 더 많은 말소리가 있기 때문에 국제음성기호(IPA, International Phonetic Alphabet)를 이용하여 전 세계의 언어에 사용되는 말소리를 전사한다.

음소(phonemic) 최소대립쌍에서 의미 차이를 나타내는 분절음(말소리)의 음향/조음적인 차이이다. 최소대립쌍은 대조를 이루는 두 개의 분절음을 제외하고 동일한 분절음으로 구성된 단어쌍이다(*bat*와 *pat*). 음소적으로 대조를 이루는 분절음들은 언어에 따라 다르다. 예를 들면, /l/, /r/ 간의 조음/음향적인 차이는 이런 음소가 영어에서 사용될 때에는 의미적인 차이를 만들지만(*rice*와 *lice*), 일본어에서는 의미적인 차이를 만드는 음소가 아니다. 따라서 흔히 일본어 화자들은 영어를 듣고 말할 때 이런 차이를 듣고 발음하는데 어려움을 보인다.

음소인식(phonemic awareness) 개별 음소들이 어떻게 단어를 구성하고 있는가에 대한 지식을 말한다. 예를 들면, /c/, /a/, /t/는 단어 'cat'를 구성하고 있는 말소리들이다. 음소인식은 보다 전반적인 능력인 음운인식의 한 부분이다.

음소/형태소(Morphemes/morphology) 문법형태소와 형태구문에 관한 내용을 보기 바란다.

음운기억(phonological memory) 〔구어적 작업기억(verbal working memory)과 단기기억과 관련된 용어이다〕 음운기억은 단기기억에서 음운적인 정보를 유지하는 능력이다. 즉, 매우 짧은 시간이다. 이것은 흔히 숫자 또는 비단어 반복과제를 사용하여 평가한다. 예를 들면, 아동에게 일련의 비단어를 제시하고 아동이 할 수 있는 한 정확하게 그 비단어들을 반복하도록 요구한다. 만약 아동에게 제시한 과제가 숫자나 비단어를 단순하게 반복하도록 요구하는 것이라면, 이것은 단기기억력을 평가하기 위한 것이다. 이에 비하여 아동에게 비단어나 숫자를 거꾸로 반복하도록 요구하는 것과 같이 과제를 기억하여 조작해야 하는 것이라면, 작업기억능력을 평가하는 것이다.

음운인식(phonological awareness) 독립적으로 조작할 수 있는 개별 말소리로 구성된 단어에 대한 지식이다(음절, 음소, 또는 다른 소리 단위); 즉, 말소리를 합치기, 분리하기, 삭제하기를 할 수 있다. 음운인식은 보다 전반적인 능력인 메타언어인식능력의 일부분이다.

이중언어교육/이중언어 프로그램(bilingual education/programs) 미국의 소수언어 학생들을 위한 K-12 프로그램에서는 몇 학년 동안 학업과 문해교육을 위해서 영어와 학생의 모국어 모두를 사용한다.

이중언어아동(bilingual children) 동시적 이중언어아동, 순차적 이중언어아동, 제2언어습득자에 관한 설명을 보기 바란다.

이중언어체계가설(dual language system hypothesis) 초기 이중언어발달에 대한 이론으로서 영아가 이중언어 입력에 노출될 때, 두 개의 어휘 및 문법체계와 같이 처음부터 두 개의 분화된 언어적 표상을 형성한다는 이론이다. 이 관점에 따르면, 두 언어에 노출된 아동은 어느 언어발달 시기나 이중언어아동이라고 할 수 있으며, 아동의 발달과정에서 언어체계가 눈에 띄게 두 개로 분리되는 단계는 없다. 이 가설은 1990년대 이후 연구자들 간에 주요 관점이었으며, 단일언어체계가설(unitary language system hypothesis)과 대조를 이루고 있다.

이중언어학습자/이중언어아동(dual langage learner/children) 동시적 이중언어아동과 학령기 및 학령전기의 제2언어 학습자를 말한다.

일차적 언어장애(primary langage impairment) 단순언어장애(SLI)에서 설명하고 있다.

읽기이해 부진 아동(poor comprehenders) 읽기장애에서 설명하고 있다.

읽기장애(reading impairment) 지능이 정상이고, 적절한 교육기회가 있었으며, 신경학적 및 심리적 문제가 없음에도 불구하고 읽기에 큰 어려움을 보이는 분명한 학습장애이다. 읽기장애는 낱말해독, 읽기이해, 읽기 유창성을 포함한 읽기학습과 읽기능력에서 분명하게 문제를 보인다. 난독증은 읽기장애의 한 종류를 나타내는 보다 구체적인 용어이며, 주로 낱말해독의 문제에 해당한다. 읽기부진아동은 낱말해독의 문제가 없음에도 불구하고 텍스트를 이해하는데 어려움을 보이는 경우를 말한다. 읽기부진아동은 특히 의미, 구문, 형태영역과 같은 구어언어장애가 원인일 가능성이 있으며, 이런 결함으로 인해 문어 텍스트 이해에 어려움을 겪는다.

임계치 가설(threshold hypothesis) 이중언어의 다른 인지적 및 언어적 결과를 설명하기 위해서 제안된 이론이다. 이 가설에 따르면, 두 언어에서 상대적으로 높은 수준의 능력을 습득하는 아동은 일반적인 인지와 언어능력에서 더 높은 수준을 나타내는 경향이 있으며, 반면에, 두 언어에서 상대적으로 낮은 수준의 언어를 습득하는 아동들은 평균적인 인지 및 언어능력보다 더 낮은 수준을 보여 주는 것 같다. 중간 정도의 임계치에 해당하는 이중언어습득으로는 인지와 언어에 긍정이든 부정이든 어떤 두드러진 영향을 주지 않는 것 같다.

입양 아동(adopted children) 국제입양아동(IA)을 보기 바란다.

의존형태소/형태론(bound morphemes/morphology) 문법형태소와 형태구문에서 보다 자세하게 설명하고 있다.

전보문식 언어(telegraphic langage) 정형화된 단계와 동시에 또는 그 이후에 제2언어를 유창하게 말하기 시작할 때 아동들이 사용하는 언어의 유형이다. 이 단계 제2언어 학습 아동들의 발화는 정형화된 단계 보다 독창적이지만, 중심 내용어 이외에 문법적인 기능어들은 빠져 있다(전보문처럼). 예를 들면, 아동이 *he doesn't like to play cars*라고 말하는 대신에 *he no like play car*라고 말하며, 대부분의 문법형태소들을 생략한다.

전이오류(transfer errors) 제2언어 학습자들의 중간언어에서 잘못된 발음, 틀린 단어순서 또는 다른 오류들은 제1언어의 영향 때문이다. 예를 들면 스페인어가 제1언어이며 영어를 제2언어로 배우고 있는 화자는 단어산출에서 'sp' 앞에 'e'를 둘 수 있다(예를 들면, *Spanish*는 *Espanish*가 된다; *stop*은 *estop*이 된다). 이 경우에, 제2언어 화자의 모국어에서 제2언어로 음운규칙의 전이가 일어난 것으로 보인다. 또한 발달성 오류에 관한 설명을 보기 바란다.

전이 이중언어 프로그램(transitional bilingual/immersion programs) 소수언어 학생을 위한 프로그램이며, 초등학교 시기에, 최소한 3년 동안 학생들의 모국어로 문해와 학업 교과목을 가르치며, 이 시기에 학생들은 모든 교육이 영어로 진행되는 주류 학급(mainstream classes)으로 전환된다. 이 프로그램은 영어의 완벽한 유창성과 학년에 적절한 학업수준을 목적으로 한다.

전체 몰입교육(total immersion) 다수언어 학생을 위한 교육프로그램이며, 흔히 유치원 시기에 시작하여, 최소 2년 동안 제2언어 혹은 외국어로 90~100% 교육을 실시한다. 학생이 2학년 또는 그 보다 높은 학년이 되었을 때 제1언어로 교육을 시작한다. 제1언어로 교육을 하는 정도는 프로그램마다 다양하다.

정규분포곡선(normal curve) 집단이 받은 점수 또는 평가 점수 분포를 말한다. 이 분포는 대개 종모양을 이루며, 대부분의 점수는 수행력의 중간 수준에 정렬해 있고, 이것은 그 집단 대부분의 개인들이 중간 수준의 점수를 얻었다는 것을 의미한다. 낮은 점수와 높은 점수를 받는 사람들은 매우 적다. 표준편차와 퍼센타일에 관한 설명을 보기 바라며, 9장에서 보다 자세하게 설명하고 있다.

정상범위(normal range) 점수의 정규분포곡선에서 +1과 −1 사이의 점수를 획득한 것이다. 표준화된 평가에서 정상범위 아래의 점수는 −1표준편차 이하의 점수에 해당하며, 읽기장애와 언어장애 표준화된 평가에서 이 점수를 얻는다는 것은 장애가 있다는 것으로 해석할 수 있다.

정형화된 언어(formulaic langage) 비구어기 단계 이후 제2언어를 말하기 시작할 때 아동이 산출하는 언어형태이다. 이 단계에서 제2언어 아동들의 발화는 흔히 짧거나—질문에 한 단어로 대답—또는 거의 본래의 내용이 없는 단지 외운 구(phrase)로 이루어져 있다. 예를 들면, 실제로 아동은 분리된 각각의 단어로 구성되지 않은 외운 문장으로 산출할 수 있다: *I don't know, Excuse me, so what? what's happening?*

제1언어의 감소(first language [L1] attrition) 제2언어가 우세해질 때 모국어의 유창성이 감소하는 과정을 말한다. 이 과정은 제2언어와 비교할 때 제1언어 능력에서 의사소통능력이 떨어지거나 제1언어를 완전히 잃어버릴 수 있다. 감소는 많은 형태로 나타날 수 있다: 제1언어 어휘량의 감소, 제1언어의 유창성/자발성의 감소, 제2언의 문법규칙이 제1언어로 전이, 제2언어의 어휘를 차용하여 제1언어에서 사용, 제1언어의 세부적인 문법구조를 점점 잃어감. 제1언어가 소수언어일 때, 동시적 이중언어아동 이든 제2언사용 아동 이든 간에 제1언어는 감소의 위험에 처한다.

제2언어 학습자(second language learners/children) 3세 이후에 추가적으로 언어를 배우기 시작한 아동을 말한다. 즉, 모국어인 제1언어가 확립된 이후이다. 3세 연령에 대해서는 확정적인 구분이 없지만, 이 연령이 동시적 이중언어와 제2언어 습득자를 구분하는 연령으로 가장 일반적으로 사용되고 있다. 제2언어 학습자는 흔히 교육을 통하여 부가적 언어에 노출된다.

제한된 능력 가설(limited capacity hypothesis) 영아와 아동은 하나의 언어는 충분히 습득할 수 있는 능력이 있으나, 두 개 또는 그 이상의 언어를 습득하는 것은 아동들의 타고난 능력을 초과하는 것이다. 그 결과 영유아기, 초기 아동기에 두 언어를 동시에 습득하는 경우, 그리고 초기 아동기에 제1언어를 습득한 이후에 제2언어를 습득하는 경우에 제1언어 또는 제2언어의 유창성이 감소하는 결과를 초래할 것이다. 언어장애가 있는 것으로 의심되는 아동의 부모들은 아동의 능력이 두 개의 언어를 배우기에는 한계가 있다는 조언을 듣는데, 이것은 아동의 장애가 아동의 언어학습능력을 초과하는 과도한 요구와 관련되어(또는 그것이 원인이라고 생각함) 있다는 가정에서 나온 말이다. 이 책의 많은 증거들은 이러한 제한된 능력 가설에 반대되는 결과를 제시하고 있다.

종모양 곡선(bell curve) 정규분포곡선(normal curve)을 찾아보기 바란다.

중간언어(interlanguage) 제2언어 학습자의 중간언어는 제2언어와 완전하게 일치하지 않으며, 제2언어의 관점에서는 오류로 보인다. 중간언어가 정확하게 목표언어(제2언어)와 같지는 않지만 실행 가능한 언어체계처럼 보인다. 즉, 중간언어는 제2언어를 향해 지속적으로 발달해 가기 때문에 실제 역동적인 규칙이 있는 체계적인 언어이다.

중기 몰입교육(middle immersion) 지연된 몰입교육(delayed immersion)에 관한 설명을 보기 바란다.

지식의 축적(funds of knowledge) 아동이 성장할 때 가정과 지역사회에서 날마다 습득하는 지식과 능력이다. 비공식적인 일상 생활 경험에서 얻은 지식과 기술이며, 이 지식과 기술로 아동들은 가정과 지역사회에서 효과적이고 적절하게 기능할 수 있다. 또한 아동들로 하여금 주변 세계를 이해하고, 사회적으로 적절하게 행동하게 해 준다. 세상사 지식은 아동들이 학교에서 공식적으로 배운 지식과 기술과는 차이가 있음에도 불구하고 어린 학습자들이 학교에서 일어나는 일들을 해석하고, 학교에서 얼마나 성공적일 수 있는가에 영향을 주기 때문에 중요하다. 소수문화 배경 출신의 아동들은 흔히 다수문화집단 학생들과 다른 특별한 문화적 경험을 바탕으로 한 세상사 지식을 가지고 있다.

지연된 몰입교육(delayed immersion) 다수학생을 위한 교육프로그램이며, 이 프로그램에서는 학업을 위한 제2언어 사용이 초등학교 4, 5학년 시기까지 지연된다. 그 시기에 학업의 약 50%가 제2언어로 실시되며, 나머지 약 50%는 학생들의 제1언어로 실시된다.

초기 몰입교육(early immersion) 다수언어 아동을 위한 교육프로그램이며, 학업교육을 위해서 유치원에서 제2언어를 사용하기 시작한다. 제1언어의 사용 정도는 프로그램에 따라 다르다.

최소대립쌍(minimal pairs) 음소에 관한 설명을 보기 바란다.

퍼센타일(percentile) 정규분포곡선에서 점수를 나누는 방법이다. 50%ile은 중간 정도의 수준이라는 것을 나타내며, 25%ile은 보다 낮은 수준, 75%ile은 보다 높은 수준이라는 것을 의미한다.

평균발화길이(MLU, mean length of utterance) 언어발달을 평가하는 일반적인 방법으로서 흔히 전반적인 문법발달을 알 수 있다. 평균발화길이는 아동이 자발화 상황에서 산출한 평균발화의 길이이다. MLU는 평균 낱말 수(의존형태소를 포함하여), 또는 각각의 평균 의존형태소와 자립형태소의 수를 근거로 산출할 수 있다. 전자의 경우, 의존형태소를 따로 계산하지 않기 때문에 MLU가 낮게 나타나는 산출방식이다. 이런 산출방식은 흔히 언어발달을 다른 형태론적 복잡성과 비교할 때 보다 적절하다.

표준편차(standard deviation) 한 집단의 점수에서 평균점수로부터의 평균거리이다. 평균점수로부터의 점수거리는 흔히 표준편차로 나타낸다. 규준샘플에서 2/3, 즉 사람들 중 68%는 −1~+1표준편차 범위에 해당한다. −1표준편차 이하의 점수는 정상범위 아래에 해당하며, 1표준편차 위의 점수는 정상범위 보다 높은 점수이다.

한쪽 부모-하나의 언어 사용 규칙(one parent-one language rule) 이중언어가족의 부모 언어사용 형태이다. 각 부모는 자녀와 상호작용을 할 때 오직 하나의 언어만을 사용하는데, 주로 그 부모의 모국어를 사용한다.

형태구문(morphosyntax) 형태구문은 문법에 관한 보다 전문적인 용어이다. 형태구문은 문법을 이루는 두 영역인 형태론과 구문론을 합한 두 개의 언어영역이다. 형태론은 관사(*the*, *a*), 조동사(*she <u>is</u> going*, *<u>does</u> she like milk?*), 전치사(*to*, *at*, *in*), 부정 표지(*she does <u>not</u> like milk*) 등과 같은 독립적인 기능을 가진 것과 he walk-s, the cat-s, Mommy's sock의 -s, walked, helped에서 과거시제 -ed의 예와 같이 접미사와 접두사 형식으로 명사나 동사에 붙어서 사용되는 굴절형태소를 지칭한다. 독립적인 기능을 가진 단어는 자립형태소라고 하며, 굴절형태소는 의존형태소라고도 한다. 구문은 주로 구나 문장 간의 관계, 그리고 구나 문장에서 단어 순서에 대한 규칙이다.

후기 몰입교육(late immersion) 중학교나 고등학교 시기부터 읽기, 쓰기, 학과 교과목을 포함한 최소한 50%를 제2언어 또는 외국어로 교육을 실시하는 다수언어 학생들을 위한 교육 프로그램이다.

bilingual bootstrapping 이중언어아동의 한 언어의 발달은 다른 언어, 즉 우세언어에 의해서 발달될 수 있으며, 두 언어는 상호 간에 어떤 언어적-개념적 지식을 공유하는 것으로 발달할 수 있다는 생각에서 나온 것이다. 이것은 이중언어아동이 서로 완전히 독립적으로 두 언어체계를 습득하고 있다면 사람들이 기대했던 것보다 발달이 더 빠를 수 있다는 것을 의미한다. 상호 의존 가설(interdependence hypothesis)/ 공통 기저 능력 가설(common underlying proficiency hypothesis)에서 보다 자세하게 설명하고 있다.

English-only program 소수언어 학생들을 위해 미국에서 제공하는 K-12 프로그램은 모든 교육이 영어로 실시된다. 소수언어 학생들은 훈련된 전문가들이 지도하는 제2언어 교육으로 약간의 영어를 배울 수 있다. 그 외에 모든 교육은 교실에서 일반 선생님들에게서 받는다.

L1 감소(L1 attrition) 제1언어 감소에서 자세하게 설명하고 있다.

L2-only/English-only program 제2언어(L2)-only/English-only program의 설명을 보기 바란다.

second language(L2)-only program English-only program에서 설명하고 있다.

sink-or-swim programs submersion programs에 관한 설명을 보기 바란다.

submersion programs 모든 교육이 다수언어로 이루어지는 소수언어 학생들을 위한 K-12프로그램이다(문해와 학업 교과목을 포함하여). 일반적으로 L2 학생들의 특별한 언어와 문화적 특성을 수용하기 위한 교육이 전혀 없거나, 또는 제한되게 이루어진다. 이런 종류의 프로그램은 *sink-or-swim*이라고 부르기도 한다.

successive bilinguals 제2언어 학습자에 대한 설명을 보기 바란다.

참고 문헌

1장

August, D., & Shanahan, T. (Eds.). (2006). Developing literacy in second language learners. *Report of the National Literacy Panel on Language-Minority Children and Youth*. Mahwah, NJ: Lawrence Erlbaum Associates.

Bishop, D.V. M., Adams, C.V, & Norbury, G.E. (2006). Distinct genetic influences on grammar and phonological short-term memory deficits: Evidence from 6-year-old twins. *Genes, Brain and Behavior, 5*, 158-169.

Bishop, D.V.M., & Snowling, M. (2004). Developmental dyslexia and specific language impairment: Same or different? *Psychological Bulletin, 130*, 858-888.

Botting, N., Simkin, Z., & Conti-Ramsden, G. (2006). Associated reading skills in children with a history of specific language impairment. *Reading and Writing, 19*, 77-98.

Catts, H., AdoW S., Hogan, T., & Ellis Weismer, S. (2005). Are specific language impairment and dyslexia distinct disorders? *Journal of Speech, Language, and Hearing Research, 48*, 1378-1396.

Catts, H. W, Fey, M.E., Tomblin, B., & Zhang, X. (2002). A longitudinal investigation of reading outcomes in children with language impairment. *Journal of Speech, Language, and Hearing Research, 45*, 1142-1157.

Christian, D., & Genesee, F. (Eds.). (2001). *Bilingual education*. Alexandria, VA: Teachers of English to Speakers of Other Languages.

Cohen, N., Vallance, D., Barwick, M., Im, N., Menna, R., Horodezky, N., et al. (2000). The interface between ADHD and language impairment: An examination of language, achievement, and cognitive processing. *Journal of Child Psychology and*

Psychiatry, 41, 353–362.

Crago, M.B., & Gopnik, M. (1994). From families to phenotypes: Theoretical and clinical implications of research into the genetic basis of specific language impairment. In S.F. Warren & J. Reichle (Series Eds.), & R.V. Watkins & M.L. Rice (Vol. Eds.), *Communication and language intervention series: Vol. 4. Specific language impairments in children* (pp. 35–51). Baltimore: Paul H. Brookes Publishing Co.

Erdos, C., Genesee, F., Savage, R., & Haigh, C. (2009). *Predicting risk for oral and written language learning difficulties in students educated in a second language.* Unpublished manuscript, Department of Psychology; McGill University.

Finneran, D., Francis, A., & Leonard, L. (2009). Sustained attention in children with specific language impairment. *Journal of Speech, Language, and Hearing Research, 52*, 915–929.

Genesee, F. (2003). Rethinking bilingual acquisition. In J.M. deWaele (Ed.), *Bilingualism: Challenges and directions research* (pp. 158–182). Clevedon, England: Multilingual Matters.

Genesee, F., Lindholm-Leary, K., Saunders, W., & Christian, D. (Eds.). (2006). *Educating English language learners.* New York: Cambridge University Press.

Goldenberg, C. (2003). Making schools work for low-income families in the 21st century. In S.B. Neuman & D.K. Dickinson (Eds.), *Handbook of early literacy research* (pp. 211–231). New York: Guilford Press.

Gough, P.B., & Tunmer, W.E. (1986). Decoding, reading and reading disability. *Remedial and Special Education, 77*, 6–10.

Johnson, R.K., & Swain, M. (1997). *Immersion education: International perspectives.* New York: Cambridge University Press.

Leonard, L. (1998). *Children with specific language impairment.* Cambridge, MA: The MIT Press.

Leonard, L., Ellis Weismer, S., Miller, C.A., Francis, D., Tomblin, B., & Kail, R. (2007). Speed of processing, working memory, and language impairment in children. *Journal of Speech, Language, and Hearing Research, 50*, 408–428.

National Institute of Child Health and Human Development. (1997). *A synthesis of the research on reading.* Retrieved May 19, 2010, from http://www.nrrf.org/synthesis_research.htm on May 19, 2010.

Navarro, M. (2002, September 19). Hello mommy, hola nanny: Immigrant baby sitters double as language teachers. *The New York Times*, p. B1.

Paradis, J. (2007). Bilingual children with SLI: Theoretical and applied issues. *Applied Psycholinguistics, 28*, 551–564.

Paradis, J., Crago, M., & Genesee, F. (2005–2006). Domain-specific versus domain-general theories of the deficit in SLI: Object pronoun acquisition by French-English bilingual children. *Language Acquisition*, *13*, 33–62.

Rice, M.L. (2003). A unified model of specific and general language delay: Grammatical tense as a clinical marker of unexpected variation. In Y Levy & J. Schaeffer (Eds.), *Language competence across populations: Towards a definition of specific language impairment* (pp. 63–94). Mahwah, NJ: Lawrence Erlbaum Associates.

Rice, M.L. (2004). Growth models of developmental language disorders. In M.L. Rice & S. Warren (Eds.), *Developmental language disorders: From phenotypes to etiologies.* (pp. 207–240). Mahwah, NJ: Lawrence Erlbaum Associates.

Rice, M.L. (2007). Children with specific language impairment: Bridging the genetic and developmental perspectives. In E. Hoff & M. Shatz (Eds.), *Handbook of language development* (pp. 411–431). Oxford, England: Blackwell.

Rice, M.L., Hoffman, L., & Wexler, K. (2009). Judgments of omitted BE and DO in questions as extended finiteness clinical markers of SLI to fifteen years: A study of growth and asymptote. *Journal of Speech, Language, and Hearing Research*, *52*, 1417–1433.

Rice, M.L., Redmond, S., & Hoffman, L. (2006). Mean length of utterance in children with specific language impairment and in younger control children shows concurrent validity and stable and parallel growth trajectories. *Journal of Speech, Language, and Hearing Research*, *49*, 793–808.

Rice, M.L., Smith, S., & Gayán, J. (2009). Convergent genetic linkage and associations to language, speech and reading measures in families of probands with specific language impairment. *Journal of Neurodevelopmental Disorders* [online publication]. doi: 10.1007/si 1689–009–9031–x

Rice, M., & Wexler, K. (1996). Toward tense as a clinical marker of specific language impairment in English-speaking children. *Journal of Speech, Language, and Hearing Research*, *39*, 1236–1257.

Scanlon, D.M., Gelzheiser, L.M., Vellutino, F.R., Schatschneider, C., & Sweeney, J.M. (2008). Reducing the incidence of early reading difficulties: Professional development for classroom teachers vs. direct intervention for children. *Learning and Individual Differences*, *18*, 346–359.

Shaywitz, S.E., Fletcher, J.M., Holahan, J.M., Schneider, A.E., Marchione, K.E., Stuebing, K.K., Francis, D.J., Pugh, K.R., & Shaywitz, B.A. (1999). Persistence of dyslexia: The Connecticut longitudinal study at adolescence. *Pediatrics*, *104*, 1351–1359.

Shaywitz, S.E., & Shaywitz, B.A. (2005). Dyslexia (specific reading disability). *Biological Psychiatry*, *57*, 1301–1309.

Stothard, S.E., Snowling, Mj., Bishop, D. VM., Chipchase, B.B., & Kaplan, CA. (1998). Language-impaired preschoolers: A follow-up into adolescence. *Journal of*

Speech, Language, and Hearing Research, 41, 407-418.

Tomblin, J.B., Records, N.L., Buckwalter, P., Zhang, X., Smith, E., & O'Brien, M. (1997). The prevalence of specific language impairment in kindergarten children. *Journal of Speech, Language, and Hearing Research, 40*, 1245-1260.

Tucker, G.R. (1998). A global perspective on multilingualism and multilingual education. In J. Cenoz & F. Genesee (Eds.), *Beyond bilingualism: Multilingualism and multilingual education* (pp. 3-15). Clevedon, EngMultilingual Matters.

2장

Chen, C. (1997). *Language use and language socialization in bilingual homes in Inuit communities.* Unpublished master's thesis, McGill University; Montreal, Canada.

Crago, M., Annahatak, B., & Ninguruvik, L. (2009). Changing patterns of language socialization in Inuit homes. In P Singh (Ed.), *Indigenous identity and activism* (pp. 154-175). Delhi: Shipra.

Crago, M., Chen, C., & Genesee, F. (1998). Power and deference: Decision making in bilingual Inuit homes. *Journal of Just and Caring Education, 4*(1), 78-95.

Crago, M., Eriks-Brophy, A., Pesco, D., & McAlpine, L. (1997). Culturally-based miscommunication in classroom interaction. *Language, Speech, and Hearing Services in the Schools, 28*(3), 245-254.

Eriks-Brophy, A.E., & Crago, M. (2003). Variation in instructional discourse features: Cultural or linguistic?: Evidence from Inuit and non-Inuit teachers of Nunavik. *Anthropology and Education Quarterly, 34*(4), 1-25.

Fernald, A. (2009, November). *Developing fluency in understanding: How it matters.* Keynote address, Boston University Conference on Language Development, Boston.

Freeman, M.A. (1978). *Life Among the Qallunaat.* Edmonton, Alberta, Canada: Hurtig.

Hammer, C.S., Rodriquez, B.L., Lawrence, F.L., & Miccio, A.W. (2007). Puerto Rican mothers' beliefs and home literacy practices. *Language, Speech, and Hearing in the Schools, 38*, 216-224.

Heath, S.B. (1983). *Ways with words.* New York: Cambridge University Press.

Heath, S.B. (1986). Sociocultural contexts of language development. In *Beyond language: Social and cultural factors in schooling language minority children* (pp. 143-186). Los Angeles: Evaluation, Dissemination and Assessment Center.

Hornberger, N. (2007). Biliteracy, transnationalism, multimodality, and identity: Trajectories across time and space. *Linguistics and Education, 18*, 325-334.

Johnston, J., & Wong, M.-YA. (2002). Cultural differences in beliefs and practices concerning talk to children. *Journal of Speech, Language, and Hearing Research, 45*,

916–926.

Labov, W. (1972). *Language in the inner city: Studies in the Black Vernacular English.* Philadelphia: University of Pennsylvania Press.

Lewis, C. (2001). *Literacy practices as social acts.* Mahwah, NJ: Lawrence Erlbaum Associates.

Mucherah, W. (2008). Immigrants' perceptions of their native language: Challenges to actual use and maintenance. *Journal of Language, Identity, and Education, 7,* 188–205.

Ochs, E. (1988). *Culture and language development: Language acquisition and language socialization in a Samoan village.* Cambridge, England: Cambridge University Press.

Ochs, E., & Izquierdo, C. (2009). Responsibility in childhood: Three developmental trajectories. *Ethos, 37*(4), 391–413.

Ochs, E., & Schieffelin, B.B. (1984). Language acquisition and socialization: Three developmental stories and their implications. In R.A. Schweder & R.A. LeVine (Eds.), *Culture theory: Essays on mind, self and emotion* (pp. 276–322). New York: Harper & Row.

Paradis, J., Emmerzael, K., & Sorenson Duncan, T. (in press). Assessment of English language learners: Using parent report on first language development. *Journal of Communication Disorders.*

Rampton, B. (1995). Language crossing and the problematisation of ethnicity and socialization. *Pragmatics, 5*(4), 485–513.

Rogoff, B. (1990). *Apprenticeship in thinking: Cognitive development in social context.* Oxford, England: Oxford University Press.

Rogoff, B. (2003). *The cultural nature of human development.* New York: Oxford University Press.

Schecter, S.R., & Bayley, R. (2002). *Language as cultural practice; Mexicanos en el Norte.* Mahwah, NJ: Lawrence Erlbaum Associates.

Schieffelin, B.B. (1990). *The give and take of everyday life.* New York: Cambridge University Press.

Strauss, C., & Quinn, N. (1997). *A cognitive theory of cultural meaning.* Cambridge, England: Cambridge UniverPress.

Torres-Guzman, M. (1998). Language, culture and literacy in Puerto Rican communities. In B. Perez (Ed.), *Sociocultural contexts of language and literacy* (pp. 99–121). Mahwah, NJ: Lawrence Erlbaum Associates.

Vasquez, O.A., Pease-Alvarez, L., & Shannon, S.M. (1994). *Pushing boundaries: Language and culture in a Mexicommunity.* New York: Cambridge University Press.

Wong Fillmore, L. (1996). What happens when languages are lost? An essay on language assimilation and culidentity. In D. Slobin, J. Gerhardt, A. Kyratzis, & J. Gun (Eds.), *Social interaction, social context, and language: Essays in honor of Susan Ervin-Tripp* (pp. 435-446). Mahwah, NJ: Lawrence Erlbaum Associates.

Wyman, L. (2009). Youth, linguistic ecology, and language endangerment: A Yupik example. *Journal of Language, Identity, and Education, 8*, 335-349.

3장

Arsenian, S. (1945). Bilingualism in the post-war world. *Psychological Bulletin, 42*, 65-85.

Berk, L. (2003). *Child development.* Toronto: Pearson Education Canada.

Bialystok, E. (2001). *Bilingualism in development: Language, literacy, and cognition.* New York: Cambridge University Press.

Bialystok, E., Craik, F.I.M., & Freedman, M. (2007). Bilingualism as protection against the onset of symptoms of dementia. *Neuropsychologia, 45*, 459-464.

Bialystok, E., Craik, FI. M., Klein, R., & Viswanathan, M. (2004). Bilingualism, aging, and cognitive control. *Psychology and Aging, 19*, 290-303.

Bosch, L., & Sebastián-Gallés, N. (2001). Early language differentiation in bilingual infants. In J. Cenoz & F. Genesee (Eds.), *Trends in bilingual acquisition* (pp. 71-94). Amsterdam: John Benjamins.

Bosch, L., & Sebastián-Gallés, N. (2003). Simultaneous bilingualism and the perception of language-specific vowel contrast in the first year of life. *Language and Speech, 46*, 217-243.

Boysson-Bardies, B. (1999). *How language comes to children.* Cambridge, MA: The MIT Press.

Burns, T.C., Yoshida, K.A., Hill, K., & Werker, J. (2007). The development of phonetic representation in bilingual and monolingual infants. *Applied Psycholinguistics, 28*, 455-474.

Conboy, B.T., & Thal, D.J. (2006). Ties between the lexicon and grammar: Cross-sectional and longitudinal studies of bilingual toddlers. *Child Development, 77*(3), 712-735.

Cummins, J. (1976). The influence of bilingualism on cognitive growth: A synthesis of research findings and explanatory hypotheses. *Working Papers on Bilingualism, 9*, 1-43.

Cummins, J. (2000). *Language, power and pedagogy: Bilingual children in the cross-fire.* Clevedon, England: Multilingual Matters.

Darcy, N. (1946). The effect of bilingualism upon the measurement of the intelligence of children of preschool age. *Journal of Educational Psychology, 37,* 21–44.

DeCasper, A.J., & Fifer, W.P. (1980). Of human bonding: Newborns prefer their mothers' voices. *Science, 208,* 1174–1176.

DeCasper, A.J., & Spence, M.J. (1986). Prenatal maternal speech influences newborns' perceptions of speech sounds. *Infant Behavior and Development, 9,* 133–150.

Diebold, AR. (1968). The consequences of early bilingualism in cognitive and personality formation. In E. Norbeck, D. Price-Williams, & WM. McCord (Eds.), *The study of personality: An interdisciplinary appraisal* (pp. 218–245). New York: Holt, Rinehart & Winston.

Dunn, L.M., & Dunn, L.M. (1997). *Peabody Picture Vocabulary Test-Third Edition* (PPVT-Ill). Circle Pines, MN: American Guidance Service.

Feltman, K., & Kay-Raining Bird, E. (2008). Language learning in four bilingual children with Down syndrome: A detailed analysis of vocabulary and morphosyntax. *Canadian Journal of Speech-Language Pathology and Audiology, 32,* 6–20.

Foreman, J. (2002, October 7). Health sense: The evidence speaks well of bilingualism's effect on kids. *The Las Angeles Times,* p. 51.

Genesee, F. (1976). The role of intelligence in second language learning. *Language Learning, 26,* 267–280.

Genesee, F. (1987). *Learning through two languages: Studies of immersion and bilingual education.* Rowley, MA: Newbury House.

Genesee, F. (2003). Rethinking bilingual acquisition. In J.M. deWaele (Ed.), *Bilingualism: Challenges and directions for future research* (pp. 158–182). Clevedon, England: Multilingual Matters.

Gerken, L.A. (2007). Acquiring linguistic structure. In E. Hoff & M. Shatz (Eds), *Blackwell handbook of language development* (pp. 173–1 90). Malden, MA: Blackwell.

Golinkoff, R., & Hirsh-Pasek, K. (1999). *How babies talk.* New York: Dutton/Penguin Putnam.

Kay-Raining Bird, E., Cleave, P., Trudeau, N., Thodardottir, E., Sutton, A., & Thorpe, A. (2005). The language abilities of bilingual children with Down syndrome. *American Journal of Speech-Language Pathology, 14,* 187–199.

Kovacs, A.M. (2007). Beyond language: Childhood bilingualism enhances high-level cognitive functions. In I. Kecskes & L. Albertazzi (Eds.), *Cognitive aspects of bilingualism* (pp. 301–323). Dordrecht, The Netherlands: Springer.

Kovacs, AM., & J. Mehler, J. (2009). Cognitive gains in 7-month-old infants. *Proceedings of the National Academy of Sciences, 106*(16), 6556–6560.

Kuhl, P, Williams, K.A., Lacerda, F, Stevens, K.N., & Lindblom, B. (1992). Linguistic experience alters phonetic perception in infants by 6 months of age. *Science, 255,* 606–608.

Lambert, WE. (1977). The effects of bilingualism on the individual: Cognitive and socio-cultural consequences. In PA. Hornby (Ed.), *Bilingualism: Psychological, social and educational implications* (pp. 15-28). New York: Academic Press.

Macnamara, J. (1966). *Bilingualism and primary education.* Edinburgh, Scotland: Edinburgh University Press.

Maneva, B., & Genesee, F. (2002, November). Bilingual babbling: Evidence for language differentiation in dual language acquisition. In B. Skarabela, S. Fish, & A.H.-J. Do (Eds.), *Proceedings of the 26th Boston University Conference on Language Development* (pp. 383-392). Somerville, MA: Cascadilla Press.

Marchman, VA., Martinez-Sussmann, C., & Dale, P.S. (2004). The language-specific nature of grammatical development: Evidence from bilingual language learners. *Developmental Science, 7*(2), 212-224.

National Reading Panel. (2000). *Teaching children to read: An evidence-based assessment of scientific research literature on reading and its implications for reading instruction* (NIH Publication No. 00-4769). Washington, DC: U.S. Government Printing Office.

Nicoladis, E. (2001). Finding first words in the input. InJ. Cenoz & F Genesee (Eds.), *Trends in bilingual acquisition* (pp. 131-147). Amsterdam: John Benjamins.

Oller, D.K., Eilers, RE., Urbano, R., & Cobo-Lewis, A.B. (1997). Development of precursors to speech in infants exposed to two languages. *Journal of Child Language, 24*, 407-426.

Padilla, AM., & Liebman, E. (1975). Language acquisition in the bilingual child. *Bilingual Review, 2*(1-2), 34-55.

Paradis, J., & Genesee, F. (1996). Syntactic acquisition in bilingual children: Autonomous or interdependent? *Studies in Second Language Acquisition, 18*, 1-25.

Patterson, J.L., & Pearson, B.Z. (2004). Bilingual lexical development: Influences, contexts, and processes. In B.A. Goldstein (Ed.), *Bilingual language development & disorders in Spanish-English speakers* (pp. 77-104). Baltimore: Paul H. Brookes Publishing Co.

Peal, E., & Lambert, W.E. (1962). The relation of bilingualism to intelligence. *Psychological Monographs, 76*, 1-23.

Pearson, B.Z., Fernandez, S.C., & Oller, D.K. (1993). Lexical development in bilingual infants and toddlers: Comparison to monolingual norms. *Language Learning, 43*, 93-120.

Petitto, L.A., Katerelos, M., Levy, B.G., Gauna, K., Tetreault, K., & Ferraro, V. (2001). Bilingual signed and spoken language acquisition from birth: Implications for the mechanism underlying early bilingual language acquisition. *Journal of Child Language, 28*, 453-496.

Polka, L., Rvachew, S., & Mattock, K. (2007). In E. Hoff & M. Shatz (Eds.), *Blackwell handbook of language development* (pp. 153–172). Malden, MA: Blackwell.

Raven, J.C. (1965). *The Coloured Progressive Matrices Test*. London: Lewis.

Rosenblum, T., & Pinker, S.A. (1983). Word magic revisited: Monolingual and bilingual children's understanding of the word-object relationship. *Child Development, 54*, 773–780.

Sebastián-Gallés, N., & Bosch, L. (2005). Phonology and bilingualism. InJ. F Kroll & A.M. B. De Groot (Eds.), *Handbook of bilingualism: Psycholinguistic approaches* (pp. 68–87). Oxford, England: Oxford University Press.

Vihman, M.M., Thierry, C., Loin, JAG., Keren-Portnoy, T., & Martin, P (2007). Onset of word form recognition in English, Welsh, and English-Welsh bilingual infants. *Applied Psycholinguistics, 28*, 475–493.

Werker, J. F, & Tees, R.C. (1984). Cross-language speech perception: Evidence for perceptual reorganization during the first year of life. *Infant Behavior and Development, 7*, 49–63.

4장

Anderson, R. (2001). Lexical morphology and verb use in child first language loss: A preliminary case study investigation. *International Journal of Bilingualism, 5*, 377–402.

Burns, T.C., Yoshida, K.A., Hill, K., & Werker, J. (2007). The development of phonetic representation in bilingual and monolingual infants. *Applied Psycholinguistics, 28*, 455–474.

Celce-Murcia, M. (1978). The simultaneous acquisition of English and French in a two-year-old child. In E. Hatch (Ed.), *Second language acquisition: A book of readings* (pp. 38–53). Rowley, MA: Newbury House.

Conboy, B., & Mills, D. (2006). Two languages, one developing brain: Event-related potentials to words in bilingual toddlers. *Developmental Science, 9*, F1–F12.

Conboy, B., & Thai, D. (2006). Ties between the lexicon and grammar: Cross-sectional and longitudinal studies of bilingual toddlers. *Child Development, 77*, 712–735.

Döpke, S. (1998). Competing language structures: The acquisition of verb placement by bilingual German-English children. *Journal of Child Language, 25*(3), 555–584.

Döpke, S. (2000). The interplay between language-specific development and cross-linguistic influence. In S. Döpke (Ed.), *Crosslinguistic structures in simultaneous bilingualism* (pp. 79–103). Amsterdam: John Benjamins.

Fabiano-Smith, L., & Goldstein, B. (2010). Phonological acquisition in bilingual Spanish-English speaking children. *Journal of Speech, Language and Hearing*

Research, 53, 160–178.

Fennell, C., Byers–Heinlein, K., & Werker, J. (2007). Using speech sounds to guide word learning: The case of bilingual infants. *Child Development, 78*, 1510–1525.

Foroodi Nejad, F, & Paradis, J. (2009). Crosslinguistic transfer in the acquisition of compound words in Persian–English bilinguals. *Bilingualism: Language and Cognition, 12*, 411–427.

Gathercole, VM. (2007). Miami and North Wales, so far and yet so near: A constructivist account of morpho–syntactic development in bilingual children. *International Journal of Bilingual Education and Bilingualism, 10*, 224–247.

Gawlitzek–Maiwald, I., & Tracy, R. (1996). Bilingual bootstrapping. *Linguistics, 34*, 901–926.

Genesee, F. (1989). Early bilingual development: One language or two? *Journal of Child Language, 6*, 161–179.

Genesee, F., Boivin, I., & Nicoladis, E. (1996). Talking with strangers: A study of bilingual children's communicative competence. *Applied Psycholinguistics, 17*, 427–442.

Genesee, F., Nicoladis, E., & Paradis, J. (1995). Language differentiation in early bilingual development. *Journal of Child Language, 22*, 611–631.

Gutiérrez–Ciellen, V., Simón–Cereijido, C., & Wagner, C. (2008). Bilingual children with language impairment: A comparison with inonolinguals and second language learners. *Applied Psycholinguistics, 29*, 3–20.

Hoffinann, C. (1985). Language acquisition in two trilingual children. *Journal of Multilingual and Multicultural Development, 6*, 479–495.

Johnson, C., & Lancaster, P. (1998). The development of more than one phonology: A case study of a Norwegian–English bilingual child. *International Journal of Bilingualism, 2*(3), 265–300.

Maneva, B. (2004). "Mainan, je suis polyglotte" [Mommy, I'm a polyglot]: A case study of multilingual language acquisition from 0 to 5 years. *The International Journal of Multilingualism, 1*, 109–122.

Marchman, V., Martinez–Sussman, C., & Dale, P. (2004). The language–specific nature of grammatical development: Evidence from bilingual language learners. *Developmental Science, 7*, 212–224.

Meisel, J. (1989). Early differentiation of languages in bilingual children. In K. Hyltenstam & L. Obler (Eds.), *Bilingualism across the lifespan: Aspects of acquisition, maturity and loss* (pp. 13–40). Cambridge, England: Cambridge University Press.

Meisel, J. (1994). *Bilingual first language acquisition: French and German grammatical development*. Amsterdam: John Benjamins.

Miller, J., & Chapman, R. (1981). The relation between age and mean length of utterance in morphemes. *Journal of Speech and Hearing Research*, *24*, 154–161.

Montanari, S. (2008). Pragmatic differentiation in early trilingual development. *Journal of Child Language*, *36*, 495–527.

Montanan, S. (2009). Multi-word combinations and the emergence of differentiated ordering patterns in early trilingual development. *Bilingualism: Language and Cognition*, *12*, 503–519.

Montrul, S. (2008). *Incomplete acquisition in bilingualism: Re-examining the age factor*. Amsterdam: John Benjamins.

Nicoiadis, E. (2002). What's the difference between "toilet paper" and "paper toilet"? French-English bilingual children's crosslinguistic transfer in compound nouns. *Journal of Child Language*, *29*, 843–863.

Nicoiadis, E. (2003). Cross-linguistic transfer in deverbal compounds of preschool bilingual children. *Bilingualism Language and Cognition*, *6*, 17–31.

Nicoladis, E., & Genesee, F. (2007). Bilingual first language acquisition. In E. Hoff & M. Shatz (Eds.), *Handbook of Language Development* (pp. 324–342). Oxford, England: Blackwell.

Nicoladis, E., & Genesee, F. (1996). A longitudinal study of pragmatic differentiation in young bilingual children. *Language Learning*, *46*(3), 439–464.

Nicoladis, E., & Secco, C. (2000). Productive vocabulary and language choice. First Language, 20(58), 3–28. Nicoladis, E., Palmer, A., & Marentette, P (2007). The role of type and token frequency in using past tense morphemes correctly. *Developmental Science*, *10*, 237–254.

Oller, K.D., & Eilers, R. (Eds.). (2002). *Language and literacy in bilingual children*. Clevendon, England: Multilingual Matters.

Padilla, A.M., & Liebman, E. (1975). Language acquisition in the bilingual child. *Bilingual Review*, *2*(1–2), 34–55.

Paradis, J. (2010). Bilingual children's acquisition of English verb morphology: Effects of language exposure, structure complexity, and task type. *Language Learning*, *60*, 651–680.

Paradis, J. (2001). Do bilingual two-year-olds have separate phonological systems? *International Journal of Bilingualism*, *5*, 19–38.

Paradis, J. (2007). Early bilingual and multilingual acquisition. In P Auer & LiWei (Eds.), *Handbooks of Applied Linguistics: Vol 5. Multilingualism* (pp. 15–44). Berlin: Mouton/de Gruyter.

Paradis, J. (2009). *Oral language development in French and English and the role of home input factors*. Edmonton, Alberta, Canada: Report for the Conseil Scolarie Centre-Nord [North-Central School Board]

Paradis, J., & Navarro, S. (2003). Subject realization and crossiinguistic interference in the bilingual acquisition of Spanish and English. *Journal of Child Language, 30,* 371-393.

Paradis, J., & Nicoladis, E. (2007). The influence of dominance and sociolinguistic context on bilingual preschoolers' language choice. *The International Journal of Bilingualism and Bilingual Education, 10,* 1-21.

Paradis, J., Crago, M., & Genesee, F. (2005/2006). Domain-specific versus domain-general theories of the deficit in SLI: Object pronoun acquisition by French-English bilingual children. *Language Acquisition, 13,* 33-62.

Paradis, J., Nicoladis, E., Crago, M., & Genesee, F. (in press). Bilingual children's acquisition of the past tense: A usage-based approach. *Journal of Child Language.*

Paradis, J., & Genesee, F. (1996). Syntactic acquisition in bilingual children: Autonomous or interdependent? *Studies in Second Language Acquisition, 18,* 1-15.

Paradis, J., & Genesee, F. (1997). On continuity and the emergence of functional categories in bilingual first language acquisition. *Language Acquisition, 6*(2), 91-124.

Paradis, J., Nicoladis, E., & Genesee, F. (2000). Early emergence of structural constraints on code-mixing: Evidence from French-English bilingual children. *Bilingualism: Language and Cognition, 3*(3), 245-261.

Pearson, B. (1998). Assessing lexical development in bilingual babies and toddlers. *International Journal of Bilingualism, 2*(3), 347-372.

Pearson, B., Fernandez, S., Lewedeg, V., & Olier, D.K. (1997). The relation of input factors to lexical learning by bilingual infants. *Applied Psycholinguistics, 18,* 41-58.

Pearson, B., Fernkndez, S.C., & Oiler, D.K. (1993). Lexical development in bilingual infants and toddlers: Comparison to monolingual norms. *Language Learning, 43,* 93-120.

Pearson, B., Fernandez, S., & Oiler, D.K. (1995). Cross-language synonyms in the lexicons of bilingual infants: One language or two? *Journal of Child Language, 22,* 345-368.

Pérez-Leroux, A.T., Pirvulescu, M., & Roberge, Y. (2009). Bilingualism as a window into the language faculty: The acquisition of objects in French-speaking children in bilingual and monolingual contexts. *Bilingualism: Language and Cognition, 12,* 97-112.

Quay, S. (1995). The bilingual lexicon: Implications for studies of language choice. *Journal of Child Language, 22,* 369-387.

Riches, C., & Genesee, F. (2006). Literacy: Instructional issues. In F. Genesee, K. Lindholm-Leary, W. Saunders, & D. Christian (Eds.), *Educating English language learners: A synthesis of research evidence* (pp. 109-175). Cambridge, England: Cambridge University Press.

Serratrice, L., Sorace, A., Filiaci, F., & Baldo, M. (2009). Bilingual children's sensitivity to specificity and genericity: Evidence from metalinguistic awareness. Bilingualism: *Language and Cognition*, *12*, 239–257.

Sundara, M., Polka, L., & Molnar, M. (2008). Development of coronal stop perception: Bilingual infants keep pace with their monolingual peers. *Cognition*, *108*, 232–242.

Vihman, M., Thierry, C., Lum, J., Keren–Portnoy, T., & Martin, P. (2007). Onset of word form recognition in English, Welsh, and English–Welsh bilingual infants. *Applied Psycholinguistics*, *28*, 475–493.

Volterra, V., & Taeschner, T. (1978). The acquisition and development of language by bilingual children. *Journal of Child Language*, *5*, 311–326.

Werker, J., Byers–Heinlein, K., & Fennel, C. (2009). Bilingual beginnings to learning words. *Philosophical Transactions of the Royal Society B*, *364*, 3649–3663.

Yip, V., & Matthews, S. (2007). *The bilingual child: Early development and language contact*. Cambridge, England: Cambridge University Press.

5장

Allen, S., Genesee, F., Fish, S., & Crago, M. (2002). Patterns of code–mixing in English–Jnuktitut bilinguals. In M. Andronis, C. Ball, H. Elston, & S. Neuvel (Eds.), *Proceedings of the 37th Annual Meeting of the Chicago Linguistics Society* (Vol. 2, pp. 171–188). Chicago: Chicago Linguistics Society.

De Houwer, A. (1990). *The acquisition of two languages from birth: A case study*. Cambridge, England: Cambridge University Press.

Döpke, S. (1992). *One parent one language: An interactional approach*. Amsterdam: John Benjamins.

Genesee, F., Boivin, I., & Nicoladis, E. (1996). Talking with strangers: A study of bilingual children's communicative competence. *Applied Psycholinguistics*, *17*, 427–442.

Genesee, F., Nicoladis, E., & Paradis, J. (1995). Language differentiation in early bilingual development. *Journal of Child Language*, *22*, 611–631.

Genesee, F., Paradis, J., & Wolf, L. (1995). *The nature of the bilingual child's lexicon*. Unpublished research report, Psychology Department, McGill University, Montreal, Quebec, Canada.

Genesee, F., & Sauve, D. (2000, March 12). *Grammatical constraints on child bilingual code–mixing*. Paper presented at the Annual Conference of the American Association for Applied Linguistics, Vancouver, British Columbia, Canada.

Gutiérrez–Clellen, V.F., Simón–Cereijido, C., & Leone, A.E. (2009). Code–switching in bilingual children with specific language impairment. *International Journal of Bilingualism*, *13*, 91–109.

Hatch, EM. (1978). *Second language acquisition: A book of readings*. Rowley, MA: Newbury House.

Hoffmann, C., & Stavans, A. (2007). The evolution of trilingual code-switching from infancy to school age: The shaping of trilingual competence through dynamic language dominance. *International Journal of Bilingualism*, *11*, 55–72.

Köppe, R. (2009). Is codeswitching acquired? In Jeff MacSwan (Ed.), *Grammatical theory and bilingual codeswitching*. Cambridge, MA: The MIT Press.

Lanza, E. (1992). Can bilingual two-year-olds code-switch? *Journal of Child Language*, *19*, 633-658.

Lanza, E. (1997). *Language mixing in infant bilingualism: A sociolinguistic perspective*. Oxford, England: Clarendon Press.

Leopold, W. (1949). *Speech development in a bilingual child: A linguist's record. Grammar and general problems*. Vol. 3. Evanston, IL: Northwestern University Press.

Meisel, J.M. (1990). *Two first languages: Early grammatical development in bilingual children*. Dordrecht, Germany: Foris Publications.

Meisel, J.M. (1994). Code-switching in young bilingual children: The acquisition of grammatical constraints. *Studies in Second Language Acquisition*, *16*, 413–441.

Myers-Scotton, C. (1993). *Social motivation for codeswitching: Evidence from Africa*. Oxford, England: Oxford University Press.

Nicoladis, E., & Secco, C. (2000). The role of a child's productive vocabulary in the language choice of a bilingual family. *First Language*, *58*, 3–28.

Paradis, J., & Nicoladis, E. (2007). The influence of dominance and sociolinguistic context on bilingual preschoolers' language choice. *The International Journal of Bilingualism and Bilingual Education*, *10*, 1–21.

Paradis, J., Nicoladis, E., & Genesee, F. (2000). Early emergence of structural constraints on code-mixing: Evidence from French-English bilingual children. In F Genesee (Ed.), *Bilingualism: Language and cognition* (pp. 245–261). Cambridge, England: Cambridge University Press.

Poplack, S. (1980). "Sometimes I start a sentence in English y termino en Espaflol": Toward a typology of code-switching. *Linguistics*, *18*, 581–618.

Poplack, S. (1987). Contrasting patterns of code-switching in two communities. In E. Wande, J. Anward, B. Nordberg, L. Steensland, & M. Thelander (Eds.), *Aspects of multilingualism: Proceedings from Fourth Nordic Symposium on Bilingualism, 1984* (pp. 51–77). Uppsala, Sweden: Ubsaliensis S. Academiae.

Rontu, H. (2007). Codeswitching in triadic conversational situations in early bilingualism. *International Journal of Bilingualism, 11*, 337–358.

Suyal, C. (2002). *Bilingual first language acquisition: Code-mixing in children who speak a minority language*. Unpublished master's thesis, Department of Linguistics, University of Alberta, Edmonton, Alberta, Canada.

Vihman, M. (1998). A developmental perspective on codeswitching: Conversations between a pair of bilingual siblings. *International Journal of Bilingualism, 2*, 45–84.

Zentella, AC. (1997). *Growing up bilingual*. Malden, MA: Blackwell Publishers.

6장

Anderson, R. (2004). First language loss in Spanish-speaking children: Patterns of loss and implications for clinical practice. In B. Goldstein (Ed.), *Bilingual language development and disorders in Spanish-English speakers* (pp. 187–212). Baltimore: Paul H. Brookes Publishing Co.

Castilla, A.P., Pérez-Leroux, A.T., & Restrepo, M.A. (2009). Individual differences and the developmental interdependence hypothesis. *International Journal of Bilingual Education and Bilingualism, 12*(1), 1–16.

Collier, V. (1987). Age and rate of acquisition of second language for academic purposes. *TESOL Quarterly, 21*, 617–641.

Collier, V. (1989). How long? A synthesis of research on academic achievement in a second language. *TESOL Quarterly, 23*, 509–531.

Cummins, J. (1979). Linguistic interdependence and the educational development of bilingual children. *Review of Educational Research, 49*, 221–251.

Cummins, J. (1991). Interdependence of first and second language proficiency in bilingual children. In E. Bialystok (Ed.), *Language processing in bilingual children* (pp. 70–89). New York: Cambridge University Press.

Cummins, J. (2000). *Language, power and pedagogy: Bilingual children in the crossfire*. Clevedon, England: Multilingual Matters.

Dörnyei, Z., & Skehan, P. (2003). Individual differences in second language learning. In C. Doughty & M. Long (Eds.), *The handbook of second language acquisition* (pp. 589–630). Oxford, England: Blackwell.

Dulay, H., & Burt, M. (1973). Should we teach children syntax? *Language Learning, 24*, 245–258.

Dulay, H., & Burt, M. (1974). Natural sequences in child second language acquisition. *Language Learning, 24*, 37–53.

Fabiano-Smith, L., & Goldstein, B. (2010). Phonological acquisition in bilingual Spanish-English speaking children. *Journal of Speech, Language, and Hearing Research, 53*, 160–178.

Fantini, A. (1985). *Language acquisition of a bilingual child: A sociolinguistic perspective.* San Diego: College-Hill Press.

Gathercole, S. (2006). Non-word repetition and word learning: The nature of the relationship. *Applied Psycholinguistics, 27*, 513-543.

Genesee, F., & Hamayan, E. (1980). Individual differences in second language learning. *Applied Psycholinguistics, 1*, 95-110.

Gilhool, A., Burrows, L., Goldstein, B., & Paradis, J. (2009). English phonological skills of English language learners. Poster presented at the annual meeting of the American Speech and Hearing Association, New Orleans.

Golberg, H., Paradis, J., & Crago, M. (2008). Lexical acquisition over time in minority L1 children learning English as a L2. *Applied Psycholinguistics, 29*, 1-25.

Goldstein, B. (2004). Phonological development and disorders. In B. Goldstein (Ed.), *Bilingual language development and disorders in Spanish-English speakers* (pp. 259-286). Baltimore: Paul H. Brookes Publishing Co.

Hakuta, K., & D'Andrea, D. (1992). Some properties of bilingual maintenance and loss in Mexican background high-school students. *Applied Linguistics, 13*(1), 72-99.

Hakuta, K., Goto Butler, Y, & Witt, D. (2000). *How long does it take English learners to attain proficiency?* Policy report for the University of California Linguistic Minority Research Institute. Retrieved March 31, 2004, from http://www.stanford.edu/~hakuta/

Hardwood, J., Giles, H., & Bourhis, R. (1994). The genesis of vitality theory: historical patterns and discoursal dimensions. *International Journal of the Sociology of Language, 108*, 167-206.

Harley, B. (1992). Patterns of second language development in French immersion. *French Language Studies, 2*, 159-183.

Harley, B., & Hart, D. (1997). Language aptitude and second language proficiency in classroom learners of different starting ages. *Studies in Second Language Acquisition, 19*, 379-400.

Haznedar, B. (2001). The acquisition of the IP system in child L2 English. *Studies in Second Language Acquisition, 23*, 1-39.

Hoff, E. (2006). How social contexts support and shape language development. *Developmental Review* (doi: 10.1016/j.dr.2005.11.002)

Hyltenstam, K., & Abrahamsson, N. (2003). Maturational constraints in SLA. In C. Doughty & M. Long (Eds.), *The handbook of second language acquisition* (pp. 540-558). Oxford, England: Blackwell.

Jia, C. (2003). The acquisition of the English plural morpheme by native Mandarin Chinese-speaking children. *Journal of Speech, Language, and Hearing Research, 46*, 1297-1311.

Jia, C., & Aaronson, D. (2003). A longitudinal study of Chinese children and adolescents learning English in the United States. *Applied Psycholinguistics*, *24*, 131-161.

Jia, C., & Fuse, A. (2007). Acquisition of English grammatical morphology by native Mandarin-speaking children and adolescents: Age-related differences. *Journal of Speech, Language, and Hearing Research*, *50*, 1280-1299.

Kohnert, K., & Bates, E. (2002). Balancing bilinguals, II: Lexical comprehension and cognitive processing in children learning Spanish and English. *Journal of Speech, Language, and Hearing Research*, *45*, 347-359.

Kohnert, K., Bates, E., & Hernandez, A. (1999). Balancing bilinguals: Lexical-semantic production and cogniprocessing in children learning Spanish and English. *Journal of Speech, Language, and Hearing Research*, *42*, 1400-1413.

López, L., & Creenfield, D. (2004). The cross-language transfer of phonological skills of Hispanic head Start children. *Bilingual Research Journal*, *28*, 1-18.

McLeod, S. (2007). *The international guide to speech acquisition*. Clifton Park, NY: Thomson Delmar Learning.

Mitchell, R., & Myles, F. (1998). *Second language learning theories*. London: Arnold.

Montrul, S. (2008). *Incomplete acquisition in bilingualism: Re-examining the age factor*. Amsterdam: John Benjamins.

Oller, K.D., & Eilers, R. (Eds.). (2002). *Language and literacy in bilingual children*. Clevendon, England: Multilingual Matters.

Oller, D.K., Pearson, B.Z., & Cobo-Lewis, A. (2007). Profile effects in early bilingual language literacy. *Applied Psycholinguistics*, *28*, 191-230.

Paradis, J. (2005). Grammatical morphology in children learning English as a second language: Implications of similarities with specific language impairment. *Language, Speech and Hearing Services in the Schools*, *36*, 172-187.

Paradis, J. (2007). Second language acquisition in childhood. In E. Hoff & M. Shatz (Eds.), *Handbook of language development* (pp. 387-405). Oxford, England: Blackwell.

Paradis, J. (2008). Tense as a clinical marker in English L2 acquisition with language delay/impairment. In E. Gavruseva & B. Haznedar (Eds.), *Current Trends in Child Second Language Acquisition: A Generative Perspective* (pp. 337-356). Amsterdam: John Benjamins.

Paradis, J. (2010). Sources of individual differences in English L2 children. Paper presented at the Annual German Linguistics Society Meeting *(DGfS)*, Humboldt University, Berlin.

Paradis, J., Rice, M., Crago, M., & Marquis, J. (2008). The acquisition of tense in English: Distinguishing child L2 from L1 and SLI. *Applied Psycholinguistics*, *29*, 1-34.

Paradis, J., & Schneider, P. (2008). Distinguishing bilingual children from monolinguals with SLI: Profile effects on the Edmonton narrative Norms Instrument. *Poster presented at the Symposium on Research in Child language Disorders.* University of Wisconsin, Madison.

Ranta, L. (2002). The role of learners' language analytic ability in the communicative classroom. In P. Robinson (Ed.), *Individual differences and instructed language learning* (pp. 159-181). Amsterdam: John Benjamins.

Riches, C., & Genesee, F (2006). Literacy: Crosslinguistic and crossmodal issues. In F. Cenesse, K. Lindholm-Leary, W. Saunders, & D. Christian (Eds.), *Educating English language learners: A synthesis of empirical evidence* (pp. 64-108). New York: Cambridge University Press.

Roessingh, H., & Elgie, S. (2009). Early language and literacy development among young English language learners: Preliminary insights from a longitudinal study. *TESL Canada Journal, 26*, 24-45.

Roessingh, H., Kover, P, & Watt, D. (2005). Developing cognitive academic language proficiency: the journey. *TESL Canada Journal, 23*, 1-27.

Saunders, W, & O'Brien, C. (2006). Oral Language. In F Genesse, K. Lindholm-Leary, W Saunders, & D. Christian (Eds.), *Educating English language learners: A synthesis of empirical evidence* (pp. 24-97). New York: Cambridge University Press.

Saville-Troike, M. (1987). Bilingual discourse: The negotiation of meaning without a common code. *Linguistics, 25*, 81-106.

Sawyer, M., & Ranta, L. (2002). Aptitude, individual differences, and instructional design. In P Robinson (Ed.), *Cognition and second language instruction* (pp. 319-353). New York: Cambridge University Press.

Snow, C., & Hoefnagel-Hohle, M. (1977). Age differences in the pronunciation of foreign sounds. *Language and Speech, 20*(4), 357-365.

Sorenson Duncan, T., Tessier, AM., & Paradis, J. (2009, June). Preferences for vowel epenthesis and child ESL cluster reduction. Poster presented at the Child Phonology Conference, University of Texas at Austin.

Strong, M. (1983). Social styles and the second language acquisition of Spanish-speaking kindergartners. *TESOL Quarterly, 17*, 241-258.

Tabors, P.O. (2008). *One child, two languages: A guide for preschool educators of children learning English as a second language* (2nd ed). Baltimore: Paul H. Brookes Publishing Co.

Unsworth, S. (2005). *Child L2, adult L2, child L1: Differences and similarities. A study on the acquisition of direct object scrambling in Dutch.* Doctoral dissertation. Utrecht Institute of Linguistics, Utrecht, The Netherlands.

Verhoeven, L. (2007). Early bilingualism, language transfer, and phonological awareness. *Applied Psycholinguistics*, *28*, 425–440.

Winsler, A., Diaz, R., Espinosa, L., & Rodriguez, J. (1999). When learning a second language does not mean losing the first: Bilingual language development in low-income, Spanish-speaking children attending bilingual preschool. *Child Development*, *70*, 349–362.

Wong Fillmore, L. (1979). Individual differences in second language acquisition. In C. Fillmore, D. Kempler, & W.S.-Y Wang (Eds.), *Individual differences in language ability and language behavior* (pp. 203–227). San Diego: Academic Press.

Wong Fillmore, L. (1983). The language learner as an individual: Implications of research on individual differences for the ESL teacher. In M. Clarke & J. Handscoinbe (Eds.), *On TESOL '82: Pacific perspectives on language learning and teaching* (pp. 157–173). Washington, DC: Teachers of English to Speakers of Other Languages.

Wong Fillmore, L. (1991). When learning a second language means losing the first. *Early Childhood Research Quarterly*, *6*, 323–346.

Zdorenko, T., & Paradis, J. (2008). The acquisition of articles in child L2 English: Fluctuation, transfer, or both? *Second Language Research*, *24*, 227–250.

Zdorenko, T., & Paradis, J. (2009). *The development of auxiliaries BE and DO in child L2 English*. Paper presented at International Symposium on Bilingualism 7, University of Utrecht, The Netherlands.

Zdorenko, T., & Paradis, J. (in press). Initial stages in child L2 English: Evidence for modular L1 influence in an interface phenomenon. *First Language*.

7장

Abrahamsson, N., & Hyltenstam, K. (2009). Age of acquisition and native-likeness in a second language: Listener perception vs. linguistic scrutiny. *Language Learning*, *59*(2), 249–306.

Capron, C., & Duyme, M. (1989, August 17). Assessment of effects of socio-economic status on IQ in a full cross-fostering study. *Nature*, *340*, 552–554.

Cohen, N.J., Lojkasek, M., Zadeh, Z.Y., Pugliese, M., & Kiefer, H. (2008). Children adopted from China: A prospective study of their growth and development. *The Journal of Child Psychology and Psychiatry*, *49*, 458–468.

Croft, C., Beckett, C., Rutter, M., Castle, J., Colvert, E., Croothues, C., et al. (2007). Early adolescent outcomes of institutionally-deprived and non-deprived adoptees: Language as a protective factor and a vulnerable outcome. *Journal of Child Psychology and Psychiatry*, *48*, 31–44.

Dalen, M. (2001). School performances among internationally adopted children in Norway. *Adoption Quarterly, 5*, 39-58.

Dalen, M., & Rygvold, A.-L. (2006). Educational achievement in adopted children from China. *Adoption Quarterly, 9*, 45-58.

De Geer, B. (1992). *Internationally adopted children in communication: A developmental study.* (Working Papers, No. 39). Lund, Sweden: Department of Linguistics.

Delcenserie, A., & Genesee, F. (2010). *Language abilities of internationally adopted children from China during the early school years.* Unpublished manuscript, Psychology Department, McGill University, Montreal, Quebec, Canada.

Duyme, M. (1988). School success and social class: An adoption study. *Developmental Psychology, 24*, 203-209.

Fenson, L., Dale, P., Reznick, J., Thal, D., Bates, E., Hartung, J., et al. (1993). *The MacArthur Communicative Development Inventories: User's guide and technical manual.* San Diego: Singular.

Gauthier, K., Genesee, F., & Kasparian, K. (2009). *Acquisition of complement clitics and tense morphology in internationally adopted children acquiring French.* Unpublished manuscript, Department of Psychology, McGill University, Montreal, Quebec, Canada.

Gauthier, K., & Genesee, F. (in press). Language development in internationally adopted children: A special case of early second language learning. *Child Development.*

Gauthier, K., Cenesee, F., Dubois, M.E., & Kasparian, K. (2009). *Communication patterns between internationally adopted children and their mothers: Implications for language development.* Unpublished manuscript, Department of Psychology, McGill University, Montreal, Quebec, Canada.

Glennen, S.L. (2002). Language development and delay in internationally adopted infants and toddlers. *Journal of Speech-Language Pathology, 11*, 333-339.

Glennen, S.L. (2005). New arrivals: Speech and language assessment for internationally adopted infants and toddlers within the first months home. *Seminars in Speech and Language, 26*(1), 10-21.

Glennen, S.L. (2007). Predicting language outcomes for internationally adopted children. *Journal of Speech, Language, and Hearing Research, 50*, 529-548.

Glennen, S.L. (2009, January/March). Speech and language guidelines for children adopted from abroad at older ages. *Topics in Language Disorders, 29*(1), 50-64.

Glennen, S.L., & Bright, B.J. (2005). Five years later: Language in school-age internationally adopted children. *Seminars in Speech and Language, 26*(1), 86-101.

Glennen, S., & Masters, C. (2002). Typical and atypical language development in infants and toddlers adopted from Eastern Europe. *American Journal of Speech-Language Pathology, 11*, 417-433.

Glennen, S., Rosinsky-Crunhut, A., & Tracy, R. (2005). Linguistic interference between L1 and L2 in internationally adopted children. *Seminars in Speech and Language*, *26*(1), 64–75.

Gunnar, M.R., Bruce, J., & Grotevant, H.D. (2000). International adoption of internationally reared children: Research and policy. *Development and Psychopathology*, *12*, 677–693.

Hene, B. (1988). Language development of inter-country adoptees. Presentation of a Swedish research project. *SPRINS Report No 39*. Department of Linguistics, University of Goteborg, Sweden.

Huff, E. (2006). How social contexts support and shape language development. *Developmental Review*, *26*, 55–88.

Hyltenstam, K., Bylund, E., Abrahainsson, N., & Park, H.S. (2009). Dominant-language replacement: The case of international adoptees. *Bilingualism: Language and Cognition*, *12*, 121–140.

Johnson, D., & Dole, K. (1999). International adoptions: Implications for early intervention. *Infants and Young Children*, *11*, 34–45.

Johnson, K., Banghan, H., & Liyao, W. (1998). Infant abandonment and adoption in China. *Population and Development Review*, *24*, 469–510.

Juffer, F., & Van Uzendoorn, M.H. (2005). Behavior problems and mental health referrals of international adoptees, *Journal of the American Medical Association*, *293*(20), 2501–2515.

Krakow, R.A., & Roberts, J.A. (2003). Acquisition of English vocabulary by young Chinese adoptees. *Journal of Multilingual Communication Disorders*, *1*, 169–176.

Krakow, R.A., Tao, S., & Roberts, J. (2005, February). Adoption age effects on English language acquisition: Infants and toddlers from China. *Seminars in Speech and Language*, *26*(1), 33–43.

Kuhl, P.K., Williams, K.A., Lacerda, F., Stevens, K.N., & Lindblom, B. (1992). Linguistic experience alters phonetic perception in infants by 6 months of age. *Science*, *255*, 606–608.

Lapointe, M.-N., Gagnon-Oosterwal, N., Cossette, L., Pomerleau, A., & Malcuit, G. (2006, May). *Développement cognitif d'enfants adoptés en Russie, en Chine, et dans d'autres pays d'Asie depuis leur arrivée dans leurfamille québécoise jusqu'en début de scolarisation*. Poster session presented at the 74th Congrès de l'Association canadienne-française pour l'avancement des sciences (ACFAS), Montreal, Quebec, Canada.

Leonard, L.B. (1998). *Children with specific language impairment*. Cambridge MA: The MIT Press.

McGuinness, T., McGuinness, J., & Dyer, J. (2000). Risk and protective factors in children adopted from the former Soviet Union. *Journal of Pediatric Health Care, 14*(3), 109–116.

Meacham, A.N. (2006). Language learning and the internationally adopted child. *Early Childhood Education Journal, 34*, 73–79.

Morison, S.J., Ames, E.W., & Chisholm, K. (1995). The development of children adopted from Romanian orphanages. *Merrill-Palmer Quarterly, 41*(4), 411–430.

Nicoladis, E., & Grabois, H. (2002). Learning English and losing Chinese: A case study of child adopted from China. *The International Journal of Bilingualism, 6*, 441–454.

Pallier, C., Dehaene, S., Poline, J.-B., LeBihan, D., Argenti, A.-M., Dupoux, E. et al. (2003). Brain imaging of language plasticity in adopted adults: Can a second language replace the first? *Cerebral Cortex, 13*, 155–161.

Paradis, J., Emmerzael, K., & Sorenson Duncan, T. (in press). Assessment of English language learners: Using parent report on first language development. *Journal of Communication Disorders.*

Pollock, K.E. (2005). Early language growth in children adopted from China: Preliminary normative data. *Seminars in Speech and Language, 26*(1), 22–32.

Rescorla, L. (1989). The Language Development Survey: A screening tool for delayed language in toddlers. *Journal of Speech and Hearing Disorders, 54*, 587–599.

Roberts, J.A., Pollock, K.E., & Krakow, R.A. (2005). Continued catch-up and language delay in children adopted from China. *Seminars in Speech and Language, 26*(1), 76–85.

Roberts, J.A., Pollock, K.E., Krakow, R.A., Price, J., Fulmer, K.C., & Wang, P.R. (2005). Language development in preschool-age children adopted from China. *Journal of Speech, Language and Hearing Research, 48*, 93–107.

Roberts, J.A., & Scott, K.A. (2009, January/March). Interpreting assessment data of internationally adopted children: Clinical application of research evidence. *Topics in Language Disorders, 29*(1), 82–99.

Scott, K.A. (2009, January/March). Language outcomes of school-aged internationally adopted children: A systematic review of the literature. *Topics in Language Disorders, 29*(1), 65–81.

Scott, K.A., Roberts, J.A., & Krakow, R. (2008). Oral and written language development of children adoption from China. *American Journal of Speech-Language Pathology, 17*, 150–160.

Snedeker, J., & Geren, J. (2005). International adoption as a natural experiment in language acquisition. *Proceedings of 27th Annual Conference of the Cognitive Science Society (July 21–23)* (pp. 2038–2043). Mahwah, NJ: Lawrence Erlbaum Associates.

Snedeker, J., Ceren, J., & Shafto, C. (2007). Starting over: International adoption as a natural experiment in language development. *Association for Psychological Science*, *18*, 78–87.

Tan, T.X., Dedrick, R.E, & Marfo, K. (2007). Factor structure and clinical implications of child behaviour checklist/iS-S ratings in a sample of girls adopted from China. *Journal of Pediatric Psychology*, *32*, 807–818.

Tan, T.X., & Yang, Y. (2005). Language development of Chinese adoptees 18–35 months old. *Early Childhood Research Quarterly*, *20*, 57–68.

Tirella, L.C., Chan, W., & Miller, L.C. (2006, Summer). Educational outcomes of children adopted from Eastern Europe, now ages 8–12. *Journal of Research in Childhood Education*, *20*(4), 245–254.

Tomblin, J.B., Records, N.L., Buckwalter, P., Zhang, X., Smith, E., & O'Brien, M. (1997). The prevalence of specific language impairment in kindergarten children. *Journal of Speech, Language, and Hearing Research*, *40*, 1245–1260.

U.S. Department of Education. (2009). National Center for Education Statistics. *Indicator 9 (2009) children and youth with disabilities*. Available at http://nces.ed.gov/programs/coe/2009/sectionl/indicator09.asp

Van IJzendoorn, M.H., Juffer, F., & Klein Poelhuis, C. W. (2005). Adoption and cognitive development: A meta-analytic comparison of adopted and nonadopted children's IQ and school performances. *Psychological Bulletin*, *131*, 301–316.

Weatherby, AM., & Prizant, B.M. (2002). *Communication and Symbolic Behavior Scales Developmental Profile™ (CSBS DP™)*. Baltimore: Paul H. Brookes Publishing Co.

Zeanah, C., Smyke, AT., & Dumitrescu, A. (2002). Attachment disturbances in young children, II: Indiscriminate behavior and institutional care. *Journal of the American Academy of Child and Adolescent Psychiatry*, *41*, 983–989.

8장

Adiv, E. (1980). *An analysis of second language performance in two types of immersion programs*. Unpublished doctoral dissertation, McGill University, Montreal, Quebec, Canada.

Asser, H., Kolk, P., & Küppar, M. (2001). *Estonian-language immersion programme: Report on student achievement and parental attitudes for the academic year 2000–2001*. Tallinn, Estonia: Estonian Immersion Centre.

August, D., & Shanahan, T. (2006). *Developing literacy in second language learners. Report of the National Literacy Panel on minority-language children and youth*. Mahwah, NJ: Lawrence Erlbaum Associates.

Bailey, A., & Butler, F. (2007). A conceptual framework of academic English language for broad application to education. In A. Bailey (Ed.), *The language demands of school: Putting academic English to the test*. New Haven, CT: Yale University Press.

Baker, K.A., & de Kanter, A.A. (1981). *Effectiveness of bilingual education: A review of the literature*. Washington, D.C.: U.S. Department of Education, Office of Planning, Budget and Evaluation.

Bialystok, E. (2001). *Bilingualism in development: Language, literacy, and cognition*. New York: Cambridge University Press.

Bostwick, M. (2001). English immersion in a Japanese school. In D. Christian & F Genesee (Eds.), *Bilingual education* (pp. 125–138). Alexandria, VA: Teachers of English to Speakers of Other Languages.

Bruck, M. (1978). The suitability of early French immersion programs for the language disabled child. *Canadian Journal of Education*, *3*, 51–72.

Bruck, M. (1982). Language disabled children: Performance in an additive bilingual education program. *Applied Psycholinguistics*, *3*, 45–60.

Bruck, M. (1985a). Consequences of transfer out of early French immersion programs. *Applied Psycholinguistics*, *6*, 101–120.

Bruck, M. (1985b). Predictors of transfer out of early French immersion programs. *Applied Psycholinguistics*, *6*, 39–61.

Caldas, Sj., & Boudreaux, N. (1999). Poverty, race, and foreign language immersion: Predictors of math and English language arts performance. *Learning Language*, *5*(1), 4–15.

Chamot, AU., & O'Malley, J.M. (1987). The cognitive academic language learning approach: A bridge to the mainstream. *TESOL Quarterly*, *21*, 227–249.

Christian, D., & Genesee, F. (Eds.). (2001). *Bilingual education*. Alexandria, VA: Teachers of English to Speakers of Other Languages.

Cloud, N., Genesee, F., & Hamayan, E. (2000). *Dual language instruction: A handbook for enriched education*. Portsmouth, NH: Heinle & Heinle.

Cloud, N., Genesee, F., & Hainayan, E. (2009). *Literacy Instruction for English Language Learners*. Portsmouth, NH: Heinemann.

Crago, M.B. (1988). *Cultural context in communicative interaction of young Inuit children*. Unpublished doctoral dissertation, McGill University, Montreal, Quebec, Canada.

Cummins, J. (1984). *Bilingualism and special education: Issues in assessment and pedagogy*. Clevedon, England: Multilingual Matters.

Cummins, J. (2000). *Language, power and pedagogy: Bilingual children in the crossfire*. Clevedon, England: MulMatters.

Echevarria, J., Vogt, M.E., & Short, D.J. (2000). *Making content comprehensible for English language learners.* Boston: Allyn & Bacon.

Erdos, C., Genesee, F., Savage, R., & Haigh, C. (in press). Individual differences in second language reading outcomes. *International Journal of Bilingualism.*

Garnett, B., (2006, October). *An introductory look at the academic trajectories of ESL students.* Paper presented at the Immigration, Integration, and Language Conference, University of Calgary.

Genesee, F. (1987). *Learning through two languages: Studies of immersion and bilingual education.* Rowley, MA: Newbury House.

Genesee, F. (1991). Second language learning in school settings: Lessons from immersion. In A. Reynolds (Ed.), *Bilingualism, multiculturalism, and second language learning: The McGill conference in honor of Wallace E. Lambert* (pp. 183-202). Mahwah, NJ: Lawrence Erlbaum Associates.

Genesee, F. (1998). A case study of multilingual education in Canada. In J. Cenoz & F Genesee (Eds.), *Beyond bilingualism: Multilingualism and multilingual education* (pp. 243-258). Clevedon, England: Multilingual Matters.

Genesee, F. (Ed.). (1999). *Program alternatives for linguistically diverse students.* Educational Practice Report No. 1. Washington, D.C.: Center for Applied Linguistics.

Genesee, F. (2004). What do we know about bilingual education for minority language students. In T.K. Bhatia & W. Ritchie (Eds.), *Handbook of bilingualism and multiculturalism* (pp. 547-576). Malden, MA: Blackwell.

Genesee, F. (2007). French immersion and at-risk students: A review of research findings. *Canadian Modern Language Review, 63,* 655-688.

Genesee, F., & Lindholm-Leary, K. (in press). The education of English language learners. In K.R. Harris, S. Graham, & F. Pajares (Eds.), *APA educational psychology handbook: Application of educational psychology to learning and teaching* (Vol. 3). Washington, DC: American Psychological Association.

Genesee, F., Lindholm-Leary, K., Saunders, W., & Christian, D. (2006). *Educating English language learners: A synthesis of research evidence.* New York: Cambridge University Press.

Genesee, F., & Riches, C. (2006). Literacy development: Instructional issues. In F. Genesee, K. Lindholm-Leary, W. Saunders, & D. Christian (Eds.), *Educating English language learners: A synthesis of research evidence* (pp. 109-175). New York: Cambridge University Press.

Goldenberg, C. (2003). Making schools work for low-income families in the 21st century. In S.B. Neuman & D.K. Dickinson (Eds.), *Handbook of early literacy research* (pp. 211-231). New York: Guilford Press.

Goldenberg, C. (2008, Summer). Teaching English language learners: What the research does—and does not—say. *American Educator, 32*(2), 2–44.

Harley, B., & Swain, M. (1984). An analysis of verb form and function in the speech of French immersion pupils. *Working Papers in Bilingualism, 14,* 31–46.

Holobow, N.E., Genesee, F., & Lambert, W.E. (1991). The effectiveness of a foreign language immersion program for children from different ethnic and social class backgrounds: Report 2. *Applied Psycholinguistics, 12,* 179–198.

Jacobs, K., & Cross, A. (2001). The seventh generation of Kahnawkke: Phoenix or dinosaur. In D. Christian & F. Genesee (Eds.), *Case studies in bilingual education* (pp. 109–121). Alexandria, VA: Teachers of English to Speakers of Other Languages.

Johnson, R.K., & Swain, M. (1997). *Immersion education: International perspectives.* New York: Cambridge University Press.

Kindler, A.L. (2000). *Survey of the states' limited English proficient students and available educational programs and services: 2000–2001 summary report.* Washington, DC: National Clearinghouse for English Language Acquisition & Language Instruction Educational Programs.

Lambert, W.E., & Tucker, C.R. (1972). *The bilingual education of children: The St. Lambert experiment.* Rowley, MA: Newbury House.

Lindholm, K. (2001). *Dual language education.* Clevedon, England: Multilingual Matters.

Lindholm, K.J., & Aclan, Z. (1991). Bilingual proficiency as a bridge to academic achievement: Results from bilingual/immersion programs. *Journal of Education, 173*(2), 99–113.

Lindholm-Leary, K., & Borsato, C. (2006). Academic achievement. In F Genesee, K. Lindholm-Leary, W. Saunders, & D. Christian (Eds.), *Educating English language learners: A synthesis of research evidence* (pp. 176–222). New York: Cambridge University Press.

Lyster, R. (2007). *Learning and teaching languages through content: A counterbalanced approach.* Amsterdam: John Benjamins.

Lyster, R., & Genesee, F. (in press). Immersion education. In C. Chapelle (Ed.), *The encyclopedia of applied linguistics.* Oxford, England: Wiley-Blackwell.

Met, M. (1998). Curriculum decision-making in content-based language teaching. In J. Cenoz & F. Genesee (Eds.), *Beyond bilingualism: Multilingualism and multilingual education* (pp. 35–63). Clevedon, UK: Multilingual Matters.

Myers, M. (2009). *Achievement of children identified with special needs in two-way Spanish immersion programs.* Doctoral dissertation, Graduate School of Education and Human Development, George Washington University, Washington, D.C.

Neuman, S.B., & Dickinson, D.K. (2003). *Handbook of early literacy research.* New York: Guilford Press.

Oiler, K.D., & Eilers, R. (Eds.). (2002). *Language and literacy in bilingual children.* Clevedon, England: Multilingual Matters.

Paradis, J. (2007). Second language acquisition in childhood. In E. Hoff & M. Shatz (Eds.), *Handbook of language development* (pp. 387–405). Oxford, England: Blackwell.

Porter, R.P. (1990). *Forked tongue.* New York: Basic Books.

Ramirez, J.D., Yuen, S.D., & Ramey, D.R. (1991). *Longitudinal study of structured English immersion strategy, early-exit and late-exit transitional bilingual education programs for language-minority children (Final report to the U.S. Department of Education).* San Mateo, CA: Aguirre International.

Riches, C., & Genesee, F. (2006). Cross-linguistic and cross-modal aspects of literacy development. In F. Genesee, K. Lindholm-Leary, W. Saunders, & D. Christian (Eds.), *Educating English language learners: A synthesis of research evidence* (pp. 64–108). New York: Cambridge University Press.

Roseberry-McKibbin, C. (2002). *Multicultural students with special language needs.* Oceanside, CA: Academic Communication Associates.

Rossell, C.H., & Baker, K. (1996). The educational effectiveness of bilingual education. *Research in the Teaching of English, 30,* 7–74.

Scarcella, R.C. (2003). *Accelerating academic English: A focus on the English learner.* Oakland, CA: Regents of the University of California.

Short, D., & Fitzsimmons, S. (2007). *Double the work: Challenges and solutions to acquiring language and academic literacy for adolescent English language learners.* A report to Carnegie Corporation of New York. Washington, DC: Alliance for Excellent Education.

Slaughter, H. (1997). Indigenous language immersion in Hawai'i: A case study of Kula Kaiapuni Hawai'i. In R.K. Johnson, & M. Swain (Eds.), *Immersion education: International perspectives* (pp. 105–129). New York: Cambridge University Press.

Swain, M. (1996). Integrating language and content in immersion classrooms: research perspectives. *The Canadian Modern Language Review, 52,* 529–548.

Swain, M., & Lapkin, S. (1982). *Evaluating bilingual education: A Canadian case study.* Clevedon, England: Multilingual Matters.

Thomas, W, & Collier, B. (2002). *A national study of school effectiveness for language minority students' long-term academic achievement.* Santa Cruz, CA: Center for Research on Education, Diversity and Excellence.

9장

Arinon-Lotem, S. (2010). Instructive bilingualism: Can bilingual children with SLI rely on one language in learning a second one? *Applied Psycholinguistics, 31*, 253-260.

Bedore, L., Peña, E., Garcia, M., & Cortez, C. (2005). Conceptual versus monolingual scoring: When does it make a difference? *Language, Speech and Hearing Services in Schools, 36*, 188-200.

Caesar, L., & Kohler, P. (2007). The state of school-based bilingual assessment: Actual practice versus recommended guidelines. *Language, Speech and Hearing Services in Schools, 38*, 190-200.

Cardenas-Hagan, E., Carlson, C., & Pollard-Durodola, S. (2007). The cross-linguistic transfer of early literacy skills: The role of initial L1 and L2 skills and language of instruction. *Language, Speech and Hearing Services in Schools, 38*, 249-259.

Crutchley, A., Conti-Ramsden, C., & Botting, N. (1997). Bilingual children with specific language impairment and standardized assessments: Preliminary findings from a study of children in language units. *International Journal of Bilingualism, 1*, 117-134.

Curnmins, J. (1991). Interdependence of first- and second-language proficiency in bilingual children. In E. Bialystok (Ed.), *Language processing in bilingual children* (pp. 70-89). Cambridge, England: Cambridge University Press.

Cummins, J. (2000). *Language, power and pedagogy: bilingual children in the cross-fire*. Clevedon, England: Multilingual Matters.

deJong, J. (2010). Notes on the nature of bilingual SLJ. *Applied Psycholinguistics, 31*, 273-277.

Donovan, S., & Cross, C.T. (Eds.). (2002). *Minority students in special and gifted education*. Washington, DC: National Academies Press.

Fenson, L., Dale, P.A., Reznick, J.S., Bates, E., Thal, D., & Pethick, S.J. (1994). Variability in early communicative development. *Monographs of the Society for Research in Child Development, 59*(5, Serial No. 231).

Goldstein, B. (Ed.). (2004). *Bilingual language development and disorders in Spanish-English speakers*. Baltimore: Paul H. Brookes Publishing Co.

Gutiérrez-Clellen, V., & Kreiter, J. (2003). Understanding child bilingual acquisition using parent and teacher reports. *Applied Psycholinguistics, 24*, 267-288.

Gutiérrez-Clellen, V., & Pefla, E. (2008). Dynamic assessment of diverse children: A tutorial. *Language, Speech, and Hearing Services in Schools, 32*, 212-224.

Gutiérrez-Clellen, V., Restrepo, A., & Simón-Cereijido, C. (2006). Evaluating the discriminant accuracy of a grammatical measure with Spanish-speaking children. *Journal of Speech, Language and Hearing Research, 49*, 1209-1223.

Gutiérrez-Clellen, V., & Simón-Cereijido, C. (2007). The discriminant accuracy of a grammatical measure with Latino English-speaking children. *Journal of Speech, Language and Hearing Research, 50*, 968-981.

Gutiérrez-Clellen, V., Simón-Cereijido, C., & Wagner, C. (2008). Bilingual children with language impairment: A comparison with monolinguals and second language learners. *Applied Psycholinguistics, 29*, 3-20.

Gutiérrez-Clellen, V., Simón-Cereijido, C., & Erickson Leone, A. (2009). Code-switching in bilingual children with specific language impairment. *International Journal of Bilingualism, 13*, 91-109.

Gutiérrez-Clellen, V., & Simón-Cereijido, C. (2010). Using nonword repetition tasks for the identification of language impairment in Spanish-English speaking children: Does the language of assessment matter? *Learning Disabilities Research & Practice, 25*, 48-58.

Hadley, P., & Holt, J. (2006). Individual differences in the onset of tense marking: A growth-curve analysis. *Journal of Speech, Language and Hearing Research, 49*, 984-1000.

Håkansson, C. (200i). Tense morphology and verb-second in Swedish L1 children, L2 children and children with SLI. *Bilingualism: Language and Cognition, 4*, 85-99.

Jacobson, P.F, & Schwartz, R.C. (2005). Elicited production of English past tense by bilingual children with language impairment. *American Journal of Speech-Language Pathology, 4*, 313-323.

Kay-Raining Bird, E., Cleave, P., Trudeau, N., Thodardottir, E., Sutton, A., & Thorpe, A. (2005). The language abilities of bilingual children with Down Syndrome. *American Journal of Speech-Language Pathology, 14*, 187-199.

Kohnert, K., & Derr, A. (2004). Language intervention with bilingual children. In B. Goldstein (Ed.), *Bilingual language development and disorders in Spanish-English speakers* (pp. 311-338). Baltimore: Paul H. Brookes Publishing Co.

Kohnert, K., Windsor, J., & Ebert, K.D. (2009). Primary or "specific" language impairment and children learning a second language. *Brain and Language, 109*, 101-111.

Kohnert, K., Yim, D.S., Nett, K., Kan R.E., & Duran, L. (2005). Intervention with linguistically diverse preschool children: a focus on developing home language(s). *Language, Speech and Hearing Services in Schools, 36*, 251-263.

Kremer-Sadlik, T. (2005). To be or not to be bilingual: Autistic children from multilingual families. In J. Cohen, K.T. McAlister, K. Rostad, & J. MacSwan (Eds.), *Proceedings of the 4th International Symposium on Bilingualism* (pp. 1225-1234). Somerville, MA: Cascadilla Press.

Law, J., Garrett, Z., & Nye, C. (2004). The efficacy of treatment for children with developmental speech and language delay/disorder: A meta-analysis. *Journal of Speech, Language, and Hearing Research, 47*, 924-943.

Leonard, L. (1998). *Children with specific language impairment.* Cambridge, MA: The MIT Press.

Leonard, L. (2000). Specific language impairment across languages. In D. Bishop & L. Leonard (Eds.), *Speech and language impairments in children: Causes, characteristics, intervention and outcome* (pp. 115-129). Philadelphia, PA: Psychology Press.

Oiler, K.D., & Eilers, R. (Eds.). (2002). *Language and literacy in bilingual children.* Clevedon, England: Multilingual Matters.

Orgassa, A., & Weerman, F. (2008). Dutch gender in specific language impairment and second language acquisition. *Second Language Research, 24*, 333-364.

Paradis, J. (2004). On the relevance of specific language impairment to understanding the role of transfer in second language acquisition. *Applied Psycholinguistics, 25*, 67-82.

Paradis, J. (2005). Grammatical morphology in children learning English as a second language: Implications of similarities with specific language impairment. *Language, Speech and Hearing Services in the Schools, 36*, 172-187.

Paradis, J. (2007). Bilingual children with SLI: Theoretical and applied issues. *Applied Psycholinguistics, 28*, 551-564.

Paradis, J. (2008). Tense as a clinical marker in English L2 acquisition with language delay/impairment. In E. Gavruseva & B. Haznedar (Eds.), *Current trends in child second language acquisition: A generative perspective* (pp. 337-356). Amsterdam: John Benjamins.

Paradis, J. (2009). *Oral language development in French and English and the role of home input factors.* Report for the Conseil Scolarie Centre-Nord, Edmonton, Alberta, Canada. Available at http://www.ualberta.ca/~jparadis/

Paradis, J. (2010a). The interface between bilingual development and specific language impairment. Keynote article for special issue with peer commentaries. *Applied Psycholinguistics, 31*, 3-28.

Paradis, J. (2010b). The interface between bilingual development and specific language impairment: Response to commentaries. *Applied Psycholinguistics, 31*, 119-136.

Paradis, J. (2010c). Bilingual children's acquisition of English verb morphology: Effects of language dominance, structure difficulty, and task type. *Language Learning, 60.*

Paradis, J., & Crago, M. (2000). Tense and temporality: Similarities and differences between language-impaired and second-language children. *Journal of Speech, Language, and Hearing Research, 43*(4), 834-848.

Paradis, J., Crago, M., Genesee, F, & Rice, M. (2003). Bilingual children with specific language impairment: How do they compare with their monolingual peers? *Journal of Speech, Language, and Hearing Research*, *46*, 1–15.

Paradis, J., & Crago, M. (2004). Comparing L2 and SLJ grammars in French: Focus on DR In R Prévost & J. Paradis (Eds.), *The acquisition of French in different contexts: Focus on functional categories* (pp. 89–108). Amsterdam: John Benjamins.

Paradis, J., Crago, M., & Genesee, F. (2005/2006). Domain-specific versus domain-general theories of the deficit in SLI: Object pronoun acquisition by French-English bilingual children. *Language Acquisition*, *13*, 33–62.

Paradis, J., Emmerzael, K., & Sorenson Duncan, T. (2010). Assessment of English language learners: Using parent report on first language development. *Journal of Communication Disorders*, XX.doi:10.1016/j.jcomdis.2010.01.002

Paradis, J., Rice, M., Crago, M., & Marquis, J. (2008). The acquisition of tense in English: Distinguishing child L2 from L1 and SLI. *Applied Psycholinguistics* *29*, 1–34.

Paradis, J., & Schneider, R. (2008). Distinguishing bilingual children form monolinguals with SLI: Profile effects on the Edmonton narrative Norms Instrument. Poster presented at the Symposium on Research in Child language Disorders, University of Wisconsin, Madison.

Paradis, J., & Sorenson Duncan, T. (2009). Differentiating between English L2 children with typical and impaired language development. Paper presented at the Boston University Conference on Language Development, Boston University, Boston.

Pearson, B.Z., Fernández, S.C., & Oiler, D.K. (1993). Lexical development in bilingual infants and toddlers: Comparison to monolingual norms. *Language Learning*, *43*, 93–120.

Peña, E., Gutiérrez-Clellen, V., Iglesias, A., Goldstein, B., & Bedore, L. (nd.). *Bilingual English Spanish Assessment* (BESA).

Restrepo, M.-A. (1998). Identifiers of predominantly Spanish-speaking children with language impairment. *Journal of Speech, Language, and Hearing Research*, *41*, 1398–1411.

Rice, M.L. (2007). Children with specific language impairment: Bridging the genetic and developmental perspectives. In E. Hoff & M. Shatz (Eds.), *Handbook of language development* (pp. 411–431). Oxford, England: Blackweil.

Rice, ML., Tomblin, B., Hoffman, L., Richman, W.A., & Marquis, J. (2004). Grammatical tense deficits in children with SLI and nonspecific language impairment: Relationships with nonverbal IQ overtime. *Journal of Speech, Language, and Hearing Research*, *47*, 816–834.

Rice, M.L., Warren, S., & Betz, S. (2005). Language symptoms of developmental language disorders: An overview of autism, Down syndrome, fragile X, specific language impairment, and Williams syndrome. *Applied Psycholinguistics*, *26*, 7–27.

Roseberry-McKibbin, C. (1995). Distinguishing language differences. *Multicultural Education*, *4*, 12-16.

Roseberry-McKibbin, C. (2008). *Multicultural students with special language needs: Practical strategies for assessment and intervention*. Oceanside, CA: Academic Communication Associates.

Rothweiler, M., Chilla, S., & Clahsen, H. (2009). *Agreement and complex syntax in specific language impairment: A study of monolingual and bilingual German-speaking children*. Paper presented at Bilingualism and Specific Language Impairment Conference, The Hebrew University of Jerusalem, Israel.

Schwartz, R. (Ed.) (2009). *Handbook of child language disorders*. New York: Psychology Press.

Steenge, J. (2006). *Bilingual children with specific language impairment: Additionally disadvantaged?* Doctoral dissertation, Research Centre on Atypical Communication, Nijmegen, The Netherlands.

Swisher, L., Plante, E., & Lowell, S. (1994). Nonlinguistic deficits of children with language disorders complixate the interpretation of their nonverbal IQ scores. *Language, Speech and Hearing Services in Schools*, *25*, 235-240.

Tabors, R. O. (2008). *One child, two languages: A guide of early childhood educators of children learning English as a seconds language* (2nd ed). Baltimore: Paul H. Brookes Publishing Co.

Thordardottir, E. (2008). Relationship between amount of language exposure and language scores in older preschool children acquiring French and English simultaneously. Paper presented at the Congress of the International Association for the Study of Child Language, University of Edinburgh, Scotland.

Thordardottir, E., Ellis Wesimer, S., & Smith, M.E. (1997). Vocabulary learning in monolingual and bilingual clinical intervention. *Child Language Teaching and Therapy*, *13*, 215-227.

Thordardottir, E., Rothenberg, A., Rivard, M.E., & Naves, R. (2006). Bilingual assessment: Can overall proficiency be estimated from separate measurement of two languages? *Journal of Multilingual Communication Disorders*, *4*, 1-21.

Windsor, J., & Kohnert, K. (2004). The search for common ground: Part I. Lexical performance by linguistically diverse learners. *Journal of Speech, Language, and Hearing Research*, *47*, 877-890.

10장

Aarts, R., & Verhoeven, L. (1999). Literacy attainment in a second language submersion context. *Applied Psycholinguistic*, *20*(3), 377-393.

Al Otaiba, S., Petscher, Y., Pappamiheil, N.E., Williams, R.S., Dyrlund, A.K., & Connor, C. (2009). Modeling oral reading fluency development in Latino students: A longitudinal study across second and third grade. *Journal of Educational Psychology, 101*(3), 315-329.

American Psychiatric Association. (1994). *Diagnostic and statistical manual of mental disorders (DSM-IV)* (4th ed.) Washington, DC: American Psychiatric Association.

August, D., & Hakuta, K. (1998). *Improving schooling for language minority children: A research agenda.* Washington, DC: National Academies Press.

August, D., & Shanahan, T. (2006). *Developing literacy in second language learners. Report of the National Literacy Panel on Minority-Language Children and Youth.* Mahwah, NJ: Lawrence Erlbaum Associates.

August, D., & Shanahan, T. (Eds.). (2008). *Developing reading and writing in second language learners.* New York: Routledge, Center for Applied Linguistics, and International Reading Association.

Bishop, D.V.M., & Snowling, M.J. (2004). Developmental dyslexia and specific language: Same or different? *Psychological Bulletin, 130*, 858-888.

Brownell, R. (2000). *Expressive one-word picture vocabulary test* (3rd ed). Novato, CA: Academic Therapy Publications.

Catts, H.W., Adlof, S.M., Hogan, T.P., & Weismer, S.E. (2005). Are specific language impairment and dyslexia distinct disorders? *Journal of Speech, Language, and Hearing Research, 48*, 1378-1396.

Cloud, N., Genesee, F., & Hamayan, F. (2009). *Literacy instruction for English language learners: A teacher's guide to research-based practices.* Portsmouth, NH: Heinemann.

Denton, C.A., Fletcher, J.M., Anthony, J.L., & Francis, D.J. (2006). An evaluation of intensive intervention for students with persistent reading difficulties. *Journal of Learning Disabilities, 39*, 447-466.

Denton, C.A., & Mathes, P.G. (2003). Intervention for struggling readers: Possibilities and challenges. In B.R. Foorman (Ed.), *Preventing and remediating reading difficulties. Bringing science to scale* (pp. 229-251). Baltimore: York Press.

Dunn, L.M., & Dunn, D.M. (2007). *Peabody Picture Vocabulary Test* (4th ed). San Antonio, TX: Pearson.

Durgunoglu, A.Y. (2002). Cross-linguistic transfer in literacy development and implications for language learners. *Annals of Dyslexia, 52*, 189-206.

Erdos, C., Genesee, F., Savage, R., & Haigh, C. (2010). *Predicting risk for oral and written language learning difficulties in students educated in a second language.* Unpublished manuscript, Department of Psychology, McGill University, Toronto.

Erdos, C., Genesee, F., Savage, R., & Haigh, C. (in press). Individual differences in second language reading outcomes. *International Journal of Bilingualism.*

Garnett, B. (2006, October). *An introductory look at the academic trajectories of ESL students.* Paper presented at the Immigration, Integration and Language Conference, University of Calgary.

Genesee, F., & Geva, F. (2006). Cross-linguistic relationships in working memory, phonological processes, and oral language. In D. August & T. Shanahan (Eds.), *Developing literacy in second language learners. Report of the National Literacy Panel on Minority-Language Children and Youth* (pp. 175-184). Mahwah, NJ: Lawrence Erlbaum Associates.

Genesee, F., & Jared, D. (2008). Literacy development in early French immersion programs. *Canadian Psychology, 49,* 140-147.

Genesee, F, Lindholm-Leary, K., Saunders, W, & Christian, D. (2006). *Educating English language learners: A synthesis of research evidence.* New York: Cambridge University Press.

Gerber, M., & Durgunoglu, A.Y. (2004). Reading risk and intervention for young English learners. *Learning Disabilities Research & Practice, 19,* 199-201.

Gersten, R., & Geva, F. (2003). Teaching reading to early language learners. *Educational Leadership, 60*(7), 44-49.

Gonzalez, N., Moll, L.C., & Amanti, C. (2005). *Funds of knowledge: Theorizing practices in household, communities and classrooms.* Mahwah, NJ: Lawrence Erlbaum Associates.

Cough, P.B., & Tuniner, W.E., (1986). Decoding, reading and reading disability. *Remedial and Special Education, 77,* 6-10.

Healy, K., Vanderwood, M., & Edelston, D. (2005). Early literacy interventions for English language learners: Support for an RTJ Model. *The California School Psychologist, 10,* 55-63.

Johnston, A.M., Barnes, M.A., & Desrochers, A. (2008). Reading comprehension: Developmental processes, individual differences, and interventions. *Canadian Psychology/Psychologie canadienne, 49*(2), 125-132.

Langer, J.A., Bartolome, L., Vasquez, O., & Lucas, T. (1990). Meaning construction in school literacy tasks: A study of bilingual students. *American Educational Research Journal, 27*(3), 427-471.

Lesaux, N., & Geva, E., with Koda, K., Siegel, L., & Shanahan, T. (2008). Development of literacy in second-language learners. In D. August & T. Shanhan (Eds.), *Developing reading and writing in second language learners* (pp. 27-60). New York: Routledge, Center for Applied Linguistics, and International Reading Association.

Lesaux, N.K., & Siegel, L.S. (2003). The development of reading in children who speak

English as a second language. *Developmental Psychology*, *3*(6), 1005–1019.

Mathes, P.G., Denton, C.A., Fletcher, J.M., Anthony, J., Francis, D.J., & Schatschneider, C. (2005). The effects of theoretically different instruction and student characteristics on the skills of struggling readers. *Reading Research Quarterly*, *40*(2), 148–182.

Mathes, P.G., Pollard-Durodola, S.D., Cardenas-Hagan, F., Linan-Thompson, S., & Vaughn, S. (2007). Teaching struggling readers who are native Spanish speakers: What do we know? *Language, Speech, and Hearing Services in Schools*, *38*, 260–271.

Miles, T.R. (2004). Some problems in determining the prevalence of dyslexia. *Electronic Journal of Research in Educational Psychology*, *2*, 5–12.

Muter, V., Hulme, C., Snowling, M.J., & Stevenson, J. (2004). Phonemes, nines and language skills as foundations of early reading development: Evidence from a longitudinal study. *Developmental Psychology*, *40*, 663–681.

Nation, K. (2005). Children's reading comprehension difficulties. In M.J. Snowling & C. Hulme (Eds.), *The science of reading: A handbook* (pp. 248–265). Oxford, England: Blackwell.

National Early Literacy Panel. (2009). *Developing early literacy report*. Retrieved July 26, 2010, from http://www.nifi.gov/earlychildhood/NELP/NELPreport.html

National Reading Panel. (2000). *Teaching children to read: An evidence-based assessment of the scientific research literature on reading and its implications for reading instruction*. Washington, DC: U.S. Department of Health and Human Services.

Oakhiil, J., Cain, K., & Bryant, P E. (2003). The dissociation of word reading and text comprehension: evidence from component skills. *Language and Cognitive Processes 18*, 443–468.

Organisation for Economic Co-operation and Development. (2006). *Where immigrant students succeed: A comparative review of performance and engagement in PISA 2003*. Available online at http://www.oecd.org

Oller, D.K., Pearson, B.Z., & Cobo-Lewis, A.B. (2007). Profile effects in early bilingual language and literacy. *Applied Psycholinguistics*, *28*, 191–230.

Riches, C., & Genesee, E. (2006). Cross-linguistic and cross-modal aspects of literacy development. In E. Genesee, K. Lindholm-Leary, W. Saunders, & D. Christian (Eds.), *Educating English language learners: A synthesis of research evidence* (pp. 64–108). New York: Cambridge University Press.

Rivera, M., Moughamian, A., Lesaux, N.K., & Francis, D. (2009). *Language and reading interventions for English language learners and English language learners with disabilities*. Houston, TX: Center for Instruction, Texas Institute for Measurement, Evaluation and Statistics.

Roongpraiwan, R., Ruanqdaraganon, N., Visudhiphan, P., & Santikul, K. (2002). Prevalence and clinical characteristics of dyslexia in primary school students. *Journal of the Medical Association of Thailand, 85*(4), 1097–1103.

Sanchez, K.S., Bledsoe, L.M., Sumabat, C., & Ye, R. (2004). Hispanic students' reading situations and problems. *Journal of Hispanic Higher Education, 3*(1), 50–63.

Scanlon, D.M., Gelzheiser, L.M., Vellutino, E.R., Schatschneider, C., & Sweeney, J.M. (2008). Reducing the incidence of early reading difficulties: Professional development for classroom teachers vs. direct intervention for children. *Learning and Individual Differences, 18*, 346–359.

Shaywitz, S.E. (2003). *Overcoming dyslexia*. New York: Random House.

Shaywitz, S.E., Fletcher, J.M., Holahan, J.M., Shneider, A.E., Marchione, K.E., Stuebing, K.K., et al. (1999, December). Persistence of dyslexia: The Connecticut longitudinal study at adolescence. *Pediatrics, 104*(6), 1351–1359.

Shaywitz, S.E., & Shaywitz, B.A. (2005). Neurobiological indices of dyslexia. In H.L. Swanson, K.R. Harris, & S. Graham (Eds.), *Handbook of learning disabilities* (pp. 514–531). New York: Guilford Press.

Snow, C. (2008). Cross-cutting themes and future research directions. In D. August & T. Shanahan (Eds.), *Developing reading and writing in second language learners* (pp. 275–300). New York: Routledge, Center for Applied Linguistics, and International Reading Association.

Storch, S.A., & Whitehurst, Gj. (2002). Oral language and code-related precursors to reading: Evidence from a longitudinal structural model. *Developmental Psychology, 38*, 934–947.

Vaughn, S., Cirino, P.T., Tolar, T., Fletcher, J.M., Cardenas-Hagan, E., Carlson, CD., et al. (2008). Long-term follow-up for Spanish and English interventions for 1st grade English language learners at risk for reading problems. *Journal of Research on Educational Effectiveness, 1*(4), 179–214.

Vaughn, S., Linan-Thompson, S., & Hickman-Davis, P (2003). Response to instruction as a means of identifying students with reading/learning disabilities. *Exceptional Children, 69*, 391–410.

Vaughn, S., Linan-Thompson, S., Poilar-Durodola, S.D., Mathes, P.G., & Cardenas-Hagan, E. (2006). Effective intervention for English language learners (Spanish-English) at risk for reading difficulties. In D.K. Dickin & S.B. Neuman (Eds.), *Handbook of early literacy research* (Vol. 2, pp. 185–197). New York, Guilford Press.

Vaughn, S., Wanzek, J., Murray, C.S., Scammacca, N., Linan-Thompson, S., & Woodruff, A.L. (2009, Winter). Response to early reading intervention: Examining higher and lower responders. *Exceptional Children, 75*(2), 165–183.

찾아보기

〈ㄱ〉

〈ㄴ〉

〈ㄷ〉

〈ㄹ〉

〈ㅁ〉

〈ㅅ〉

〈ㅇ〉

〈ㅈ〉

〈ㅊ〉

〈ㅋ〉

〈ㅌ〉

〈ㅍ〉

〈ㅎ〉

〈기타〉

역자 소개

황상심

대구대학교 언어치료학과 학사·석사·박사

현, 남부대학교 언어치료청각학과 교수

♣ 저서 및 논문

다문화아동의 언어발달특성(2011, 이담북스)

다문화가정 유아의 초기 표현어휘 발달과 성차(2010, 한국언어치료학회)

농촌지역 다문화가정아동들의 언어특성관련 상관연구(2008, 한국언어치료학회)

이중언어발달과 언어장애

이중언어와 제2언어습득에 관한 안내서

발 행 일 2012년 9월 5일 초판 1쇄 발행
편 저 자 Johanne Paradis · Fred Genesee · Martha B. Crago
역 자 황상심
발 행 인 구본하
발 행 처 도서출판 박학사
주 소 서울시 마포구 서교동 460-26 동아빌딩 2층
전 화 (02)3142-3764~5
팩 스 (02)3142-3766
웹사이트 www.pakhaksa.co.kr
등록번호 제10-2230호

가격 20,000원 ISBN 978-89-91633-99-5